撰稿人（以章节为序）

苏　宇　徐伟红　罗芳芳　李　蕊

高文英　高　洁　徐永新　杨　悦

2020年版

公安机关办理行政案件程序规定

理解与适用

条文解读、案例分析、
最新修改提示与执法风险提示

徐伟红　高文英　主编

GONGAN JIGUAN BANLI XINGZHENG ANJIAN CHENGXU GUIDING
LIJIE YU SHIYONG

中国法制出版社
CHINA LEGAL PUBLISHING HOUSE

前　言

《公安部关于修改〈公安机关办理行政案件程序规定〉的决定》（以下简称《修改决定》）于2018年11月25日发布，自2019年1月1日起施行。《修改决定》针对原《公安机关办理行政案件程序规定》进行49项修改，解决了许多困扰基层执法办案的老大难问题，亮点诸多，意义重大。现行《公安机关办理行政案件程序规定》（以下简称《程序规定》）共15章，266条。

公安机关办理刑事案件，主要遵循《刑法》和《刑事诉讼法》，而办理行政案件需要遵循《行政处罚法》《行政强制法》《治安管理处罚法》《道路交通安全法》《反恐怖主义法》《网络安全法》《公民出境入境管理法》等，法律规定数量众多，内容分散，需要一套经过系统整理的办案程序，指引公安机关办理行政案件的整个过程。《程序规定》作为统一、全面规范公安机关行政案件办理程序的规章，已成为公安执法的基本规定之一，对规范公安机关办理行政案件程序，提高公安机关办案质量和执法水平，保护公民、法人和其他组织的合法权益发挥了重要作用。①

《程序规定》自2004年施行以来，先后于2006年、2010年、2012年、2018年进行了四次修订，形成了现行的《公安机关办理行政案件程序规定》版本。2018年11月25日发布，自2019年1月1日起施行的《修改决定》是对《程序规定》的第四次修订。结合公安部法制局副局长孙萍在《〈公安机关办理行政案件程序规定〉修正情况》② 一文中的阐述，此次《程序规定》修改的背景为：一是落实中央文件的要

---

① 孙萍：《〈公安机关办理行政案件程序规定〉修正情况》，载《派出所工作》2019年第1期。

② 孙萍：《〈公安机关办理行政案件程序规定〉修正情况》，载《派出所工作》2019年第1期。

求。中办、国办《关于深化公安执法规范化建设的意见》明确提出，要简化行政案件办理程序。公安机关办理行政案件的程序“繁琐”，法律文书繁多，是困扰基层的“老大难”问题。本次《程序规定》的修改以问题为导向，贯彻落实中央文件精神，从多角度简化了办案程序。二是正确有效实施新法的要求。近年来，《网络安全法》《反恐怖主义法》《境外非政府组织境内活动管理法》等法律相继出台，进一步扩充了公安行政案件的范围，增加了公安行政强制措施的种类。为了保障新法的贯彻实施，需要在《程序规定》中增加相关条款，或者修改、删除某些条款。三是贯彻中央司法体制改革精神，适应执法实践的需求。党的十七大报告提出深化司法体制改革，司法体制改革的目标是公正、高效、简明、周密、先进、扬弃、便民、适国。与司法体制改革的目标相适应，近年来出台了多项举措，其中劳动教养的废止，以审判为中心的诉讼制度改革等措施对公安机关的执法办案产生了直接或间接的影响。与此同时，各地公安机关进行了大量行政执法改革探索，如行政案件快速办理探索、使用电子签名电子指纹捺印技术制作电子笔录等等，一些有效的做法和经验需要在《程序规定》中予以固化。四是适应新型案件办理需要。近年来，涉及网络的违法案件不断增多，对网络违法的管辖和电子数据收集等问题需要《程序规定》进一步明确。《程序规定》正是在这大小背景下，作出了第四次修改。

《修改决定》是对《程序规定》的部分修正，此次修改主要体现在以下三个方面：(1) 简化程序，减负增效。迟来的正义即非正义。针对实践中行政案件办理程序繁琐，以及与全国司法改革相适应，此次修改对有些不必要的程序进行了简化，如简化了治安调解程序，实施行政强制措施的全程录音录像的，可以替代书面现场笔录，明确了辅警在办理行政案件中的职责等，简化了办案程序、提高了办案效率，减轻了办案民警的负担。同时服务实战，创设了新的程序和做法，如创设了快速办理程序和办案协作制度等。(2) 补充修改了相关程序规定。为了与《网络安全法》《反恐怖主义法》《公安机关涉案财物管理若干规定》《道路交通安全法》《禁毒法》等近年颁布和修改的法律规范相适应，此次《程序规定》补充、细化、修改了相关的案件办理程序，如补充了管辖的相关规定，明确了网络违法案件的管辖问题；为落实《反恐怖主义法》和《境外非政府组织境内活动管理法》的规定，增加了对文件资料的封存，对恐怖活动嫌疑人员的财产冻结措施以及查封、约束措施，并对相关实施程序进行了规范；根据《道路交通安全法》《禁毒法》《反恐怖主义法》等法律规定，增加了生物信息的采集规定；根据修改后的《行政处罚法》，增加了对初次从事行政处罚审核人员资格的要求；根据执法实践需要，增加了电子数据的收集和使用规定，涉案财物管理与处理的规定等。（3）简化了法律文书的制作与使用。如规定了公安机关可以使用电子签名、电子指纹捺印技术制作电子笔录等材料，可以使用电子印章制作电子法律文书；增加了经受送达人同意，可以采用传真、互联网通讯工具等能够确认其收悉的方式送达；规定了勘验、检查时实施行政强制措施，制作勘验、检查笔录的，不再制作现场笔录。以及实施行政强制措施的全程录音录像，可以替代书面现场笔录等。

习近平总书记在2019年全国公安工作会议上强调指出，公平正义是执法司法工作的生命线。要抓住关键环节，完善执法权力运行机制和管理监督制约体系，努力让人民群众在每一起案件办理、每一件事情处理中都能感受到公平正义。要严格规范公正文明执法，把打击犯罪同保障人权、追求效率同实现公正、执法目的同执法形式有机统一起来，努力实现最佳的法律效果、政治效果、社会效果。法律面前人人平等，任何人都不能凌驾于法律之上。要加强全民普法宣传教育，推动全社会形成办事依法、遇事找法、解决问题用法、化解矛盾靠法的良好法治环境。①

为了实现总书记的嘱托，为了帮助广大民警更好地掌握《程序规定》的基本内容，本书以《公安机关办理行政案件程序规定》为依托，结合相关的法律规范，从学者的视角，对《程序规定》逐条进行周详透彻的解读。每条从条文理解与适用、执法风险提示以及相关规定等方面进行剖解，每节或每章后还配有针对典型案例的案例分析，在帮助读者深入理解条文的基础上，也为读者提供了条文的实践应用参考。

本书具有很强的针对性和实用性，有助于公安干警统一执法思想，

---

① 《习近平出席全国公安工作会议并发表重要讲话》，载中国日报中文网，https：//cn. chinadaily. com. cn/a/201905/08/WS5cd2d068a310e7f8b157b8e8. html，最后访问时间：2019年12月1日。

提高执法效能，依法、准确、有力打击违法活动。同时，本书对教学科研工作者和关注公安机关执法办案的读者也有很好的参考作用。

本书的编写大纲由主编和中国法制出版社王熹编辑协商后拟定，参加编写人员具体分工如下（以撰写章节顺序）：苏宇撰写第一章；徐伟红撰写第二、三、五、九、十五章，第七章第八节，第八章第四节；罗芳芳撰写第四章；李蕊撰写第六、七章（第一节至第七节），第八章（第一节至第三节）；高文英撰写第十章；高洁撰写第十一、十三、十四章；徐永新撰写第十二章；杨悦参与了第二、三、五、九章案例的搜集与整理。

本书由徐伟红统稿，为了保证解读内容的准确性和实用性，特聘请徐州市公安局法制支队高洁负责全书审稿。

由于水平和时间有限，书中错误与疏漏在所难免，恳请读者不吝指教，以便我们不断改进。

《公安机关办理行政案件程序规定理解与适用》编写组

2020年5月28日

目 录

Contents

第一章 总 则

第二章 管 辖

第三章　回　　避

第四章　证　　据

第五章　期间与送达

第六章 简易程序和快速处理

第一节 简易程序

第二节 快速处理

第七章 调查取证

第一节 一般规定

第二节 受 案

第三节 询 问

第四节　勘验、检查

第五节　鉴　定

第六节　辨　认

第七节 证据保全

第八节 办案协作

第八章 听证程序

第一节 一般规定

第二节　听证人员和听证参加人

第三节　听证的告知、申请和受理

第四节　听证的举行

第九章　行政处理决定

第一节　行政处罚的适用

第二节　行政处理的决定

第十章　治安调解

第十一章　涉案财物的管理和处理

第十二章 执 行

第一节 一般规定

第二节 罚款的执行

第三节　行政拘留的执行

第四节　其他处理决定的执行

第十三章　涉外行政案件的办理

第十四章　案件终结

第十五章　附　则

第一章　总　　则

第一条　【立法目的、根据】[①] 为了规范公安机关办理行政案件程序，保障公安机关在办理行政案件中正确履行职责，保护公民、法人和其他组织的合法权益，根据《中华人民共和国行政处罚法》《中华人民共和国行政强制法》《中华人民共和国治安管理处罚法》等有关法律、行政法规，制定本规定。

【条文主旨】

本条阐述了本规定的法律依据与总体目标。

【理解与适用】

公安机关办理的案件包括行政案件和刑事案件。刑事案件的办理需要遵循《刑事诉讼法》和《公安机关办理刑事案件程序规定》，而行政案件的办理需要遵循《行政处罚法》《行政强制法》《治安管理处罚法》《道路交通安全法》《人民警察法》《反恐怖主义法》《网络安全法》《人民警察使用警械和武器条例》《道路交通安全法实施条例》等，法律规定数量众多，内容分散，需要一套经过系统整理的办案程序以规范公安机关办理行政案件的整个过程。《公安机关办理行政案件程序规定》就是对公安机关办理行政案件的一个系统性指引。

《公安机关办理行政案件程序规定》最初制定于 2003 年，先后于 2006 年、2010 年、2012 年、2018 年进行了四次修订，形成了现行的《公安机

---

① 简要条文主旨为编者所加，下同。

关办理行政案件程序规定》版本。《公安机关办理行政案件程序规定》对公安机关办理行政案件的整个行政程序提出了细致、系统的要求。根据2019年初公安部发言人的介绍,① 《公安机关办理行政案件程序规定》作为一部统一、全面规范公安机关行政办案程序的部门规章，是公安机关执法办案的最基本规范之一。

2018年修改的《公安机关办理行政案件程序规定》广泛吸收了2018年以前制定的公安法律法规，作为公安机关办理行政案件在程序方面比较统一的基本规则，对公安民警办理行政案件有着特别重要的意义，需要每一个相关岗位的公安民警加以熟悉和掌握。公安机关办理的行政案件量大、面广，虽然在案件性质上没有刑事案件严重，但也直接关系到公民的人身权和财产权。为保证公安机关办理的行政案件做到证据确实、充分，经得起检验，参照刑事诉讼的有关规定，《公安机关办理行政案件程序规定》对行政案件证据的收集、调取以及非法证据排除等提出了新的更高要求，也需要每一个相关岗位的公安民警深入理解和正确运用。

2018年修改的《公安机关办理行政案件程序规定》共十五章、二百六十六条，内容丰富，规则数量众多，一般应先从基本概念及原则着手进行整体上的了解，再针对具体规则逐一加深认识、完善理解，最终熟知整个行政执法程序规定。

本条中的总体目标贯穿整个行政执法办案过程，要求公安机关及其人民警察在执法办案的过程中做到程序规范，正确履行职责，保护公民、法人和其他组织的合法权益，这三方面的要求是统一的：规范办案程序才能正确履行职责，正确履行职责才能最大限度地保障各相对方及社会公众的合法权益。

【执法风险提示】

1. 公安机关办理行政案件过程中除适用本规定外，还应当根据不同的案件内容，对照《行政处罚法》《行政强制法》《治安管理处罚法》《禁毒法》《人民警察法》《人民警察使用警械和武器条例》等法律、法规的规定。

2. 不应把规范办案程序、正确履行职责和保护公民、法人和其他组织的合法权益割裂开来，单纯为照顾某一方面的权益而偏离办案程序的规范性，或基于某种习惯而置公民、法人和其他组织的合法权益于不顾。

---

① 孙萍：《〈公安机关办理行政案件程序规定〉修正情况》，载《派出所工作》2019年第1期。

【相关规定】

《行政处罚法》第 3 条；《行政强制法》第 4 条；《治安管理处罚法》第 1 条。

第二条 【行政案件、公安机关概念】 本规定所称行政案件，是指公安机关依照法律、法规和规章的规定对违法行为人决定行政处罚以及强制隔离戒毒、收容教育①等处理措施的案件。

本规定所称公安机关，是指县级以上公安机关、公安派出所、依法具有独立执法主体资格的公安机关业务部门以及出入境边防检查站。

【条文主旨】

本条是关于行政案件与公安机关的定义。

【理解与适用】

一、本规定所称的公安机关

本规定中的"公安机关"定义较为宽泛，既包括"县级以上公安机关"（包括作为各级人民政府组成部门的公安机关及其下设的分局，即公安部、公安厅、公安局、公安分局），也包括民航公安机关等，范围较广。

"依法具有独立执法主体资格的公安机关业务部门"主要指公安机关内部因法律、法规、规章授权而具有行政主体资格的内设队建制执法勤务机构，在行政执法及诉讼实务中主要是交警等执法勤务机构在大队以上级别的单位。并非所有业务部门都具有独立执法主体资格（即行政主体资

---

① 收容教养制度已被 2019 年 12 月 28 日第十三届全国人民代表大会常务委员会第十五次会议通过的《全国人民代表大会常务委员会关于废止有关收容教育法律规定和制度的决定》废止。该决定规定："一、废止《全国人民代表大会常务委员会关于严禁卖淫嫖娼的决定》第四条第二款、第四款，以及据此实行的收容教育制度。二、在收容教育制度废止前，依法作出的收容教育决定有效；收容教育制度废止后，对正在被依法执行收容教育的人员，解除收容教育，剩余期限不再执行。本决定自 2019 年 12 月 29 日起施行。"下文一般不再赘述。

格)，刑侦、经侦、法制、情报等执法勤务机构一般不能以自己的名义独立对外作出行政行为，它们是公安机关的组成部分，但不能单独作为《公安机关办理行政案件程序规定》中所说的“公安机关”出现。

需要注意的是，这个定义与公安机关系统内具有行政主体资格的单位范围是一致的，只有具备行政主体资格，才构成定义中所说的“公安机关”；亦即只有在一定条件下能够以自己名义独立对外作出行政行为、成为行政诉讼当事人并独立承担法律责任的单位，才可能构成“公安机关”。

二、本规定所称行政案件

本规定所称行政案件，是指公安机关依照法律、法规和规章的规定对违法行为人决定行政处罚以及强制隔离戒毒等处理措施的案件。

（一）行政处罚案件与刑事案件的区分与衔接

公安机关办理的案件包括刑事案件和行政案件（行政处罚案件)。刑事案件中的违法行为已经达到犯罪的标准，而行政案件中的违法行为尚不构成犯罪，不能动用侦查手段。如果一个案件中公民或单位的行为尚不构成犯罪、不进入刑事诉讼程序的，就不算刑事案件，而只能按照行政案件办理。

行政案件与刑事案件的区别，首先看构成要件。有些犯罪的构成要件不存在于行政违法之中，例如故意杀人、强奸、决水、爆炸、拐卖妇女等罪行，只能构成刑事案件；有些违法行为的构成要件不会成立犯罪，例如卖淫、嫖娼、吸食毒品、参与赌博、放任动物恐吓他人等。这些案件是比较容易区分的。但是有些行为既可能构成一般的违法，也可能构成犯罪，例如寻衅滋事、故意伤害、聚众淫乱、容留卖淫、非法种植毒品原植物等。对于这些行为，我们应该如何区分呢？首先，应该看法律中有无明确的区分标准。例如，《治安管理处罚法》第72条规定：“有下列行为之一的，处十日以上十五日以下拘留，可以并处二千元以下罚款；情节较轻的，处五日以下拘留或者五百元以下罚款：（一）非法持有鸦片不满二百克、海洛因或者甲基苯丙胺不满十克或者其他少量毒品的……”此处对于非法持有鸦片、海洛因或者甲基苯丙胺作为治安违法行为的上限就作出了明确的规定，如果持有数量超过此数，一般应追究刑事责任。其次，看情节的轻重和社会危害性等因素，有些情节轻重的判断标准在司法实践中已经量化，例如盗窃、故意伤害、聚众淫乱、故意毁坏公私财物等，已经通过2008年《最高人民检察院、公安部关于公安机关管辖的刑事案件立案追诉标准的规定（一)》、2010年《最高人民检察院、公安部关于公安机关管辖的刑事案件立案追诉标准的规定（二)》、2017年《最高人民检察院、公安部关于公安机关管辖的刑事案件立案追诉标准的规定（一）的补充规定》等文件不断予以量化，各地亦有相关的量化标准。再者，如果仍认为某一案件缺乏清晰量化标准的，可以结合既有的司法案例对相似情形的认识，综合行为人的主观恶性与违法的动机、手段、行为的地点、行为的对象、影响后果等诸多因素进行确定。

对于一时未能确定为行政案件还是刑事案件的案件，实践中应该如何处理呢？《公安机关办理行政案件程序规定》第 65 条明确要求："对发现或者受理的案件暂时无法确定为刑事案件或者行政案件的，可以按照行政案件的程序办理。在办理过程中，认为涉嫌构成犯罪的，应当按照《公安机关办理刑事案件程序规定》办理。"《公安机关办理行政案件程序规定》第 172 条规定："公安机关根据行政案件的不同情况分别作出下列处理决定：……（五）违法行为涉嫌构成犯罪的，转为刑事案件办理或者移送有权处理的主管机关、部门办理，无需撤销行政案件。公安机关已经作出行政处理决定的，应当附卷……"这就为行政案件和刑事案件的衔接提供了最基本的程序规范。

如果是刑事案件转为行政案件办理，《公安机关办理行政案件程序规定》也已经提供了程序上的支持。《公安机关办理行政案件程序规定》第 33 条规定："刑事案件转为行政案件办理的，刑事案件办理过程中收集的证据材料，可以作为行政案件的证据使用。"这是因为刑事诉讼程序对证据和证明标准的要求非常严格，刑事诉讼的证明标准一般认为严于行政诉讼的证明标准，因此刑事案件办理过程中收集的证据材料可以作为行政案件的证据使用。但是，反过来，在行政案件办理过程中收集的证据材料，如果一开始没有按照刑事诉讼程序的标准进行收集、固定的话，应该进行补充调查、取证。同时，对于刑事案件立案以后的侦查程序，要及时进行相关文件的准备和程序的转换，确保行政与刑事案件衔接中不出现证据与程序方面的问题。

从前述定义也可以看出，《公安机关办理行政案件程序规定》中所说的"案件"主要是行政处罚类案件，也包括部分类似于处罚的行政处理措施，它们构成了《公安机关办理行政案件程序规定》所说的"案件"，而不包括行政许可、行政给付、行政确认等其他行政行为以及部分其他行政强制行为。例如，公安机关的人民警察使用制服性、驱逐性警械或武器的行为，由《人民警察法》和《人民警察使用警械和武器条例》加以规范，不在《公安机关办理行政案件程序规定》所调整的范围内。这里说的"案件"，其范围就是从受案开始到行政行为的最终执行，在这期间公安机关的执法办案活动，都属于《公安机关办理行政案件程序规定》的调整范围。需要注意的是，尽管《公安机关办理行政案件程序规定》的行政处罚程序基本上是以治安管理处罚为主体兼收其他行政处罚的程序要求而形成的，但这里的“行政处罚”不能简单认为仅限于治安管理处罚。公安机关依照《道路交通安全法》《反恐怖主义法》《出境入境管理法》《网络安全法》《集会游行示威法》等法律规范作出的处罚也在“行政处罚”的范围之内。

（二）行政处罚案件外的其他行政案件

《公安机关办理行政案件程序规定》中的“行政案件”，除了行政处罚外，还包括强制隔离戒毒等处理措施。这些行政处理措施不属于行政处罚，理论上属于行政处罚后的一种矫正性质的处理措施。

强制隔离戒毒的法律授权来自《禁毒法》。《禁毒法》第 38 条规定：“吸毒成瘾人员有下列情形之一的，由县级以上人民政府公安机关作出强制隔离戒毒的决定：（一）拒绝接受社区戒毒的；（二）在社区戒毒期间吸食、注射毒品的；（三）严重违反社区戒毒协议的；（四）经社区戒毒、强制隔离戒毒后再次吸食、注射毒品的。对于吸毒成瘾严重，通过社区戒毒难以戒除毒瘾的人员，公安机关可以直接作出强制隔离戒毒的决定。吸毒成瘾人员自愿接受强制隔离戒毒的，经公安机关同意，可以进入强制隔离戒毒场所戒毒。”

采取强制性教育措施的依据为《治安管理处罚法》第 76 条的规定：“有本法第六十七条、第六十八条、第七十条的行为，屡教不改的，可以按照国家规定采取强制性教育措施。”这里的违法情形主要是参与赌博赌资较大、以营利为目的为赌博提供条件等，注意此处有“屡教不改”的前提。劳动教养制度已被废止，实践中强制性教育措施被作为一种特殊的行政处理措施而非典型的行政强制措施或行政处罚对待。

类似地，在《公安机关办理行政案件程序规定》中被提及的这类行政处理措施还包括社区戒毒（由《禁毒法》授权）和收容教养（由《刑法》、《未成年人保护法》和《预防未成年人犯罪法》授权）。《公安机关办理行政案件程序规定》也包括了作出这些行政处理措施的基本程序。目前，实践中还不能将这些行政处理措施当作行政处罚对待，而是依法单独适用专门的程序。

《公安机关办理行政案件程序规定》中包含了行政强制的内容，但《公安机关办理行政案件程序规定》中的“案件”不是专门以行政强制为内容的案件。行政强制包括行政强制措施与行政强制执行。**行政强制措施**，是指行政机关在行政管理过程中，为制止违法行为、防止证据损毁、避免危害发生、控制危险扩大等情形，依法对公民的人身自由实施暂时性限制，或者对公民、法人或者其他组织的财物实施暂时性控制的行为。在警务活动中，强制传唤、继续盘问、查封、扣押、搜查、保护性约束等都属于行政强制措施。但是，实践中需要注意容易混淆的另外几类措施：拘传、刑事拘留、逮捕、取保候审、监视居住等在刑事诉讼过程中出现的带有限制人身自由性质的措施属于刑事强制措施；行政拘留属于行政处罚；强制性教育措施属于特殊的行政处理措施。上述后三类都不属于行政强制措施。《公安机关办理行政案件程序规定》里提及的行政强制措施包括扣押、扣留、临时查封、查封、先行登记保存、抽样取证、保护性约束措施、继续盘问、强制传唤、强制检测、拘留审查、限制活动范围等。**行政强制执行**，是指行政机关或者行政机关申请人民法院，对不履行行政决定的公民、法人或者其他组织，依法强制履行义务的行为。

对于行政强制措施和行政强制执行这两种程序，《公安机关办理行政案件程序规定》都有具体的要求。它们并不是对当事人的处罚，而只是为了确保秩序得以维持、案件办理得以顺利进行而采取的一种强制性手段，本身不带有惩罚性质。行政处罚过程中为了顺利进行调查和办理案件，有时也需要采取行政强制措施，但它们不独立构成本规定中所指的“行政案件”。

此外，由于《公安机关办理行政案件程序规定》对行政处罚或处理案件的界定是从受案开始直至最终的执行环节，在受案之前的一些行政活动，例如接处警工作，因为尚未经历受立案程序，还称不上“案件”，因此也不在《公安机关办理行政案件程序规定》的覆盖范围之内，而是由《110 接处警工作规则》及各地的相应规范性文件进行专门调整；又如日常执勤活动，《公安机关办理行政案件程序规定》中也仅仅是提及公安机关及其人民警察在日常执法执勤中发现的违法行为应当如何进行受案方面的处理，具体的执法执勤工作不由《公安机关办理行政案件程序规定》调整。

【执法风险提示】

1. 适用《公安机关办理行政案件程序规定》时应先判断案件是否为行政案件，如暂时无法确定为刑事案件或者行政案件，至少应决定先按行政案件办理，避免程序混淆。

2. 公安机关办理行政案件，需要对外作出行政处罚、行政许可、行政强制等行政行为时，应由符合相关法律、法规及本规定要求的“公安机关”作出，即由符合职权或法律法规规章授权范围、具备行政主体资格的单位作出，避免主体资格上出现错误，特别需要避免由不具备执法主体资格的内设机构、办事机构作出行政行为。

【相关规定】

《治安管理处罚法》第 2 条；《公安机关组织管理条例》第 3 条、第 6 条、第 7 条；《行政诉讼法》第 2 条。

第三条 【依法行政原则】 办理行政案件应当以事实为根据，以法律为准绳。

【条文主旨】

本条是办理行政案件的基本原则之一，以事实为根据，以法律为准绳。

【理解与适用】

我国多部法律都出现了“以事实为根据，以法律为准绳”的规定，包括《刑事诉讼法》《行政诉讼法》《监察法》《法官法》《检察官法》《律师法》等。因此，这一要求实际上是贯穿所有执法办案工作的，公安行政执法自然也不例外。

习近平总书记 2014 年 1 月在中央政法工作会议上的讲话中指出：“要信仰法治、坚守法治，做知法、懂法、守法、护法的执法者，站稳脚跟，挺直脊梁，只服从事实，只服从法律，铁面无私，秉公执法。”①

“以事实为根据，以法律为准绳”是依法行政原则的体现，这一要求有两个层面。

一、以事实为根据

要求所有案件的办理一定要基于客观事实进行，用证据说话，避免主观臆断和偏见，避免单纯凭借直觉、感觉或者大致的判断下结论。不仅刑事案件是如此，行政案件也要讲究证据，做到事实清楚、证据充分，这是执法公正的基本前提，不能为了满足一己私利或者应付上层压力，就罔顾

---

① 《习近平出席中央政法工作会议并发表重要讲话》，载人民网，http://cpc.people.com.cn/n/2014/0109/c64094-24065903.html，最后访问时间：2019 年 12 月 1 日。

证据、歪曲案件事实，办出质量低劣的案件甚至冤假错案。

二、以法律为准绳

以法律为准绳，是指公安机关办理行政案件时，要符合法律的原则和精神，必须以法律的规定作为执法的准则。要求所有的案件办理必须按照法律的标准进行，不能以自身的好恶、舆论的风向、上级的意图或工作的便利与否代替法律的要求。习近平总书记强调："牢固确立法律红线不能触碰、法律底线不能逾越的观念，不要去行使依法不该由自己行使的权力，更不能以言代法、以权压法、徇私枉法。"① 公安机关办理行政案件时必须牢记于心。

【执法风险提示】

1. 事实不清、证据不足的情况下，不要贸然决定，应在全面收集证据的基础上作出决定。

2. 理解法律规范应当系统、透彻；对法律规范有疑义的，应当全面了解有关部门作出的解释及司法实践中的法律适用情况，必要时请示报告，不对法律规范作断章取义的处理。

【相关规定】

《行政处罚法》第 4 条；《治安管理处罚法》第 5 条；《人民警察法》第 4 条。

第四条 【合法、公正、公开、及时，尊重保障人权原则】办理行政案件应当遵循合法、公正、公开、及时的原则，尊重和保障人权，保护公民的人格尊严。

【条文主旨】

本条是办理行政案件的基本原则之一，是现代法治理念的体现。

---

① 《习近平出席中央政法工作会议并发表重要讲话》，载人民网，http：//cpc. people. com. cn/n/2014/0109/c64094－24065903. html，最后访问时间：2019 年 12 月 1 日。

【理解与适用】

党的十九大报告提出："建设法治政府，推进依法行政，严格规范公正文明执法。"《治安管理处罚法》第5条第2款规定："实施治安管理处罚，应当公开、公正，尊重和保障人权，保护公民的人格尊严。"《公安机关办理行政案件程序规定》中的基本原则与此一脉相承，体现了现代法治理念的价值内涵。

一、合法原则

合法原则，就是指办理行政案件应当遵循法律的实体和程序要求，按照法律规定的职权职责办事。这里的"法"是广义上的法律规范，包括宪法、法律、法规和规章，也包括不与上位法律规范冲突的行政规范性文件；合法不仅要做到实体合法，还要程序合法，应严格按照法律规范规定的步骤、时限、标准进行操作。不仅如此，合法还要符合法律的原则与精神，在法律规则不够明确或者尚未涵盖之处，能够以法治思维进行应对，按照法律的原则和精神办事。

二、公正原则

公正原则是公安执法的必然要求。习近平总书记亲切会见全国公安系统英雄模范立功集体表彰大会代表时发表重要讲话，对公安队伍提出了"对党忠诚、服务人民、执法公正、纪律严明"的总要求。2014年中国共产党第十八届中央委员会第四次全体会议通过的《中共中央关于全面推进依法治国若干重大问题的决定》指出："坚持严格规范公正文明执法。依法惩处各类违法行为，加大关系群众切身利益的重点领域执法力度。完善执法程序，建立执法全过程记录制度。明确具体操作流程，重点规范行政许可、行政处罚、行政强制、行政征收、行政收费、行政检查等执法行为。严格执行重大执法决定法制审核制度。"

执法公正，不仅包括结果的公正，更包括过程的公正，要让人民群众在每一个案件中实实在在地看得见公平正义，这就是为什么党在强调"严格规范公正文明执法"时尤其强调全过程的公正。这要求我们在执法办案时不能主观武断、以权代法、以私废公，应遵循法定程序，深入理解和吃透法律的宗旨与精神，始终按照法律规定的程序和标准办事，廉洁自律，严守回避等规定，在执法机制和流程上努力消除与法律的精神及原则不符的、可能会影响公正性评价的因素。不仅如此，公正还要求处理恰如其分，既不过于严酷，也不失之宽纵。易言之，对违法者的处罚要与违法的情节成比例，不能失之过轻或一味重罚，实现"过罚相当"。

三、公开原则

公开原则，就是要使执法的职权职责、执法的程序和标准、执法的过程和结果，在法律规范允许的范围内向当事人乃至全社会依法公开。执法司法不规范、不严格、不透明、不文明现象是与法治建设目标不符的，是必须加以杜绝的。2014 年《中共中央关于全面推进依法治国若干重大问题的决定》提出，“全面推进政务公开。坚持以公开为常态、不公开为例外原则，推进决策公开、执行公开、管理公开、服务公开、结果公开。各级政府及其工作部门依据权力清单，向社会全面公开政府职能、法律依据、实施主体、职责权限、管理流程、监督方式等事项。重点推进财政预算、公共资源配置、重大建设项目批准和实施、社会公益事业建设等领域的政府信息公开。”“涉及公民、法人或其他组织权利和义务的规范性文件，按照政府信息公开要求和程序予以公布。推行行政执法公示制度。推进政务公开信息化，加强互联网政务信息数据服务平台和便民服务平台建设。”习近平总书记 2014 年 1 月在中央政法工作会议上的讲话中指出：“要坚持以公开促公正、以透明保廉洁，增强主动公开、主动接受监督的意识，让暗箱操作没有空间，让司法腐败无法藏身。”①

公安机关的行政执法，也要按照《公安机关办理行政案件程序规定》及《政府信息公开条例》《公安机关执法公开规定》进行公开，接受群众的监督，以公开促公正、以公开取信任。根据《公安机关执法公开规定》第 9 条第 1 款，公安机关应当主动向社会公开下列信息：“（一）公安机关的职责权限，人民警察的权利义务、纪律要求和职业道德规范；（二）涉及公民、法人和其他组织权利义务的规范性文件；（三）刑事、行政、行政复议、国家赔偿等案件的受理范围、受理部门及其联系方式、申请条件及要求、办理程序及期限和对外法律文书式样，以及当事人的权利义务和监督救济渠道；（四）行政管理相对人的权利义务和监督救济渠道；（五）与执法相关的便民服务措施；（六）举报投诉的方式和途径；（七）承担对外执法任务的内设机构和派出机构的名称及其职责权限；（八）窗口单位的办公地址、工作时间、联系方式以及民警姓名、警号；（九）固定式交通技术监控设备的设置信息；（十）采取限制交通措施、交通管制和现场管制的方式、区域、起止时间等信息；（十一）法律、法规、规章和其他规范性文件规定应当向社会公开的其他执法信息。”不仅如此，根据《公

---

① 《习近平出席中央政法工作会议并发表重要讲话》，载人民网，http：//cpc. people. com. cn/n/2014/0109/c64094 –24065903. html，最后访问时间：2019 年 12 月 1 日。

安机关执法公开规定》，在办理行政案件过程之余，公安机关还可以根据执法办案的情况，向社会公开辖区治安状况、道路交通安全形势、安全防范预警等信息。在案件办理后，公安机关应当逐步向社会公开行政处罚决定、行政复议结果的生效法律文书。适用简易程序作出的行政处罚决定生效法律文书可以不向社会公开。

此外，公安机关还应当在办理案件时，通过提供查询的方式，向案件涉及的特定对象公开信息。《公安机关执法公开规定》第 21 条规定："公安机关办理刑事、行政、行政复议、国家赔偿等案件，或者开展行政管理活动，法律、法规、规章和其他规范性文件规定向特定对象告知执法信息的，应当依照有关规定执行。"第 22 条进一步规定："除按照本规定第二十一条向特定对象告知执法信息外，公安机关应当通过提供查询的方式，向报案或者控告的被害人、被侵害人或者其监护人、家属公开下列执法信息：（一）办案单位名称、地址和联系方式；（二）刑事立案、移送审查起诉、终止侦查、撤销案件等情况，对犯罪嫌疑人采取刑事强制措施的种类；（三）行政案件受案、办理结果。公安机关在接受报案时，应当告知报案或者控告的被害人、被侵害人或者其监护人、家属前款所列执法信息的查询方式和途径。"此外，如果办理行政案件时涉及网上公开办事（例如网上咨询、提出申请等），也应按照《公安机关执法公开规定》的要求进行。

需要注意的是，在办理行政案件时，也需要注意遵守《公安机关办理行政案件程序规定》第 8 条的保密原则，具体要求将于后文详述。

四、及时原则

及时原则，就是行政行为必须按照法律规范的时限要求作出，行政案件的办理必须符合行政程序规定的各种时间限制。行政处罚和行政强制都有严格的时限要求，这既是因为人民群众权益保障的需求，也是出于案件办理质量和工作效率的要求。及时原则覆盖公安机关执法办案的每一个流程，包括接处警、受立案、调查措施、处罚决定直至处罚的执行，当然覆盖了《公安机关办理行政案件程序规定》中的所有办案环节。正所谓"迟来的正义也是非正义"，迟延作为也是不作为的一种形式，执法办案必须严格遵循及时原则的要求，避免推诿拖沓、懒政怠政。

实际上，法律、法规、规章所规定的时间限制往往是底线，实践中有不少对执法办案时间要求更为迫切的情形。我们不能一味将法律、法规、规章所允许的最长程序时限当作合理的执法办案时间，如果在维护公平正义、保护公民权益的过程中面临更为迫切的情形，就应当抓紧宝贵的时间，及时采取有效措施或作出行政行为。

五、尊重和保障人权，保护公民的人格尊严

《公安机关办理行政案件程序规定》要求“尊重和保障人权，保护公民的人格尊严”，这一原则直接来自于《宪法》。《宪法》第33条第3款规定：“国家尊重和保障人权。”第38条规定：“中华人民共和国公民的人格尊严不受侵犯。禁止用任何方法对公民进行侮辱、诽谤和诬告陷害。”因此，尊重和保障人权，保护公民的人格尊严，是我国根本大法提出的要求，也是《治安管理处罚法》和《公安机关办理行政案件程序规定》明确坚持的原则。

在公安执法的过程中，既要尊重和保障违法嫌疑人、违法人员的人权，也要尊重和保障被侵害人、证人及其他相关人员的人权；既要保护违法嫌疑人、违法人员的人格尊严，也要尊重和保障被侵害人、证人及其他相关人员的人格尊严，不可偏废。

在执法办案的过程中，除了应当符合《公安机关办理行政案件程序规定》中有关保证违法嫌疑人的饮食和必要的休息时间、不得以有损人格尊严的方式进行检查、为商业秘密和个人隐私保密等要求外，还应当注意工作方法和态度，注意执法的手段和幅度，在依法实现执法办案目的的前提下，尽可能尊重当事人的人权和人格尊严。《人民警察法》第20条规定：“人民警察必须做到：（一）秉公执法，办事公道；（二）模范遵守社会公德；（三）礼貌待人，文明执勤；（四）尊重人民群众的风俗习惯。”这些要求与“尊重和保障人权，保护公民的人格尊严”的要求在实践中也是相辅相成的。在整个行政执法办案过程中，做到礼貌待人、文明执勤、尊重人民群众的风俗习惯，本身也是对当事人人格尊严的一种尊重。但是，“尊重和保障人权，保护公民的人格尊严”的要求比单纯的礼貌、文明、尊重风俗习惯等要更深一层，要在执法办案时切实考虑到当事人的合法权益和人格尊严保障问题，执法措施应限于实现执法目的的必要限度以内，不得损害与执法目的无关的公民权益，也不得在执法过程中表达歧视性的立场，使被侵害人、证人和违法行为人都能感受到他们是完全被依法对待，最大限度争取执法行为相对人和社会公众对执法行为本身的认同和信服。

【执法风险提示】

1. 充分考虑当事人违法程度与处罚力度是否成比例、过罚是否相当，是否不顾个案情节，对当事人的违法行为给予畸轻畸重的处罚。

2. 充分遵守执法公开的规定，认定相关信息属于国家秘密或警务工作秘密须有明确的依据，公开时也要考虑是否涉及第三方的商业秘密和个人隐私。

3. 办案过程中充分尊重公民的人权和人格尊严，避免野蛮执法或侮辱、虐待相对人等情况。

【相关规定】

《行政处罚法》第 4 条；《治安管理处罚法》第 5 条；《政府信息公开条例》第 9—14 条；《公安机关执法公开规定》第 4—6 条。

第五条　【教育与处罚相结合原则】办理行政案件应当坚持教育与处罚相结合的原则，教育公民、法人和其他组织自觉守法。

【条文主旨】

本条是办理行政案件的基本原则之一，具有鲜明的中国特色。

【理解与适用】

教育（教化）与处罚（包括刑罚）相结合，是中国法制史上具有鲜明特色的一个原则。《行政处罚法》第 5 条规定：“实施行政处罚，纠正违法行为，应当坚持处罚与教育相结合，教育公民、法人或者其他组织自觉守法。”《治安管理处罚法》第 5 条第 3 款规定：“办理治安案件应当坚持教育与处罚相结合的原则。”可见，这是我国法律的一贯要求。

“教育”的内容是公民、法人和其他组织自觉守法，无论法条表述中是“处罚”在前还是“教育”在前，都表明了处罚与教育两种手段不可偏废的道理。这里的“教育”，主要是常规的谈话、开导、沟通，特别是在治安调解的过程中一般都会伴随某种教育的过程；必要的时候，按照《治安管理处罚法》第 76 条的规定，对部分案件的违法行为人采取强制性教育措施。教育与处罚相结合，本质上还是为了社会的和谐安定。因为行政处罚不是目的，而是一种手段。处罚本身也是一种教育，它应当和其他的教育方式结合起来，使得当事人及社会公众明白法律的界限和权威，防止违法和犯罪的再次发生。应当把处罚与教育的手段结合起来，形成有效的合力，维护安定团结的社会局面。

【执法风险提示】

根据中共中央办公厅、国务院办公厅印发的《关于实行国家机关“谁执法谁普法”普法责任制的意见》的相关要求，建议办案部门在行政案件的法律文书中增加记载教育经过的内容。

【相关规定】

《行政处罚法》第5条；《治安管理处罚法》第3条。

第六条 【保障未成年人合法权益原则】 办理未成年人的行政案件，应当根据未成年人的身心特点，保障其合法权益。

【条文主旨】

本条是办理行政案件的基本原则之一，是当今世界各国普遍认可的准则。

【理解与适用】

这一要求是与现行法律规定的精神一脉相承的。《未成年人保护法》第55条规定：“公安机关、人民检察院、人民法院办理未成年人犯罪案件和涉及未成年人权益保护案件，应当照顾未成年人身心发展特点，尊重他们的人格尊严，保障他们的合法权益，并根据需要设立专门机构或者指定专人办理。”在刑事诉讼中，对于未成年人的权益保障已经有比较系统而成熟的要求，在行政执法时，也应当对未成年人加以特别的保护。这既是对未成年人身心健康的关怀，也是防范执法风险、确保执法安全的重要原则。

《公安机关办理行政案件程序规定》第75条要求：“询问未成年人时，应当通知其父母或者其他监护人到场，其父母或者其他监护人不能到场的，也可以通知未成年人的其他成年亲属，所在学校、单位、居住地基层组织或者未成年人保护组织的代表到场，并将有关情况记录在案。确实无法通知或者通知后未到场的，应当在询问笔录中注明。”第181条第1款要求：“当事人中有未成年人的，调解时应当通知其父母或者其他监护人到场。但是，当事人为年满十六周岁以上的未成年人，以自己的劳动收入为主要生活来源，本人同意不通知的，可以不通知。”这两条要求是对未成年人特别权益保障原则的直观体现。

未成年人在法律上一般为限制民事行为能力人甚至无民事行为能力人，不能完全自主、理性地作出判断和选择，人生观、世界观、价值观还在塑造的过程中，需要负责任的成年人进行监护或照顾。根据未成年人的身心特点，在许多关键场合下要求有监护人或者其他适格人员在场，是我们在办理未成年人案件时的一般准则。

在办理行政案件的过程中，特别注意保障未成年人的饮食和休息条件，注意对未成年人进行感化和教育，也是我们在实践中不可忽视的。不少地方的执法办案管理中心建立了专门的未成年人心理辅导室，这也与《刑事诉讼法》及《预防未成年人犯罪法》的精神相一致。《预防未成年人犯罪法》第37条还规定：“未成年人有本法规定严重不良行为，构成违反治安管理行为的，由公安机关依法予以治安处罚。因不满十四周岁或者情节特别轻微免予处罚的，可以予以训诫。”是否需要予以训诫，公安机关应根据具体涉案未成年人的行为性质及心理特点决定。

【执法风险提示】

1. 涉及未成年人的办案过程需要其监护人或者其他适格人员在场，相关法律文书亦需要监护人或其他适格人员签名。

2. 在需要传唤、询问未成年人的案件中，优先考虑联系其监护人；在其监护人不能到场时，方可联系其他适格人员。

3. 特别注意保障未成年人的饮食和休息条件，并在法律文书中体现。

【相关规定】

《未成年人保护法》第55条；《治安管理处罚法》第12条；《行政处罚法》第25条；《预防未成年人犯罪法》第14条。

第七条　【使用当地语言文字询问原则】 办理行政案件，在少数民族聚居或者多民族共同居住的地区，应当使用当地通用的语言进行询问。对不通晓当地通用语言文字的当事人，应当为他们提供翻译。

【条文主旨】

本条是办理行政案件的基本原则之一，体现我国民族政策。

【理解与适用】

一、使用当地通用的语言进行询问

《治安管理处罚法》第86条第2款规定："询问不通晓当地通用的语言文字的违反治安管理行为人、被侵害人或者其他证人，应当配备翻译人员，并在笔录上注明。"许多民族自治地方的自治条例也有相似的规定。《公安机关办理行政案件程序规定》明确要求在少数民族聚居或者多民族共同居住的地区使用当地通用的语言进行询问，这是在涉及少数民族的案件办理程序中提出了进一步贴合实际的要求。

二、对不通晓当地通用语言文字的当事人，应当为他们提供翻译

应当注意的是，这一规定并不仅仅适用于少数民族。只要是在少数民族聚居或者多民族共同居住的地区办理行政案件，对所有当事人都应当使用当地通用的语言进行询问；无论当事人是哪一民族，只要不通晓当地通用语言文字，都应当为他们提供翻译。

在我国，汉字实际上已经成为许多少数民族聚居或者多民族共同居住地区的通用文字，但普通话则不一定是该地区的通用语言。在实际办案中，对于通用语言和文字间出现的这种差异，要把握好原则灵活处理，既为当地当事人提供方便，使其能够准确而完整地进行交流和表达，又不损害文字记载的准确性和完整性。《公安机关办理行政案件程序规定》并不要求此处的语言和文字必须是同一种类。

【执法风险提示】

1. 联系翻译人员，应注意提示当事人有申请翻译人员回避的权利，注意翻译人员也需要遵守回避的有关规定。

2. 涉及翻译人员的法律文书，需要翻译人员签名，最大限度地避免法律风险、保障办案公正。

【相关规定】

《治安管理处罚法》第 86 条。

> **第八条　【保密原则】**公安机关及其人民警察在办理行政案件时，对涉及的国家秘密、商业秘密或者个人隐私，应当保密。

【条文主旨】

本条是办理行政案件的基本原则之一，习惯上称为“保密原则”。

【最新修改提示】

本条对应修改前的第 31 条，内容未变化。

【理解与适用】

在 2018 年《公安机关办理行政案件程序规定》的修改中，保密原则由原第 31 条改为第 8 条，直接进入第一章“总则”部分，可见其重要性。本条涉及政府信息公开制度、行政公开原则与保密问题的综合判断，在实务操作中日益得到重视。

一、保守国家秘密和警务工作秘密是公安机关必须遵守的法律义务

《保守国家秘密法》第 3 条规定：“国家秘密受法律保护。一切国家机关、武装力量、政党、社会团体、企业事业单位和公民都有保守国家秘密的义务。任何危害国家秘密安全的行为，都必须受到法律追究。”根据《公安机关执法公开规定》，公安机关不得公开涉及国家秘密或者警务工作秘密，以及可能影响国家安全、公共安全、经济安全和社会稳定或者妨害执法活动的执法信息；但对于其他的信息，必须依法主动公开或依申请公开。所谓“国家秘密”，是按照《保守国家秘密法》，经过定密程序确定，是关系国家安全和利益，依照法定程序确定，在一定时间内只限一定范围的人员知悉的事项，分为绝密、机密和秘密三级；所谓“警务工作秘密”，有《公安机关警务工作秘密具体范围的规定》等文件加以限定。实践中，公安机关既需要严格保守秘密，又不能随意以“秘密”为由来拒绝公开本应依法公开的信息，需要对照《保守国家秘密法》和《公安机关警务工作秘密具体范围的规定》的要求确定不公开的范围。

二、对商业秘密和个人隐私是有例外的法律义务

《政府信息公开条例》第15条规定：“涉及商业秘密、个人隐私等公开会对第三方合法权益造成损害的政府信息，行政机关不得公开。但是，第三方同意公开或者行政机关认为不公开会对公共利益造成重大影响的，予以公开。”《公安机关执法公开规定》第6条规定：“公安机关不得公开涉及国家秘密或者警务工作秘密，以及可能影响国家安全、公共安全、经济安全和社会稳定或者妨害执法活动的执法信息。公安机关不得向权利人以外的公民、法人或者其他组织公开涉及商业秘密、个人隐私的执法信息。但是，权利人同意公开，或者公安机关认为不公开可能对公共利益造成重大影响的，可以公开。”权利人同意和公共利益重大影响是对商业秘密及个人隐私保密的两个例外，如果涉及个人隐私或商业秘密的信息需要公开时，权利人同意需要专门的书面签名或印章，对公共利益的重大影响则需要保存足以令人民法院确信的证据。

公安机关在进行信息公开或信息反馈时，应认真对照《政府信息公开条例》《公安机关执法公开规定》等法规、规章的要求和相关规范性文件的规定，对应公开的信息及时公开，对应保护的秘密、隐私及执法信息加以周全的保护。在相关信息部分地涉及商业秘密或个人隐私时，如果可以对信息作局部处理，公安机关应按照《政府信息公开条例》和《公安机关执法公开规定》的规定，对当事人作隐名处理，或删除部分不宜公开的信息。

【执法风险提示】

1. 需要进行信息公开或依法向当事人反馈时，应先检查相关信息是否涉及国家秘密、警务工作秘密、商业秘密、个人隐私。

2. 权利人同意或公共利益重大影响需要保存必要的证据。

【相关规定】

《保守国家秘密法》第3条、第4条、第9—11条；《政府信息公开条例》第14条；《公安机关执法公开规定》第6条。

第九条　【法律责任】公安机关人民警察在办案中玩忽职守、徇私舞弊、滥用职权、索取或者收受他人财物的，依法给予处分；构成犯罪的，依法追究刑事责任。

【条文主旨】

本条规定的是行政执法办案中给予处分、追究刑事责任的规定。

【最新修改提示】

本条对应修改前的第 8 条，内容未变化。

【理解与适用】

这一规定背后是《刑法》《行政处罚法》《行政强制法》《人民警察法》《治安管理处罚法》《道路交通安全法》等众多法律以及公安行政执法中规定了法纪责任的法规、规章。权责一致是法治政府的内在要求，公安执法办案的权力必然与相关的责任密切相连。

一、依法给予处分

《人民警察法》第 48 条第 2 款规定："行政处分分为：警告、记过、记大过、降级、撤职、开除。对受行政处分的人民警察，按照国家有关规定，可以降低警衔、取消警衔。"第 3 款进一步补充了纪律措施："对违反纪律的人民警察，必要时可以对其采取停止执行职务、禁闭的措施。"在人民警察办理行政案件的过程中，如果出现不符合公权力行使要求的违法情形，例如《治安管理处罚法》第 116 条中的十一种情形，办案人民警察就要面对法律和纪律的责任追究。

二、依法追究刑事责任

公安机关人民警察在办案中玩忽职守、徇私舞弊、滥用职权、索取或者收受他人财物构成犯罪的，依法追究刑事责任。

因此，人民警察在经办行政案件时，必须做到公平公正、奉公守法，不得体罚、虐待、侮辱他人，不得私分、侵占、挪用、故意损毁收缴、扣押的财物，不得利用职务上的便利收受他人财物或者谋取其他利益，不得为违法行为人通风报信，不得有其他严重违反行政程序和法纪规定、侵害当事人合法权益的情形，切实做到秉公执法、风清气正。

【执法风险提示】

1. 执法办案过程中不得使用暴力或虐待的方式，不得超过询问查证的法定时间限制人身自由。

2. 各种涉案财物、款项的管理应严格遵照法定程序进行。

3. 不得在执法办案过程中以权谋私、徇私舞弊、滥用职权。

【相关规定】

《人民警察法》第48条；《治安管理处罚法》第116条。

案例分析

办理行政案件原则的适用

——毛某诉××市×旗森林公安局治安行政处罚案①

△基本案情

2015年5月14日×旗×镇村民因某林地权属纠纷与林场造林工作人员发生冲突，阻拦运输苗木车辆，抢夺生产工具，殴打造林人员。接报警后，×旗森林公安局出警到现场处置，在处置纠纷期间受到村民阻碍、抢夺办案仪器、追打办案警察并拦截公安办案车辆。5月14日，×旗森林公安局认定上述行为构成寻衅滋事，于当日作出××行罚决字〔2015〕18号行政处罚决定书，给予村民毛某拘留15日的行政处罚，同时对其他违法嫌疑人给予相应的行政处罚。毛某不服该行政处罚决定于2015年6月3日向×旗人民政府申请行政复议，×旗人民政府于2015年7月27日作出行政复议决定书，认定×旗森林公安局作出的行政处罚认定事实清楚，证据充分，程序合法，适用法律依据准确，维持了×旗森林公安局作出的行政处罚决定。毛某对上述行政处罚行为及行政复议行为不服，向人民法院提起行政诉讼，要求撤销被告×旗森林公安局作出的行政处罚决定书。

一审人民法院认为，原告对被告×旗森林公安局行政处罚决定事实依据有异议，认为原告出现在案发现场是向案外人某某格索要欠款而非参与寻衅滋事。经综合审查原、被告双方提交的证据及质证意见，原告所述理

---

① 参见（2016）内05行终52号行政判决书。

由不能成立，原因如下：1. 原告诉称其到案发现场的原因是向案外人某某格索要欠款，但根据讯问笔录可认定某某格并未在案发现场。而2015年5月14日5时30分许，原告通过电话得知其哥哥某某尔及嫂子图某在案发现场“抢地”，仍然开车带其父亲何某某（另案违法行为人）赶往案发现场。2. 被告提交的5月14日执法记录仪录取的案发现场视频，可以认定案发当日原告至迟自6时44分至7时39分29秒在现场并参与了拦截公安机关办案车辆，原告对该组证据并无异议且未提交有力的相反证据加以否定。综上，原告明知村民组织阻碍林场生产活动，甚至拦截公安机关办案车辆、追打公安机关办案民警、阻碍公安机关正常工作，仍参与其中，可以认定原告的行为属于寻衅滋事。该行为在当地造成了较大的影响，情节较重，被告×旗森林公安局以原告违反《中华人民共和国治安管理处罚法》第26条的规定给予原告拘留15日的处罚，事实清楚、证据充分、程序合法，量罚得当。虽然该行政处罚决定认定原告实施违法行为的时间不够精确，但该瑕疵并不影响对原告违法行为的认定及处罚。被告×旗人民政府在受理原告的复议申请后经过法定程序并在法定期限内以行政复议决定书的形式书面给予原告答复，复议行为认定事实清楚、复议程序合法、适用法律正确，故原告的诉讼请求不能成立，根据《中华人民共和国行政诉讼法》第69条的规定，判决驳回原告毛某的诉讼请求。毛某不服，提起上诉。

二审人民法院认为，《中华人民共和国行政诉讼法》第87条规定：“人民法院审理上诉案件，应当对原审人民法院的判决、裁定和被诉行政行为进行全面审查。”本案中，被上诉人×旗森林公安局对上诉人毛某作出《行政处罚决定书》的事实依据为：“2015年5月12日至14日，毛某多次聚众阻扰林场在位于××的林地生产经营活动，抢夺生产工具，阻拦运输苗木车辆，殴打造林人员，阻碍民警正常办案，抢夺办案仪器，追逐殴打办案人员。”但根据被上诉人×旗森林公安局提供的证据仅能证明上诉人毛某2015年5月14日在案发现场，无法证明上诉人毛某实施了“多次聚众阻扰林场在位于××的林地生产经营活动，抢夺生产工具，阻拦运输苗木车辆，殴打造林人员，阻碍民警正常办案，抢夺办案仪器，追逐殴打办案人员”行为。虽然上诉人毛某提交的证据无法证明其在现场系向案外人索要欠款而非参与寻衅滋事，但根据《中华人民共和国行政诉讼法》第34条第1款“被告对作出的行政行为负有举证责任，应当提供作出该行政行为的证据和所依据的规范性文件”及第37条“原告可以提供证明行政行为违法的证据。原告提供的证据不成立的，不免除被告的举证责任”

之规定，被上诉人×旗森林公安局应当依照《中华人民共和国治安管理处罚法》第5条第1款“治安管理处罚必须以事实为依据，与违反治安管理行为的性质、情节以及社会危害程度相当”及《公安机关办理行政案件程序规定》第3条“办理行政案件应当以事实为根据，以法律为准绳”、第24条第1款“公安机关必须依照法定程序，收集能够证实违法嫌疑人是否违法、违法情节轻重的证据”等规定合法、及时、客观、全面地收集、调取违法行为是否存在证据材料。本案中，被上诉人×旗森林公安局及×旗人民政府所提交的证据无法证明处罚决定中所认定的违法行为存在。故被上诉人×旗森林公安局作出的《行政处罚决定书》及被上诉人×旗人民政府作出的《行政复议决定书》主要证据不足，依照《中华人民共和国行政诉讼法》第70条第1项、第89条第1款第2项及第3款、《最高人民法院关于适用〈中华人民共和国行政诉讼法〉若干问题的解释》① 第十条第一款之规定，判决如下：

一、撤销×旗人民法院（2015）奈法行初字第31号行政判决；

二、撤销×旗森林公安局××行罚决字〔2015〕18号《行政处罚决定书》及×旗人民政府《行政复议决定书》（××字〔2015〕4号）；

一、二审案件受理费100元，由被上诉人×旗森林公安局负担。

△核心问题

办理行政案件的原则如何适用。

△法律评析

本案中涉及的主要问题是案件事实和证据方面的问题，即×旗森林公安局是否有足够的证据认定毛某实施了“多次聚众阻扰林场在位于××的林地生产经营活动，抢夺生产工具，阻拦运输苗木车辆，殴打造林人员，阻碍民警正常办案，抢夺办案仪器，追逐殴打办案人员”的行为。

二审人民法院在判决中援用了《公安机关办理行政案件程序规定》中的“以事实为根据，以法律为准绳”的原则，强调“公安机关必须依照法定程序，收集能够证实违法嫌疑人是否违法、违法情节轻重的证据”。一个行政案件所认定的每一点事实都必须有相应的证据进行证明，而这些证据在行政执法办案的过程中即应收集完整，因为公安机关在行政诉讼中对其行政行为的合法性负举证责任，亦即公安机关如果不能完整地证明案件事实，当案件事实处于模糊不清或者未达到行政诉讼证明标准的状态，公

① 已被《最高人民法院关于适用〈中华人民共和国行政诉讼法〉的解释》废止。

安机关将承受败诉风险。

因此，公安机关在行政执法办案程序中必须时刻注意“以事实为根据，以法律为准绳”的要求，按照法定的标准和范围进行调查取证，通过合法的程序和调查手段做到事实清楚、证据确凿，使人民群众在每一个案件中都能看得见公平正义。

第二章 管 辖

第十条 【地域管辖】 行政案件由违法行为地的公安机关管辖。由违法行为人居住地公安机关管辖更为适宜的，可以由违法行为人居住地公安机关管辖，但是涉及卖淫、嫖娼、赌博、毒品的案件除外。

违法行为地包括违法行为发生地和违法结果发生地。违法行为发生地，包括违法行为的实施地以及开始地、途经地、结束地等与违法行为有关的地点；违法行为有连续、持续或者继续状态的，违法行为连续、持续或者继续实施的地方都属于违法行为发生地。违法结果发生地，包括违法对象被侵害地、违法所得的实际取得地、藏匿地、转移地、使用地、销售地。

居住地包括户籍所在地、经常居住地。经常居住地是指公民离开户籍所在地最后连续居住一年以上的地方，但在医院住院就医的除外。

移交违法行为人居住地公安机关管辖的行政案件，违法行为地公安机关在移交前应当及时收集证据，并配合违法行为人居住地公安机关开展调查取证工作。

【条文主旨】

本条是关于公安机关办理行政案件地域管辖的规定。

【最新修改提示】①

修改前（2012 版）	修改后（2018 版）
第九条 行政案件由违法行为地的公安机关管辖。由违法行为人居住地公安机关管辖更为适宜的，可以由违法行为人居住地公安机关管辖，但是涉及卖淫、嫖娼、赌博、毒品的案件除外。 移交违法行为人居住地公安机关管辖的行政案件，违法行为地公安机关在移交前应当及时收集证据，并配合违法行为人居住地公安机关开展调查取证工作。	**第十条** 行政案件由违法行为地的公安机关管辖。由违法行为人居住地公安机关管辖更为适宜的，可以由违法行为人居住地公安机关管辖，但是涉及卖淫、嫖娼、赌博、毒品的案件除外。 **违法行为地包括违法行为发生地和违法结果发生地。违法行为发生地，包括违法行为的实施地以及开始地、途经地、结束地等与违法行为有关的地点；违法行为有连续、持续或者继续状态的，违法行为连续、持续或者继续实施的地方都属于违法行为发生地。违法结果发生地，包括违法对象被侵害地、违法所得的实际取得地、藏匿地、转移地、使用地、销售地。** **居住地包括户籍所在地、经常居住地。经常居住地是指公民离开户籍所在地最后连续居住一年以上的地方，但在医院住院就医的除外。** 移交违法行为人居住地公安机关管辖的行政案件，违法行为地公安机关在移交前应当及时收集证据，并配合违法行为人居住地公安机关开展调查取证工作。

【理解与适用】

一、地域管辖的概念

公安行政案件的管辖，是指公安机关在行政违法案件受理范围上的划分和权限上的分工。明确、具体的公安行政案件管辖规定，有利于公安机关明确在行政执法中的权限范围，有效避免越权和滥用职权，避免行政执法中的相互推诿和互相“争管”等情况；有利于案件的及时、公正处理，

① 重要的修改之处采用对照表形式表现，并用黑体字及波浪线予以凸显。

提高办案效率；有利于相对人合法权益的保护，有利于上级部门和其他机关、团体、企事业单位和公民的监督，提高行政违法案件的办案质量。公安机关对行政违法案件的管辖主要包括：级别管辖、地域管辖、专门管辖和指定管辖等。

地域管辖，是指同级公安机关之间首次查处行政案件的权限分工。地域管辖是同级公安机关之间行政案件处理权的横向划分，即确定行政案件由哪个地方的公安机关管辖。《行政处罚法》第20条规定，行政处罚由违法行为发生地的县级以上地方人民政府具有行政处罚权的行政机关管辖。法律、行政法规另有规定的除外。

二、行政案件由违法行为地的公安机关管辖

行政案件由违法行为地的公安机关管辖。这里的“违法行为地”应作广义的理解，违法行为地包括违法行为发生地和违法结果发生地。

（一）违法行为发生地，包括违法行为的实施地以及开始地、途经地、结束地等与违法行为有关的地点；违法行为有连续、持续或者继续状态的，违法行为连续、持续或者继续实施的地方都属于违法行为发生地。

（二）违法结果发生地，包括违法对象被侵害地、违法所得的实际取得地、藏匿地、转移地、使用地、销售地。

三、由违法行为人居住地公安机关管辖更为适宜的，可以由违法行为人居住地公安机关管辖，但是涉及卖淫、嫖娼、赌博、毒品的案件除外

（一）居住地包括户籍所在地、经常居住地。经常居住地是指公民离开户籍所在地最后连续居住一年以上的地方，但在医院住院就医的除外。

（二）所谓“更为适宜”是指相对于违法行为地公安机关管辖而言，由违法行为人居住地公安机关管辖更有利于案件的调查取证和执行，或者更有利于对违法行为人的教育，或者更有利于节约办案成本，或者违法行为是由违法行为人居住地公安机关首先发现的等。

（三）移交违法行为人居住地公安机关管辖的行政案件，违法行为地公安机关在移交前应当及时收集证据，并配合违法行为人居住地公安机关开展调查取证工作。适用违法行为人居住地公安机关管辖的案件，违法行为地公安机关并不是没有责任了，如果是违法行为地公安机关首先发现并移交违法行为人居住地公安机关管辖的案件，违法行为地公安机关在移交前应当及时收集证据，在移交案件时将违法行为证据一并移交，并配合违法行为人居住地公安机关开展调查取证工作。

（四）卖淫、嫖娼、赌博、毒品的案件不适用违法行为人居住地管辖。为防止公安机关滥用违法行为人居住地管辖原则，本条特别规定了，涉及卖淫、嫖娼、赌博、毒品的案件不适用违法行为人居住地公安机关管辖，由违法行为地的公安机关管辖。

公安机关办理行政案件地域管辖的一般原则是违法行为地管辖，违法行为人居住地公安机关管辖只是违法行为地管辖原则的辅助和补充，只有在违法行为人居住地公安机关管辖更为适宜时，才由违法行为人居住地公安机关管辖。

【执法风险提示】

1. “违法行为地”应作广义的理解，既包括违法行为发生地，也包括违法结果发生地，应避免有违法行为地即是违法行为发生地的习惯性思维。

2. 涉及卖淫、嫖娼、赌博、毒品的案件不适用居住地管辖，由违法行为地的公安机关管辖。

3. 移交违法行为人居住地公安机关管辖的行政案件，违法行为地公安机关在移交前应当及时收集证据，并配合违法行为人居住地公安机关开展调查取证工作。避免一旦案件移交，不负任何责任的现象。

4. 特别提示：

（1）交通技术监控资料记录的违法行为可以由违法行为地、发现地或者机动车登记地的公安机关交通管理部门管辖。违法行为人或者机动车所有人、管理人对交通技术监控资料记录的违法行为事实有异议的，应当由违法行为地公安机关交通管理部门管辖。

（2）在我国境内通过计算机网络、电话、手机短信等方式参与境外赌场赌博活动的，由违法行为人所在地公安机关管辖；我国公民赴境外赌场赌博，赌资结算地在境内的，由结算地公安机关管辖。

（3）毒品违法行为地包括违法行为实施地、违法行为结果发生地、销赃地等与违法活动有关的地方。违法行为有继续或者持续状态的，违法行为继续或者持续的地方都属于违法行为地。对持续状态的吸毒行为，发现地公安机关可以按照违法行为地原则予以管辖。但是，吸毒行为实际发生地的公安机关已对吸毒人员依法处理的，发现地公安机关不得对同一行为作出处理决定。

（4）涉嫌违反出境入境管理被境外遣返人员的治安案件，一般由接收被遣返人员的出入境边防检查机关管辖。必要时，也可以移交违法行为地或者违法行为人居住地公安机关管辖。

（5）交通运输工具涉嫌违反出境入境管理的治安案件，一般由违法行为地出入境边防检查机关管辖。发现其违法行为时，交通运输工具已经驶离违法行为地的，也可由交通运输工具当时所在口岸或者再入境时抵达口岸的出入境边防检查机关管辖。

【相关规定】

《行政处罚法》第20条；《治安管理处罚法》第91条。

第十一条　【网络违法行为管辖】针对或者利用网络实施的违法行为，用于实施违法行为的网站服务器所在地、网络接入地以及网站建立者或者管理者所在地，被侵害的网络及其运营者所在地，违法过程中违法行为人、被侵害人使用的网络及其运营者所在地，被侵害人被侵害时所在地，以及被侵害人财产遭受损失地公安机关可以管辖。

【条文主旨】

本条是关于公安机关办理针对或者利用网络实施违法行为的管辖的规定。

【最新修改提示】

本条为2018年《公安部关于修改〈公安机关办理行政案件程序规定〉的决定》新增条款。

【理解与适用】

近年来，信息技术发展迅速。以互联网为主体的信息网络日益普及，已成为人民群众工作、学习、生活不可缺少的组成部分。由于信息网络具有公共性、匿名性、便捷性等特点，一些不法分子针对或者利用网络肆意实施违法犯罪行为，如实施侮辱诽谤、寻衅滋事、敲诈勒索、传播淫秽信息等，侵犯公民人身权、财产权，扰乱公共秩序，妨害社会管理等行为，具有严重的社会危害性。现今，网络空间与现实社会已经融为一体，为了保护公民的合法权益，我国出台了《全国人民代表大会常务委员会关于维护互联网安全的决定》《网络安全法》《最高人民法院、最高人民检察院关于办理利用信息网络实施诽谤等刑事案件适用法律若干问题的解释》等规范。

针对或者利用网络实施的违法行为统称为网络违法。网络违法具有无国界性、虚拟性、非中心性等特点。由于网上的地址与现实空间的物理位置没有必然联系，给管辖的确定增加了难度。为了及时、准确、公正处理针对或者利用网络实施的违法行为，为广大人民群众提供规范、有序、健康的网络环境，《程序规定》在管辖一般原则的基础上，填补了法律规定的空白，明确了公安机关处理网络违法的职权分工。针对或者利用网络实施的违法行为，以下地方的公安机关可以管辖。

一、用于实施违法行为的网站服务器所在地、网络接入地以及网站建立者或者管理者所在地

（一）用于实施违法行为的网站服务器所在地。网站服务器可视为违法行为的终点以及侵害行为的起点，其与违法行为密切相关，根据管辖的一般原则，实施违法行为的网站服务器所在地公安机关对网络违法行为具有管辖权。

（二）用于实施违法行为的网络接入地。网络接入地与违法行为的发生相关，可视为违法行为发生地，故用于实施违法行为的网络接入地公安机关具有管辖权。

（三）用于实施违法行为的网站建立者或者管理者所在地。网络违法若是在某网站实施，网站建立者或者管理者所在地视为违法行为发生地，该地的公安机关具有管辖权。

二、被侵害的网络及其运营者所在地

（一）被侵害的网络所在地。如果是针对网络的违法，被侵害的网络所在地属于违法结果发生地，故被侵害的网络及其运营者所在地公安机关具有管辖权。

（二）被侵害的网络运营者所在地。针对网络实施的违法行为，网络运营者是受害人，故被侵害的网络运营者所在地的公安机关具有管辖权。

三、违法行为人、被侵害人使用的网络及其运营者所在地

（一）违法行为人使用的网络及其运营者所在地。

（二）被侵害人使用的网络及其运营者所在地。

违法过程中，违法行为人和被侵害人使用的网络及其运营者所在地属于违法行为发生地，该地的公安机关具有管辖权。

四、被侵害人被侵害时所在地，以及被侵害人财产遭受损失地

（一）被侵害人被侵害时所在地。利用网络实施侮辱、诽谤等侵犯他人人身权利的违法，被侵害人被侵害时所在地是违法结果发生地，根据管辖权分配的一般原理，该地的公安机关具有管辖权。

（二）被侵害人财产遭受损失地。利用网络实施诈骗、敲诈勒索等侵犯财产权利的违法行为，被侵害人财产遭受损失地属于违法结果发生地，该地的公安机关具有管辖权。

【执法风险提示】

在利用或者针对网络实施的违法中，一些用于实施违法行为的网站服务器、网站建立者或者管理者似乎是与违法行为无关，在确定管辖权时，往往被忽略。但在网络违法中，应把网络看作是违法的工具，那么网站服务器、网站建立者或者管理者等就是工具的提供者，他们也与违法行为相关，故本条规定了用于实施违法行为的网站服务器所在地、网络接入地以及网站建立者或者管理者所在地的公安机关也有管辖权。

【相关规定】

《行政处罚法》第 20 条；《公安机关办理刑事案件程序规定》第 16 条；《最高人民法院、最高人民检察院、公安部关于办理网络犯罪案件适用刑事诉讼程序若干问题的意见》。

第十二条 【客车上行政案件的管辖】行驶中的客车上发生的行政案件，由案发后客车最初停靠地公安机关管辖；必要时，始发地、途经地、到达地公安机关也可以管辖。

【条文主旨】

本条是关于在行驶中的客车上发生的行政案件的管辖规定。

【最新修改提示】

本条为 2018 年《公安部关于修改〈公安机关办理行政案件程序规定〉的决定》新增条款。

【理解与适用】

行驶中的客车上发生的行政案件，具有其自身特点。行驶的客车具有移动性，由于其处于持续高速行驶状态，即使违法行为立刻被发现，从空间位置上讲，位移很快出现。加之乘客往往对沿途环境不熟悉，即使立刻报警，真正的违法行为发生地也很难确定。从方便行政案件调查以及不影响客车正常运行和其他旅客的旅行考虑，本条规定，在行驶中的客车上发生的行政案件：

一、由案发后客车最初停靠地公安机关管辖

如果行政案件发生后，违法嫌疑人被当场抓获，或者被侵害人发现被侵害，途中向公安机关报警等，由案发后客车最初停靠地公安机关管辖。这样更有利于抓获违法嫌疑人，有利于案件证据的收集，同时也不影响客车的正常运行。

二、必要时，始发地、途经地、到达地公安机关也可以管辖

如果行驶中的客车上的行政案件没有即时被发现，或者发现后没有及时报警，客车停靠过站点的，可以根据具体情况选择客车的始发地、途经地、到达地公安机关管辖。所谓“必要时”是指根据具体情况，从便于调查取证，便于发现违法嫌疑人（如违法嫌疑人往往从始发站上车），节约办案成本等，选择更为适宜的公安机关管辖。

第十三条　【级别管辖】行政案件由县级公安机关及其公安派出所、依法具有独立执法主体资格的公安机关业务部门以及出入境边防检查站按照法律、行政法规、规章授权和管辖分工办理，但法律、行政法规、规章规定由设区的市级以上公安机关办理的除外。

【条文主旨】

本条是关于公安机关办理行政案件级别管辖的规定。

【最新修改提示】

本条为2018年《公安部关于修改〈公安机关办理行政案件程序规定〉的决定》新增条款。

【理解与适用】

级别管辖，是指上下级公安机关之间首次处理行政案件的分工和权限划分。级别管辖解决的是行政案件由哪一级公安机关管的问题。《治安管理处罚法》第7条规定，县级以上地方各级人民政府公安机关负责本行政区域内的治安管理工作。第91条规定，治安管理处罚由县级以上人民政府公安机关决定；其中警告、500元以下的罚款可以由公安派出所决定。本条具体规定了公安机关办理行政案件的级别管辖。

一、行政案件由县级公安机关及其公安派出所、依法具有独立执法主体资格的公安机关业务部门以及出入境边防检查站按照法律、行政法规、规章授权和管辖分工办理

（一）县（市）级公安机关依法享有管辖权。县（市）级以上公安机关都可以以自己的名义依法办理行政案件。关于如何划分县级以上各级公安机关对行政案件的管辖权，由公安机关具体规定。

（二）公安派出所依法享有管辖权。根据《治安管理处罚法》第91条的规定，公安派出所可以作出警告或者500元以下罚款的治安处罚。赋予公安派出所治安处罚权主要因为：治安案件量大面广，查处时效要求高，派出所熟悉辖区内的情况，更有利于对案件的查处，有利于提高治安案件的办案效率，有利于保护公民的合法权益和维护社会治安秩序；同时，公安派出所依法享有部分治安处罚权有着深刻的历史渊源。一直以来，公安派出所承担了大量的治安管理和治安案件的调查工作。1957年的《治安管理处罚条例》规定，治安管理处罚，由市、县公安局、公安分局裁决；警告可以由公安派出所裁决。在农村，5日以下拘留，可以由公安派出所裁决。1987年1月1日起施行的《治安管理处罚条例》保留了上述规定，对公安派出所的治安管理处罚权也作了明确规定。为确保公安机关依法、及时、有效地履行治安管理职责，2006年的《治安管理处罚法》保留了公安派出所的治安管理处罚权，并且为了适应治安形势发展的需要作了适当调整，将公安派出所的罚款数额由50元提高到了500元。

（三）依法具有独立执法主体资格的公安机关业务部门依法享有管辖权。公安机关内部的业务部门通常情况下不具有独立执法主体资格，除非有法律、行政法规、规章授权。如公安机关交通管理部门和出入境管理机构。《道路交通安全法》第5条第1款规定，国务院公安部门负责全国道路交通安全管理工作。县级以上地方各级人民政府公安机关交通管理部门负责本行政区域内的道路交通安全管理工作。《出境入境管理法》第70条规定："本章规定的行政处罚，除本章另有规定外，由县级以上地方人民政府公安机关或者出入境边防检查机关决定；其中警告或者五千元以下罚款，可以由县级以上地方人民政府公安机关出入境管理机构决定。"公安机关的交通管理部门和出入境管理部门，本是公安机关内部的业务部门，由于有法律的授权，使其具有了独立的行政执法主体资格。

获得法律、行政法规、规章授权的公安机关业务部门，其级别管辖分工也是要求由县级以上公安机关的业务部门管辖。《道路交通安全法》第5条规定："……县级以上地方各级人民政府公安机关交通管理部门负责本行政区域内的道路交通安全管理工作……"《道路交通安全法实施条例》第109条进一步规定，对道路交通安全违法行为人处以罚款或者暂扣驾驶证处罚的，由违法行为发生地的县级以上人民政府公安机关交通管理部门或者相当于同级的公安机关交通管理部门作出决定。

（四）出入境边防检查站依法享有管辖权。公安部出入境管理局统一指导全国出入境边防检查工作。各地出入境边防检查总站根据需要设立的出入境边防检查站，负责具体的边防检查工作，是国家设立在对外开放口岸的执法机关。《出境入境管理法》第70条规定"本章规定的行政处罚，除本章另有规定外，由县级以上地方人民政府公安机关或者出入境边防检查机关决定；其中警告或者五千元以下罚款，可以由县级以上地方人民政府公安机关出入境管理机构决定。"

二、法律、行政法规、规章规定由设区的市级以上公安机关办理的除外

行政案件一般有县级公安机关管辖，但法律、行政法规、规章特别规定由设区的市级以上公安机关办理，根据特别规定办理。如《道路交通安全法实施条例》第109条规定："……对处以吊销机动车驾驶证处罚的，由设区的市人民政府公安机关交通管理部门或者相当于同级的公安机关交通管理部门作出决定……"

【执法风险提示】

1. 授权组织在授权范围内行使管辖权。派出所、公安机关个别业务部门等，其本不具有行政主体资格，是经过法律、行政法规、规章的特别授权才具有独立执法主体资格的。授权是有明确范围的，故其只在授权范围内享有独立执法主体资格。

2. 有权授权独立执法主体资格的规范依据，除了法律、行政法规外，还包括规章。与《行政诉讼法》相对应，本《程序规定》在可以授权的法律中增加了规章。

【相关规定】

《治安管理处罚法》第 7 条、第 91 条;《道路交通安全法》第 5 条;《出境入境管理法》第 4 条、第 70 条;《道路交通安全法实施条例》第 109 条。

第十四条 【最初受理地管辖】 几个公安机关都有权管辖的行政案件,由最初受理的公安机关管辖。必要时,可以由主要违法行为地公安机关管辖。

【条文主旨】

本条是关于公安机关办理行政案件管辖解决原则的规定。

【最新修改提示】

本条对应修改前的第 10 条,内容未变化。

【理解与适用】

一、几个公安机关都有权管辖的行政案件,由最初受理的公安机关管辖

根据地域管辖的一般规定,有的案件几个公安机关都有管辖权。如违法行为的开始地、途经地、结束地等不在同一个公安机关管辖区域内,就会出现两个或两个以上的公安机关对同一案件都有管辖权,理论上称为"共同管辖"。**这里的共同管辖不是指几个公安机关共同办理同一个行政案件,而是指几个公安机关对同一个行政案件都有管辖权。**

为了解决管辖争议,避免因管辖不明而相互推诿或者相互争办,本条确立了由最初受理的公安机关管辖的原则。最初受理的公安机关比后受理的公安机关接触案件时间长,掌握的案情和证据较多,可防止后受理的公安机关进行重复调查,有利于提高办案效率。谁是最初受理的公安机关,根据各自的受案时间确定。

二、必要时,可以由主要违法行为地公安机关管辖

主要违法行为地,或是实施违法行为次数最多的地方,或是最严重违法行为发生地等。如果由主要违法行为地管辖更有利于治安案件的办理,更有利于相对人合法权益的保护以及节约办案成本的，主要违法行为地公安机关可以管辖。

【执法风险提示】

几个公安机关对同一个行政案件都有权管辖的，除了最初受理的公安机关可以管辖外，主要违法行为地公安机关也可以管辖。

第十五条　【指定管辖】对管辖权发生争议的，报请共同的上级公安机关指定管辖。

对于重大、复杂的案件，上级公安机关可以直接办理或者指定管辖。

上级公安机关直接办理或者指定管辖的，应当书面通知被指定管辖的公安机关和其他有关的公安机关。

原受理案件的公安机关自收到上级公安机关书面通知之日起不再行使管辖权，并立即将案卷材料移送被指定管辖的公安机关或者办理的上级公安机关，及时书面通知当事人。

【条文主旨】

本条是关于公安机关办理行政案件指定管辖的规定。

【最新修改提示】

本条对应修改前的第 11 条，内容未变化。

【理解与适用】

指定管辖，是指两个以上的公安机关就同一行政案件在管辖权上发生冲突，或者根据办理行政案件的需要，由其共同的上一级公安机关指定其中一个公安机关行使管辖权。实践执法中，再完备的法律也无法穷尽可能出现的各种情况，无法避免管辖权规定上的空白点，因此在办理行政案件中出现管辖争议、相互推诿等现象实属正常。《行政处罚法》第 21 条规定：“对管辖发生争议的，报请共同的上一级行政机关指定管辖。”根据行政处罚法的相关规定，以及公安机关办理行政案件的需要，本条具体规定如下。

一、对管辖权发生争议的，报请共同的上级公安机关指定管辖

两个或两个以上公安机关都认为行政案件属于自己管辖或者认为不属于自己管辖而发生争议的，可由有关的公安机关协商确定管辖。不能协商解决的，报请共同的上级公安机关裁断，指定其中某个公安机关管辖，下级公安机关应当服从。“共同的上级公安机关”指发生管辖权争议的公安机关的共同的上级机关。

二、对于重大、复杂的案件，上级公安机关可以直接办理或者指定管辖

（一）对于重大、复杂的案件，上级公安机关可以直接办理，理论上称为转移管辖。转移管辖有利于上级公安机关组织充足的人力、物力和财力办理案件。

（二）对重大、复杂的案件，上级公安机关还可以指定某公安机关管辖。上级公安机关指定受案公安机关以外的公安机关管辖，可以有效避免人为因素干扰。

（三）无论是上级公安机关直接办理还是指定管辖的，应当书面通知被指定管辖的公安机关和其他有关的公安机关。原受理案件的公安机关自收到上级公安机关书面通知之日起不再行使管辖权，并立即将案卷材料移送被指定管辖的公安机关或者办理的上级公安机关，及时书面通知当事人。

【执法风险提示】

1. 对管辖权发生争议的，报请共同的上级公安机关指定管辖。“共同的上级公安机关”指发生管辖权争议的公安机关共同的上级机关，实践中，对于争议中的某个公安机关，可能不仅仅是只高一个层级的问题。

2. 对于重大、复杂的案件，无论是上级公安机关直接办理或者指定管辖的，应当书面通知被指定管辖的公安机关和其他有关的公安机关。原受理案件的公安机关不再行使管辖权，并立即将案卷材料移送被指定管辖的公安机关或者办理的上级公安机关，并及时书面通知当事人。

【相关规定】

《行政处罚法》第 21 条。

第十六条　【专门管辖】铁路公安机关管辖列车上，火车站工作区域内，铁路系统的机关、厂、段、所、队等单位内发生的行政案件，以及在铁路线上放置障碍物或者损毁、移动铁路设施等可能影响铁路运输安全、盗窃铁路设施的行政案件。对倒卖、伪造、变造火车票案件，由最初受理的铁路或者地方公安机关管辖。必要时，可以移送主要违法行为发生地的铁路或者地方公安机关管辖。

交通公安机关管辖港航管理机构管理的轮船上、港口、码头工作区域内和港航系统的机关、厂、所、队等单位内发生的行政案件。

民航公安机关管辖民航管理机构管理的机场工作区域以及民航系统的机关、厂、所、队等单位内和民航飞机上发生的行政案件。

国有林区的森林公安机关管辖林区内发生的行政案件。

海关缉私机构管辖阻碍海关缉私警察依法执行职务的治安案件。

【条文主旨】

本条是关于专门公安机关办理行政案件管辖的规定。

【最新修改提示】

修订前（2012 版）	修订后（2018 版）
第十二条　铁路公安机关管辖列车上，火车站工作区域内，铁路系统的机关、厂、段、所、队等单位内发生的行政案件，以及在铁路线上放置障碍物或者损毁、移动铁路设施等可能影响铁路运输安全、盗窃铁路设施的行政案件。 ……	**第十六条**　铁路公安机关管辖列车上，火车站工作区域内，铁路系统的机关、厂、段、所、队等单位内发生的行政案件，以及在铁路线上放置障碍物或者损毁、移动铁路设施等可能影响铁路运输安全、盗窃铁路设施的行政案件。**对倒卖、伪造、变造火车票案件，由最初受理的铁路或者地方公安机关管辖。必要时，可以移送主要违法行为发生地的铁路或者地方公安机关管辖。** ……

【理解与适用】

专门管辖，是指专门公安机关与普通公安机关之间、专门公安之间首次处理行政案件的分工和权限划分。

一、行业公安机关转隶

为了维护铁路、港口、民航、国有林区等的治安秩序，国家在铁路、交通、民航、林业、海关等关系国计民生的行业组建了警察队伍，习惯称之为行业公安机关。行业公安在保护公民的人身、财产安全，保护公共财产安全等方面发挥了重要的作用。但是，行业公安的管理体制存在着“政企不分、企警不分”等问题。

为了理顺行业公安的管理体制，根据《中共中央关于深化党和国家机构改革的决定》、中共中央印发《深化党和国家机构改革方案》、《中共中央关于加强新时代公安工作的意见》，中共中央办公厅、国务院办公厅印发《公安部职能配置、内设机构和人员编制规定》《铁路、交通港航、森林、民航公安机关和海关缉私部门管理体制调整工作实施方案的通知》，决定组建公安部食品药品犯罪侦查局（公安部七局），承担食品药品、知识产权、生态环境、森林草原、生物安全案件侦查职能，撤销国家林业和草原局森林公安局（公安部十六局）；组建公安部铁路公安局（公安部十局），撤销铁路公安局（公安部十局），铁路公安系统不再实行双重领导；撤销交通运输部公安局（公安部十四局），长江航运公安局调整为公安部直属机构，其他港口航运公安划转地方公安机关管理。中国民用航空局公安局（公安部十五局）实行公安部与中国民航局双重领导，以公安部领导为主；海关总署缉私局由公安部二十四局改为十四局，实行公安部与海关总署双重领导，以公安部领导为主。

行业公安改革坚持党对公安工作的绝对领导、全面领导，按照“警是警、政是政、企是企”的要求，理顺了行业公安机关管理体制，整合了警务资源，更有利于提升警务效能，更有利于维护国家安全、社会稳定。

二、专门公安的管辖范围

（一）铁路公安的管辖范围：1. 铁路公安机关管辖列车上，火车站工作区域内，铁路系统的机关、厂、段、所、队等单位内发生的行政案件，以及在铁路线上放置障碍物或者损毁、移动铁路设施等可能影响铁路运输安全、盗窃铁路设施的行政案件。

2. 对倒卖、伪造、变造火车票案件，由最初受理的铁路或者地方公安机关管辖。必要时，可以移送主要违法行为发生地的铁路或者地方公安机关管辖。

（二）交通公安管辖港航管理机构管理的轮船上、港口、码头工作区域内和港航系统的机关、厂、所、队等单位内发生的行政案件。

（三）民航公安机关管辖民航管理机构管理的机场工作区域以及民航系统的机关、厂、所、队等单位内和民航飞机上发生的行政案件。

（四）国有林区的森林公安管辖林区内发生的行政案件；其他地方的森林公安机关根据所在地公安机关的规定，管辖相应类别或者区域内发生的行政案件。

（五）海关缉私机构管辖阻碍海关缉私警察依法执行职务的行政案件。

案例分析

公安机关办理行政案件管辖权的判断

——隋某心诉甲市公安局乙分局撤销公安机关行政处罚决定案①

△基本案情

原告：隋某心。

被告：甲市公安局乙分局。

甲市公安局乙分局丙派出所发现隋某心有吸食毒品的行为，于2015年12月27日将原告传唤至丙派出所，对其询问。原告交代了其于2015年12月某日在丁区某宾馆内吸食冰毒的违法事实，但未供述违法行为的具体时间及地点。办案人员对原告提取人体尿液毒品检测，检测结果呈阳性。原告对人体尿样毒品检测报告无异议并签字。后甲市公安局乙分局作出××行罚决字（2015）9362号行政处罚决定书，决定对隋某心处行政拘留五日。因原告身体原因，没有执行行政拘留。原告不服，于2016年3月14日向乙区人民法院提起行政诉讼。

原告诉称：1. 乙分局对案件没有管辖权。2. 原告没有吸食毒品，被告诱导原告供述关于“违法事实”，吸食毒品的场所为某宾馆，没有显示具体的时间及地点。原告2015年12月没有到过任何宾馆，被告没有原告出入某宾馆的记录或录像。因无法忍受办案民警的刁难，进行了“违法事实”的供述。3. 原告人体尿液毒品检测结果呈阳性可能与原告服食过治疗肺结核、抑郁症的药物有关。

---

① 参见（2016）黑0203行初6号行政判决书。

被告辩称：1. 本局向上级公安机关提请了指定管辖并有《指定管辖决定书》。2. 原告交代了吸食毒品的违法事实，且检测尿液结果呈阳性，足以证实原告吸食毒品的违法事实。在询问时，原告拒不提供违法行为的时间、地点，导致公安机关无法核实。办案全程录音录像，不存在原告所说的灌水。3. 依据公复字〔2015〕1号文件，只有治疗帕金森的处方药司来吉米可导致尿检呈阳性，否定了原告称因服药导致尿检呈阳性的说法。

△核心问题

本案甲市公安局乙分局作出行政拘留的决定，是否符合管辖权的规定？

△法律评析

一、本案中甲市公安局乙分局具有管辖权

本案的调查取证工作虽然都是乙分局丙派出所进行的，但是根据《治安管理处罚法》的规定，派出所只有警告、500元以下的罚款的权力，没有作出行政拘留的权力，所以本案行政拘留的决定是由派出所所属的甲市公安局乙分局作出的，符合公安机关办理行政案件中关于级别管辖的规定。

本案涉及的地点有：原告户籍所在地——甲市乙区西大桥街道某社区；原告经常居住地——甲市丁区某小区；原告违法行为地——丁区某宾馆。根据《公安机关办理行政案件程序规定》第10条规定，居住地包括户籍所在地和经常居住地，但涉及毒品的案件不适用居住地管辖，故本案具有管辖权的似乎只有违法行为地的公安机关，即甲市公安局丁分局。可本案的行政拘留决定是由甲市公安局乙分局作出的，那么是否存在管辖上的违法呢？

甲市公安局乙分局作出的行政拘留决定没有违法。吸毒行为，就其行为特性而言，往往是一种持续状态，而本案原告又拒不提供吸毒的时间、地点，导致公安机关无法核实，属于比较复杂的案件，上级公安机关可以指定管辖。本案甲市公安局乙分局向法院提供了上级公安机关作出的《指定管辖决定书》，故本案由甲市公安局乙分局作出的行政拘留决定符合地域管辖和指定管辖的规定。

二、公安部关于对查获异地吸毒人员处理问题的批复①

公安部于2008年对上海市公安局关于查获异地吸毒人员处理问题吸毒案件的批复如下：吸毒行为，就其行为特性而言，是一种持续状态，发现地公安机关可以按照违法行为发生地原则予以管辖。但是，如果吸毒行为

① 公复字〔2008〕3号。

实际发生地的公安机关已对吸毒人员依法处理的，发现地公安机关则不得对同一行为作出处理决定。

毒品违法行为地包括违法行为实施地、违法行为结果发生地、销赃地等与违法活动有关的地方。违法行为有继续或者持续状态的，违法行为继续或者持续的地方都属于违法行为地。对持续状态的吸毒行为，发现地公安机关可以按照违法行为地原则予以管辖。但是，吸毒行为实际发生地的公安机关已对吸毒人员依法处理的，发现地公安机关不得对同一行为作出处理决定。

第三章　回　　避

第十七条　【回避的情形】公安机关负责人、办案人民警察有下列情形之一的，应当自行提出回避申请，案件当事人及其法定代理人有权要求他们回避：

（一）是本案的当事人或者当事人近亲属的；

（二）本人或者其近亲属与本案有利害关系的；

（三）与本案当事人有其他关系，可能影响案件公正处理的。

【条文主旨】

本条是关于公安机关办理行政案件适用回避的情形、回避种类等的规定。

【最新修改提示】

本条对应修改前的第 14 条，内容未变化。

【理解与适用】

本条包含的信息较多：

一、关于回避

行政案件中的回避，是指办理行政案件的人民警察等因与案件或者案件的当事人有利害关系或者其他特殊关系，可能影响案件公正处理，而不得参加该案件的调查、处理工作的制度。《行政处罚法》第 37 条第 3 款规定："执法人员与当事人有直接利害关系的，应当回避。"第 42 条第 1 款第 4 项规定："听证由行政机关指定的非本案调查人员主持；当事人认为主持人与本案有直接利害关系的，有权申请回避”。回避制度是法治文明的表现，建立行政案件回避制度的重要意义在于：确保行政案件得到客观、公正处理；保护相对人合法权益；确保行政案件的处理结果和法律实施过程得到当事人和社会的普遍尊重。

二、适用回避的情形

《治安管理处罚法》第81条规定，人民警察在办理治安案件过程中，遇有下列情形之一的，应当回避；违反治安管理行为人、被侵害人或者其法定代理人也有权要求他们回避：(1) 是本案当事人或者当事人的近亲属的；(2) 本人或者其近亲属与本案有利害关系的；(3) 与本案当事人有其他关系，可能影响案件公正处理的。《程序规定》本条进一步规定了公安机关负责人或者办案人民警察办理行政案件适用回避的情形：

(一) 是本案的当事人或者当事人近亲属的

行政案件的当事人包括行政案件的违法行为人、被侵害人等。

关于“近亲属”，法律规定不尽相同，根据我国《刑法》的相关规定，近亲属包括：配偶、父母、子女、同胞兄弟姐妹。如《刑事诉讼法》第108条第6项规定，“近亲属”是指夫、妻、父、母、子、女、同胞兄弟姊妹；根据《民事诉讼法》和《行政诉讼法》的规定，近亲属包括：配偶、父母、子女、兄弟姐妹、祖父母、外祖父母、孙子女、外孙子女等。最高人民法院《关于适用〈中华人民共和国行政诉讼法〉的解释》第14条规定，《行政诉讼法》第25条第2款规定的“近亲属”，包括配偶、父母、子女、兄弟姐妹、祖父母、外祖父母、孙子女、外孙子女和其他具有扶养、赡养关系的亲属；《国籍法》关于近亲属的规定同《行政诉讼法》。对于《治安管理处罚法》《程序规定》中“近亲属”的范围，我们建议与行政诉讼法保持一致，即近亲属包括：配偶、父母、子女、兄弟姐妹、祖父母、外祖父母、孙子女、外孙子女和其他具有扶养、赡养关系的亲属。近亲属的范围越大，回避的人员范围也越大，更有利于行政案件的公正处理。

公安机关负责人或者办案人民警察等如是本案当事人或者当事人的近亲属，他们参加案件办理就有可能从自身利益出发，进而徇私舞弊、枉法裁判，使案件不能公正处理。

(二) 本人或者其近亲属与本案有利害关系的

所谓与本案有利害关系，是指本案的处理结果直接涉及该负责人、人民警察或者其近亲属的利益。如果案件的处理结果涉及办案人民警察的利益或者他们近亲属的利益，那么办案人员可能出现偏袒，影响案件的公正处理，所以当公安机关负责人或者办案人民警察等本人或者其近亲属与本案有利害关系时，应当回避。

（三）与本案当事人有其他关系，可能影响案件公正处理的

其他关系包括与违反治安管理行为人或者被侵害人有亲戚、朋友、同学、战友、同乡或者与上述治安案件的当事人存在个人恩怨或者其他利害冲突等关系。有上述关系，并不一定要回避，只有在可能影响案件公正处理时才应当回避。

（四）关于回避的人员

回避人员，是指法律明确规定在办理行政案件中具备法定回避情形时，应当回避的人员范围。《程序规定》第 17 条规定："公安机关负责人、办案人民警察有下列情形之一的，应当自行提出回避申请，案件当事人及其法定代理人有权要求他们回避……"根据本条的规定，公安机关负责人和办案人民警察具备法定情形的需要回避。

办案人员，是指负责办理行政案件的公安机关人民警察。由于其直接负责案件的处理，个人的亲疏好恶直接影响案件公正处理，故符合法定回避情形的，应当回避。

公安机关的负责人，是指负责办理案件的公安机关的负责人。由于其个人的亲疏好恶会对办案人民警察造成影响，从而影响案件的公正处理，故符合法定回避情形的，应当回避。

回避的人员还包括行政案件的鉴定人和翻译人员，《程序规定》第 23 条对此予以规定。

（五）关于回避的种类

《程序规定》第 17 条规定："……应当自行提出回避申请，案件当事人及其法定代理人有权要求他们回避……"由此，回避可以由公安机关负责人、办案人民警察自行提出回避申请，理论上称之为自行回避；也可以由当事人及其法定代理人提出回避申请，理论上称之为申请回避。

自行回避，是指办案人民警察或者公安机关负责人等主动向有权决定的公安机关负责人提出不参加或者退出案件的调查处理工作。凡明知自己具有回避情形的人民警察，都应当主动提出回避。自行回避制度是通过人民警察的职业自律，消除导致案件处理不公正的可能性，使符合回避情形的人员自行退出治安案件的办理。

申请回避，是指办案人民警察或者公安机关负责人等应当回避而没有自行回避，或者不认为自己具有法定回避情形而没有回避的，行政案件的违法行为人、被侵害人或者其法定代理人提出申请，要求他们回避。《治

安管理处罚法》第 81 条确立了申请回避的原则。申请回避是行政案件的违法行为人、被侵害人或者其法定代理人的法定权利，为确保当事人能够依法行使这一法定权利，公安机关人民警察在办理行政案件时，应当告知违法行为人、被侵害人或者其法定代理人依法享有申请回避的权利。

公安机关办理行政案件的回避还包括指令回避，《程序规定》第 22 条对此予以规定。

【相关规定】

《治安管理处罚法》第 81 条。

第十八条　【说明理由】公安机关负责人、办案人民警察提出回避申请的，应当说明理由。

【条文主旨】

本条是关于自行回避说明理由的规定。

【最新修改提示】

本条对应修改前的第 15 条，内容未变化。

【理解与适用】

如上条所述，公安机关负责人、办案民警、鉴定人、翻译人员符合回避条件的，应当自行提出回避申请。根据本条规定，提出回避申请时，应当说明理由，以便回避有权机关作出是否回避的决定。

第十九条　【回避决定机关】办案人民警察的回避，由其所属的公安机关决定；公安机关负责人的回避，由上一级公安机关决定。

【条文主旨】

本条是关于回避决定机关的规定。

【最新修改提示】

本条对应修改前的第 16 条，内容未变化。

【理解与适用】

一、办案人民警察的回避，由其所属的公安机关决定

《人民警察法》第 32 条规定，人民警察必须执行上级的决定和命令。人民警察隶属于其所属的公安机关，故办案人民警察的回避，由其所属的公安机关决定。

二、公安机关负责人的回避，由上一级公安机关决定

《人民警察法》第 32 条要求公安机关负责人的回避，由上一级公安机关决定。同时，《人民警察法》第 43 条规定："人民警察的上级机关对下级机关的执法活动进行监督，发现其作出的处理或者决定有错误的，应当予以撤销或者变更。"上级公安机关对下级公安机关的执法活动进行监督，其中包括上级公安机关对下级公安机关办理行政案件的回避决定进行监督。根据关于公安机关执法监督的规定，公安机关负责人的回避也应由上一级公安机关决定。公安机关负责人的回避由上一级公安机关决定，更加符合公正原则，有利于保护当事人的合法权益。

【相关规定】

《人民警察法》第 32 条、第 43 条。

> **第二十条　【提出回避申请】**当事人及其法定代理人要求公安机关负责人、办案人民警察回避的，应当提出申请，并说明理由。口头提出申请的，公安机关应当记录在案。

【条文主旨】

本条是关于提出回避申请的规定。

【最新修改提示】

本条对应修改前的第 17 条，内容未变化。

【理解与适用】

公安机关负责人、办案人民警察有法定回避情形的，应当自行提出回避申请，案件当事人及其法定代理人有权要求他们回避。当事人及其法定代理人要求公安机关负责人、办案人民警察回避的，应当提出申请，并在申请中说明理由，以便有权机关审查，并决定是否回避。口头提出申请的，公安机关应当记录在案。

【执法风险提示】

回避申请既可以书面提出，也可以口头提出。口头提出申请的，公安机关应当记录在案。

第二十一条　【决定时间】 对当事人及其法定代理人提出的回避申请，公安机关应当在收到申请之日起二日内作出决定并通知申请人。

【条文主旨】

本条是关于回避决定作出时间的规定。

【最新修改提示】

本条对应修改前的第 18 条，内容未变化。

【理解与适用】

公安机关应当对当事人及其法定代理人提出的回避申请及时受理，认真审查，发现确有应当回避的情形，应当作出回避决定；如果认为提出的回避理由不成立的，作出驳回回避申请决定。

决定机关应当及时作出回避决定，提出的回避事由事实比较清楚的，能够当时决定，即时作出决定；不能即时作出决定的，应当在公安机关收到申请之日起2日内作出决定，并通知申请人。

第二十二条　【指令回避】公安机关负责人、办案人民警察具有应当回避的情形之一，本人没有申请回避，当事人及其法定代理人也没有申请其回避的，有权决定其回避的公安机关可以指令其回避。

【条文主旨】

本条是关于公安机关办理行政案件中指令回避的规定。

【最新修改提示】

本条对应修改前的第19条，内容未变化。

【理解与适用】

指令回避，是指符合法定回避情形的办案人民警察或者公安机关负责人等，没有自行回避或被申请回避，有权决定其回避的公安机关发现后，可以指令相关人员回避。指令回避是回避制度的重要组成部分，是自行回避和申请回避的必要补充。

根据本条规定，有权决定回避的公安机关适用指令回避的条件是：（1）具有应当回避的情形；（2）本人没有申请回避，当事人及其法定代理人也没有申请其回避的。公安机关负责人、办案人民警察等如符合上述条件，有权决定其回避的公安机关知悉后，经审查情况属实的，可以指令他们回避。

对于“有权决定其回避的公安机关”的判断，应依据《程序规定》第19条、第23条的规定，根据指令回避人员的不同，具体问题具体分析其决定机关，可能是办案人民警察所属的公安机关，也可能是上一级公安机关，或者是指派或者聘请鉴定人、翻译人员的公安机关。

第二十三条　【回避人员】在行政案件调查过程中，鉴定人和翻译人员需要回避的，适用本章的规定。

鉴定人、翻译人员的回避，由指派或者聘请的公安机关决定。

【条文主旨】

本条是关于公安机关办理行政案件适用回避的人员及其回避决定机关的规定。

【最新修改提示】

本条对应修改前的第 20 条，内容未变化。

【理解与适用】

鉴定人，是指受公安机关指派或者聘请，运用专门知识对案件涉及的某些专门技术性问题进行检测、检验、分析鉴定，得出鉴定意见的人。翻译人员，是指受公安机关的指派或者聘请，在办理行政案件过程中，对语言、文字进行翻译的人员。鉴定人和翻译人员根据职责的需要依法参与行政案件的调查处理。如果他们不公正履行职责，将会直接影响鉴定意见的准确和当事人意思的表达，妨碍案件的公正处理。所以，公安机关办理行政案件中需要指派或者聘请鉴定人、翻译人员的，鉴定人和翻译人员也是应当回避的人员范围。鉴定人和翻译人员回避的适用情形、种类和程序等，根据本章的相关规定办理。

鉴定人（含检测、检验人员）、翻译人员的回避，由指派或者聘请的公安机关决定。

第二十四条　【回避决定效力】在公安机关作出回避决定前，办案人民警察不得停止对行政案件的调查。

作出回避决定后，公安机关负责人、办案人民警察不得再参与该行政案件的调查和审核、审批工作。

【条文主旨】

本条是关于公安机关作出的回避决定效力的规定。

【最新修改提示】

本条对应修改前的第 21 条，内容未变化。

【理解与适用】

根据《人民警察法》第 45 条的规定，人民警察在办理治安案件过程中，遇有法定情形之一的，应当回避，当事人或者其法定代理人也有权要求他们回避。根据该规定，回避发生在办理行政案件过程中。

在办理行政案件过程中，回避决定对公安机关负责人、办案人民警察、鉴定人和翻译人员等发生以下效力。

一、公安机关作出回避决定前，办案人民警察不得停止对行政案件的调查

在公安机关作出回避决定前，即使公安机关负责人、办案人民警察或者当事人等提出回避申请，办案人民警察也不得停止对行政案件的调查；鉴定人、翻译人员不得停止对案件的鉴定和翻译工作。

二、公安机关作出回避决定后，公安机关负责人、办案人民警察不得再参与该行政案件的调查和审核、审批工作

公安机关作出回避决定后，办案人民警察不得再参与该行政案件的调查和审核，公安机关负责人不得再参与该行政案件的审批工作，鉴定人、翻译人员不得再参与该行政案件的鉴定和翻译工作。

【相关规定】

《人民警察法》第 45 条；《治安管理处罚法》第 81 条。

第二十五条　【回避效力】被决定回避的公安机关负责人、办案人民警察、鉴定人和翻译人员，在回避决定作出前所进行的与案件有关的活动是否有效，由作出回避决定的公安机关根据是否影响案件依法公正处理等情况决定。

【条文主旨】

本条是关于公安机关回避决定效力的规定。

【最新修改提示】

修订前（2012 版）	修订后（2018 版）
第二十二条 被决定回避的公安机关负责人、办案人民警察、鉴定人和翻译人员，在回避决定作出前所进行的与案件有关的活动是否有效，由作出回避决定的公安机关根据案件情况决定。	**第二十五条** 被决定回避的公安机关负责人、办案人民警察、鉴定人和翻译人员，在回避决定作出前所进行的与案件有关的活动是否有效，由作出回避决定的公安机关根据**是否影响案件依法公正处理等情况**决定。

【理解与适用】

公安机关负责人、办案人民警察、鉴定人和翻译人员被决定回避，说明他们与案件或案件当事人有利害关系，可能存在不正确履行职责的情形。由于在公安机关作出回避决定前，办案人民警察不得停止对行政案件的调查，因此在公安机关的回避决定作出前，他们往往已经进行了一些案件的调查、取证、鉴定、翻译等执法活动。这些与案件有关的活动是否有效，还需要进行甄别。

根据本条的规定，甄别的机关为：作出回避决定的公安机关。即办案人民警察在回避决定作出前进行的与案件有关的活动是否有效，由其所属的公安机关决定；公安机关负责人在回避决定作出前进行的与案件有关的活动是否有效，由上一级公安机关决定；鉴定人、翻译人员的活动是否有效，由指派或者聘请的公安机关决定。

甄别的标准是：是否影响案件依法公正处理等情况。即被决定回避的公安机关负责人、办案人民警察、鉴定人和翻译人员，在回避决定作出前所进行的与案件有关的活动，如果影响案件依法公正处理的，活动无效；否则其进行的活动继续有效。

案例分析

对民警是否应当回避的判断

——翟某嵘诉××县公安局撤销公安机关行政处罚决定案[1]

△基本案情

原告：翟某嵘。

被告：××县公安局。

第三人：翟甲。

2017年3月1日12时许，在××县××号，翟某嵘因家庭琐事与父亲翟甲发生争吵后殴打其父。故根据《治安管理处罚法》的规定，××县公安局决定对翟某嵘行政拘留10日并处罚款500元。翟某嵘不服，提起行政诉讼。

原告翟某嵘诉称原告并未殴打第三人，被告作出的行政处罚决定无任何事实依据。被告××县公安局辩称，第三人翟甲述称，原告长期殴打第三人，被告作出的行政处罚正确合法。原告、被告各自提供相应证据，第三人未提交证据。对于被告××县公安局提交的证据，原告对部分证据真实性、合法性、关联性不予认可，认为其内容无事实根据，程序违法。其中原告认为办案人吕某、雍某发与本案有重大利害关系，应当主动回避而未回避，程序严重违法；证人与本案有利害关系，证人证言不具有真实性。对于原告翟某嵘提交的证据，被告对证明目的存在异议。

△核心问题

办案人民警察吕某、雍某发是否应当回避？

△法律评析

一、关于原告翟某嵘向被告××县公安局××派出所提交《回避申请书》，以其“认为办案民警与本案有利害关系”为由申请办案民警回避的问题。

《程序规定》第20条规定，当事人及其法定代理人要求公安机关负责人、办案人民警察回避的，应当提出申请，并说明理由。但是，原告提交的证据中未证明办案民警存在应当回避的法定事由。经调查，××县公安局××派出所办案民警并不存在《程序规定》第17条规定的法定回避情

---

[1] 参见（2018）甘1102行初13号行政判决书。

形。故××县公安局××派出所依照《程序规定》的规定，于当日作出《驳回回避申请决定书》，驳回了原告翟某嵘的回避申请。法院对原告提出的办案民警应当回避而未回避违反法定程序的异议，不予采纳。

二、关于原告翟某嵘认为证人与本案有利害关系，证人证言不具有真实性的问题。

《程序规定》第34条规定，凡知道案件情况的人，都有作证的义务。生理上、精神上有缺陷或者年幼，不能辨别是非、不能正确表达的人除外。品格、职业、与一方当事人的利害关系等因素都不是丧失证人资格的条件。知道案件情况的人既不能以自己与一方当事人有利害关系而拒绝作证，公安机关也不能因此而否定其证人资格。

三、法院认为，被告××县公安局提交的证据未达到确实充分的程度，其作出行政处罚决定所依据的主要事实不清，无法证明原告殴打第三人，依法应予撤销。最后，依照《行政诉讼法》之规定，法院判决如下：撤销被告××县公安局作出的行政处罚决定。案件受理费50元，由被告××县公安局负担。

第四章　证　　据

第二十六条　【证据的定义、种类】可以用于证明案件事实的材料，都是证据。公安机关办理行政案件的证据包括：

（一）物证；

（二）书证；

（三）被侵害人陈述和其他证人证言；

（四）违法嫌疑人的陈述和申辩；

（五）鉴定意见；

（六）勘验、检查、辨认笔录，现场笔录；

（七）视听资料、电子数据。

证据必须经过查证属实，才能作为定案的根据。

【条文主旨】

本条规定了公安机关办理行政案件中证据的定义和种类的规定。

【最新修改提示】

本条对应修改前的第23条，内容未变化。

【理解与适用】

一、证据的含义

证据是用来证明案件事实的材料。

在公安机关办理行政案件过程中，证据是行政主体认定案件事实并对之定性处理的基础和依据。这些证明案件事实的材料必须要经过查证属实，满足相关性、真实性和合法性的要求，才能作为定案的根据。

作为一个法律术语，“证据”不仅是程序法和证据法上的基础概念，而且蕴含着十分重要的理论意义。我国学者曾对证据下过各种各样的定义，大概可分为以下三种学说：一是事实说，即认为证据是能够证明案件真实情况的一切事实。[①] 二是双重含义说，即认为证据既可以指事实，也可以指其表现形式。[②] 三是统一说，即认为证据是证据内容（事实材料）与证据形式（证明手段）的统一。[③] 我们认为，证据统一说更为合理。证据是由内容和形式共同构成的，证据的内容就是案件事实的有关情况，证据的形式则是证据的各种表现形式。如果事实材料不依附于一定的证据形式，就无法存在并进入诉讼轨道成为裁判的依据。我国三大诉讼法和《程序规定》均是以证据统一说为依据，来构建证据的法律定义。[④]

二、公安机关办理行政案件证据的法定种类

证据的各种外部表现形式，就是案件事实的各种载体，被称为证据种类，又被称为“证据事实的来源”或者“证据资料”。[⑤] 和我国三大诉讼法一样，本《程序规定》也对公安机关办理行政案件的证据种类进行了明确的规定，赋予了其特定的名称，并确立了收集和审查判断的规定，以规范行政行为。这些证据种类的规定具有法律的约束力，只有符合证据的法定形式的资料，才有可能作为定案的依据。

公安机关办理行政案件证据的法定种类有：

1. 物证。物证是指以自己的存在、形态、质量等外部特征和物质属性、存在状态来证明案件事实的物品或痕迹。物证具有以下特征：（1）以其物理特征对案件事实具有证明作用。（2）物证保留了事实存在过的痕迹，只要及时收集并运用科学方法提取、固定和保存，一般具有稳定性和

---

① 郑竞毅、彭时：《法律大辞书》，商务印书馆 1940 年版，第 2198 页。

② 陈光中：《证据法学（第三版）》，法律出版社 2015 年版，第 141 页。

③ 卞建林：《刑事证明理论》，中国人民公安大学出版社 2004 年版，第 270 页。[苏] A. A. 多勃洛沃里斯基：《苏维埃民事诉讼》，法律出版社 1985 年版，第 198 页。

④ 《刑事诉讼法》第 50 条规定：“可以用于证明案件事实的材料，都是证据。证据包括：（一）物证；（二）书证；（三）证人证言；（四）被害人陈述；（五）犯罪嫌疑人、被告人供述和辩解；（六）鉴定意见；（七）勘验、检查、辨认、侦查实验等笔录；（八）视听资料、电子数据。证据必须经过查证属实，才能作为定案的根据。”《民事诉讼法》第 63 条规定：“证据包括：（一）当事人的陈述；（二）书证；（三）物证；（四）视听资料；（五）电子数据；（六）证人证言；（七）鉴定意见；（八）勘验笔录。证据必须查证属实，才能作为认定事实的根据。”《行政诉讼法》第 33 条规定：“证据包括：（一）书证；（二）物证；（三）视听资料；（四）电子数据；（五）证人证言；（六）当事人的陈述；（七）鉴定意见；（八）勘验笔录、现场笔录。以上证据经法庭审查属实，才能作为认定案件事实的根据。”

⑤ 卞建林：《证据法学》，中国政法大学出版社 2002 年版，第 51 页。

可靠性。但其也存在被伪造或掺假的可能，因此同一性辨认对于保证物证来源的可靠性具有非常重要的意义。(3) 物证不能自己向法庭证明案件事实，对案件事实的证明具有间接性。

2. 书证。书证是指以文字、符号、图形等记载或表示的内容来证明案件事实的书面文件或其他资料。书证的基本特点有：(1) 以其记载或反映的思想内容来证明案件事实；(2) 其书写形式可以是手写、打印、印刷等，存在形式可以是书信、合同、证书、账簿、罚单等；(3) 可以分为原件、副本、节录本、影印本、译本等。

3. 被侵害人陈述和其他证人证言。被侵害人陈述是指在公安机关办理行政案件过程中，受到违法行为直接侵害的人就其所了解的有关案件事实向公安机关所做的陈述。被侵害人陈述具有以下特征：(1) 在证明功能上具有直接、具体、真切的特点。违法行为发生时，被侵害人与违法行为人有过直接、正面的接触，其身体、经济、物质、精神或者名誉上受到了一定的损害，他们的陈述对于违法行为本身及其后果有直接的证明作用。(2) 被侵害人陈述容易夸大或缩小，虚假的可能性大，需要和其他证据相互印证。由于被侵害人与案件事实、案件处理过程和处理结果之间存在着直接的利害关系，有一些被侵害人可能出于要求公安机关惩罚违法嫌疑人并获得经济赔偿或因某种原因想要减轻违法嫌疑人的责任等动机而在陈述时夸大或者缩小违法事实，因为此种偏向性而做出虚假陈述的可能性较大。

证人证言是指违法嫌疑人和被侵害人以外了解案件事实情况的人，就其感知的有关案件事实，向公安机关作出的与案件有关事实情况的陈述。证人证言具有生动、形象、具体等优点，但受其主观因素的影响较大，容易含有虚假成分。此外，证人往往存在较大的个体差异，由于其对案件事实的感知、记忆、表达等能力各不相同，案件发生时其注意力也不尽相同，有可能无意间提供了伪证。还有的证人与违法嫌疑人或者被侵害人有亲情或者人情关系，为掩饰违法行为或者帮助被侵害人而作伪证。因此对证人证言也不能偏听偏信，需要对其虚假性保持高度警惕，与其他证据相互印证来证明违法行为存在或者不存在。

4. 违法嫌疑人的陈述和申辩。违法嫌疑人的陈述和申辩是指违法嫌疑人就其被指控的违法事实和其他相关情况向公安机关所做的陈述，其中陈述是指其就案件事实对公安机关作出的叙述和承认，如询问笔录或供词等；辩解是指违法嫌疑人否认自己实施了违法行为，或者虽然承认自己实施了违法行为但辩称自己不应被追究法律责任或应当从轻、减轻或免除处罚等。如果违法嫌疑人陈述的是自己没有参与的他人的违法犯罪行为事实，属于其他证人证言而非违法嫌疑人的陈述和申辩。违法嫌疑人的陈述和申辩有以下特点：（1）如其如实陈述，有可能全面、直接地呈现有关案件事实情况；（2）其内容虚假的可能性较大，且其陈述不稳定，容易翻供。

5. 鉴定意见。鉴定意见是指公安机关就办理行政案件过程中的专门性问题，委托有专门知识的人进行检验、分析、鉴别、判断后作出的书面意见。这里所谓的"专门性问题"是指：（1）属于案件证明对象范围内的事实；（2）需要有专门知识或技能或者借助特定技术设备才能加以认识或说明的问题；（3）不是公安机关可以直接作出肯定或否定回答的常识性问题或一般性法律问题；（4）该问题的正式说明和认定资格属于特定机构和特定人员。鉴定意见具有以下特点：（1）它是一种由特定人员运用专门知识和技能作出的判断，属于意见性证据①；（2）鉴定意见是在案件发生后产生的；（3）鉴定意见具有较强的客观性和可靠性，鉴定意见是由专业人员在没有利害关系的前提下运用自己的专业知识、设备和科技手段对案件的专门性问题进行分析判断后得出的意见，一般可靠性较强。但鉴定人存在个体差异，机器、检材、规则、环境等影响判断意见生成的其他因素也具有一定的不确定性，难免存在偏差和错误。因此公安机关对待鉴定意见也应当和对待其他证据一样，必须经过办案人员的审查判断，确定其可以采信后，才能作为处理案件或作出裁判的依据。

6. 勘验、检查、辨认笔录，现场笔录。勘验笔录，是指公安机关对与案件有关的场所、物品、尸体等进行勘查、检验时就所观察、测量的情况所做的实况记载。记载的方式包括文字记录、现场绘图、现场照相和摄像等。检查笔录，是指公安机关人民警察对与违法行为有关的场所、物品、人身进行检查，由此形成的实况记录。辨认笔录，是指公安机关为了查明案情，让违法嫌疑人、被侵害人或者其他证人对与案件有关的物品、文件、场所、人员等进行辨认、指认，由此形成的笔录。现场笔录，是指公安机关实时记录行政执法过程中相对人的状况和行政执法过程的一种证据，记录的方式包括文字记载、现场照相、摄像等。

勘验、检查、辨认笔录、现场笔录具有以下特点：（1）制作主体特定，只能是公安机关；（2）对象和内容特定，如勘验、检查的对象是场所、物品、尸体、人身等，内容也是特定的；（3）勘验、检查、辨认和制

---

① 鉴定意见原称"鉴定结论"。之所以改称"鉴定意见"是为了避免人们将其与确定无疑的科学结论简单画等号，更强调其意见性，需要将之与其他证据一样经过严格的审查判断才能确定其作为认定案件事实的依据。

作现场笔录等活动是公安机关的专门活动，往往本着法治和公益的原则进行，恪守着客观、公正的义务，所形成的笔录通常被认为具有较强的客观性和证明力。但和其他证据一样，也需要进行审慎的审查判断后才能作为认定案件事实的依据。

7. 视听资料、电子数据。视听资料是指以录音带、录像带、光盘、计算机及其他可视可听的科技设备存储的用以证明案件事实的电子音像信息，如对违法嫌疑人制作笔录时的同步录音录像资料。

电子数据是案件发生过程中形成的，以数字化形式存储、处理、传输的，能够证明案件事实的数据。电子数据包括但不限于：文档、图片、音视频、数字证书、计算机程序等电子文件。[①] 视听资料和电子数据具有以下特点：（1）视听资料、电子数据证据表现为含有一定科技成分的载体，其收集和审查判断都依赖科学技术；（2）具有高度准确性和动态直观性；（3）一旦被伪造，不易分辨和甄别。

三、证据必须经过查证属实，才能作为定案的根据

《程序规定》第 26 条第 2 款是公安机关证据运用原则，是关于可定案证据要求的规定。实践中，当事人提供或者公安机关搜集的能够用以证明案件真实情况的材料很多，但只有经过公安机关查证属实的证据才能够作为公安机关定案的依据。

公安机关对证据的审查，应主要包括以下三个方面：一是**真实性**。证据必须是客观上真实存在的，有着具体的、实在的表现形式。证据的内容必须是能够真实反映案件事实的证明材料，而不是人的主观猜想，或者是杜撰伪造的东西。二是**关联性**。关联性，是指证据必须与待证的案件事实存在逻辑联系，对证明案情有实际意义。与案件无关的材料不能作为可定案证据。三是**合法性**。证据的合法性，是指认定案件事实的证据必须符合法律规定的要求，不为法律所禁止，否则不具有证据效力。这里的“法”作广义理解，既包括本规定对证据的要求，也包括行政诉讼法、行政复议法、行政诉讼证据的规定等。证据的合法性包括证据主体合法，即形成证据的主体合法；证据的形式合法，即证据的形式符合法律的要求；证据的取得方式合法，即保障他人的合法权利不至于因为证据的违法取得而受到侵害；证据的程序合法，即证据的规格和制作要求合法。本规定的其他章节中规定了询问笔录、勘验笔录、检查笔录等的制作要求。本规定第 27 条明确规定了非法证据排除规则。

---

① 参见《关于办理刑事案件收集提取和审查判断电子数据若干问题的规定》第 1 条规定。

【执法风险提示】

1. 证据是内容和形式的统一。只有既能证明案件事实且符合法定形式的材料，才是公安机关办理行政案件的证据。

2. 七种法定的证据种类具有各自的含义和特点，在执法过程中需要注意区分。

3. 无论是物证、书证，还是证言、鉴定意见，抑或公安机关生成的勘验检查笔录，以及视听资料、电子数据，必须依法经过审查判断，认为只有具有相关性、真实性和合法性，才能作为定案的依据。

【相关规定】

《行政诉讼法》第 33 条。

第二十七条　【非法证据排除】公安机关必须依照法定程序，收集能够证实违法嫌疑人是否违法、违法情节轻重的证据。

严禁刑讯逼供和以威胁、欺骗等非法方法收集证据。采用刑讯逼供等非法方法收集的违法嫌疑人的陈述和申辩以及采用暴力、威胁等非法方法收集的被侵害人陈述、其他证人证言，不能作为定案的根据。收集物证、书证不符合法定程序，可能严重影响执法公正的，应当予以补正或者作出合理解释；不能补正或者作出合理解释的，不能作为定案的根据。

【条文主旨】

本条规定了公安机关办理行政案件过程中应当依法定程序收集证据和非法证据排除的规定。

【最新修改提示】

本条对应修改前的第 24 条，内容未变化。

【理解与适用】

一、依照法定程序收集证据

公安机关办理行政案件必须依法、全面地收集证据。所谓“依法”是指必须依照法定程序收集证据。公安机关办理行政案件过程中应当依法收集证据，以非法方法收集的证据不能作为定案的根据。严禁刑讯逼供和以威胁、欺骗等非法方法收集证据。所谓“全面”是指对那些能证明违法嫌疑人违法或者没有违法、违法情况轻或者重的证据都要收集。

二、非法证据排除

（一）非法证据排除规则

非法证据排除规则，是指违反法定程序，以非法方法获取的证据，不具有证据能力，不能为法庭所采纳。按照美国学者施乐辛格的解释，非法证据排除规则是指法律实施官员（警察）以非法手段取得的证据在诉讼中将被排除或者导致证据不可采的证据规则。[①] 我国《刑事诉讼法》第 56 条至第 60 条确立了刑事诉讼中的非法证据排除规则。本条是对《刑事诉讼法》的借鉴，结合《最高人民法院关于行政诉讼证据若干问题的规定》第 58 条的规定，相当于公安机关办理行政案件过程中的非法证据排除规则。

我国之所以要确立非法证据排除规则，不仅是为了适应世界潮流，最主要的原因是具有保障实现司法公正、执法规范的重要价值。一是程序价值，即保障程序人权的价值。保障人权是民主、法治的应有之义，我国于 2004 年把“国家尊重和保障人权”载入《宪法》（第 33 条第 3 款），为我国法治中国建设中的人权保障提供了宪法依据。在公安机关办理行政案件过程中，人权保障主要是指相对人的权利保障，尤其是违法嫌疑人的程序人权保障，因为在这个过程中他们的合法权利最容易被公安机关侵犯，这就要求公安机关必须依照法定程序来收集证据，严禁以刑讯逼供、暴力、威胁等侵犯人权的方式取证。非法证据排除规则正是对此类非法取证行为的鲜明否定和有力制裁措施。二是实体价值，即有利于查明案件事实真相。实践证明，通过刑讯或其他非法手段获得的嫌疑人供述有可能是真实的，但更多是嫌疑人无法承受刑讯折磨之苦，被迫假招供、乱攀供，导致真假混淆、是非颠倒，造成冤案。非法证据排除规则把非法获得的证据排除在定案之外，在很大程度上避免了根据虚假的证据对案件事实作出错误

---

① 陈光中：《证据法学（第三版）》，法律出版社 2015 年版，第 242 页。

的认定，有利于最大限度防止、减少冤案错案的发生。

(二) 非法证据排除的具体内容

本条第二款规定了非法证据的内涵和外延，明确了非法证据既包括非法言词证据，也包括非法实物证据。

1. 非法言词证据不能作为定案证据

本条所称的非法言词证据，是指采用刑讯逼供等非法方法收集的违法嫌疑人的陈述和申辩；采用暴力、威胁等非法方法收集的被侵害人陈述、其他证人证言。非法言词证据不能作为定案证据。

由于本条对非法言词证据的界定使用了两个“等”字，规定欠明确，容易引发对非法取证手段范围的争议。《最高人民法院关于适用〈中华人民共和国刑事诉讼法〉的解释》（以下简称《最高法解释》）第 95 条①借鉴了联合国《禁止酷刑公约》对酷刑的定义，② 并加入了“自愿性”的衡量标准，对进一步明确公安机关办理行政案件过程中非法言词证据的范围有一定的参考和借鉴意义。但实践中仍然存在很多界定非法言词证据的难题，如在区分疲劳讯问和正常讯问方面缺乏明确的指南，威胁、引诱、欺骗与办案人员的讯问策略之间如何区分等，需要在实践过程中摸索总结更具指导性的操作规则。在此还需注意的是，通过刑讯逼供等非法方法取得的证据应当排除，是指该证据不能被用作追究违法嫌疑人责任的证据，但可以用该证据来证明公安机关对违法嫌疑人实施了刑讯逼供。

2. 关于非法实物证据的排除

收集物证、书证不符合法定程序，可能严重影响执法公正的，应当予以补正或者作出合理解释；不能补正或者作出合理解释的，不能作为定案的根据。

根据本条规定，非法实物证据的排除需要具备三个要件：第一，该物证、书证的取得违反了法定程序；第二，可能严重影响执法公正；第三，不能作出补正或合理解释。但是本规定没有对何谓“可能严重影响执法公正”作出进一步解释，也没有对“补正”和“作出合理解释”进行明确规

---

① 《最高法解释》第 95 条第 1 款规定：“使用肉刑或者变相肉刑，或者采用其他使被告人在肉体上或者精神上遭受剧烈疼痛或者痛苦的方法，迫使被告人违背意愿供述的，应当认定为刑事诉讼法第五十四条规定的‘刑讯逼供等非法方法’。”

② 联合国《禁止酷刑公约》第 1 条规定：“‘酷刑’是指为了向某人或第三者取得情报或供状，为了他或第三者所作或涉嫌的行为对他加以处罚，或为了恐吓或威胁他或第三者，或为了基于任何一种歧视的任何理由，蓄意使某人在肉体或精神上遭受剧烈疼痛或痛苦的任何行为。”

定，实践中可以结合《最高法解释》[①] 和《人民检察院刑事诉讼规则》的内容进行参考。上述规定和配套解释表明我国对于非法实物证据的排除模式类似于英国和法国，不是直接排除非法物证而是更倾向于采纳，但在取证严重违法以致影响公正审判或执法时需要证据提出方进行补强。这说明我国对非法实物证据的“排除门槛”较高，能满足上述三个条件而被排除的实物证据很少。

本规定仅规定了非法证据的内涵和外延，并没有对具体的排除程序，如非法证据的排除机关、排除阶段、如何启动、受谁监督、证据合法性的证明责任、证明方式与证明标准等作出规定，因此并不能说我国公安机关办理行政案件执法程序中确立了完整的非法证据排除规则，还需进一步完善。

【执法风险提示】

1. 法律关于非法言词证据和非法实物证据的排除规则是不同的，实践中注意区别。

2. 需要排除的非法言词证据仅指通过刑讯逼供、暴力、威胁等方法取得的证据，而询问过程中的程序瑕疵，如笔录制作不完善等情形下取得的证据，不属于非法言词证据。

3. 我国非法实物证据的排除未涉及“毒树之果”是否排除的问题——“毒树之果”虽然是根据非法证据所提供的线索而获得的证据，但该证据本身取得的手段合法，对其进行排除不具有现实合理性，而且这也是目前世界多数国家的做法。

【相关规定】

《行政诉讼法》第 43 条；《治安管理处罚法》第 79 条；《最高人民法院关于行政诉讼证据若干问题的规定》第 58 条。

第二十八条 【告知和调取证据通知书】 公安机关向有关单位和个人收集、调取证据时，应当告知其必须如实提供证据，并告知其伪造、隐匿、毁灭证据，提供虚假证词应当

---

① 《最高法解释》第 95 条第 2 款规定：“认定刑事诉讼法第五十四条规定的‘可能严重影响司法公正’，应当综合考虑收集物证、书证违反法定程序以及所造成后果的严重程度等情况。”

承担的法律责任。

需要向有关单位和个人调取证据的，经公安机关办案部门负责人批准，开具调取证据通知书，明确调取的证据和提供时限。被调取人应当在通知书上盖章或者签名，被调取人拒绝的，公安机关应当注明。必要时，公安机关应当采用录音、录像等方式固定证据内容及取证过程。

需要向有关单位紧急调取证据的，公安机关可以在电话告知人民警察身份的同时，将调取证据通知书连同办案人民警察的人民警察证复印件通过传真、互联网通讯工具等方式送达有关单位。

【条文主旨】

本条是关于公安机关收集、调取证据中的告知和调取证据通知书的规定。

【最新修改提示】

修订前（2012 版）	修订后（2018 版）
第二十五条 公安机关向有关单位和个人收集、调取证据时，应当告知其必须如实提供证据，并告知其伪造、隐匿、毁灭证据，提供虚假证词应当承担的法律责任。 需要向有关单位和个人调取证据的，经公安机关办案部门负责人批准，开具调取证据通知书。被调取人应当在通知书上盖章或者签名，被调取人拒绝的，公安机关应当注明。必要时，公安机关应当采用录音、录像等方式固定证据内容及取证过程。	**第二十八条** 公安机关向有关单位和个人收集、调取证据时，应当告知其必须如实提供证据，并告知其伪造、隐匿、毁灭证据，提供虚假证词应当承担的法律责任。 需要向有关单位和个人调取证据的，经公安机关办案部门负责人批准，开具调取证据通知书，**明确调取的证据和提供时限**。被调取人应当在通知书上盖章或者签名，被调取人拒绝的，公安机关应当注明。必要时，公安机关应当采用录音、录像等方式固定证据内容及取证过程。 **需要向有关单位紧急调取证据的，公安机关可以在电话告知人民警察身份的同时，将调取证据通知书连同办案人民警察的人民警察证复印件通过传真、互联网通讯工具等方式送达有关单位。**

【理解与适用】

一、收集、调取证据时的告知义务

公安机关向单位和个人收集、调取证据时的告知义务，应当告知其必须如实提供证据，以及告知其伪造、隐匿、毁灭证据，提供虚假证词应当承担的法律责任。

《治安管理处罚法》第60条规定，伪造、隐匿、毁灭证据或者提供虚假证言、谎报案情，影响行政执法机关依法办案的，处五日以上十日以下拘留，并处二百元以上五百元以下罚款。严重的可能要追究刑事责任。从另一个角度，本条第1款规定了公安机关办理行政案件过程中调查收集证据的权力，也规定了有关单位和个人如实提供证据的义务。

二、调取证据通知书

（一）开具调取证据通知书

调取证据是公安民警的一项执法活动，可能会侵犯个人的基本权利或影响到单位的正常工作。为了进一步规范公权力的行使，保证公民和法人的基本权益，公安民警调取证据必须先经过办案部门负责人批准，并开具《调取证据通知书》。

新修改的《程序规定》要求《调取证据通知书》上必须明确调取的证据，要求公安民警只能按照办案部门负责人批准的证据种类和具体证据要求来取证；还规定要明确提供时限，以督促被调取人及时提供证据。

（二）被调取人应当在通知书上盖章或签名

被调取人应当在通知书上盖章或签名，确认取证过程的真实合法性；如果被调取人拒绝签章的，公安机关应当注明。

（三）必要时录音录像

必要的时候，公安机关应当采用录音、录像等方式来固定证据的内容以及取证的过程，以证明自己取证过程及取证内容的合法性。

（四）紧急调取证据时，相关证明材料的送达

需要向有关单位紧急调取证据的，公安机关可以在电话告知人民警察身份的同时，将调取证据通知书连同办案人民警察的人民警察证复印件通过传真、互联网通讯工具等方式送达有关单位。紧急调取程序的对象是有关单位，紧急情况下向有关个人调取证据不适用本条第3款要求。需要向有关单位紧急调取证据的，也应当要提前告知人民警察身份并送达《调取证据通知书》，但在保证真实性的前提下方式可以更灵活。公安机关可以电话告知人民警察身份，同时将《调取证据通知书》连同办案民警的人民

警察证复印件，通过传真、互联网通讯工具等方式送达有关单位。充分利用科技手段，提高公安机关办理行政案件的执法效能。

【执法风险提示】

1. 调取证据过程中，应充分利用执法记录仪等工具用录音、录像等方式固定取证过程和证据内容，以证明取证过程的合法性；不得对录音录像结果进行编辑、修改或整理，以保证该证据的真实性。

2. 在向有关单位紧急调取证据时，电话告知对方办案民警的人民警察身份时注意同步电话录音；将《调取证据通知书》和办案人民警察的人民警察证复印用传真或邮件、微信拍照等互联网通讯工具送达后，注意将过程证据留存并归档。

【相关规定】

《行政处罚法》第37条；《治安管理处罚法》第60条；《公安机关现场执法视音频记录工作规定》。

第二十九条　【收集调取物证的要求】 收集调取的物证应当是原物。在原物不便搬运、不易保存或者依法应当由有关部门保管、处理或者依法应当返还时，可以拍摄或者制作足以反映原物外形或者内容的照片、录像。

物证的照片、录像，经与原物核实无误或者经鉴定证明为真实的，可以作为证据使用。

【条文主旨】

本条是关于公安机关收集调取物证的要求及物证的要求。

【最新修改提示】

本条对应修改前的第26条，内容未变化。

【理解与适用】

一、收集调取的物证应当是原物

物证是以其外部特征、存在状态、物质属性等来证明有关案件事实的证据。在公安机关办理行政案件过程中，常见的物证有三类：第一类是标的物，如走私的货物、物品等；第二类是媒介物，如违法的运输工具、殴打他人的棍棒等；第三类是衍生物，如交通事故中产生的刹车痕迹、爆炸后留下的碎片等。物证具有较强的客观性，不会自主地对自身负载有关案件的信息加以改变。因此公安机关在收集调取物证时，原则上应当是原物。

二、替代物证的照片、录像

只有在以下特殊情况下，才可以制作替代物：一是原物不便搬运的，如体积太大时；二是不易保存的，如易挥发的微量物证；三是应当由有关部门保管、处理的；四是依法应当返还的。

物证替代物包括：拍摄或者制作的足以反映原物外形或者内容的照片、录像。这些替代物必须是能反映原物外形或内容的照片或录像，即必须能反映原物的证据特征。

物证的照片、录像，经与原物核实无误或者经鉴定证明为真实的，可以作为证据使用。物证虽然具有客观性强、真实性强的特征，但这并不意味着所有的物证都是真实的，有些证据是伪造或者变造的，尤其是不能收集调取物证原物时拍摄或制作的照片和录像。对待物证尤其是其替代物时要仔细甄别，对其进行辨认或鉴真，防止将伪造或者变造的物证当作真实的证据，导致对案件的错判。辨认和鉴真是两种重要的证据调查方法。所谓辨认，是确定原始物证的照片、录制品与原物、原件相符，与原物、原件具有同一性，核实无误。所谓鉴真，是指物证的照片、录像被认定为真实的，未经伪造、变造或篡改。对物证进行辨认或鉴定的目的在于确认未被调换、掺假或篡改，方法一般有两种：一是通过容易辨认的特征确认其同一性；二是通过证明保管链条的真实、完整性来认定其为真实，如通过提供该物证的制作者、提取者和保管者的证言或对提取、制作过程进行录像来证明。

在运用证据时，可以提出物证原物，也可以提出原始物证的照片或录像，但原则上能提供原物或痕迹的，不宜用拍摄的照片或制作的录像来替代原物和痕迹。不过，如有证据证明这些照片、录像等是在执法过程中制作出来的，且能正确地反映客观存在的事物，可以起到物证的作用。

【执法风险提示】

物证是查明案件事实和为后期可能发生的诉讼进行证明的重要手段，必须重视对物证的收集、固定和提取。物证具有较强的客观性和真实性，说服力较强。但如果物证灭失，或因为非法获取而被排除，则无论是证明案件事实本身或后期引发行政诉讼需要进行诉讼证明，都将面临较大的困难。因此，公安机关在办理行政案件过程中全面、细致地收集、固定和提取物证，具有重大的意义。

【相关规定】

《最高人民法院关于行政诉讼证据若干问题的规定》第 11 条、第 40 条。

第三十条　【收集调取书证要求】 收集、调取的书证应当是原件。在取得原件确有困难时，可以使用副本或者复制件。

书证的副本、复制件，经与原件核实无误或者经鉴定证明为真实的，可以作为证据使用。书证有更改或者更改迹象不能作出合理解释的，或者书证的副本、复制件不能反映书证原件及其内容的，不能作为证据使用。

【条文主旨】

本条是关于公安机关收集调取书证的要求。

【最新修改提示】

本条对应修改前的第 27 条，内容未变化。

【理解与适用】

一、收集、调取的书证应当是原件

本条是关于书证调取和使用的规则，也是“最佳证据规则”在公安机关办理行政案件过程中的体现。最佳证据规则是英美法条最古老的证据规则之一，起源于普通法的发源地英国。这是一项适用于书证的规则，是指在以文书的内容证明案件事实时，除非存在法定的特定例外情形，必须提供原始文书，否则该证据不予采纳。最佳证据规则的合理性来自两点：第一，凡非原始文书的证据极易被仿造或改写，故其证明力会大打折扣；第二，非原件无法与原件进行比对，因此易造成案件真相的混淆。[①] 最佳证据规则是一项规范证据的证据能力以保障真实性的证据规则，凡不是原件的书证，除非有法定原因，否则一律排除适用。我国现行的刑事诉讼、民事诉讼和行政诉讼相关法律中均体现了最佳证据规则的精神。

书证往往能够在案件中起到最为直接的证明作用，是行政处罚运用最广、作用最大的证据种类。[②] 书证根据制作方式的不同可分为原本、正本、副本和节录本。

本条第 1 款要求公安机关在办理行政案件过程中收集调取的书证应当是原件。原本、正本均属于书证的原件。

二、在取得原件确有困难时，可以使用副本或者复制件

在取得原件确有困难时，可以使用副本或者复制件，如复印件、照片、节录本等。

书证的副本、复制件，经与原件核实无误或者经鉴定证明为真实的，可以作为证据使用。在取得原件确有困难的情况下，通过确定书证原件与复制件的同一性和真实性来确定其证据能力。如果公安机关收集调取的是书证原件的副本或复制件，需要经与原件核实无误或经鉴定证明其为真实的，才可以作为证据使用，作为认定案件事实的依据。

三、排除规则

下列情形下书证不能作为证据使用：一是书证有更改或更改迹象，但不能作出合理解释的；二是书证的副本、复制件不能反映书证原件及其内容的。

【执法风险提示】

收集提供报表、图纸、会计账册、专业技术资料、科技文献等书证的，应当附有说明材料。

【相关规定】

《最高人民法院关于行政诉讼证据若干问题的规定》第 10 条、第 11 条。

---

① Wigmore, *Evidence in Trials at Common Law*, Aspen Publisher, 1974, § 1367.

② 晏山嵘：《行政处罚实务与判例释解》，法律出版社 2016 年版，第 276 页。

第三十一条　【副本复制件的制作要求】 物证的照片、录像，书证的副本、复制件，视听资料的复制件，应当附有关制作过程及原件、原物存放处的文字说明，并由制作人和物品持有人或者持有单位有关人员签名。

【条文主旨】

本条是关于公安机关制作证据副本、复制件的规则。

【最新修改提示】

修订前（2012 版）	修订后（2018 版）
第二十八条　书证的副本、复制件，视听资料、电子数据的复制件，物证的照片、录像，应当附有关制作过程及原件、原物存放处的文字说明，并由制作人和物品持有人或者持有单位有关人员签名。	**第三十一条　物证的照片、录像，书证的副本、复制件，视听资料的复制件，**应当附有关制作过程及原件、原物存放处的文字说明，并由制作人和物品持有人或者持有单位有关人员签名。

【理解与适用】

本条规定了公安机关办理行政案件过程中不能收集、调取物证、书证和视听资料的原件时，使用这些证据复制件的规则。本条对 2012 年的《程序规定》版本进行了微调，一是按照证据法定种类的顺序进行了重新排序，将书证、视听资料、电子数据、物证的顺序调整为物证、书证、视听资料；二是删除了“电子数据的复制件”，在本条后新增了一条规定电子数据的取证规则。

为保证证据的真实性，公安机关办理行政案件过程中收集调取的证据原则上应该是原物，但特殊情况下无法获得原物的，可以制作、使用替代物，并满足以下要求。

一、证据替代物的形式

本条对物证、书证和视听资料证据原件的替代物的具体形式作了明确规定，即物证原件的替代物为足以反映原物外形或者内容的照片、录像；书证原件的替代物为其副本、复制件；视听资料原件的替代物为其复制件。

二、制作副本、复制件的程序要求

公安机关在制作这些证据原件的替代物时，要遵守下述程序性规定。

（一）应当附文字说明，内容包括这些复制件替代物的制作过程、原件或原物存放在何处。

（二）应当由制作人、物品持有人或持有单位有关人员对该文字说明进行确认并签名，以确认其客观真实性和合法性。

简言之，就是要通过制作文字辅助说明的方式保证复制件与原件具有同一性，而不是对原件的伪造或篡改。

【执法风险提示】

1. 收集由有关部门保管的书证原件的复制件、影印件或者抄录件的，应当注明出处，并经该部门核对无异后加盖其印章。

2. 声音资料应当附有该声音内容的文字记录。

【相关规定】

《最高人民法院关于行政诉讼证据若干问题的规定》第40条、第56条。

第三十二条　【电子数据收集规则】收集电子数据，能够扣押电子数据原始存储介质的，应当扣押。

无法扣押原始存储介质的，可以提取电子数据。提取电子数据，应当制作笔录，并附电子数据清单，由办案人民警察、电子数据持有人签名。持有人无法或者拒绝签名的，应当在笔录中注明。

由于客观原因无法或者不宜依照前两款规定收集电子数据的，可以采取打印、拍照或者录像等方式固定相关证据，并附有关原因、过程等情况的文字说明，由办案人民警察、电子数据持有人签名。持有人无法或者拒绝签名的，应当注明情况。

【条文主旨】

本条是关于公安机关办理行政案件过程中电子数据的收集规则。

【最新修改提示】

本条为2018年《公安部关于修改〈公安机关办理行政案件程序规定〉的决定》新增条款。

【理解与适用】

电子数据，是指以数字化形式存储、处理、传输的数据，公安机关办理行政案件过程中常见的电子数据有：数码图片、电子邮件、网上聊天记录、博客、微博、手机短信、电子签名、域名等。公安机关办理行政案件过程中对电子数据的取证规则，是以扣押原始存储介质为原则，以提取电子数据为例外，以拍照、打印等方式固定为补充的完整规则。收集电子数据按照以下顺序进行：

一、扣押

收集电子数据，能够扣押电子数据原始存储介质的，应当扣押。

为了保护电子数据的完整性，公安机关在收集电子数据时，能够扣押电子数据原始存储介质的，应当扣押。扣押、封存原始存储介质的，应制作笔录，记录原始存储介质的封存状态。

二、提取

无法扣押原始存储介质的，可以提取电子数据。本规定没有对何为"无法扣押"的情形作出具体的解释，实践中包括原始存储介质不便封存的；提取计算机内存数据、网络传输数据等不是存储在存储介质上的电子数据的；原始存储介质位于境外的等多种情形。

提取电子数据的应当制作笔录，可以在笔录上写明未扣押原始存储介质的原因、原始存储介质的存放地点或者电子数据的来源等情况，并计算电子数据的完整性校验值，附电子数据清单，由办案民警、电子数据持有人签名。持有人无法或者拒绝签名的，应当在笔录中注明。

三、打印、拍照、录像

由于客观原因无法或者不宜用前两种方式对电子数据进行取证的，可以采取打印、拍照或者录像等方式固定相关证据，并附有关原因、过程等情况的文字说明，由办案人民警察、电子数据持有人签名。持有人无法或者拒绝签名的，应当注明情况。

本条第3款增强了办案单位实践中操作的灵活性，降低了取证的难度，但何为"由于客观原因无法或者不宜依照前两款规定收集电子数据的"？

实践操作中建议参考《公安机关办理刑事案件电子数据取证规则》第 8 条规定，其中的客观原因主要包括：无法扣押原始存储介质并且无法提取电子数据的；存在电子数据自毁功能或装置，需要及时固定相关证据的；需现场展示、查看相关电子数据的。以使本条规定更具有可操作性。

此外，在收集电子数据时，还应注意《最高人民法院关于行政诉讼证据若干问题的规定》第 64 条规定，以有形载体固定或者显示的电子数据交换、电子邮件以及其他数据资料，其制作情况和真实性经对方当事人确认，或者以公证等其他有效方式予以证明的，与原件具有同等的证明效力。

【执法风险提示】

1. 实践中，有的法院对电子数据进行严格审查，认为不符合标准要求及形式合法性的电子数据不得作为证据使用。

2. 由于客观原因无法或者不宜扣押原始存储介质或提取电子数据时，可以采取打印、拍照或者录像等方式固定相关证据，并不意味着可以扣押原始存储介质或提取电子数据的情况下，不能采取打印、拍照或者录像等方式固定相关证据。公安机关在办理案件过程中，即使扣押了原始存储介质或提取了电子数据，同样可以采取打印、拍照或者录像等方式再次固定相关证据。同时，采取打印、拍照或者录像等方式固定相关证据后，能够扣押原始存储介质的，应当扣押原始存储介质；不能扣押原始存储介质但能够提取电子数据的，应当提取电子数据。

【相关规定】

《最高人民法院关于行政诉讼证据若干问题的规定》第 64 条。

第三十三条 【刑行证据转化规则】刑事案件转为行政案件办理的，刑事案件办理过程中收集的证据材料，可以作为行政案件的证据使用。

【条文主旨】

本条是关于公安机关办理行政案件过程中刑事案件证据与行政案件证据衔接转化的规定。

【最新修改提示】

本条对应修改前的第 29 条，内容未变化。

【理解与适用】

刑事司法程序转化为行政执法程序有可能出现在多个阶段，如在立案侦查阶段，对涉嫌犯罪的行为进行立案侦查并采取强制措施后，公安机关认为情节轻微、不构成犯罪，决定撤案的，再由相关的公安机关将该案按行政案件受理；在审查起诉阶段，对于人民检察院决定不起诉，而对被不起诉人需要给予行政处罚、行政处分的，人民检察院应当提出检察意见，移送有关主管机关处理；[①] 在审判阶段，对于犯罪情节轻微不需要判处刑罚的，可以免予刑事处罚，也可以根据案件情况，由主管部门予以行政处罚或者行政处分。[②] 刑事案件的处理受《刑法》《刑事诉讼法》《公安机关办理刑事案件程序规定》等刑事法律规范的调整，行政案件的办理受《治安管理处罚法》《行政处罚法》《公安机关办理行政案件程序规定》等行政法律规范的调整，不同的法律规范对不同性质的执法程序、强制措施的适用、证据审查规则以及文书制式的要求都不同。公安机关是具有行政、刑事双重执法性质的执法部门，案件在两种不同性质的程序中进行转换时，相关执法手续的转换和证据的衔接非常重要。

尽管属于不同的权力运行范畴（公安机关办理行政案件中的证据属于行政执法，刑事证据属于刑事司法），但是两种证据的定义、作用、种类与特征大致相似，而其相似性正是刑行证据转化的基础。基于“刑事程序优于行政程序”的原则，刑事案件转为行政案件办理的，刑事案件办理过程中收集的证据材料可以作为行政案件的证据使用。

刑事案件办理过程中收集的证据材料可以作为行政案件的证据使用，主要因为：

第一，在证据的收集程序上，刑事案件较行政案件更严格。行政活动追求效率，即尽快解决问题，因此行政执法证据也应当及时收集；且行政执法一般也就对行政相对人处以财产上的处罚或者短期的自由处罚，相较于刑事诉讼的结果更为轻微，因此在收集证据的程序上也就相对没那么严

① 参见《刑事诉讼法》第 177 条第 3 款。

② 参见《刑法》第 37 条。

格。而刑事诉讼活动动辄剥夺人的人身自由，甚至会剥夺人的生命，因此在证据的收集上也更为谨慎、严格，严禁以非法证据定罪量刑，在收集程序上应当严格按照法定程序进行。

第二，在审查主体上，刑事案件较行政案件更中立、权威。行政行为追求效率，所以在制度上并没有过多制约与平衡行政行为的设计，这也是行政执法证据由行政机关自己内部审查的原因。刑事证据则由专门负责刑事案件侦查工作的公安侦查机关与人民检察院负责收集整理（当然，在一些特殊情况下人民法院也可以依申请或者依职权收集证据），刑事证据要成为定案依据需要经过人民法院的审查，收集与审查主体不一致能够在一定程度上保证证据材料的合法与客观，进而增强案件处理结果的公信力。刑事证据材料要成为定案证据必须当庭出示并经过双方质证，没有经过质证的证据材料不具有证明案件事实的资格。

第三，在审查方式上，行政执法证据没有刑事证据那么严格。“刑事诉讼中往往更注重证据链的形成，注重证据间的对应关系，证据效力强，而在行政执法中，行政机关对证据真伪性、充分性的判断能力可能较弱，证据能力也较弱。”①

第四，刑事案件的证明标准要高于行政案件的证明标准。行政活动讲求效率，因而具有主动性，兼顾公平；刑事活动追求公平正义，效率并非主要价值追求，不同的活动目的也决定了两类证据不同的证明标准。由于刑事诉讼的结果可能涉及当事人的人身自由甚至生命，所以认定案件事实需要达到排除合理怀疑的证明标准；而行政行为处理的问题具有多样性，所需的证明标准也具有多元性，但总体都低于刑事案件的证明标准。

刑事案件证据和公安机关办理行政案件证据的衔接也存在一些法律上没有规定清楚的内容。首先，这两类案件证据的法定种类不完全一致。《刑事诉讼法》第50条规定：“可以用于证明案件事实的材料，都是证据。证据包括：（一）物证；（二）书证；（三）证人证言；（四）被害人陈述；（五）犯罪嫌疑人、被告人供述和辩解；（六）鉴定意见；（七）勘验、检查、辨认、侦查实验等笔录；（八）视听资料、电子数据。”基于本《程序规定》第26条，现场笔录是行政执法过程中特有的证据形式，刑事证据中并没有现场笔录。其次，证据收集的主体也不同。公安机关办理行政案件过程中证据的收集、调取主体是公安机关，刑事案件办理过程中人民法

① 楼建群：《行政机关收集的言词证据在刑事诉讼中的运用》，载《中国刑事诉讼法学研究会2012年年会论文集》。

院、人民检察院和公安机关三个部门有收集刑事证据的权力。这些不一致可能导致转化和衔接过程中的问题，需要在实践中进一步探索并在法律上进行明确。

【执法风险提示】

在刑事案件转为行政案件办理的过程中，除了证据的转换和衔接外，还需注意相关执法手续的转换，如先期履行了刑事扣押手续的，必须先解除，然后再制发行政扣押、扣留手续等，以保证执法手续的合法性。

【相关规定】

《刑事诉讼法》第 173 条；《刑法》第 37 条。

第三十四条　【证人资格】凡知道案件情况的人，都有作证的义务。

生理上、精神上有缺陷或者年幼，不能辨别是非、不能正确表达的人，不能作为证人。

【条文主旨】

本条是关于作证义务和证人资格的规定。

【最新修改提示】

本条对应修改前的第 30 条，内容未变化。

【理解与适用】

一、证人的作证义务

凡知道案件情况的人，都有作证的义务。作证义务是当事人以外了解案件事实的人承担的提供自己所了解的有关案件情况的义务。除法律有特别规定外，凡知道案件情况的人都负有作证的义务。向知情人了解他们所感知的案件情况和信息，是查明案件事实、适用法律实现实体正义的重要途径。在许多案件中，证人证言是非常重要的证据，没有知情人提供证言，案件真相很难被发现。因此，作证义务应当看作是依法应予以履行的公民责任，其合理性在于整个社会要实现正义的普遍需求。

二、证人资格

本条规定了证人资格，这是证据法的重要规则之一。证人的资格就是指哪些人能够作为证人，哪些人不能作为证人。公安机关办理行政案件过程中，一个人有资格作为证人的条件是：第一，感知案件事实。从立法技术上来看，我国在证人的感知能力方面并没有做特别的要求，换言之，立法承认每个人都具有一定的感知能力，影响感知能力的因素视其为与证人可信性有关的因素，在审查证人证言的证明力时予以考虑。即使是儿童，只要能辨别是非、正确表达，也可以作为证人。第二，具有辨别是非的能力。“辨别是非”是指对事实存在与否、状态如何以及性质怎样能够正确认识和辨别。第三，具有正确表达的能力。“正确表达”是指能将自己感知和辨别的事实存在与否、状态如何以及性质怎样进行正确的描述。表达的方式既可以是口头，也可以是书面。不能口头表达的证人，如因聋哑或其他原因不能说话的证人，可以用书写、哑语、打手势等方式进行表达且能被他人正确理解的，属于具有正确表达能力的人。以上三个条件必须同时具备，才有资格作为证人。所以，对于生理上、精神上有缺陷或者年幼，不能辨别是非、不能正确表达的人，不能作为证人。

正处于明显醉酒、麻醉品中毒或者精神药物麻醉状态的人，其辨别是非和正确表达的能力受到酒精、麻醉品或者精神药物的影响，通常都会存在一定障碍，甚至受到幻觉的干扰，其陈述不是在神志清醒的状态下提供的，这样的陈述通常不具有证据能力。

在办案过程中，对于证人的身体或精神状况存在一定的问题，有可能影响其作证能力的，根据当事人申请，或公安机关在认为必要时，可以就证人能否正确表达意志进行审查或者交由有关部门鉴定，以确定其是否具有作证资格。对于经检查或检验发现没有作证能力的，不得采纳其陈述作为证据。

【执法风险提示】

1. 从程序角度上看，依据本条规定，应当假定每个人都有作证的资格，除非有相反证据，不得排除该证人。换言之，如果要排除某证人，必须证明其因生理上、精神上有缺陷或者年幼，不能辨别是非、不能正确表达。

2. 注意区分见证人和证人。见证人是指与案件无关，仅仅在勘验、检查、搜查等执法过程中，应公安机关之邀，在现场观察并就这些执法活动的内容、过程和结果作证的人。证人不等同于见证人，证人是就其知道的案件情况向公安机关作证的人，具有不可替代性。而见证人是受邀请到执法活动现场的，具有可选择性。但在应邀对执法活动进行见证后，该见证人就是了解相关执法活动的特定的人了，这时的见证人就是特殊的证人。

【相关规定】

《最高人民法院关于行政诉讼证据若干问题的规定》第41条、第42条。

案例分析

证据收集合法性的认定

——陈某珍诉××县公安局治安管理行政处罚决定纠纷案①

△基本案情

一审判决认为，2015年3月6日，被告××县公安局对第三人吕某近作出××行罚决字〔2015〕00001号《行政处罚决定书》，认定违法行为人吕某近于2015年1月5日20时多，在××县××镇××村石龙因吴某生与吕某勉发生土地纠纷引发肢体冲突后，吴某辉和吕某近等人到吴某生的小店理论，在理论过程中发生肢体冲突，吕某近用拳头打陈某珍的左手臂一下导致左手臂红肿的违法事实。以上事实的认定有吕某近本人的陈述和申辩，吴某商、陈某珍、吴某生、吕某勉等人的询问笔录，案发后陈某珍的伤情相片以及现场视频监控录像等证据证实。原告陈某珍、第三人吕某近对被告××县公安局认定的以上事实无异议。被告在办理案件过程中，依法履行了受案、传唤、询问、调查、告知等相关法定程序，依职权作出××行罚决字〔2015〕00001号《行政处罚决定书》，认为吕某近殴打原告陈某珍的违法行为客观存在，但造成的伤害轻微，被告××县公安局根据《中华人民共和国治安管理处罚法》第43条第1款的规定，对吕某近的违法行为处以罚款200元，裁量适当，适用法律正确。

上诉人陈某珍不服原审判决，认为原审判决错误，请求撤销××行罚决字〔2015〕00001号《行政处罚决定书》，加重对吕某近的行政处罚。其主要理由是：第一，××县公安局办案程序违法。××派出所干警在办

---

① 参见（2015）梅中法行终字第67号行政判决书。

案过程中制作证据程序违法，作假证应视无效问题。第二，××县公安局对违法相对人吕某近作出的行政处罚过轻，显失公正。

△核心问题

证据收集的合法性认定。

△法律评析

本案是对被上诉人××县公安局作出的××行罚决字〔2015〕第00001号《行政处罚决定书》的合法性进行审查。争议焦点有二，一是被上诉人××县公安局作出涉案《行政处罚决定书》的合法性，二是对第三人吕某近处罚的适当性。争点一涉及本案中证据收集的合法性及其认定问题，故仅就争点一集中进行评述。

《行政处罚法》第4条第2款规定，“设定和实施行政处罚必须以事实为依据，与违法行为的事实、性质、情节以及社会危害程度相当”。《治安管理处罚法》第5条第1款规定：“治安管理处罚必须以事实为依据，与违反治安管理行为的性质、情节以及社会危害程度相当。”用于证明公安机关作出治安管理处罚或其他行政处罚的案件事实的材料就是证据，需要有经过查证属实的证据证明违法行为的存在以及公安机关执法行为的合法性。

本案中公安机关对第三人吕某近作出行政处罚的法律依据是《治安管理处罚法》第43条第1款，该款规定：“殴打他人的，或者故意伤害他人身体的，处五日以上十日以下拘留，并处二百元以上五百元以下罚款；情节较轻的，处五日以下拘留或者五百元以下罚款。”作出行政处罚的××县公安局需要有证据证明吕某近有殴打他人或故意伤害他人身体的事实。××县公安局根据原审第三人吕某近、吴某辉的陈述和申辩（违法嫌疑人的陈述和申辩），吴某商、陈某珍、吴某生等人的询问笔录（被害人陈述和其他证人证言）及吴某商的伤情照片（书证）、上诉人陈某珍的辨认笔录（辨认笔录）、现场视频监控录像（电子数据）等证据，认定原审第三人吴某辉等人到吴某生的小店理论过程中发生肢体冲突，在吴某商挥舞开启状态的电击棒情形下，吴某辉用拳头打吴某商的右头部一下导致其受伤住院治疗的违法事实。

上诉人陈某珍认为被上诉人××县公安局取证过程违法，没有依照法定程序收集能证明违法嫌疑人有违法行为的证据，所形成的证据属于非法证据，应该予以排除，并提供监控视频予以证实。通过上诉人陈某珍提供的视频证据可以看出，在本案发生后作出处理前，××派出所3位干警于

2015 年 1 月 13 日 15 时 40 分左右到上诉人小店即案发现场查勘，拍摄现场照片，并叫上诉人指认入屋殴打陈某珍的嫌疑人吕某近，而××派出所干警却在制作的笔录中将取证时间分别记录为：到案发现场拍照的时间记录为 2015 年 1 月 5 日当晚，辨认笔录记录为 2015 年 1 月 9 日。庭审中被上诉人××县公安局也承认其制作现场相片、辨认笔录的时间与实际取证日期不一致的问题并作出了解释。法院认为，根据《公安机关办理行政案件程序规定》第 27 条的规定："公安机关必须依照法定程序，收集能够证实违法嫌疑人是否违法、违法情节轻重的证据……收集物证、书证不符合法定程序，可能严重影响执法公正的，应当予以补正或者作出合理解释"，××县公安局在办理案件收集证据过程中，将部分不是案发当天晚上拍摄的现场照片制作时间写成案发当天，其中当事人陈某珍、吴某生的辨认笔录制作时间与签名时间不一致，在程序上确实存在瑕疵。但当事人并没有否认笔录内容的真实性，且该证据不是被上诉人××县公安局最后认定违法事实的主要证据，该部分证据的程序瑕疵问题并不影响本案基本事实的成立及处罚的公正性，且××县公安局也就日期不一致的问题作出了合理解释。法院认定现场照片和辨认笔录的收集程序并非不合法，可以作为定案的根据。

第五章　期间与送达

第三十五条　【期间的计算】期间以时、日、月、年计算，期间开始之时或者日不计算在内。法律文书送达的期间不包括路途上的时间。期间的最后一日是节假日的，以节假日后的第一日为期满日期，但违法行为人被限制人身自由的期间，应当至期满之日为止，不得因节假日而延长。

【条文主旨】

本条是关于期间计算的规定。

【最新修改提示】

本条对应修改前的第32条，内容未变化。

【理解与适用】

一、公安机关办理行政案件的期间

公安机关办理行政案件的期间，是指在公安机关办理行政案件中，公安机关、违法嫌疑人及其家属等进行或完成某种行为必须遵守的时限。期间是公安机关办理行政案件不可缺少的组成部分，它直接影响到公安机关办理行政案件的及时性和违法嫌疑人维护其合法权益的有效性。

期间根据不同的标准可以分为不同的种类，如根据期间的产生依据不同，期间分为法定期间和指定期间。法定期间是由法律规定的，不得变更期间。由公安机关依职权决定的，为指定期间。期间还可以分为期限和期日。期限是自某一特定时间起至某一特定时间止的一段时间。期日在客观上表现为某一具体的时间、日期，如举行听证的时间。

二、期间的计算

（一）期间以时、日、月、年计算，期间开始之时或者日不计算在内。即以时、日为单位计算的，开始的时、日不计算在内，至下一时、日为一小时和一日。以月、年为单位计算的，至下月的同日（没有同日的，以当月的最后一日），或下年的同月同日为一个月、一年。

（二）法律文书送达的期间不包括路途上的时间，即应扣除邮寄法律文书在途中的时间。邮寄送达的以盖邮戳的时间为准。

（三）期间的最后一日是节假日的，以节假日后的第一日为期满日期，但违法行为人被限制人身自由的期间，应当至期满之日为止，不得因节假日而延长。

第三十六条　【法律文书送达】送达法律文书，应当遵守下列规定：

（一）依照简易程序作出当场处罚决定的，应当将决定书当场交付被处罚人，并由被处罚人在备案的决定书上签名或者捺指印；被处罚人拒绝的，由办案人民警察在备案的决定书上注明；

（二）除本款第一项规定外，作出行政处罚决定和其他行政处理决定，应当在宣告后将决定书当场交付被处理人，并由被处理人在附卷的决定书上签名或者捺指印，即为送达；被处理人拒绝的，由办案人民警察在附卷的决定书上注明；被处理人不在场的，公安机关应当在作出决定的七日内将决定书送达被处理人，治安管理处罚决定应当在二日内送达。

送达法律文书应当首先采取直接送达方式，交给受送达人本人；受送达人不在的，可以交付其成年家属、所在单位的负责人员或者其居住地居（村）民委员会代收。受送达人本人或者代收人拒绝接收或者拒绝签名和捺指印的，送达人可以邀请其邻居或者其他见证人到场，说明情况，也可以对拒收情况进行录音录像，把文书留在受送达人处，在附卷的法律文书上注明拒绝的事由、送达日期，由送达人、见证人签名或者捺指印，即视为送达。

无法直接送达的，委托其他公安机关代为送达，或者邮寄送达。经受送达人同意，可以采用传真、互联网通讯工具等能够确认其收悉的方式送达。

经采取上述送达方式仍无法送达的，可以公告送达。公告的范围和方式应当便于公民知晓，公告期限不得少于六十日。

【条文主旨】

本条是关于法律文书送达的规定。

【最新修改提示】

修订前（2012 版）	修订后（2018 版）
第三十三条　送达法律文书，应当遵守下列规定： …… 无法直接送达的，委托其他公安机关代为送达，或者邮寄送达。 ……	**第三十六条**　送达法律文书，应当遵守下列规定： …… 无法直接送达的，委托其他公安机关代为送达，或者邮寄送达。**经受送达人同意，可以采用传真、互联网通讯工具等能够确认其收悉的方式送达。** ……

【理解与适用】

一、送达的概念和意义

送达，是指公安机关依照法定的程序和方式将法律文书送交当事人的行为。《治安管理处罚法》第 97 条规定，公安机关应当向被处罚人宣告治安管理处罚决定书，并当场交付被处罚人；无法当场向被处罚人宣告的，应当在二日内送达被处罚人。决定给予行政拘留处罚的，应当及时通知被处罚人的家属。有被侵害人的，公安机关应当将决定书副本抄送被侵害人。《行政强制法》第 38 条规定，催告书、行政强制执行决定书应当直接送达当事人。当事人拒绝接收或者无法直接送达当事人的，应当依照《民事诉讼法》的有关规定送达。

建立法律文书的宣告、送达和抄送制度，对于违法行为人（包括其亲属）和被侵害人，都有十分重要的意义，它可以使违法行为人知晓自己所受到的处理，便于其依法履行行政处罚等处理决定；同时它也是保证被侵害人知情权的需要。法律文书的送达是产生法律效果的重要前提，行政法律文书一经送达便产生一定的法律效果。当事人提起行政复议和行政诉讼的期限从送达之日起算。

二、法律文书送达的方式

（一）适用简易程序（当场处罚程序）

依照简易程序作出当场处罚决定的，应当将决定书当场交付被处罚人，并由被处罚人在备案的决定书上签名或者捺指印；被处罚人拒绝的，由办案人民警察在备案的决定书上注明。注明后根据具体情况作出处理。

（二）适用简易程序（当场处罚程序）以外的决定程序的送达

1. 直接送达。作出行政处罚决定和其他行政处理决定，应当在宣告后将决定书当场交付被处理人，并由被处理人在附卷的决定书上签名或者捺指印，即为送达。被处理人拒绝的，由办案人民警察在附卷的决定书上注明。被处理人拒绝签名或者捺指印，不影响法律文书的送达和法律效力的发生。

被处理人不在场的，公安机关应当在作出决定的七日内将决定书送达被处理人，治安管理处罚决定应当在二日内送达。

送达法律文书应当首先采取直接送达方式，交给受送达人本人；受送达人不在的，可以交付其成年家属、所在单位的负责人员或者其居住地居（村）民委员会代收。

2. 留置送达。受送达人本人或者代收人拒绝接收或者拒绝签名和捺指印的，送达人可以邀请其邻居或者其他见证人到场，说明情况，也可以对拒收情况进行录音录像，把文书留在受送达人处，在附卷的法律文书上注明拒绝的事由、送达日期，由送达人、见证人签名或者捺指印，即视为送达。

3. 委托送达、邮寄送达以及采用传真、互联网通讯工具等送达。无法直接送达的，委托其他公安机关代为送达，或者邮寄送达。经受送达人同意，可以采用传真、互联网通讯工具等能够确认其收悉的方式送达。

（1）委托送达。委托送达，是指无法直接送达法律文书的，公安机关可以委托受送达人所在地的公安机关代为送达。委托公安机关应当出具委托函，并附有需要送达的法律文书。

送达的日期以受送达人在法律文书上的签收日期为准。

（2）邮寄送达。邮寄送达，是指公安机关以挂号邮寄的方式将法律文书送达的方法。邮寄送达应附有附卷的法律文书。邮寄送达以挂号信回执上注明的收件日期为送达日期。

（3）经受送达人同意，可以采用传真、互联网通讯工具等能够确认其收悉的方式送达。这是本条新增内容。

随着科学的发展，技术的进步，计算机、通信、互联网等技术越来越多地应用到公安工作之中。本次《程序规定》的修改与时俱进，将传真、互联网通讯工具等也作为送达法律文书的一种手段，使送达法律文书的方式更加灵活多样。

采用传真、互联网通讯工具等方式送达的前提是：无法直接送达；经受送达人同意；能够在技术上、程序上确认受送达人收悉法律文书。

受送达人自己选择并确认的电子地址收悉法律文书的时间为送达时间。

4. 公告送达。经采取上述送达方式仍无法送达的，可以公告送达。公告的范围和方式应当便于公民知晓，如可采用张贴公告，也可以在报纸、信息网络等媒体上刊登公告等方式。公告期限不得少于六十日。

【执法风险提示】

1. 作出行政处罚决定和其他行政处理决定，应当在宣告后，再将决定书当场交付被处理人。

2. 送达法律文书应当首先采取直接送达方式。只有在无法直接送达的情况下，才可以采用留置送达、委托送达和邮寄送达等。

3. 采用传真、互联网通讯工具等能够确认其收悉的方式送达的前提是，无法直接送达和经受送达人同意。

4. 公告送达是采用直接送达、留置送达、委托送达和邮寄送达等送达方式均无法送达的情况下，才采用的送达方式。

5. 受处罚人是单位的，法律文书送达时由单位的法定代表人、主要负责人或者其授权的人签收。

【相关规定】

《行政强制法》第 38 条；《治安管理处罚法》第 97 条。

案例分析

送达中由他人代收的注意事项

——马某平诉××市××区公安局××分局××派出所要求撤销《终止案件调查决定书》案①

△基本案情

2017年5月23日，原告马某平向被告××市××区公安局××分局××派出所（以下简称××派出所）报警称××公司法定代表人陈某某以公司名义对其进行侮辱并泄露个人隐私，当日被告××派出所对马某平进行了第一次询问。2017年6月19日，被告××派出所作出××审字〔2017〕第226号《延长办案期限审批表》，延长办案期限至六十日。2017年6月26日，被告××派出所对买某某进行调查询问。2017年7月21日，被告××派出所对邓某、尚某、冯某某进行调查询问。2017年7月22日，被告××派出所作出津滨公开（黄）审字〔2017〕第64号《传唤审批表》和××行传字〔2017〕63号《传唤证》，以涉嫌泄露公民个人隐私、侮辱为由，传唤陈某某，因陈某某本人当日不在××市，由其同事仲某某代收《传唤证》，××派出所对仲某某进行了询问。2017年7月26日，陈某某到××派出所接受询问。2017年8月1日，被告××派出所作出××行终止决字〔2017〕9号《终止案件调查决定书》，由仲某某代收，并注明代收人仲某某系陈某某所在公司法务部负责人。原告不服，诉至原审法院，请求撤销××行终止决字〔2017〕9号《终止案件调查决定书》。

一审法院根据本案在案证据，特别是陈某某本人的询问笔录，能够证实陈某某在2017年上半年由其召集并主持了××公司管理层会议，决定制作"联名投诉书"并予以大量散发联名签字，在该"联名投诉书"中确有"对这种无赖行为，员工皆嗤之以鼻以此为耻"的不当表述，另载明了原告马某平和案外人徐某某的个人基本信息，包括身份证号码和家庭住址等涉及个人隐私的信息，故对被告××派出所认定"没有违法事实"的结论不予认可，其在行政程序中调查事实不清，证据不足，适用法律错误，应予以撤销。综上，依据《行政诉讼法》第70条第1、2、3项之规定，判决如下："一、撤销被告××市××区公安局××分局××派出所作出的

---

① 参见（2019）津02行终27号行政判决书。

××行终止决字〔2017〕9号《终止案件调查决定书》；二、责令被告××市××区公安局××分局××派出所于本判决生效之日起三十日内对原告马某平的报警重新作出处理。案件受理费50元，由被告××市××区公安局××分局××派出所承担。”

一审法院判决后，上诉人××派出所不服提起上诉，请求：1. 撤销原审判决并依法改判；2. 由被上诉人承担本案一、二审诉讼费用。主要理由：1. 本案嫌疑人陈某某在外地，根据《公安机关办理行政案件程序规定》，公安机关不能异地传唤嫌疑人，在传唤嫌疑人时存在障碍，故原审判决认为上诉人存在拖延履行法定职责的情形表述不当，且此定性不属于法律术语应予以撤销。从法定程序上，讲法律并没有规定法定期限内何种情况为积极办案、拖延办案，故原审认定上诉人拖延履行法定职责无法律依据。2. 原审判决中认为《终止案件调查决定书》超过法定期限认定错误，应予撤销。上诉人按照《公安机关办理行政案件程序规定》第165条的规定作出的《终止案件调查决定书》符合法律规定，不存在拖延情形。3. 原审判决认定事实不清、适用法律错误。综上所述，请求依法撤销原审判决，支持上诉人的上诉请求。

被上诉人马某平辩称，同意原审判决，不同意上诉人的上诉请求，请求依法驳回上诉人的上诉请求。

△核心问题

本案中的《传唤证》和《终止案件调查决定书》的送达方式是否正确？

△法律评析

一、关于《传唤证》和《终止案件调查决定书》送达

《公安机关办理行政案件程序规定》第36条规定：“……送达法律文书应当首先采取直接送达方式，交给受送达人本人；受送达人不在的，可以交付其成年家属、所在单位的负责人员或者其居住地居（村）民委员会代收。受送达人本人或者代收人拒绝接收或者拒绝签名和捺指印的，送达人可以邀请其邻居或者其他见证人到场，说明情况，也可以对拒收情况进行录音录像，把文书留在受送达人处，在附卷的法律文书上注明拒绝的事由、送达日期，由送达人、见证人签名或者捺指印，即视为送达。无法直接送达的，委托其他公安机关代为送达，或者邮寄送达……经采取上述送达方式仍无法送达的，可以公告送达。公告的范围和方式应当便于公民知晓，公告期限不得少于六十日。”

本案中，被诉《终止案件调查决定书》以及《传唤证》送达给没有代

收法律文书资格的案外人仲某某，该送达方式违反了法律规定。

二、上诉人提出的其他上诉理由分析

根据《治安管理处罚法》《公安机关办理行政案件程序规定》分析如下：

1.《治安管理处罚法》第7条规定："国务院公安部门负责全国的治安管理工作。县级以上地方各级人民政府公安机关负责本行政区域内的治安管理工作。治安案件的管辖由国务院公安部门规定。"《公安机关办理行政案件程序规定》第259条第1款规定："经过调查，发现行政案件具有下列情形之一的，经公安派出所、县级公安机关办案部门或者出入境边防检查机关以上负责人批准，终止调查：（一）没有违法事实的；（二）违法行为已过追究时效的；（三）违法嫌疑人死亡的；（四）其他需要终止调查的情形。"本案中，××派出所具有作出被诉《终止案件调查决定书》的主体资格和职权，但是没有终止调查的情形。

××派出所于2017年5月23日受理了马某平的报案后，至2017年7月26日××派出所认定的嫌疑人到案接受询问，其在受案之日对马某平进行了询问。××派出所虽主张进行了大量的思想动员和调查工作，但均未提交留痕记录和其他证据证实，故本院无法认定其所主张进行的调查履职行为，存在原审法院认定的拖延履行法定职责的情形。

2.《公安机关办理行政案件程序规定》第165条规定："公安机关办理治安案件的期限，自受理之日起不得超过三十日；案情重大、复杂的，经上一级公安机关批准，可以延长三十日。办理其他行政案件，有法定办案期限的，按照相关法律规定办理。为了查明案情进行鉴定的期间，不计入办案期限。对因违反治安管理行为人不明或者逃跑等客观原因造成案件在法定期限内无法作出行政处理决定的，公安机关应当继续进行调查取证，并向被侵害人说明情况，及时依法作出处理决定。"本案自2017年5月23日受案后，至延长办案期限至六十日后的2017年8月1日作出被诉《终止案件调查决定书》，已经超过上述规定的期限，并且不存在因嫌疑人逃跑等客观原因造成案件在法定期限内无法作出行政处理决定的情形，故上诉人作出本案被诉《终止案件调查决定书》存在超期的违法情形。

综上，二审法院认为，本案被诉《终止案件调查决定书》存在程序违法、怠于履行法定职责、适用法律法规不当等情形，原审法院判决撤销被诉《终止案件调查决定书》并责令限期对马某平的报警重新作出处理并无不当，本院应予维持。依照《行政诉讼法》第89条第1款第1项之规定，判决如下：驳回上诉，维持原判。二审案件受理费50元，由上诉人××市××区公安局××分局××派出所负担。

第六章　简易程序和快速处理

第一节　简易程序

第三十七条　【简易程序适用条件】 违法事实确凿，且具有下列情形之一的，人民警察可以当场作出处罚决定，有违禁品的，可以当场收缴：

（一）对违反治安管理行为人或者道路交通违法行为人处二百元以下罚款或者警告的；

（二）出入境边防检查机关对违反出境入境管理行为人处五百元以下罚款或者警告的；

（三）对有其他违法行为的个人处五十元以下罚款或者警告、对单位处一千元以下罚款或者警告的；

（四）法律规定可以当场处罚的其他情形。

涉及卖淫、嫖娼、赌博、毒品的案件，不适用当场处罚。

【条文主旨】

本条是关于公安机关办理行政案件适用简易程序条件的规定。

【最新修改提示】

本条对应修改前的第 34 条，内容未变化。

【理解与适用】

公安行政案件的简易程序，一般也称当场处罚程序，是指公安机关依法对公安行政违法行为处以警告或者一定数额以下罚款时适用的程序。简易程序并不是对一般程序的简单化，而是由于案件事实清楚，并且行为人的行为依法应当受到相对轻微的行政处罚时，法律为公安机关处理该类案件设定的程序。

简易程序由《行政处罚法》根据我国行政处罚的现状设定，其适用范围不限于公安机关，简易程序的设定可以相对提高行政机关办理行政处罚案件的效率，可以相对较快地恢复社会关系的秩序，以实现惩处违法行为人、维护社会公共秩序的目的。《行政处罚法》设定的简易程序，与一般程序的不同主要表现在作出行政行为的方式上，如简易程序的告知可以采取口头方式而在一般程序中则应当采取书面方式。为了保证适用简易程序作出行政处罚的公正性，《行政处罚法》、《治安管理处罚法》以及《公安机关办理行政案件程序规定》对公安行政案件简易程序的适用条件及主要内容作出了明确的规定。公安机关在办理具体行政处罚案件时，应当严格依照执行。

根据《行政处罚法》的相关规定，结合公安行政执法实践，本条规定了公安机关适用简易程序办理行政案件的条件及具体要求，主要内容如下：

一、规定简易程序适用的法律规范

目前规范公安行政案件简易程序的法律规定主要有《行政处罚法》、《治安管理处罚法》以及《公安机关办理行政程序规定》。其中需要说明的是《行政处罚法》第 33 条规定，违法事实确凿并有法定依据，对公民处以 50 元以下、对法人或者其他组织处以 1000 元以下罚款或者警告的行政处罚的，可以当场作出行政处罚决定。而《治安管理处罚法》第 100 条规定，违反治安管理行为事实清楚，证据确凿，处警告或者 200 元以下罚款的，可以当场作出治安管理处罚决定。《道路交通安全法》第 107 条规定，对道路交通违法行为人予以警告、200 元以下罚款，交通警察可以当场作出行政处罚决定，并出具行政处罚决定书；《出境入境管理法》第 86 条规定，对违反出境入境管理行为处 500 元以下罚款的，出入境边防检查机关可以当场作出处罚决定。依照《立法法》规定的法律适用原则，公安机关及其人民警察在办理公安行政案件时应当适用特殊优于一般的原则，依照《治安管理处罚法》《道路交通安全法》《出境入境管理法》的规定适用简易程序，而对于其他的违法行为则依照《行政处罚法》规定的条件适用简易程序。

二、简易程序的适用条件

依照《行政处罚法》第 33 条规定，违法事实确凿并有法定依据，对公民处以50元以下、对法人或者其他组织处以1000元以下罚款或者警告的行政处罚的，可以当场作出行政处罚决定。综合考虑我国相关法律的规定，可以适用简易程序的公安行政处罚案件应当具备以下条件：

违法事实确凿，且：（1）对违反治安管理行为人或者道路交通违法行为人处200元以下罚款或者警告的；（2）出入境边防检查机关对违反出境入境管理行为人处500元以下罚款或者警告的；（3）对有其他违法行为的个人处50元以下罚款或者警告、对单位处1000元以下罚款或者警告的；（4）法律规定可以当场处罚的其他情形。其中“违法事实确凿”，是指行为人实施的违法行为有相应的证据予以证明；有“法定依据”是指针对该违法行为有相关的法律规定其可以适用简易程序作出处罚，如《治安管理处罚法》、《道路交通安全法》和《出境入境管理法》都对可以适用简易程序的情形作出了规定；法律规定的可以当场处罚的其他情形属于授权性的规定，也就是说只有法律才可以规定除上述情形以外可以适用简易程序的情形。

三、适用简易程序的其他要求

根据本条的规定，公安机关在办理适用简易程序的行政处罚案件中，有两点应当予以注意：

（一）对适用简易程序的行政处罚案件人民警察可以当场作出处罚决定

这里规定的可以“当场作出处罚决定”，是指办理案件的人民警察可以在当事人的违法事实查清楚后，立即作出相应的处罚决定。人民警察在决定适用简易程序当场作出处罚决定前，应当根据收集的证据对违法事实、适用法律等进行综合评估，对于确定符合适用简易程序条件的才可以适用；如果不确定是否可以适用简易程序，则建议选择一般程序进行处理，对于符合快速办理条件的，也可以选择适用快速办理程序。

（二）当场收缴违禁品

收缴，是指公安机关对实施公安行政违法行为的工具、设备、违禁品等涉案财物作出的相应处理。违禁品，我国法律中没有对违禁品进行定义。根据2008年公安部等部门《关于进一步加强违禁品网上非法交易活动整治工作的通知》的规定，在我国违禁品主要是指国家规定限制或禁止生产、购买、运输、持有的枪支弹药、爆炸物品、剧毒化学品、窃听窃照专用器材、毒品、迷药、管制刀具等物品。理论上认为违禁品还包括伪造的货币、赃款赃物、淫秽物品等。[①] 依照《程序规定》第195条，收缴由县

① 方海涛：《盗窃违禁品入罪条件的认定》，载《广西警察学院学报》2017年第3期。

级以上公安机关决定。但是，违禁品，管制器具，吸食、注射毒品的用具以及非法财物价值在五百元以下且当事人对财物价值无异议的，公安派出所可以收缴。因此，公安机关人民警察在适用简易程序进行处罚时，发现有违禁品的，可以当场收缴，并将收缴情况在《当场处罚决定书》上予以注明。

四、不适用简易程序办理的案件

本条第2款规定，涉及卖淫、嫖娼、赌博、毒品的案件，不适用当场处罚。这里规定的上述案件是指案件的类型，其中卖淫、嫖娼类案件包括卖淫、嫖娼，引诱、容留、介绍卖淫，拉客招嫖三种案件；赌博类案件，包括赌博和为赌博提供条件两种案件；毒品类案件，包括吸毒，教唆、引诱、欺骗吸毒，非法持有毒品，提供毒品，非法种植毒品原植物，非法买卖、运输、携带、持有毒品原植物种苗，非法运输、买卖、储存、使用罂粟壳，胁迫、欺骗开具麻醉药品、精神药品等八种案件。涉及卖淫、嫖娼、赌博、毒品的案件对社会危害性较大，且背后很有可能存在保护伞，如果对此类案件适用当场处罚，既降低了打击力度，也容易滋生腐败。

【执法风险提示】

1. 公安机关人民警察在适用简易程序时，在关注具体行政处罚的种类和幅度的同时，还应当注意“违法事实确凿”的前提条件，在实际执法中违法事实确凿，一是要关注相关证据是否已经形成完整的证据链环，违法的事实都有相应的证据予以证明；二是要关注当事人对于人民警察认定的事实是否予以认可。对于不能完全确定符合简易程序适用条件的案件，建议考虑选择快速处理程序或者一般程序，以保证案件处理的公正性，提高当事人对处理结果的接受性，降低行政复议和行政诉讼的风险。

2. 注意违禁品的当场收缴的适用。在适用本条规定的当场收缴时，应当同时适用《公安机关办理行政案件程序规定》第195条对收缴程序的规定，因为收缴的决定权属于县级以上公安机关，因此只有不需要县级以上公安机关批准的情形才可以由人民警察当场收缴。

【相关规定】

《行政处罚法》第33条；《治安管理处罚法》第100条；《道路交通安全法》第90条、第107条；《出境入境管理法》第86条；《公安机关办理行政案件程序规定》第195条；《道路交通安全违法行为处理程序规定》第41条。

第三十八条　【当场处罚程序】 当场处罚，应当按照下列程序实施：

（一）向违法行为人表明执法身份；

（二）收集证据；

（三）口头告知违法行为人拟作出行政处罚决定的事实、理由和依据，并告知违法行为人依法享有的陈述权和申辩权；

（四）充分听取违法行为人的陈述和申辩。违法行为人提出的事实、理由或者证据成立的，应当采纳；

（五）填写当场处罚决定书并当场交付被处罚人；

（六）当场收缴罚款的，同时填写罚款收据，交付被处罚人；未当场收缴罚款的，应当告知被处罚人在规定期限内到指定的银行缴纳罚款。

【条文主旨】

本条是当场处罚程序的具体内容。

【最新修改提示】

本条对应修改前的第35条，内容未变化。

【理解与适用】

本条规定了公安机关人民警察适用简易程序的具体步骤和要求。

一、作出处罚决定的程序

人民警察适用简易程序当场作出处罚决定的，具体操作程序如下：

（一）向违法行为人表明执法身份。依照规定穿着公安民警制式服装并佩戴人民警察标志的，可以不出示人民警察证，但当事人要求出示的，应当将证件打开出示；情况紧急来不及出示的，应当先表明人民警察身份，并在处置过程中出示人民警察证；出示人民警察证时，应当确保证件安全，防止被抢、被损毁。

（二）根据现场实际情况，收集证明违法行为的证据。在前面所述的简易程序的适用条件中要求违法行为事实确凿，因此适用简易程序的案件应当按照法律的规定收集相应的证据，并达到法律要求的证明标准，如果存在事实不清的情况，则不能适用简易程序。

（三）口头告知违法行为人拟作出行政处罚决定的事实、理由和依据，并告知违法行为人依法享有的陈述权和申辩权。

（四）充分听取违法行为人的陈述和申辩。违法行为人提出的事实、理由或者证据成立的，应当采纳。

由于简易程序的各个步骤都是由人民警察在现场实施的，特别是以口头方式实施的行为，人民警察应当注意实施行为的完整性。例如，在充分听取违法行为人的陈述和申辩后，应当以明晰的语言表达对于违法行为人提出的事实、理由或者证据是否成立、是否采纳。这样才是完整地履行了相关的法定程序。

（五）填写当场处罚决定书一式二份，由经办的民警签名或者盖章，一份当场交付被处罚人，一份由被处罚人签名后交所属公安机关备案。

（六）当场收缴罚款的，同时填写罚款收据，交付被处罚人；未当场收缴罚款的，应当告知被处罚人在规定期限内到指定的银行缴纳罚款。

对于简易程序处罚罚款的收缴，《行政处罚法》《治安管理处罚法》《道路交通安全法》等法律都规定了以向银行缴纳为原则当场收缴为例外的规定。当场收缴罚款，是指公安机关作出罚款决定后，对于罚款数额不大、不当场收缴罚款事后难以执行或者被执行人向指定银行缴纳罚款有困难的，可以当场收缴罚款。

《治安管理处罚法》第 104 条规定："受到罚款处罚的人应当自收到处罚决定书之日起十五日内，到指定的银行缴纳罚款。但是，有下列情形之一的，人民警察可以当场收缴罚款：（一）被处五十元以下罚款，被处罚人对罚款无异议的；（二）在边远、水上、交通不便地区，公安机关及其人民警察依照本法的规定作出罚款决定后，被处罚人向指定的银行缴纳罚款确有困难，经被处罚人提出的；（三）被处罚人在当地没有固定住所，不当场收缴事后难以执行的。"据此《公安机关办理行政案件程序规定》第 214 条规定，**有以下四种情形之一的，公安机关及其办案人民警察可以当场收缴罚款**：一是对违反治安管理行为人处 50 元以下罚款和对违反交通管理的行人、乘车人和非机动车驾驶人处罚款，被处罚人没有异议的。这里的没有异议应当由办案人民警察要求被处罚人签名确认；如果被处罚人不签名确认，那么则可以认为被处罚人有异议，应当要求被处罚人在指定的时间内向人民银行缴纳罚款。二是对违反治安管理、交通管理以外的违法行为人当场处 20 元以下罚款的。三是在边远、水上、交通不便地区、旅客列车上或者口岸，被处罚人向指定银行缴纳罚款确有困难，经被处罚人提出的。这里的由被处罚人提出，同样应当由办案人民警察要求被处罚人签名确认。四是被处罚人在当地没有固定住所，不当场收缴事后难以执行的。

（七）发现有违禁品的，可以当场收缴，在当场处罚决定书中注明，同时制作收缴物品清单一式三份，一份连同违禁品交保管人，一份当场交物品持有人，一份附卷。

二、备案

备案，是指作出处罚决定的人民警察将当场处罚决定情况报告其所属公安机关的制度。这样规定既有利于公安机关掌握其民警实施的行政处罚情况，也有利于公安机关加强对民警执法办案活动的监督与管理。

人民民警当场作出行政处罚决定的，应当于作出决定后的 24 小时内将当场处罚决定书报所属公安机关备案，交通警察应当于作出决定后的 2 日内报所属公安机关交通管理部门备案。在旅客列车、民航飞机、水上作出行政处罚决定的，应当在返回后的 24 小时内报所属公安机关备案。当场收缴违禁品的，应当同时将一份收缴物品清单备案。

三、送达被侵害人

被侵害人是当场处罚的治安案件的当事人，与案件处理结果有直接的利害关系，因此，依照《治安管理处罚法》的要求，治安案件有被害人的，应当将当场处罚决定书的复印件送达被侵害人。

【执法风险提示】

1. 人民警察在适用简易程序当场对违法行为实施行政处罚时，应当注意表明身份。这里有两点需要注意：一是要主动表示自己人民警察的身份，这包括人民警察的制式服装以及人民警察证；二是人民警察表示自己的执法身份也要遵从相应的“证明标准”，若当事人认可其规范着装的制服就可以证明其执法身份；若当事人要求人民警察出示证件进一步证明其执法身份的，人民警察应当打开证件出示给当事人查看。由于人民警察证是人民警察身份的证明文件，出于保证执法安全、控制执法风险的考虑，不要将自己的人民警察证件交给违法嫌疑人查看。

2. 注意听取当事人的陈述和申辩，保证当事人的陈述和申辩权利。由于简易程序的行政处罚是由人民警察当场采取口头方式实施，因此人民警察要在整个裁决过程中，用口头的方式明确表达听取当事人的陈述和申辩并是否予以采纳的意思表示，这样才是完整地实施了行政处罚的简易程序，也可以通过这一过程实现对当事人的教育作用提高其对处罚后果的认可，降低行政复议和行政诉讼的风险。

【相关规定】

《行政处罚法》第34条；《治安管理处罚法》第101条；《道路交通安全法实施条例》第108条；《道路交通安全违法行为处理程序规定》第42条、第43条。

第三十九条　【备案处罚决定】适用简易程序处罚的，可以由人民警察一人作出行政处罚决定。

人民警察当场作出行政处罚决定的，应当于作出决定后的二十四小时内将当场处罚决定书报所属公安机关备案，交通警察应当于作出决定后的二日内报所属公安机关交通管理部门备案。在旅客列车、民航飞机、水上作出行政处罚决定的，应当在返回后的二十四小时内报所属公安机关备案。

【条文主旨】

本条是对作出当场处罚决定的人数和备案的规定。

【最新修改提示】

本条对应修改前的第36条，内容未变化。

【理解与适用】

本条规定了人民警察可以一人适用简易程序当场作出处罚决定并要求作出处罚决定后，在规定时间里向其所属的公安机关备案。

依照相关法律法规，行政机关执法人员人数通常以二人执法为基本要求，而一人执法则为法律所作的特别规定。

备案，是指作出处罚决定的人民警察将当场处罚决定情况报告其所属公安机关的制度。这样规定既有利于公安机关掌握其民警实施的行政处罚情况，也有利于公安机关加强对民警执法办案活动的监督与管理。

所属公安机关是指在《当场处罚决定书》上加盖印章的公安机关；交通管理部门也是在《公安交通管理简易程序处罚决定书》上盖章的公安机关交通管理部门。

人民民警当场作出行政处罚决定的，应当于作出决定后的24小时内将当场处罚决定书报所属公安机关备案，交通警察应当于作出决定后的2日内报所属公安机关交通管理部门备案。在旅客列车、民航飞机、水上作出行政处罚决定的，应当在返回后的24小时内报所属公安机关备案。当场收缴违禁品的，应当同时将一份收缴物品清单备案。

【执法风险提示】

适用简易程序处理案件的人民警察应当严格按照本条规定将所作的处罚决定报所属的单位备案，这样便于公安机关了解相应的情况，做好后续的应对准备，也是对办案人民警察的监督。

【相关规定】

《行政处罚法》第34条；《治安管理处罚法》第101条；《道路交通安全违法行为处理程序规定》第42条、第44条。

第二节　快速处理

第四十条　【快速处理程序的适用条件】对不适用简易程序，但事实清楚，违法嫌疑人自愿认错认罚，且对违法事实和法律适用没有异议的行政案件，公安机关可以通过简化取证方式和审核审批手续等措施快速办理。

【条文主旨】

本条规定的是快速处理程序的适用条件。

【最新修改提示】

本条为2018年《公安部关于修改〈公安机关办理行政案件程序规定〉的决定》新增条款。

【理解与适用】

公安行政案件的快速处理程序，是2018年《公安机关办理行政案件程序规定》（公安部令第149号）新增加的办理公安行政案件的程序，它有明确的适用条件和具体的程序规定。为了在执法实践中实现规范与效率的统一，对于公安机关快速办理的行政案件，《公安机关办理行政案件程序规定》在简化程序、实现高效便捷处理的同时，也注重维护执法的公平公正。一是明确了适用前的书面告知程序，公安机关应当书面告知违法嫌疑人快速办理的相关规定，征得其同意后，由其签名确认（本规定第42条）；二是明确了认错认罚从宽制度，公安机关可以根据违法行为人认错悔改、纠正违法行为、赔偿损失以及被侵害人谅解情况等情节，依法对违法行为人从轻、减轻处罚或者不予行政处罚（本规定第46条）。三是明确了转换程序，公安机关快速办理行政案件时，发现不适宜快速办理的，转为一般案件办理。快速办理阶段依法收集的证据，可以作为定案的根据（本规定第48条）。

构建快速办理机制具有重大的意义。一方面实现了行政执法资源的优化配置。对案件根据情节轻重、标的大小、复杂程度、嫌疑人认错认罚与否等进行繁简分流，对轻微案件适用简易程序、对事实清楚且嫌疑人认错认罚案件适用快速办理程序，节约出更多的执法资源投入到复杂案件的处理中，达到公安执法资源优化配置的目的。另一方面提升了执法效能，及早化解纠纷，实现和谐。对案件进行分流后，大部分案件将适用较为高效便捷的程序进行妥善处理，从而大大提升了执法效能。程序分流加快了公安机关办理行政案件的速度，可以使违法行为及时得到处理，避免警民之间矛盾激化，尽早恢复社会正常秩序，迅速还原社会和谐状态。

对于快速办理的行政案件，《公安机关办理行政案件程序规定》从以下四个方面对程序进行了简化。一是简化了取证方式：违法嫌疑人在自行书写材料或者询问笔录中承认违法事实、认错认罚，并有视音频记录、电子数据、检查笔录等关键证据能够相互印证的，公安机关可以不再开展其他调查取证工作（本规定第43条）；二是简化了审核审批手续：可以由专兼职法制员或者办案部门负责人审核后，报公安机关负责人审批（本规定第44条）；三是简化了法律文书：既鼓励实现文书的格式化和标准化，也鼓励用录音录像替代书面询问笔录（本规定第45条）；四是简化了执行程序，可以采用口头方式履行处罚前告知程序（本规定第46条），并要求在违法嫌疑人到案后48小时内作出处理决定（本规定第47条）。

本条文从两个方面对公安机关适用快速处理程序作出了规定：

一、快速处理程序的适用条件

依照本条规定公安机关对于符合以下条件的案件可以适用快速处理程序：

（一）不适用简易程序

快速处理程序是针对不能适用简易程序的案件，为了同时保证公平和效率而制定的程序，因此适用快速处理的案件的前提是不适用简易程序的案件。

（二）案件事实清楚，违法嫌疑人自愿认错认罚，且对违法事实和法律适用没有异议

这一要求的核心是案件事实清楚，这是与适用简易程序处理案件的要求相同。对于案件的事实是否清楚，在适用快速处理程序的案件中则具体体现为违法嫌疑人对公安机关认定的违法行为事实和适用的法律没有异议。

对违法事实没有异议，是指违法嫌疑人对公安机关认定的嫌疑人的基本情况、实施的违法行为情节、后果等都予以认可；对适用的法律没有异议，是指违法嫌疑人对公安机关决定适用的具体法律条文、款项以及依照该条文决定适用的处罚种类、幅度都予以认可，同时违法嫌疑人自愿认错认罚，认错是指违法嫌疑人在主观上已经认识到自己实施的违法行为的社会危害性以及行为的违法性，在客观上行为人愿意接受法律的制裁，承担由于自己违反相应法律规定而带来的不利后果。

例如，依照《治安管理处罚法》的规定，对非法携带管制器具的违法行为人处以 5 日以下拘留的，违法行为人对公安机关认定的违法事实和法律使用没有异议的，就符合本条规定的快速办理程序的适用条件。

二、快速处理的具体做法

依照本条规定，对于可以适用快速办理程序案件的处理方式表现为公安机关可以通过简化取证方式和审核审批手续等措施快速办理，结合公安机关办理行政案件程序规定，公安机关对于可以适用快速办理程序办理的行政案件按照以下程序实施：

（一）对于可以适用快速程序处理的行政案件，公安机关应当书面告知违法嫌疑人快速办理的相关规定，征得其同意并由其签名确认。

（二）收集证据。要求：违法嫌疑人自行书写材料承认（或者由公安机关在询问笔录中载明）违法事实，认错认罚，并有视音频记录、电子数据、检查笔录等关键证据相互印证；或者案件事实调查清楚，形成完整的证据链环。

（三）可以采取口头告知违法行为人拟作出行政处罚决定的事实、理

由和依据，并告知违法行为人依法享有的陈述权和申辩权，并由办案的人民警察在案卷材料中注明告知情况，由告知人签名确认。

（四）充分听取违法行为人的陈述和申辩。违法行为人提出的事实、理由或者证据成立的，应当采纳。

（五）作出处罚决定。公安机关可以根据违法行为人认错悔改、纠正违法行为、赔偿损失以及被侵害人谅解情况等情节，依法对违法行为人从轻、减轻处罚或者不予行政处罚。

（六）案件审核。专兼职法制员或者办案部门负责人，审核的内容包括：是否符合适用快速办理程序的条件；违法嫌疑人的基本情况；案件事实是否清楚，证据是否确实充分；案件定性是否准确；适用法律、法规和规章是否正确；办案程序是否合法；拟作出的处理决定是否适当。

（七）案件报批。快速办理的行政案件在经过审核后报公安机关负责人审批。

（八）依法制作处罚决定书或者调解协议书并送达行为人。

对于快速办理的行政案件，公安机关应当在违法嫌疑人到案后48小时内作出处罚决定；发现不适宜快速处理的，转为一般案件办理。

【执法风险提示】

适用快速处理程序的基本要求除了不能适用简易程序以外，还要求案件事实清楚，违法嫌疑人自愿认错认罚，且对违法事实和法律适用没有异议。在具体执法中公安机关应当注意除与简易程序适用一样要求的违法事实清楚，还应当注意违法嫌疑人对公安机关认定的违法事实及法律适用，包括具体的条款、处罚的裁量等都没有异议。无论当事人对其中哪一点表示异议，则应考虑转为适用一般程序。

第四十一条　【不适用快速办理程序的情形】行政案件具有下列情形之一的，不适用快速办理：

（一）违法嫌疑人系盲、聋、哑人，未成年人或者疑似精神病人的；

（二）依法应当适用听证程序的；

（三）可能作出十日以上行政拘留处罚的；

（四）其他不宜快速办理的。

【条文主旨】

本条规定了公安机关不可以适用快速办理程序办理的行政案件的情形。

【最新修改提示】

本条为 2018 年《公安部关于修改〈公安机关办理行政案件程序规定〉的决定》新增条款。

【理解与适用】

依照《公安机关办理行政案件程序规定》，公安机关对于有以下情形的案件不适用快速办理程序：

一、违法嫌疑人系盲、聋、哑人，未成年人或者疑似精神病人的

涉及盲、聋、哑人以及未成年人或者疑似精神病人的违法行为不适用快速办理程序，可以从以下两个方面考虑：一是涉及盲、聋、哑人以及未成年人或者疑似精神病人的违法行为依照法律的规定可以从轻或者减轻处罚；二是适用快速处理程序的案件需要违法嫌疑人对违法事实和法律适用没有异议，并且自愿认错认罚，但如果违法嫌疑人是盲、聋、哑人、未成年人或者疑似精神病人，那么在一定程度上可能会对其实施行为的性质、违反的法律规定等问题的认知存在错误。因此针对涉及盲、聋、哑人以及未成年人或者疑似精神病人的违法行为如果不适用简易程序，则可以认为其实施的违法行为相对较重或案情较复杂，需要适用一般程序进行调查处理，不适用快速处理程序。

二、依法应当适用听证程序的

听证程序是《行政处罚法》为保证处罚公正而针对拟对违法嫌疑人作出较重处罚而设定的特殊调查程序。依照《行政处罚法》第 42 条规定，行政机关作出责令停产停业、吊销许可证或者执照、较大数额罚款等行政处罚决定之前，应当告知当事人有要求举行听证的权利；当事人要求听证的，行政机关应当组织听证；《公安机关办理行政案件程序规定》第 123 条规定，公安机关在作出责令停产停业、吊销许可证或者执照、较大数额罚款以及法律、法规和规章规定违法嫌疑人可以要求举行听证的其他情形等行政处罚决定之前，应当告知违法嫌疑人有要求举行听证的权利。其中“较大数额罚款”，是指对个人处以二千元以上罚款，对单位处以一万元以上罚款，对违反边防出境入境管理法律、法规和规章的个人处以六千元以上罚款。对依据地方性法规或者地方政府规章作出的罚款处罚，适用听证的罚款数额按照地方规定执行。

三、可能做出十日以上行政拘留处罚的

本规定设定的快速办理程序介于简易程序与一般程序之间，因而对于相对较重的处罚本条作了除外性的规定。《治安管理处罚法》规定行政拘留的处罚为1—15日，分别裁决合并执行不超过20日。而从一般的学理分类的角度来看，限制人身自由的处罚是行政处罚中最为严厉的处罚种类，因此根据《公安机关办理行政案件程序规定》对行政处罚程序的设计，本条规定了可能对当事人处以十日以上行政拘留处罚的，不适用快速处理程序。这样规定主要是为了保证公安机关能够在对案件进行充分调查的基础上作出处罚。

四、其他不宜快速办理的

这里规定的其他不宜快速办理的，是一个概括性条款。公安机关在决定是否需要适用快速办理程序时，应当与前述规定的三种不能适用快速办理程序的情形基本相当。例如，有些案件容易引起行政争议或媒体炒作，则不宜用快速办理；有些案件存在被侵害人，比如殴打他人案件，在办案过程中一旦被侵害人有异议则不适宜用快速办理程序；有些多人作案的案件，如果同案人员中有不适用快速办理（如同案人员系未成年人等）情形或者同案人员涉嫌犯罪的，也不宜适用快速办理程序。

【执法风险提示】

快速办理程序是2018年修改后的《公安机关办理行政案件程序规定》设定的新的执法程序，在实际执法中公安机关不要急于求新求快，一定要认真审核是否符合适用快速办理程序的条件，特别是要认真审核违法行为人是否自愿认错认罚，对公安机关适用的法律条文及其处罚的裁量是否予以认可。只要违法行为人对违法事实、适用的法律以及具体处罚任何一点存在不认可的情况，公安机关就不应当适用快速处理程序。

第四十二条　【快速办理程序适用的前置条件】 快速办理行政案件前，公安机关应当书面告知违法嫌疑人快速办理的相关规定，征得其同意，并由其签名确认。

【条文主旨】

本条规定的是公安机关适用快速办理程序办理行政案件前应当告知的规定。

【最新修改提示】

本条为 2018 年《公安部关于修改〈公安机关办理行政案件程序规定〉的决定》新增条款。

【理解与适用】

本条是对公安机关适用快速办理程序办理行政案件前置程序的规定。依照本条要求，公安机关通过对案件事实的调查认为可以适用快速办理程序时，应当按照本条要求通过书面的方式告知违法嫌疑人快速办理的相关规定，并在书面告知书上载明同意公安机关适用快速处理程序，并且由违法嫌疑人签名确认。

【执法风险提示】

依照本条规定，从防控执法风险的角度，应当注意两点：一是本告知应当在决定适用快速办理程序之前由违法嫌疑人签名确认完毕；二是注意本条要求的告知书应当载明的规定，本条要求公安机关书面告知违法嫌疑人快速办理的相关规定，因此这里的告知建议将《公安机关办理行政案件程序规定》中涉及与快速办理程序相关的内容全部告知。具体告知内容包括：快速办理程序的适用条件、除外情形、简化办案方式、快速办理的调查方式、处罚前告知的要求、作出处罚的时限以及转为一般程序的条件等。实践中，公安机关可以制作相关的告知模板便于民警操作使用。

第四十三条　【简化调查方式】对符合快速办理条件的行政案件，违法嫌疑人在自行书写材料或者询问笔录中承认违法事实、认错认罚，并有视音频记录、电子数据、检查笔录等关键证据能够相互印证的，公安机关可以不再开展其他调查取证工作。

【条文主旨】

本条是对公安机关适用快速办理程序办理行政案件可以采取的调查方式的规定。

【最新修改提示】

本条为 2018 年《公安部关于修改〈公安机关办理行政案件程序规定〉的决定》新增条款。

【理解与适用】

本条规定了公安机关适用快速办理程序办理行政案件过程中，可以用作证明违法事实证据种类的要求以及对公安机关调查措施的规定。依照《公安机关办理行政案件程序规定》第 7 章对调查取证的规定，公安机关办理行政案件可以采取的调查取证的措施包括询问违法嫌疑人、询问被害人、证人；勘验、检查，扣押物品；先行登记保存，抽样取证，鉴定、检测、检验以及辨认等措施。公安机关应当根据案件调查的需要选择适当的调查方式来查明案件。

一、简化取证

依据本条规定，如果公安机关选择适用快速办理程序办理行政案件，可以采取简化案件调查工作的方式，根据当事人承认的违法事实，辅以相应的查证后，可以认定该案件的违法事实。

二、适用快速办理程序办理行政案件的证据要求

依照本条规定，公安机关在调查适用快速办理程序办理的案件时，如果有以下证据对违法事实互相印证，就可以不再开展其他调查工作，而依照公安机关和违法嫌疑人共同认可的违法事实裁决处罚。

（一）有违法嫌疑人自行书写承认违法事实且认错认罚的材料或者公安机关制作的询问笔录。公安机关开始对案件的违法事实进行调查时，违法嫌疑人要求自行书写材料的，公安机关应当允许。公安机关也可以要求违法嫌疑人自行书写材料，如果违法嫌疑人不愿意自行书写与违法事实相关的材料，那么公安机关应当依法对违法嫌疑人进行询问，并制作询问笔录。

（二）违法嫌疑人自行书写材料和询问笔录的选择。在适用快速办理程序办理的行政案件中，只有违法嫌疑人在自行书写的材料里承认违法事实并认错认罚，公安机关才不需要对违法嫌疑人进行询问。对于违法嫌疑人不愿自行书写相关材料的，公安机关应当对违法嫌疑人进行询问，并依法制作询问笔录。

（三）询问笔录中明确载明违法嫌疑人承认违法事实且认错认罚，并严格按照法律文书制作的要求制作询问笔录。

（四）视音频记录、电子数据、检查笔录等关键证据能够相互印证。这里的视音频资料、电子数据或者检查笔录，是公安机关在办案过程中依法收集的相应的证据，本条规定的是在适用快速办理程序办理的行政案件中，公安机关收集的关键证据能够和违法嫌疑人自行书写的承认违法事实且认错认罚材料或者和询问笔录互相印证，则公安机关就可以认定案件的违法事实，并作出相应的处罚决定。

【执法风险提示】

1. 违法嫌疑人在公安机关自行书写材料时，应当在有监控录像的办案场所内进行，以确保证据来源客观真实。

2. 本条是针对快速办理案件的规定，办案人员在适用中首先必须明确违法嫌疑人认错认罚，并书面告知了违法嫌疑人快速办理的相关规定，确认违法嫌疑人已经签字。

3. 违法嫌疑人提交的自书材料或者询问笔录要明确承认违法事实，自书材料或者询问笔录应当写明涉及违法事实的主要情节等，如果违法嫌疑人书写的自书材料不全面，办案人员应当要求嫌疑人补充完善或者进行询问。

4. 本条中规定视音频记录、电子数据、检查笔录等关键证据是指办案人员在对案件进行调查过程中形成的，这其实就是要求通过办案人员调查拿到的证据与违法嫌疑人认可的其实施的违法行为相一致，并且所有证据均符合相关的证据规定。如办案人员调取的相关微信聊天记录，则一定要确认该微信号为违法嫌疑人所有，并且要保证调取的证据与违法嫌疑人的自书或者询问过程与违法嫌疑人的陈述一致。

5. 公安机关可以不再开展其他调查取证工作的前提是关键证据能够相互印证，如果关键证据之间存在矛盾点，则应当继续调查排除证据之间的矛盾点。

第四十四条　【快速办理程序案件的审核】 对适用快速办理的行政案件，可以由专兼职法制员或者办案部门负责人审核后，报公安机关负责人审批。

【条文主旨】

本条是对快速办理案件审核审批制度的规定。

【最新修改提示】

本条为2018年《公安部关于修改〈公安机关办理行政案件程序规定〉的决定》新增条款。

【理解与适用】

本条是对公安机关办理行政案件审核、审批权限的规定。《公安机关办理行政案件程序规定》第170条规定了公安机关办理行政案件应当审查的内容，而本条则对适用快速办理程序的案件审核、审批的权限予以了明确。

一、审核人员

（一）专兼职法制员

1. 法制员的配备

依照公安部《关于县级公安机关建立完善法制员制度的意见》（公通字〔2010〕53号）要求，县级公安机关应当在执法办案任务重的执法勤务机构和派出所派驻或者配备专职法制员，其他执法勤务机构和派出所应当由教导员或副职领导兼任法制员，法制员应当坚持原则、作风正派，具有3年以上执法办案经历，较高的法律知识水平和较强的语言文字表达能力。

2. 法制员的选拔

实践中，对于通过国家司法考试[①]或公安机关人民警察高级执法资格考试的，建议优先选拔为法制员。

3. 专兼职法制员的职责

依照《关于县级公安机关建立完善法制员制度的意见》（公通字〔2010〕53号）专兼职法制员承担以下职责：对所在单位办理的案件进行

① 2018年，国家司法考试改为国家法律职业资格考试。

法律审核，并提出书面审核意见；对接处警和执法办案的重要环节进行监督，督促纠正执法问题；提供法律指导服务，解答民警执法疑难问题；组织开展案例点评、旁听庭审，举办法制讲座和法律知识培训，帮助民警提高执法能力和水平；指导所在单位建立单位和民警的执法档案，建立完善执法制度；参与对所在单位民警的执法绩效考核；参与办理涉及所在单位的行政复议、应诉及国家赔偿案件。

（二）办案部门负责人

办案部门负责人，是指负责办理案件部门的主要（正职）负责人、副职负责人以及其他领导班子成员。

二、审核过程

（一）审核内容

案件审核是保证公安机关案件办理质量的重要环节，负责案件审核的专兼职法制员或者办案机关部门负责人应当对案件的以下内容进行审查、核实：

1. 违法嫌疑人的基本情况。

2. 案件事实是否清楚，证据是否确实、充分。这包括应当明确作出行政处罚决定的事实与证据是否达到“事实清楚、证据确实充分”。违法嫌疑人的基本情况；违法行为是否存在；违法行为是否为违法嫌疑人实施；违法嫌疑人实施违法行为的时间、地点、手段、后果以及其他情节，违法嫌疑人有无法定从重、从轻、减轻以及不予处罚的情形。

3. 案件定性是否准确。案件定性，是指确定违法嫌疑人的行为是否构成公安行政违法行为以及构成何种公安行政违法行为，具体违反了哪部法律、法规的规定。

4. 适用法律、法规和规章是否正确；这要求审核是否根据《立法法》规定的法律适用原则适用了正确的法律规范；在选择适用的法律、法规或者部门规章中是否适用了正确的条、款、项、目。

5. 是否符合适用快速办理程序的条件以及办案程序是否合法。

6. 拟作出的处理决定是否适当。对拟作出的行政决定从合法性和合理性两个方面进行审查。合法性重点审核拟作出的行政处理决定是否有明确的法律依据，是否在法定的处罚种类和幅度内；合理性方面则要审查是否公正地行使了裁量权，公正平等地对待案件中的每个违法行为人。

（二）签署意见

专兼职法制员或者办案部门负责人收到承办人呈报的案件后，应当对案件材料和内部审批文件进行全面审核，并提出明确处理意见，报本办案单位所属的公安机关负责人批准。

三、公安机关负责人审批

（一）公安机关负责人

是指办理案件的公安机关的主要（正职）负责人、副职负责人以及其他领导班子成员。公安机关的副职负责人和其他领导班子成员在作为带班领导值班时，可以对不属于自己分管但情况紧急的案件或者文件审签，但相关法律法规规章要求由公安机关主要负责人审批的事项除外。

（二）审批内容

公安机关负责人收到案件后应当首先对案件的材料和内部审批文书进行审核，然后根据案件的实际情况作出是否予以处理，是否需要公安机关集体讨论决定以及是否需要退回办案部门重新调查等的审批意见。

【执法风险提示】

1. 本规定第 171 条第 2 款要求初次从事行政处罚决定审核的人员，应当通过国家统一法律职业资格考试取得法律职业资格。专兼职法制员或者办案部门负责人如果是初次从事行政处罚决定审核，则应当通过国家统一法律职业资格考试取得法律职业资格，避免出现审核人员不适格情况。

2. 本条规定的是“可以”由专兼职法制员或者办案部门负责人审核，而不是“应当”，因此特殊情况下无法实现由专兼职法制员或者办案部门负责人审核的，仍然可以由法制部门的审核人员对案件进行审核。

3. 参与行政案件调查工作的法制员，不得对同一案件进行审核。

第四十五条　【简化询问笔录】对快速办理的行政案件，公安机关可以根据不同案件类型，使用简明扼要的格式询问笔录，尽量减少需要文字记录的内容。

被询问人自行书写材料的，办案单位可以提供样式供其参考。

使用执法记录仪等设备对询问过程录音录像的，可以替代书面询问笔录，必要时，对视听资料的关键内容和相应时间段等作文字说明。

【条文主旨】

本条是对快速办理程序中简化询问笔录的规定。

【最新修改提示】

本条为2018年《公安部关于修改〈公安机关办理行政案件程序规定〉的决定》新增条款。

【理解与适用】

本条是针对公安机关适用快速办理程序办理行政案件时收集相关证据的要求。具体有以下几个方面：

一、询问笔录

询问笔录，是办案民警询问违法嫌疑人、被侵害人及证人，记载询问经过时所使用的文书。询问笔录，应当全面、准确记录违法的经过和事实，着重记录违法的时间、地点、情节、后果及证据。有共同违法嫌疑人的，还应当记明违法犯罪嫌疑人的情况，以及各自在案件中所起的作用。询问笔录的记录以问答的形式进行。记录时，每段应当以"问""答"为句首开始，回答的内容以第一人称"我"记录。

二、设计简明扼要的格式询问笔录

公安机关可以根据适用快速办理程序办理的行政案件的种类，将基本相同的内容打印到相应的询问笔录上，包括本规定中规定应当告知当事人的内容，都可以考虑印制在相应的询问笔录上，这样就可以在询问相关违法嫌疑人、被侵害人和证人时，最大限度地减少需要文字记录的内容，以提高办案的效率。

三、提供被询问人自行书写材料的格式

依照相关法律法规规定，当事人要求自行书写材料的，应当允许。为了提高当事人自行书写材料的效率和可采性，要求公安机关给当事人提供最大限度指导的格式材料，引导当事人自行书写相关材料。

四、使用执法记录仪等设备对询问过程全程录音录像替代询问笔录

2016年公安部印发《公安机关现场执法视音频记录工作规定》（公通字〔2016〕14号）进一步要求公安机关应当按照规定配备单警执法记录仪等现场执法记录设备和现场执法视音频资料自动传输、存储、管理等设备。其中规定的现场执法视音频记录工作，是指公安机关利用现场执法记录设备对现场执法活动进行全过程视音频同步记录，并对现场执法视音频资料进行收集、保存、管理、使用等工作。

依照本条规定，公安机关在适用快速办理程序办理行政案件时，可以使用执法记录仪记录询问全过程，以录音录像替代询问笔录。实践中，民警可以事先制定好格式化询问模板，然后根据模板对嫌疑人进行询问，录音录像可按照笔录制作的要求进行，一般应摄录询问开始和结束时间、询问地点、询问民警身份告知情况、当事人或证人身份核实情况（包括身份证明材料)、证人权利义务告知情况、陈述的过程情况。具体过程应在录音录像中完整体现。询问结束后刻盘保存并附卷，不需要再制作询问笔录。开始询问时，应口头告知当事人及证人本次询问采用录音录像的方式进行，询问过程应当语言清晰、层次清楚、重点突出，对违法嫌疑人的询问内容应围绕违法行为的构成要件进行。《最高人民法院关于行政诉讼证据若干问题的规定》（法释〔2002〕21 号）中对视听资料审查的要求为：(1) 提供有关资料的原始载体。提供原始载体确有困难的，可以提供复制件；(2) 注明制作方法、制作时间、制作人和证明对象等；(3) 声音资料应当附有该声音内容的文字记录。公安机关在制作视听资料时可以依照这一审查标准制作，以保证其证据效力。

五、视听资料的关键内容和相应时间段等作文字说明

使用执法记录仪等设备对询问过程录音录像的，可以替代书面询问笔录，必要时，对视听资料的关键内容和相应时间段等作文字说明。

【执法风险提示】

1. 使用执法记录仪等设备对询问过程录音录像时，应当事先对录音录像设备的时间进行校正，以确保采集的视音频证据能够准确显示摄录时间。

2. 公安机关在确定格式化的询问笔录时，一定要包含询问笔录要求包含的全部内容，以免因为缺乏应有的要素而影响询问笔录的证据效力。

3. 使用执法记录仪对询问过程全称录音录像，应当同时遵守执法记录仪使用的相关规定和使用执法记录仪形成的视听资料证据审查的要求。

第四十六条　【从轻减轻或者不予行政处罚】 对快速办理的行政案件，公安机关可以根据违法行为人认错悔改、纠正违法行为、赔偿损失以及被侵害人谅解情况等情节，依法对违法行为人从轻、减轻处罚或者不予行政处罚。

对快速办理的行政案件，公安机关可以采用口头方式履行处罚前告知程序，由办案人民警察在案卷材料中注明告知情况，并由被告知人签名确认。

【条文主旨】

本条是对公安机关适用快速办理程序作出处罚决定的规定。

【最新修改提示】

本条为2018年《公安部关于修改〈公安机关办理行政案件程序规定〉的决定》新增条款。

【理解与适用】

本规定是对适用可快速办理程序的违法嫌疑人作出处罚决定的规定。依照本条规定，公安机关适用快速办理程序办理行政案件，可以根据违法行为人认错悔改、纠正违法行为、赔偿损失以及被侵害人谅解情况等情节，依法对违法行为人从轻、减轻处罚或者不予行政处罚。

一、可以从轻、减轻或者不予处罚的情形

依照本条规定公安机关可以考虑从轻、减轻或者不予行政处罚的前提是违法行为人认错悔改，在公安机关办理案件的过程中违法行为人及时纠正自己的违法行为，赔偿因违法行为人造成的损失并且得到了被侵害人的谅解，具备了这样的情节，公安机关才可以对违法行为人依法从轻、减轻或者不予行政处罚。

二、公安机关“可以”根据上述情节依法给予行为人从轻、减轻或者不予行政处罚

本条在具体规定时选择使用的词是“可以”，也就是说违法行为人即使具有了上述情节，本规定没有规定公安机关必须在裁量对违法嫌疑人的处罚时予以从轻、减轻或者不予处罚，而只是要求公安机关根据具体情形决定是否对违法行为人从轻、减轻或者不予处罚。

三、减轻处罚的具体适用

公安机关在决定对违法嫌疑人减轻行政处罚时应注意：（1）法定处罚种类只有一种，在该法定处罚种类的幅度以下减轻处罚；（2）法定处罚种类只有一种，在该法定处罚种类的幅度以下无法再减轻处罚的，不予行政处罚；（3）规定拘留并处罚款的，在法定处罚幅度以下单独或者同时减轻拘留和罚款，或者在法定处罚幅度内单处拘留；（4）规定拘留可以并处罚款的，在拘留的法定处罚幅度以下减轻处罚；在拘留的法定处罚幅度以下无法再减轻处罚的，不予行政处罚。

四、简化处罚前的告知程序

依照之前对行政处罚区分简易程序和一般程序的规定，除简易程序外，公安机关应当以书面方式告知当事人应当享有的权利。但是此次修订的程序出于简化行政案件程序的目的，规定公安机关可以采用口头方式履行处罚前告知程序，由办案人民警察在案卷材料中注明告知情况，并由被告知人签名确认。具体告知内容包括拟作出行政处罚的事实、理由、依据及其享有的陈述和申辩等权利，在告知处罚依据时应当告知具体的处罚幅度。

【执法风险提示】

注意处罚前的口头告知程序的书面记录和被告人的签名确认。

第四十七条　【快速办理程序的办案期限】对快速办理的行政案件，公安机关应当在违法嫌疑人到案后四十八小时内作出处理决定。

【条文主旨】

本条是对公安机关适用快速处理程序办案期限的规定。

【最新修改提示】

本条为2018年《公安部关于修改〈公安机关办理行政案件程序规定〉的决定》新增条款。

【理解与适用】

此条非常明确地规定了公安机关适用快速办理程序办理行政案件的时限，公安机关应当在违法行为人到案后的48小时内作出处罚决定。这是介于行政案件简易程序和一般程序之间的办案时限，符合此次设立快速办理程序的初衷。

【执法风险提示】

公安机关在适用快速处理程序办理行政案件时，如果发现存在问题，在规定的时限内不能办理完毕，应当转为一般程序处理，避免超过规定时限而导致程序违法。

第四十八条 【转为一般程序的条件】公安机关快速办理行政案件时，发现不适宜快速办理的，转为一般案件办理。快速办理阶段依法收集的证据，可以作为定案的根据。

【条文主旨】

本条是对应当转为一般程序办理的快速处理案件条件的规定。

【最新修改提示】

本条为2018年《公安部关于修改〈公安机关办理行政案件程序规定〉的决定》新增条款。

【理解与适用】

一、转为一般程序办理案件的情形

本规定没有明确“不适宜快速处理”的具体情形，根据公安执法的实际，出现了以下情形可以认为“不适宜快速处理”：一是发现了新事实、新证据，在48小时规定时限内难以查清事实的；二是嫌疑人对此前认错认罚反悔，或对违法事实和法律适用产生异议；三是发现存在不适用快速办理的情形。

二、证据效力

根据《公安机关办理行政案件程序规定》中具体收集证据的相关规定，办案人员在适用快速办理程序阶段收集的相关证据在程序转为一般程序时，其收集的证据依然有效，可以作为定案根据。

【执法风险提示】

公安机关决定将快速办理程序转换为一般程序办理后，除前述规定的已经收集的证据以外，其他的调查过程都应当遵守一般程序的规定，并且应当在相关文书中说明转换程序的理由和具体的时间，以便保证相关法律文件和证据的合法性。

案例分析

简易程序的适用条件

——赵某某与××市公安局××分局行政处罚案①

△基本案情

2015年12月20日15时许，××市公安局××分局民警在巡逻的过程中发现原告在××家居商场以揽客拉活的方式扰乱该地区公共场所秩序，被告民警到现场后，告知原告其行为构成扰乱公共场所秩序的违法行为，并告知拟对其作出处罚的事实、理由及依据，原告未提出陈述和申辩。后被告当场作出并向原告送达《当场处罚决定书》，根据《治安管理处罚法》第23条第1款第2项之规定，决定给予原告警告的行政处罚。该决定书一式两份，原告持有的决定书上没有编号，“办案人民警察（签名或盖章）”处空白，日期处空白；被告备案的处罚决定书有编号，“办案人民警察（签名或盖章）”处有两名民警的签字，日期为“2015年12月20日。”上述两份决定书均有“该人不识字，以上向该人宣读，无异议”的字样，且均有原告加摁的指纹。后赵某某不服，诉至人民法院，以该处罚决定事实不清，程序违法为由，请求法院撤销××市公安局××分局民警作出的《当场处罚决定书》。

---

① 参见（2016）京0105行初54号行政判决书。

△核心问题

如何把握简易程序的适用条件?

△法律评析

1. 本案符合适用简易程序的条件

《治安管理处罚法》第100条规定，违反治安管理行为事实清楚，证据确凿，处警告或者200元以下罚款的，可以当场作出治安管理处罚决定。第101条规定，当场作出治安管理处罚决定的，人民警察应当向违反治安管理行为人出示工作证件，并填写处罚决定书。处罚决定书应当当场交付被处罚人；有被侵害人的，并将决定书副本抄送被侵害人。前款规定的处罚决定书，应当载明被处罚人的姓名、违法行为、处罚依据、罚款数额、时间、地点以及公安机关名称，并由经办的人民警察签名或者盖章。本案中××市公安局××分局民警依法对赵某某处警告处罚，且违法行为事实清楚，故符合法律规定的适用简易程序的条件。

2. 案卷文书的问题

关于原告提出的原告收到的处罚决定书无编号、无民警签字、无日期的诉讼主张，法院经过审理认为被告的上述行为确有不当之处，但基于两份处罚决定上均有原告的指纹，应能够认定该行为未对原告的权利产生实际影响，但被告在今后的工作中应予以注意，杜绝类似情况的再次出现。

第七章　调查取证

第一节　一般规定

第四十九条　【调查取证的原则】对行政案件进行调查时，应当合法、及时、客观、全面地收集、调取证据材料，并予以审查、核实。

【条文主旨】

本条是对公安机关办理行政案件调查取证的原则的规定。

【最新修改提示】

本条对应修改前的第 37 条，内容未变化。

【理解与适用】

一、合法

依法调查取证是警察行政合法原则的基本理念和要求。公安机关及其人民警察在调查取证，收集证据的活动中应当遵守主体法定、程序法定对收集证据的方法的基本要求。

二、客观、全面

办案的公安机关应当全面客观地收集与案件有关的全部证据。如《行政处罚法》第 36 条规定："除本法第三十三条规定的可以当场作出的行政处罚外，行政机关发现公民、法人或者其他组织有依法应当给予行政处罚的行为的，必须全面、客观、公正地调查，收集有关证据；必要时，依照法律、法规的规定，可以进行检查"，即办案的公安机关应当收集与案件相关的所有证据材料，包括收集违法的基本情况，证明违法行为人是否实施了相应的违法行为以及违法行为情节轻重等。

三、及时

公安机关在办理行政案件过程中应当遵守法定时限，这有两个方面考虑：一是某些证据的易逝性，如机动车驾驶人涉及酒后驾驶机动车的，若不及时取证，经过一段时间驾驶人体内血液中的酒精含量就会随着时间而消退直至最后证据消失；二是相关法律法规给予办案的公安机关在调查取证中的相关权力，如强制传唤等，会限制违法行为人的人身自由以及对财产的使用，所以办理案件的公安机关应当在违法嫌疑人到案后尽快开始询问，减小对相对人的合法权利的不利影响。

四、证据审查、核实

依照证据的相关法律规定，作为定案根据的证据，必须符合客观（真实）性、关联性和合法性三项要求。公安机关在办理行政案件中对证据材料的审查、核实包括两个方面，一是对单个证据的审查判断，二是对办理的案件是否达到了相应证明标准的审查判断。

（一）单个证据的审查核实

这主要是办案的公安机关对收集的证据材料是否具有证据资格的审查判断，即是对证据客观性和合法性的审查核实。具体来讲，首先要审查证据的来源是否清楚；其次要审查证据证明的内容是否真实；再次审查收集、保管证据的方法是否符合法定程序，证据的表现形式是否合法，这是证据合法性的基本要求。

证据收集的程序合法。公安机关办理行政案件如果违反法定程序而影响违法行为人的合法权益，则会导致作出的行政行为被依法撤销或者变更。要求收集证据的主体合法；收集证据需要审批的，批准程序合法；收集证据的过程合法；证据收集过程形成的相关法律文书合法。

证明的表现形式合法。依照相关法律法规的规定，公安机关收集的相关证据应当符合法定的证据种类，并且对于不同类型的证据应当符合相应的格式要求，具备完整的形式要素。

（二）审查定案根据是否达到了证明标准

根据收集的证据与案件实施或者情节、证据与证明对象的关系，来对收集的证据进行综合审查判断，以确定是否达到了定案的证据标准，这也是对证据关联性的审查判断。

对证明案件事实的证据进行综合审查判断，主要审查：证据能否证明案件中的事实或者情节；证据与证明对象之间是否一致；证据与证据之间有无矛盾；案件中每个事实、情节是否都有证据证明，证据之间是否一致，是否形成证据体系。

【执法风险提示】

公安机关在对案件进行调查时应当全面收集与违法行为相关的证据，收集的证据应当严格按照法定程序，保证收集证据客观性和合法性。

【相关规定】

《行政处罚法》第 36 条；《治安管理处罚法》第 79 条；《道路交通安全法》第 72 条；《道路交通安全违法行为处理程序规定》。

第五十条　【调查的案件事实】需要调查的案件事实包括：

（一）违法嫌疑人的基本情况；

（二）违法行为是否存在；

（三）违法行为是否为违法嫌疑人实施；

（四）实施违法行为的时间、地点、手段、后果以及其他情节；

（五）违法嫌疑人有无法定从重、从轻、减轻以及不予行政处罚的情形；

（六）与案件有关的其他事实。

【条文主旨】

本条是公安机关办理行政案件应当查明的案件事实的规定。

【最新修改提示】

本条对应修改前的第 38 条，内容未变化。

【理解与适用】

本条是对公安机关办理行政案件应当查明的案件事实内容的规定，也就是要求公安机关在依法对行政案件进行调查时，应当围绕以上各个方面收集相关的证据。调查收集证据时应当全面收集证据，既包括证明违法存在或者不存在的证据，也包括能证明违法行为轻重，有无法定从重、从轻、减轻以及不予行政处罚等的情形。

一、违法嫌疑人的基本情况

违法嫌疑人包括自然人、法人或其他组织，以自然人为主，公安机关在办理行政案件中要查明涉案嫌疑人的基本情况。主要包括：违法嫌疑人的姓名、别名、性别、年龄、民族、籍贯、文化程度、户籍所在地、住址、工作单位、职务、主要经历、是否是人大代表或者政协委员等与违法嫌疑人人身相关的基本情况。

二、违法行为是否存在

违法行为是否存在，是指是否有证据证明公安机关调查的违法行为确实存在，属于何种违法行为。公安机关在调查收集证明当事人实施的违法行为的证据时，应当依照相关法律法规规定的违法行为构成要件收集证明行为客观方面的相关证据。

三、违法行为是否为违法嫌疑人实施

这是要求公安机关调查其所查证的违法行为是否是案件中认定的违法嫌疑人所实施，这是我国违法责任自负原则所决定的，行为人只对自己实施的违法行为负责，如果公安机关不能证明其调查的违法行为是违法嫌疑人所实施，则不能追究违法行为人的行政责任。

四、违法行为实施的时间、地点、手段、后果以及其他情节

这是公安机关调查案件具体情节的要求，时间、地点指的是行为人实施违法行为的具体时间和地点；手段也是公安机关应当查清的细节，行为人采取什么方式导致被侵害人受到伤害，直接影响到公安机关依法裁量的行政处罚的种类与幅度；后果指的是行为人实施的违法行为是否导致了影响公共安全、公共秩序等损害后果，如果依照相关法律规定有损害后果才承担相应的法律责任，那么出现了法律规定的后果就是行为人承担法律责任的必要条件；其他的情节是指其他可能影响认定违法行为事实和处罚结果的情节。

五、违法嫌疑人有无法定从重、从轻、减轻以及不予行政处罚的情形

《公安机关办理行政案件程序规定》《治安管理处罚法》《行政处罚法》等法律对于从重、从轻、减轻以及不予行政处罚的情形作出了相应的规定，公安机关在办案过程中，不仅要查清案件事实，还要查明违法嫌疑人有无从重、从轻、减轻以及不予行政处罚的情形。根据《程序规定》第 175 条，行政处罚决定书应当载明违法事实和证据以及从重、从轻、减轻等情节。

六、与案件有关的其他事实

此为兜底条款。实践中，每个案件都有其各自特点，对于一些疑难复杂案件，公安机关应尽可能详细调查取证，确保案件办理质量。

【执法风险提示】

1. 本条包括公安机关在调查案件时应当查明的各项内容，办案人员则应当注意上述的各种情况，并反映在其收集制作的符合法律格式的法律文书中，这样才能保证上述要求调查的事实都有相应的证据予以证明。

2. 办案人员在调查中应当采用合法的手段、程序获取案件的相关证据，证据的合法性是证据审查的重要环节。

3. 注意相关文书对办案人员、被询问人员、见证人等签名、捺指印要求的检查确认，以保证作为证据的各种法律文书的真实性。

【相关规定】

《行政处罚法》第 30 条；《治安管理处罚法》第 93 条。

第五十一条　【保守工作秘密】公安机关调查取证时，应当防止泄露工作秘密。

【条文主旨】

本条规定了公安机关调查取证应当保守工作秘密。

【最新修改提示】

本条对应修改前的第 39 条，内容未变化。

【理解与适用】

一、工作秘密的含义

作为法律术语，工作秘密最早出现在 1993 年 4 月国务院公布的《国家公务员暂行条例》（现已失效）中，其第 6 条第 6 项规定，国家公务员必须保守国家秘密和工作秘密；《人民警察法》及《公务员法》都有不得

"泄露国家秘密和工作秘密"的规定;《行政机关公务员处分条例》则规定"泄露国家秘密、工作秘密,或者泄露因履行职责掌握的商业秘密、个人隐私,造成不良后果的,给予警告、记过或者记大过处分;情节较重的,给予降级或者撤职处分;情节严重的,给予开除处分"。

关于工作秘密的含义,现有的法律法规都没有明确的规定,从学者的角度一般认为"工作秘密就是各级国家机关在其公务活动和内部管理中产生的不属于国家秘密而又不宜对外公开的事项"①。公安机关调查取证时,应当防止泄露警务工作秘密。

二、保守警务工作秘密的要求

保守警务工作秘密是人民警察必须遵守的纪律规定,警务工作秘密关系到公安机关侦查违法犯罪活动和维护社会治安的警务工作事项,作为人民警察应当做到:"不该说的不说,不该看的不看,不该问的不问,不该记录的不记录。"人民警察应当妥善管理和使用涉及工作秘密的一切文件材料,保证工作秘密不外传,不丢失。

【执法风险提示】

公安机关人民警察执法应当严格遵守保密规定,避免因为泄露工作秘密影响案件办理的情形发生,同时涉及泄露工作秘密也面临相应的行政处分,严重的还可能涉及相应的法律责任。

【相关规定】

《公安机关警务工作秘密具体范围的规定》第 3 条;《人民警察法》第 22 条;《公务员法》第 53 条;《行政机关公务员处分条例》第 26 条。

第五十二条　【办案人数要求】公安机关进行询问、辨认、检查、勘验,实施行政强制措施等调查取证工作时,人民警察不得少于二人,并表明执法身份。

接报案、受案登记、接受证据、信息采集、调解、送达文书等工作,可以由一名人民警察带领警务辅助人员进行,但应当全程录音录像。

---

① 汪全胜:《政府信息公开视野中的工作秘密》,载《情报科学》2006 年第 10 期。

【条文主旨】

本条规定了公安机关2人执法的原则和例外情形。

【最新修改提示】

修订前（2012版）	修订后（2018版）
第四十条 在调查取证时，人民警察不得少于二人，并表明执法身份。	**第五十二条 公安机关进行询问、辨认、检查、勘验，实施行政强制措施等调查取证工作时，**人民警察不得少于二人，并表明执法身份。 **接报案、受案登记、接受证据、信息采集、调解、送达文书等工作，可以由一名人民警察带领警务辅助人员进行，但应当全程录音录像。**

【理解与适用】

一、必须由两名以上人民警察共同实施的行为

依照《行政处罚法》《行政强制法》等法律的要求，行政机关在日常行政执法中应当由2人共同执法，这样一方面可以共同面对执法过程中的突发情况，也可以实现两人之间的互相监督，以保证执法的公正性。此次修订对公安机关办案过程中的行为进行了区分对待。明确公安机关进行询问、辨认、检查、勘验，实施行政强制措施等调查取证工作时，人民警察不得少于二人，并表明执法身份。

（一）询问、辨认、检查和勘验必须由2名以上人民警察实施

这几种行为在《公安机关办理行政案件程序规定》中属于行政调查手段和措施，公安机关进行询问、辨认、检查和勘验后分别应当制作相应的笔录或者录音录像，作为行政案件的证据。基于相关法律规定和保证公安机关调查证据合法性的要求，这里规定公安机关在进行询问、辨认、检查和勘验时，应当由两名以上人民警察实施。

（二）实施行政强制措施

我国《行政强制法》第18条对行政机关实施行政强制措施的程序作出了明确规定，其中第2项规定“由两名以上行政执法人员实施”。依照《行政强制法》的规定，《公安机关办理行政案件程序规定》在

本条规定公安机关调查行政案件实施行政强制措施应由两名人民警察实施。

二、可以由一名人民警察带领警务辅助人员实施的行为

本条根据公安机关人民警察办理行政案件的实际情况，明确了几种可以由一名人民警察带领警务辅助人员实施的行为，即接报案、受案登记、接受证据、信息采集、调解、送达文书等工作可以由一名人民警察带领警务辅助人员实施。

（一）警务辅助人员及其职责

1. 警务辅助人员的界定

2016 年 11 月国务院办公厅印发《关于规范公安机关警务辅助人员管理工作的意见》，从管理体制、岗位职责、人员招聘、管理监督、职业保障等方面，提出了规范警务辅助人员管理工作的具体措施和要求。其中对警务辅助人员予以明确的界定。“警务辅助人员，是指依法招聘并由公安机关管理使用，履行本办法所规定职责和劳动合同约定的不具有人民警察身份的人员，主要包括文职、辅警两类从事警务辅助工作的人员。公安机关招聘从事膳食、保洁、保卫等工作的后勤服务人员，社会志愿者以及其他群防群治性质的社会治安辅助力量，不纳入公安机关警务辅助人员管理范围”。

2. 警务辅助人员的职责

依照《关于规范公安机关警务辅助人员管理工作的意见》的规定，辅警人员在公安机关及其人民警察的指挥和监督下，按照岗位要求履行下列职责：开展治安巡逻和安全防范宣传教育；协助维护社会治安秩序和交通管理秩序；协助开展人口信息采集；协助开展治安检查和视频监控；协助维护大型活动现场秩序；协助盘查、堵控有违法犯罪嫌疑的人员；协助开展禁毒宣传教育、戒毒康复人员日常管理服务、公开查缉毒品工作；消防救援[①]；保护案事件现场；制止各类违法犯罪行为；参加抢险救灾；保护公共财产和人民群众人身财产安全；执行公安机关根据实际情况布置的其他非执法性工作任务。这些职责可以分为技术保障、辅助行政、辅助管理、治安巡逻、秩序维护、信息采集、治安检查、盘查堵控、制止违法、保护安全及公安机关根据实际情况布置的其他辅助性工作等几类。

---

① 国务院机构改革后，公安消防部队转到地方，现役编制全部转为行政编制，成建制划归应急管理部，承担灭火救援和其他应急救援工作，充分发挥应急救援主力军和国家队的作用。

（二）接报案、受案登记、接受证据、信息采集、调解、送达文书等调查辅助工作

《公安机关办理行政案件程序规定》规定的几种可以由一名人民警察带领警务辅助人员实施的行为属于执行其他非执法性行为的工作任务，同时也是调查辅助工作。在实施这些行为的过程中，警务辅助人员具体的行为表现形式应当是按照人民警察发布的指令实施相应的行为。在行为过程中，如果警务辅助人员对人民警察的决定有相应的建议可以及时和人民警察沟通，由人民警察决定如何实施上述行为。

（三）执法过程要全程录音录像

执法过程全程录音录像，是指采用录音、录像、视频监控等方式对人民警察带领警务辅助人员实施上述行为的全过程予以记录。

【执法风险提示】

1. 为了保证公安机关上述行为的合法性，同时保证录音录像视听资料的有效性，公安机关人民警察在实施执法活动前应当对音像记录设备的电量、存储空间、日期设定等情况进行检查，确保设备能够客观、真实、全面地记录执法工作情况。

2. 使用音像记录设备记录上述行为时，如果有相对人的话，建议事先告知对方使用执法记录设备记录，并从行为开始到结束做到不间断记录，以保证记录的执法过程的完整性。

3. 如果在记录过程中，使用的设备发生故障、损坏，导致印象记录中断的，建议及时寻求另一名人民警察的配合，采取补救措施，并在事后说明原因。

【相关规定】

《关于规范公安机关警务辅助人员管理工作的意见》第3条；《行政强制法》第18条；《治安管理处罚法》第87条；《公安机关人民警察证使用管理规定》第4条、第12条。

第五十三条 【安全检查】对查获或者到案的违法嫌疑人应当进行安全检查，发现违禁品或者管制器具、武器、易燃易爆等危险品以及与案件有关的需要作为证据的物品的，应当立即扣押；对违法嫌疑人随身携带的与案件无关的物品，应当按照有关规定予以登记、保管、退还。安全检查不需要开具检查证。

前款规定的扣押适用本规定第五十五条和第五十六条以及本章第七节的规定。

【条文主旨】

本条是对公安机关对违法嫌疑人进行安全检查及对发现物品处理的规定。

【最新修改提示】

修订前（2012 版）	修订后（2018 版）
第四十一条 对查获或者到案的违法嫌疑人应当进行安全检查，发现违禁品或者管制器具、武器、易燃易爆等危险品以及与案件有关的需要作为证据的物品的，应当立即扣押；对违法嫌疑人随身携带的与案件无关的物品，应当按照有关规定予以登记、保管、退还。安全检查不需要开具检查证。 前款规定的扣押适用本规定第四十三条和第四十四条以及本章第七节的规定。	**第五十三条** 对查获或者到案的违法嫌疑人应当进行安全检查，发现违禁品或者管制器具、武器、易燃易爆等危险品以及与案件有关的需要作为证据的物品的，应当立即扣押；对违法嫌疑人随身携带的与案件无关的物品，应当按照有关规定予以登记、保管、退还。安全检查不需要开具检查证。 前款规定的扣押适用本规定**第五十五条**和**第五十六条**以及本章第七节的规定。

【理解与适用】

一、安全检查

涉案人员到案后，办案民警应当立即对其进行安全检查，对其随身携带的财物进行审查和甄别，并分类处理。《公安机关代为保管涉案人员随身财物若干规定》第 4 条规定：“涉案人员到案后，民警应当立即对其进行安全检查，对其随身携带的财物进行审查和甄别。经审查，与案件无关的，依照本规定处理；属于涉案财物的，依法予以扣押；确实无法查清的，由办案部门暂时代为保管，待查清后依法处理。”

二、对违法嫌疑人进行人身检查

为了保证违法嫌疑人及他人的人身安全，以及人民警察执法办案的安全，对于到案的违法嫌疑人应当首先进行人身安全检查。《人民警察法》第 9 条规定：“为维护社会治安秩序，公安机关的人民警察对有违法犯罪嫌疑的人员，经出示相应证件，可以当场盘问、检查……”

安全检查不需要开具检查证。本规定第 82 条规定，“对与违法行为有关的场所、物品、人身可以进行检查。检查时，人民警察不得少于二人，并应当出示人民警察证和县级以上公安机关开具的检查证……”开具检查证对场所、物品、人身可以进行检查，主要目的是调查取证，而本条规定的安全检查并不是为了调查取证，而是为了确保人民警察和违法嫌疑人以及其他群众的安全。

三、对违禁品、危险物品或者案件有关的证据予以扣押

公安机关人民警察通过对人身以及物品的安全检查，对违禁品、危险物品或者与案件有关的证据应当会同在场见证人和物品持有人查点清楚，当场开列清单，予以扣押。扣押作为行政强制措施，实施过程中应当适用本规定第 55 条和第 56 条以及本章第七节的规定。

四、与案件无关物品的处理

经过安全检查发现的与案件无关的物品，不属于扣押的范围，应当按照《公安机关代为保管涉案人员随身财物若干规定》等有关规定予以登记、保管、退还。

【执法风险提示】

1. 对查获或者到案的违法嫌疑人进行安全检查时，应当依法先进行人身安全检查，再检查其携带物品，这样可以有力保证人民警察执法的安全。

2. 对女性进行人身安全检查，应当由女性工作人员进行，可能危及检查民警人身安全，或者直接危害公共安全、情况特别紧急的除外。

3. 进行人身安全检查时，应当检查有无凶器、武器和爆炸物品等危险品，如有，应当当场扣押，依法办理扣押手续。对可能携带凶器、武器和爆炸物品等危险品的可疑人员，必要时可以依法使用约束性警械约束后进行检查。

4. 确实无法查清是否与案件有关、是否属于违禁品的，待查清后依法处理。

【相关规定】

《公安机关代为保管涉案人员随身财物若干规定》第 4 条；《行政处罚法》第 37 条；《行政强制法》第 22—24 条。

第五十四条　【行政强制措施】办理行政案件时，可以依法采取下列行政强制措施：

（一）对物品、设施、场所采取扣押、扣留、查封、先行登记保存、抽样取证、封存文件资料等强制措施，对恐怖活动嫌疑人的存款、汇款、债券、股票、基金份额等财产还可以采取冻结措施；

（二）对违法嫌疑人采取保护性约束措施、继续盘问、强制传唤、强制检测、拘留审查、限制活动范围，对恐怖活动嫌疑人采取约束措施等强制措施。

【条文主旨】

本条是对公安机关办理行政案件可以采取的行政强制措施种类的规定。

【最新修改提示】

修订前（2012 版）	修订后（2018 版）
第四十二条　办理行政案件时，可以依法采取下列行政强制措施： （一）对物品、设施、场所采取扣押、扣留、临时查封、查封、先行登记保存、抽样取证等强制措施； （二）对违法嫌疑人采取保护性约束措施、继续盘问、强制传唤、强制检测、拘留审查、限制活动范围等强制措施。	**第五十四条**　办理行政案件时，可以依法采取下列行政强制措施： （一）对物品、设施、场所采取扣押、扣留、查封、先行登记保存、抽样取证、封存文件资料等强制措施，**对恐怖活动嫌疑人的存款、汇款、债券、股票、基金份额等财产还可以采取冻结措施；** （二）对违法嫌疑人采取保护性约束措施、继续盘问、强制传唤、强制检测、拘留审查、限制活动范围，**对恐怖活动嫌疑人采取约束措施等强制措施。**

【理解与适用】

一、行政强制措施的含义

依照《行政强制法》第 2 条的规定，行政强制措施，是指行政机关在行政管理过程中，为制止违法行为、防止证据损毁、避免危害发生、控制危险扩大等情形，依法对公民的人身自由实施暂时性限制，或者对公民、法人或者其他组织的财物实施暂时性控制的行为。

二、公安机关办理行政案件可以采取的行政强制措施的种类

《行政强制法》在对行政强制措施进行定义的同时还规定了行政强制措施的种类和设定权限，《公安机关办理行政案件程序规定》依照《行政强制法》《治安管理处罚法》《反恐怖主义法》等法律对公安机关办理行政案件可以采取的行政强制措施的具体种类予以了明确的规定。

（一）对违法嫌疑人的行政强制措施

对违法嫌疑人的行政强制措施包括采取保护性约束措施、继续盘问、强制传唤、强制检测、拘留审查、限制活动范围，对恐怖活动嫌疑人采取约束措施等。

1. 保护性约束措施。保护性约束措施，是《治安管理处罚法》第 15 条第 2 款以及《人民警察法》第 14 条规定的行政强制措施。

违法嫌疑人在醉酒状态中，对本人有危险或者对他人的人身、财产或者公共安全有威胁的，可以对其采取保护性措施约束至酒醒，也可以通知其家属、亲友或者所属单位将其领回看管，必要时，应当送医院醒酒。对行为举止失控的醉酒人，可以使用约束带或者警绳等进行约束，但是不得使用手铐、脚镣等警械。约束过程中，应当指定专人严加看护。确认醉酒人酒醒后，应当立即解除约束，并进行询问。约束时间不计算在询问查证时间内。

对危害公共安全或者他人和本人的人身安全的精神病人，可以采取保护性约束措施。需要送往医疗机构进行精神障碍诊断的，应当报请县级以上公安机关批准，并及时通知其监护人。《人民警察法》第 14 条规定，公安机关的人民警察对严重危害公共安全或者他人人身安全的精神病人，可以采取保护性约束措施。需要送往指定的单位、场所加以监护的，应当报请县级以上人民政府公安机关批准，并及时通知其监护人。

2. 继续盘问。公安机关的人民警察为了维护社会治安秩序，对有违法犯罪嫌疑的人员当场盘问、检查后，发现具有法定情形而将其带至公安机

关继续进行盘问的措施，具体适用条件为："经盘问、检查，有下列情形之一的，可以将其带至公安机关，经该公安机关批准，对其继续盘问：（一）被指控有犯罪行为的；（二）有现场作案嫌疑的；（三）有作案嫌疑身份不明的；（四）携带的物品有可能是赃物的。对被盘问人的留置时间自带至公安机关之时起不超过二十四小时，在特殊情况下，经县级以上公安机关批准，可以延长至四十八小时，并应当留有盘问记录……"①

《出境入境管理法》第 59 条规定，对涉嫌违反出境入境管理的人员，可以当场盘问；经当场盘问，有下列情形之一的，可以依法继续盘问：有非法出境入境嫌疑的；有协助他人非法出境入境嫌疑的；外国人有非法居留、非法就业嫌疑的；有危害国家安全和利益，破坏社会公共秩序或者从事其他违法犯罪活动嫌疑的。当场盘问和继续盘问应当依据《人民警察法》规定的程序进行。

3. 强制传唤。强制传唤，是《治安管理处罚法》第 82 条规定的行政强制措施。需要传唤违反治安管理行为人接受调查的，经公安机关办案部门负责人批准，使用传唤证传唤。对现场发现的违反治安管理行为人，人民警察经出示工作证件，可以口头传唤，但应当在询问笔录中注明。公安机关应当将传唤的原因和依据告知被传唤人。对无正当理由不接受传唤或者逃避传唤的人，可以强制传唤。

4. 强制检测。强制检测是《禁毒法》第 33 条规定的行政强制措施，公安机关可以对涉嫌吸毒的人员进行必要的检测，被检测人员应当予以配合；对拒绝接受检测的，经县级以上人民政府公安机关或者其派出机构负责人批准，可以强制检测。

5. 拘留审查。拘留审查，是《出境入境管理法》第 60 条规定的行政强制措施，它是指公安机关对非法入境、非法居留的外国人暂时剥夺其人身自由，以便进行审查的行政强制措施。经当场盘问或者继续盘问后仍不能排除嫌疑，需要作进一步调查的，可以拘留审查。拘留审查的期限为 1 个月以下，在案情重大、复杂等特殊情况下可以延长 1 个月。拘留审查应当经县级以上公安机关负责人批准。

6. 限制活动范围。限制活动范围，是《出境入境管理法》第 61 条规定的行政强制措施，外国人有下列情形之一的，不适用拘留审查，可以限制其活动范围：患有严重疾病的；怀孕或者哺乳自己不满一周岁婴儿的；未满十六周岁或者已满七十周岁的；不宜适用拘留审查的其他情

① 参见《人民警察法》第 9 条。

形。被限制活动范围的外国人，应当按照要求接受审查，未经公安机关批准，不得离开限定的区域。限制活动范围的期限不得超过六十日。对国籍、身份不明的外国人，限制活动范围期限自查清其国籍、身份之日起计算。

7. 约束措施。对恐怖活动嫌疑人采取约束措施，是《反恐怖主义法》第53条规定的行政强制措施，公安机关调查恐怖活动嫌疑，经县级以上公安机关负责人批准，可以根据其危险程度，责令恐怖活动嫌疑人员遵守下列一项或者多项约束措施：未经公安机关批准不得离开所居住的市、县或者指定的处所；不得参加大型群众性活动或者从事特定的活动；未经公安机关批准不得乘坐公共交通工具或者进入特定的场所；不得与特定的人员会见或者通信；定期向公安机关报告活动情况；将护照等出入境证件、身份证件、驾驶证件交公安机关保存。公安机关可以采取电子监控、不定期检查等方式对其遵守约束措施的情况进行监督。采取前两款规定的约束措施的期限不得超过三个月。对不需要继续采取约束措施的，应当及时解除。

（二）对物品、设施、场所以及恐怖活动嫌疑人财产的行政强制措施

1. 扣押、扣留财物。扣押、扣留财物，这是通过转移占有的方式，在一定时期内禁止任何行政相对人对有体物进行处分、转移或利用的行政强制措施，但可以扣押的财物仅限于动产，不包括不动产和场所。公安机关办理行政案件对与案件有关的需要作为证据的物品，经公安机关负责人批准，可以依法扣押或者扣留。但是对公民个人及其抚养家属的生活必需品，被侵害人或者善意第三人合法占有的财产不得扣押或者扣留。

2. 查封。查封物品、设施或者场所，这属于《行政强制法》规定的对财物实施的行政强制措施，其含义是就地封存有关的空间或者有体物，在一定时期内禁止任何相对人对有体物或者空间进行处罚、转移或者使用但并不转移占有的强制措施。公安机关办理治安案件对于用于无证经营活动的物品、设施或者场所，经公安机关负责人批准，可以依法查封；相关的文件可以依法予以封存。

3. 先行登记保存。公安机关办理行政案件在证据可能灭失或者以后难以取得的情况下，经公安机关办案部门负责人批准，可以先行登记保存，先行登记保存期间，证据持有人以及其他人员不得损毁或者转移证据，对先行登记保存的证据，公安机关应当在7日内作出处理决定。逾期不作出处理决定的，视为自动解除。

4. 抽样取证。公安机关办理行政案件在收集证据时，经办案部门负责人批准可以采取抽样取证的方法收集调查案件相关证据。抽样取证应当采取随机方式，数量以能够认定原品性质、特征为限。

5. 冻结。冻结恐怖活动嫌疑人的存款、汇款、债券、股票、基金份额等财产，这是指公安机关在金融机构的协助下，禁止当事人转移或者提取资金的行政强制措施。

【执法风险提示】

1. 公安机关在具体选择适用行政强制措施时，应当注意相关法律法规以及《行政强制法》对行政强制措施设定权限的规定，同时注意《立法法》对部门规章权限的限制。

2. 公安机关在适用各种行政强制措施时，应当按照法律法规规章规定的适用条件、种类、程序执行。

【相关规定】

《行政强制法》第 2 条、第 9 条；《治安管理处罚法》第 15 条、第 82 条；《反恐怖主义法》第 24 条、第 28 条、第 53 条；《人民警察法》第 9 条；《出境入境管理法》第 59 条、第 60 条。

第五十五条　【行政强制措施的程序】实施行政强制措施应当遵守下列规定：

（一）实施前须依法向公安机关负责人报告并经批准；

（二）通知当事人到场，当场告知当事人采取行政强制措施的理由、依据以及当事人依法享有的权利、救济途径。当事人不到场的，邀请见证人到场，并在现场笔录中注明；

（三）听取当事人的陈述和申辩；

（四）制作现场笔录，由当事人和办案人民警察签名或者盖章，当事人拒绝的，在笔录中注明。当事人不在场的，由见证人和办案人民警察在笔录上签名或者盖章；

（五）实施限制公民人身自由的行政强制措施的，应当当场告知当事人家属实施强制措施的公安机关、理由、地点和期限；无法当场告知的，应当在实施强制措施后立即通过电话、短信、传真等方式通知；身份不明、拒不提供家属联系方式或者因自然灾害等不可抗力导致无法通知的，可以不予通知。告知、通知家属情况或者无法通知家属的原因应当在询问笔录中注明。

（六）法律、法规规定的其他程序。

勘验、检查时实施行政强制措施，制作勘验、检查笔录的，不再制作现场笔录。

实施行政强制措施的全程录音录像，已经具备本条第一款第二项、第三项规定的实质要素的，可以替代书面现场笔录，但应当对视听资料的关键内容和相应时间段等作文字说明。

【条文主旨】

本条是对公安机关办理行政案件实施行政强制措施程序的规定。

【最新修改提示】

修订前（2012 版）	修订后（2018 版）
第四十三条 …… 检查时实施行政强制措施的，制作检查笔录，不再制作现场笔录。	**第五十五条** …… **勘验**、检查时实施行政强制措施，制作**勘验**、检查笔录的，不再制作现场笔录。 **实施行政强制措施的全程录音录像，已经具备本条第一款第二项、第三项规定的实质要素的，可以替代书面现场笔录，但应当对视听资料的关键内容和相应时间段等作文字说明。**

【理解与适用】

本条是依据《行政强制法》第 18 条对公安机关采取行政强制措施程序的规定，增加并明确以下具体内容：

一、实施前审批

明确公安机关人民警察采取行政强制措施前须依法向公安机关负责人报告并经批准。

二、实施步骤

对《行政强制法》中规定的程序进行整合，便于采取具体行政强制措施的人民警察遵照执行。

（一）通知当事人到场，当场告知当事人采取行政强制措施的理由、依据以及当事人依法享有的权利、救济途径。当事人不到场的，邀请见证人到场，并在现场笔录中注明。

（二）听取当事人的陈述和申辩。以确认强制措施的采取正确与否，保护当事人的合法权益。

（三）制作现场笔录。制作现场笔录，由当事人和办案人民警察签名或者盖章，当事人拒绝的，在笔录中注明。当事人不在场的，由见证人和办案人民警察在笔录上签名或者盖章。

三、采取限制人身自由的行政强制措施的特别要求

本条对《治安管理处罚法》第 83 条第 2 款的规定："公安机关应当及时将传唤的原因和处所通知被传唤人家属"进一步细化，要求实施限制公民人身自由的行政强制措施的，当场告知当事人家属实施强制措施的公安机关、理由、地点和期限；无法当场告知的，应当在实施强制措施后立即通过电话、短信、传真等方式通知；身份不明、拒不提供家属联系方式或者因自然灾害等不可抗力导致无法通知的，可以不予通知。告知、通知家属情况或者无法通知家属的原因应当在询问笔录中注明。

四、勘验、检查笔录替代现场笔录

勘验，是公安机关在办理行政案件过程中，对与案件有关的场所、物品进行实地勘测检验，以发现和收集违法活动所遗留的各种痕迹和物证的调查活动。检查，是公安机关为了查明案情，依法对与违法行为有关的场所、物品、人身进行实地查看、寻找、检验，以发现和收集有关证据的一种调查活动。勘验、检查都是公安机关依法采取的调查手段，目的在于查找收集违法行为的证据，查明案件事实。勘验主要针对违法行为的案发现场，检查则主要针对有关场所、物品、人身进行。

根据《公安机关办理行政案件程序规定》配套的法律文书样式，勘验、检查、辨认以及现场笔录使用的是同一文书样式，公安机关人民警察应当根据勘验、检查、辨认的不同填写不同的内容，但是其中“过程和结果”的部分对勘验笔录、检查笔录、辨认笔录和现场笔录都适用。制作勘验笔录时，写明现场概况及现场勘验情况，照相、录像的内容和数量，绘图的种类和数量；对现场勘验中发现和提取的物证，应当根据物证的不同特点，分别写明物品的名称、品质、重量、尺寸、体积、标识等。制作检查笔录时，写明是否当场检查，记录检查的过程以及发现的涉及案件事实的有关情况。制作辨认笔录时，写明辨认的组织实施过程以及辨认的结果。制作现场笔录时，写明现场概况、民警在现场开展工作的情况、现场人员情况；实施行政强制措施时制作现场笔录的，还应当记录民警告知当事人采取行政强制措施的理由、依据以及当事人依法享有的权利、救济途径，并听取其陈述和申辩的情况。从公安机关人民警察进行勘验、检查时应当制作的法律文书内容来看，已经包含了《行政强制法》要求的现场笔录的内容，因此无需再单独制作现场笔录。

五、全程录音录像替代书面现场笔录

实施行政强制措施的全程录音录像，已经具备本条第 1 款第 2 项、第 3 项规定的实质要素的，可以替代书面现场笔录，但应当对视听资料的关键内容和相应时间段等作文字说明。这一规定是针对人民警察在采取行政强制措施时没有制作勘验、检查、辨认笔录等，而只需要制作现场笔录的情形。公安机关人民警察在实施行政强制措施时进行全程录音录像，在录音录像中能够全面体现当场告知当事人采取行政强制措施的理由、依据以及当事人依法享有的权利、救济途径；当事人不到场的，有见证人在场；同时听取了当事人的陈述和申辩的，就可以不再制作现场笔录。这是简化执法程序，为基层干警减负的具体表现。

全程录音录像可替代书面现场笔录，但对视听资料的关键内容和相应时间段等作文字说明。

【执法风险提示】

1. 严格遵守《行政强制法》、《人民警察法》及《公安机关办理行政案件程序规定》中实施行政强制措施程序的规定，确保程序合法。一旦违反法定程序，可能直接导致实施的行政强制措施违法。

2. 对实施行政强制措施的过程进行全程不间断记录，自到达现场开展执法活动时开始，至执法活动结束时停止，并保持形成的视听资料的完整和不间断。

3. 使用执法记录仪记录采取行政强制措施的全过程，应当遵守《公安机关现场执法视音频记录工作规定》。

【相关规定】

《行政强制法》第 18 条；《治安管理处罚法》第 83 条；《出境入境管理法》第 58 条、第 59 条。

第五十六条 【情况紧急时行政强制措施程序】 情况紧急，当场实施行政强制措施的，办案人民警察应当在二十四小时内依法向其所属的公安机关负责人报告，并补办批准手续。当场实施限制公民人身自由的行政强制措施的，办案人民警察应当在返回单位后立即报告，并补办批准手续。公安机关负责人认为不应当采取行政强制措施的，应当立即解除。

【条文主旨】

本条规定了公安机关人民警察在紧急情况下采取行政强制措施的程序。

【最新修改提示】

本条对应修改前的第 44 条，内容未变化。

【理解与适用】

本条是依照《行政强制法》第 19 条，并结合公安机关人民警察采取行政强制措施的实际作出的具体规定。

一、情况紧急的判断

无论是《行政强制法》还是《公安机关办理行政案件程序规定》都没有明确“情况紧急”的具体情形，但是根据《行政强制法》对行政强制措施的界定，“行政强制措施，是指行政机关在行政管理过程中，为制止违法行为、防止证据损毁、避免危害发生、控制危险扩大等情形，依法对公民的人身自由实施暂时性限制，或者对公民、法人或者其他组织的财物实施暂时性控制的行为”①，这表明公安机关人民警察采取行政强制措施的目的是制止违法行为、防止证据损毁、避免危害发生或者控制危险扩大。那么当公安机关人民警察根据当时的情形判断如果不采取行政强制措施就不能制止违法行为、有可能导致证据损毁或者危害发生以及危险扩大的，就属于情况紧急。此时，公安机关人民警察就可以先采取行政强制措施，然后再履行相应的审批程序。

二、情况紧急时采取行政强制措施的具体程序

本条规定将《行政强制法》的规定区分两种情形进行规范：一是对限制公民人身自由以外的行政强制措施，如对公民财产实施的行政强制措施，延用《行政强制法》的规定，要求实施行政强制措施的人民警察在采取行政强制措施后24小时内向其所属的公安机关负责人报告，并补办批准手续；二是对限制人身自由的行政强制措施则规定了更加严格的时限，要求采取行政强制措施的人民警察应当在返回单位后立即报告，并补办批准手续。

三、解除

公安机关负责人应当认真审核是否符合采取行政强制措施的条件，对于不符合法定条件的应当立即解除行政强制措施。

【执法风险提示】

1. 在确定是否采取行政强制措施前，应当注意比例原则在公安行政执法中的应用。《行政强制法》第5条规定：“行政强制的设定和实施，应当适当。采用非强制手段可以达到行政管理目的的，不得设定和实施行政强制”，如果可以不采取行政强制措施就可以实现制止违法行为、防止证据损毁、避免危害发生或者控制危险扩大的目的，则不应当采取行政强制措施。

2. 采取对财产权暂扣控制的行政强制措施时，应当注意在采取行政强制措施后24小时内向所属公安机关负责人报批并履行相关手续，避免因为超过规定的时限而导致行政强制措施的违法。

---

① 参见《行政强制法》第2条。

3. 采取限制公民人身自由的行政强制措施，应当在返回单位后立即报告，并由有权公安机关负责人予以审批，应当同时避免不符合法定条件而采取了限制人身自由的行政强制措施和违反了相应时限规定而导致的限制人身自由的行政强制措施违法。

【相关规定】

《行政强制法》第 2 条、第 5 条、第 19 条。

第五十七条　【盘查与继续盘问】 为维护社会秩序，人民警察对有违法嫌疑的人员，经表明执法身份后，可以当场盘问、检查。对当场盘问、检查后，不能排除其违法嫌疑，依法可以适用继续盘问的，可以将其带至公安机关，经公安派出所负责人批准，对其继续盘问。对违反出境入境管理的嫌疑人依法适用继续盘问的，应当经县级以上公安机关或者出入境边防检查机关负责人批准。

继续盘问的时限一般为十二小时；对在十二小时以内确实难以证实或者排除其违法犯罪嫌疑的，可以延长至二十四小时；对不讲真实姓名、住址、身份，且在二十四小时以内仍不能证实或者排除其违法犯罪嫌疑的，可以延长至四十八小时。

【条文主旨】

本条是关于人民警察适用盘问、检查以及继续盘问的规定。

【最新修改提示】

本条对应修改前的第 45 条，内容未变化。

【理解与适用】

本条是依据《人民警察法》第 9 条①，对人民警察执法中适用盘问、检查以及继续盘问的条件、时限作出的明确规定。

一、盘问、检查

盘问、检查（简称盘查），是指公安机关人民警察在执行勤务过程中，为维护公共安全，预防、发现、控制违法犯罪活动而依法采取的盘问、检查等行为。民警执行盘查任务时，应当始终坚持理性、平和、文明、规范，因情施策，确保安全。

（一）盘查的适用条件

对有违法犯罪嫌疑的人员，人民警察可以当场盘问、检查。为维护社会秩序，公安民警在执法执勤过程中，对有违法犯罪嫌疑的人员，可以当场查验身份证件，核实确定其身份、来历等基本情况，盘问与违法犯罪嫌疑有关的事实情况，并可对其人身及随身携带的可疑物品进行检查。通过盘问、检查确认对象是否具有违法犯罪嫌疑，以便决定是否继续盘问。

（二）盘查应当遵守的规定

根据《公安机关人民警察盘查规范》的规定，盘查应当遵守以下规定：

1. 盘查一般由两名以上民警进行，并明确警戒和盘查任务分工。

2. 民警执行盘查任务时，应当着制式服装。未着制式服装的，应当出示人民警察证。

3. 人民警察经表明执法身份后，即可对有违法犯罪嫌疑的人员当场盘问、检查。盘查开始应当向被盘查人敬礼并告知：“我是 × × ×（单位）民警，现依法对你进行检查，请你配合。”盘查排除违法犯罪嫌疑的，民警应当向被盘查人敬礼，并说“谢谢你的合作”，礼貌让其离去。

---

① 《人民警察法》第 9 条规定：“为维护社会治安秩序，公安机关的人民警察对有违法犯罪嫌疑的人员，经出示相应证件，可以当场盘问、检查；经盘问、检查，有下列情形之一的，可以将其带至公安机关，经该公安机关批准，对其继续盘问：（一）被指控有犯罪行为的；（二）有现场作案嫌疑的；（三）有作案嫌疑身份不明的；（四）携带的物品有可能是赃物的。对被盘问人的留置时间自带至公安机关之时起不超过二十四小时，在特殊情况下，经县级以上公安机关批准，可以延长至四十八小时，并应当留有盘问记录。对于批准继续盘问的，应当立即通知其家属或者其所在单位。对于不批准继续盘问的，应当立即释放被盘问人。经继续盘问，公安机关认为对被盘问人需要依法采取拘留或者其他强制措施的，应当在前款规定的期间作出决定；在前款规定的期间不能作出上述决定的，应当立即释放被盘问人。”

4. 对经过盘问，确认有违法犯罪行为或者嫌疑不能排除的，应当先对被盘查人依法进行人身检查，并进一步检查其携带物品。公安机关人民警察应当严格按照规范进行身份查验、人身检查、物品检查、车辆检查和设卡检查。

5. 经盘查能确认是逃犯、通缉犯等犯罪嫌疑人、被告人或者罪犯的，民警应当立即使用约束性警械将其控制，移交办案的公安机关、人民检察院、人民法院或者原羁押机关。对有违法犯罪嫌疑的人员当场盘问、检查后，不能排除其违法犯罪嫌疑，且符合法定情形的，民警可以将其带至公安机关继续盘问。

二、继续盘问

继续盘问，是指公安机关的人民警察为了维护社会治安秩序，对有违法犯罪嫌疑的人员当场盘问、检查后，发现具有法定情形而将其带至公安机关继续进行盘问的措施。根据《公安机关适用继续盘问规定》，继续盘问由人民警察执行。公安机关适用继续盘问，应当遵循依法、公正、及时、文明和确保安全的原则，做到适用对象准确、程序合法、处理适当。

（一）继续盘问的条件

1. 适用继续盘问的情形

继续盘问也称为留置。根据《人民警察法》第 9 条，人民警察经过现场盘问、检查，发现具有以下情形的，可以认为不能排除其违法嫌疑，需要继续盘问：（1）被指控有犯罪行为的；（2）有现场作案嫌疑的；（3）有作案嫌疑身份不明的；（4）携带的物品有可能是赃物的。

根据《出境入境管理法》第 59 条，外国人或者涉嫌违反出境入境管理的人员，具有下列情形之一，经当场盘问、检查不能排除违法犯罪嫌疑的，可以依法继续盘问：（1）有非法出境入境嫌疑的；（2）有协助他人非法出境入境嫌疑的；（3）外国人有非法居留、非法就业嫌疑的；（4）有危害国家安全和利益，破坏社会公共秩序或者从事其他违法犯罪活动嫌疑的。

2. 不得适用继续盘问的情形

不得适用继续盘问的情形包括：（1）有违反治安管理或者犯罪嫌疑，但未经当场盘问、检查的；（2）经过当场盘问、检查，已经排除违反治安管理和犯罪嫌疑的；（3）涉嫌违反治安管理行为的法定最高处罚为警告、罚款或者其他非限制人身自由的行政处罚的；（4）从其住处、工作地点抓获以及其他应当依法直接适用传唤或者拘传的；（5）已经到公安机关投案自首的；（6）明知其所涉案件已经作为治安案件受理或者已经立为刑事案件的；(7) 不属于公安机关管辖的案件或者事件当事人的；(8) 患有精神病、急性传染病或者其他严重疾病的；(9) 其他不符合本规定第八条所列条件的。①

(二) 继续盘问的时限和审批权限

1. 继续盘问的时限

(1) 继续盘问的时限一般为 12 小时。

(2) 对在 12 小时以内确实难以证实或者排除其违法犯罪嫌疑的，可以延长至 24 小时。

(3) 对不讲真实姓名、住址、身份，且在 24 小时以内仍不能证实或者排除其违法犯罪嫌疑的，可以延长至 48 小时。

(4) 继续盘问不得超过 4 小时的情形。下列人员，可以适用继续盘问，但必须在带至公安机关之时起的 4 小时以内盘问完毕，且不得送入候问室：怀孕或者正在哺乳自己不满 1 周岁婴儿的妇女；不满 16 周岁的未成年人；已满 70 周岁的老年人。②

2. 继续盘问的审批权限③

依法可以适用继续盘问的，可以将其带至公安机关，经公安派出所负责人批准，对其继续盘问。具体的审批权限为：

(1) 公安派出所负责人审批决定继续盘问 12 小时。确有必要继续盘问的有违法犯罪嫌疑的人员，可以立即带回，填写《继续盘问审批表》报公安派出所负责人审批决定继续盘问 12 小时。对批准继续盘问的，应当将《继续盘问审批表》复印、传真或者通过计算机网络报所属县、市、旗公安局或者城市公安分局主管公安派出所工作的部门备案。

(2) 确有必要将继续盘问时限延长至 24 小时的，公安派出所应当填写《延长继续盘问时限审批表》，报县、市、旗公安局或者城市公安分局的值班负责人审批。

(3) 确有必要将继续盘问时限从 24 小时延长至 48 小时的，公安派出所应当填写《延长继续盘问时限审批表》，报县、市、旗公安局或者城市公安分局的主管负责人审批。县、市、旗公安局或者城市公安分局的值班或者主管负责人应当在继续盘问时限届满前作出是否延长继续盘问时限的决定，但不得决定将继续盘问时限直接从 12 小时延长至 48 小时。

---

① 参见《公安机关适用继续盘问的规定》第 9 条。

② 参见《公安机关适用继续盘问的规定》第 10 条。

③ 参见《公安机关适用继续盘问的规定》第三章。

（4）对违反出境入境管理的嫌疑人依法适用继续盘问的，应当经县级以上公安机关或者出入境边防检查机关负责人批准。

（三）继续盘问后的处理

1. 对已经排除违法犯罪嫌疑，或者经过批准的继续盘问、延长继续盘问时限届满，尚不能证实其违法犯罪嫌疑的，应当经公安派出所负责人批准，立即释放被继续盘问人。

2. 在继续盘问期间对被继续盘问人依法作出刑事拘留、逮捕或者行政拘留、强制隔离戒毒决定的，应当立即移交执行；依法决定取保候审、监视居住或者作出警告、罚款等行政处罚决定的，应当立即释放。

【执法风险提示】

公安机关人民警察在适用继续盘问时，应当注意以下几点：

1. 决定是否继续盘问前一定要认真审查是否符合继续盘问的条件，对于不符合条件的当事人，应当立即释放。

2. 注意按照《公安机关办理行政案件程序规定》的要求，对被继续盘问人员进行相应的安全检查，并遵守相关规定以避免意外情况发生。

3. 继续盘问结束后注意依法对被盘问人的处理，并制作相应的法律文书。

【相关规定】

《人民警察法》第 9 条；《出境入境管理法》第 59 条；《公安机关人民警察盘查规范》；《公安机关适用继续盘问规定》。

第五十八条　【保护性约束】违法嫌疑人在醉酒状态中，对本人有危险或者对他人的人身、财产或者公共安全有威胁的，可以对其采取保护性措施约束至酒醒，也可以通知其家属、亲友或考所属单位将其领回看管，必要时，应当送医院醒酒。对行为举止失控的醉酒人，可以使用约束带或者警绳等进行约束，但是不得使用手铐、脚镣等警械。

约束过程中，应当指定专人严加看护。确认醉酒人酒醒后，应当立即解除约束，并进行询问。约束时间不计算在询问查证时间内。

【条文主旨】

本条是对处于醉酒状态违法嫌疑人予以保护性约束的规定。

【最新修改提示】

本条对应修改前的第 46 条，内容未变化。

【理解与适用】

本条是依据《治安管理处罚法》第 15 条①规定对公安机关人民警察依法约束醉酒状态违法嫌疑人的规定。

一、醉酒状态的判断

公安机关人民警察在办理行政案件时，应当按照一般人的标准去判断违法嫌疑人是否处于醉酒状态，并对本人有危险或者对他人的人身、财产或者公共安全有威胁。违法嫌疑人由于饮酒导致大脑中枢神经系统高度兴奋或者处于麻痹状态，对自己行为性质和后果不能准确地辨识，同时也不能控制或者完全控制自己的行为，极有可能对本人或者他人的人身、财产或者公共安全造成实际危险或者构成严重威胁。

二、对违法嫌疑人实施约束的条件

只有违法嫌疑人因为饮酒（包括所有含酒精饮料）而导致行为失控，且可能对本人、他人以及公共安全有威胁的，才能对违法嫌疑人采取约束性保护措施。

三、选择性约束或者通知家属

对于醉酒的违法嫌疑人选择在公安机关约束，还是通知其家属、亲友或者所属单位领回，可以由办理案件的人民警察根据案件情况决定。是否需要送医院也是人民警察根据违法嫌疑人表现出的醉酒程度以及行为举止作出的选择。如果违法嫌疑人因醉酒对自己的生命造成影响，那么公安机关人民警察应当将违法嫌疑人送医院醒酒。

四、保证被约束人的安全

虽然对处于醉酒状态的违法嫌疑人采取相应的约束措施，但是由于其

---

① 《治安管理处罚法》第 15 条规定："醉酒的人违反治安管理的，应当给予处罚。醉酒的人在醉酒状态中，对本人有危险或者对他人的人身、财产或者公共安全有威胁的，应当对其采取保护性措施约束至酒醒。"

处于行为失控状态，因此约束过程中，应当指定专人严加看护。确认醉酒人酒醒后，应当立即解除约束。

对行为举止失控的醉酒人，可以使用约束带或者警绳等进行约束，但是不得使用手铐、脚镣等警械。

五、酒醒后的处理

违法行为嫌疑人酒醒后，公安机关人民警察应当立即解除约束，进行询问调查工作。

约束时间不计算在询问查证时间内。

【执法风险提示】

公安机关的人民警察应当根据案件调查的情况和违法嫌疑人的行为表现，决定是否需要在公安机关采取保护性约束。对于由公安机关采取保护性约束措施的，应当注意可以使用的约束性警械包括警绳和约束带，但不能使用手铐和脚镣，并应当派专人予以看护，以保证被约束人自身、他人的人身安全。

如果公安机关通知处于醉酒状态嫌疑人的家属、亲友或者单位领回，应当注意确认当事人身份以及做好相应的交接，并保存好相应的证据。

第五十九条　【约束措施】对恐怖活动嫌疑人实施约束措施，应当遵守下列规定：

（一）实施前须经县级以上公安机关负责人批准；

（二）告知嫌疑人采取约束措施的理由、依据以及其依法享有的权利、救济途径；

（三）听取嫌疑人的陈述和申辩；

（四）出具决定书。

公安机关可以采取电子监控、不定期检查等方式对被约束人遵守约束措施的情况进行监督。

约束措施的期限不得超过三个月。对不需要继续采取约束措施的，应当及时解除并通知被约束人。

【条文主旨】

本条是关于对恐怖活动嫌疑人实施约束措施的规定。

【最新修改提示】

本条为2018年《公安部关于修改〈公安机关办理行政案件程序规定〉的决定》新增条款。

【理解与适用】

本条是依据《反恐怖主义法》第53条①规定的行政强制措施而作出的程序规定。

一、条件和适用

本条规定的约束措施只是针对公安机关调查恐怖活动嫌疑人。

恐怖活动嫌疑人经县级以上公安机关负责人批准，根据其危险程度，责令恐怖活动嫌疑人员遵守以下约束措施：（1）未经公安机关批准不得离开所居住的市、县或者指定的处所；（2）不得参加大型群众性活动或者从事特定的活动；（3）未经公安机关批准不得乘坐公共交通工具或者进入特定的场所；（4）不得与特定的人员会见或者通信；（5）定期向公安机关报告活动情况；（6）将护照等出入境证件、身份证件、驾驶证件交公安机关保存。

二、应当遵守的程序规定

《程序规定》规定的对恐怖活动嫌疑人采取约束措施的程序依据了《行政强制法》对行政强制措施程序的一般规定，包括审批、告知违法嫌疑人享有的权利义务、救济权利、听取嫌疑人的陈述和申辩，并出具决定书，依法予以送达。具体内容为：（1）约束措施实施前须经县级以上公安机关负责人批准；（2）告知嫌疑人采取约束措施的理由、依据以及其依法

---

① 《反恐怖主义法》第53条规定："公安机关调查恐怖活动嫌疑，经县级以上公安机关负责人批准，可以根据其危险程度，责令恐怖活动嫌疑人员遵守下列一项或者多项约束措施：（一）未经公安机关批准不得离开所居住的市、县或者指定的处所；（二）不得参加大型群众性活动或者从事特定的活动；（三）未经公安机关批准不得乘坐公共交通工具或者进入特定的场所；（四）不得与特定的人员会见或者通信；（五）定期向公安机关报告活动情况；（六）将护照等出入境证件、身份证件、驾驶证件交公安机关保存。公安机关可以采取电子监控、不定期检查等方式对其遵守约束措施的情况进行监督。采取前两款规定的约束措施的期限不得超过三个月。对不需要继续采取约束措施的，应当及时解除。"

享有的权利、救济途径；（3）听取嫌疑人的陈述和申辩；（4）出具决定书。

三、对被约束人的监督检查

公安机关可以采取电子监控、不定期检查等方式对恐怖活动嫌疑人员遵守约束措施的情况进行监督。恐怖活动嫌疑人员违反公安机关责令其遵守的约束措施的，由公安机关给予警告，并责令改正；拒不改正的，处五日以上十五日以下拘留①。

四、期限

采取约束措施的期限不得超过三个月。对不需要继续采取约束措施的，应当及时解除并通知被约束人。

【执法风险提示】

1. 此项规定的约束只适用于恐怖活动嫌疑人。

2. 公安机关人民警察依照本条规定的程序采取行政强制措施，对于其他没有明确的步骤和方式，应当按照《行政强制法》以及本规定对一般行政强制措施规定的程序要求实施。

【相关规定】

《反恐怖主义法》第53条。

案例分析

如何适用强制传唤程序

——刘某某与××市公安局××派出所强制传唤案②

△基本案情

2016年3月18日上午7时29分33秒耿某报案反映，其同事刘某某因诉讼败诉被法院冻结工资账户，要求单位领导即耿某将工资转到其他账户遭到拒绝，当天上午6点半左右，刘某某到耿某位于××市××家园1幢2单元304室家门口，以持续近一个小时按其门铃在其门前喊叫等方式，

① 参见《反恐怖主义法》第89条。

② 参见（2016）苏1003行初字0045号行政判决书。

并多次发送信息干扰其家庭正常生活。被告民警到场调查了解后对原告现场进行口头传唤，遭其拒绝，后经批准根据《治安管理处罚法》第82条第2款之规定对其实施强制传唤。被告（××市公安局××派出所）提供的视频显示刘某某于当天上午（3月18日上午）8时16分入所、16时9分离开。刘某某的询问笔录中记载了被告民警出示工作证件情况、传唤原因及依据以及刘某某的入所、离开时间。2016年5月16日，被告作出××行终止决字〔2016〕2号终止案件调查决定书，主要内容为：因刘某某涉嫌干扰他人正常生活一案具有没有违法事实的情形，根据《公安机关办理行政案件程序规定》① 第233条第1款之规定，现决定终止案件调查。之后刘某某提起行政诉讼，认为派出所的强制传唤违法。

△核心问题

本案中，民警强制传唤行为是否合法？

△法律评析

《治安管理处罚法》第82条第1款规定“需要传唤违反治安管理行为人接受调查的，经公安机关办案部门负责人批准，使用传唤证传唤。对现场发现的违反治安管理行为人，人民警察经出示工作证件，可以口头传唤，但应当在询问笔录中注明”，第2款规定“公安机关应当将传唤的原因和依据告知被传唤人。对无正当理由不接受传唤或者逃避传唤的人，可以强制传唤”。《公安机关办理行政案件程序规定》第67条规定：“需要传唤违法嫌疑人接受调查的，经公安派出所、县级以上公安机关办案部门或者出入境边防检查机关负责人批准，使用传唤证传唤。对现场发现的违法嫌疑人，人民警察经出示人民警察证，可以口头传唤，并在询问笔录中注明违法嫌疑人到案经过、到案时间和离开时间。……对无正当理由不接受传唤或者逃避传唤的违反治安管理、出境入境管理的嫌疑人以及法律规定可以强制传唤的其他违法嫌疑人，经公安派出所、县级以上公安机关办案部门或者出入境边防检查机关负责人批准，可以强制传唤。强制传唤时，可以依法使用手铐、警绳等约束性警械……”

被告××派出所具有实施强制传唤的法定职责。被告提供的询问笔录、视频资料、通话录音、短信截图等证据互相印证，能够证实本案相关事实。在被告民警对刘某某口头传唤被其拒绝后，经批准被告对其实施强制传唤，事实清楚、程序合法并无不当。刘某某的询问笔录明确记载了办

① 该案发生在《公安机关办理行政案件程序规定》2018年修订前。

案民警出示证件情况，传唤原因及依据和刘某某的入、出所时间，符合相关程序规定。被告提供的视频资料和刘某某的询问笔录相互印证，能够证明刘某某入、出所时间并未超过8小时，符合相关规定。

强制传唤是保证公安机关依法办案措施之一，原告提供的终止案件调查决定也不能证明被告实施的本案被诉强制传唤违法。

第二节　受　案

第六十条　【受理案件】县级公安机关及其公安派出所、依法具有独立执法主体资格的公安机关业务部门以及出入境边防检查站对报案、控告、举报、群众扭送或者违法嫌疑人投案，以及其他国家机关移送的案件，应当及时受理并按照规定进行网上接报案登记。对重复报案、案件正在办理或者已经办结的，应当向报案人、控告人、举报人、扭送人、投案人作出解释，不再登记。

【条文主旨】

本条是关于公安机关案件受理的规定。

【最新修改提示】

本条为2018年《公安部关于修改〈公安机关办理行政案件程序规定〉的决定》新增条款。

【理解与适用】

一、受案

受案，是公安行政案件程序的开始，是指公安机关对报案、控告、举报、群众扭送或者违法嫌疑人投案、110报警服务台指令以及其他行政主管部门、司法机关移送的案件进行受理、登记，并分别作出处理的制度。受案是公安机关办理一般行政案件的第一个环节，是公安行政案件程序的开始。

二、接报案登记

对于行政案件公安机关应当及时受理，并按照规定进行网上接报案登记。

对重复报案、案件正在办理或者已经办结的，应当向报案人、控告人、举报人、扭送人、投案人作出解释，不再登记。

【执法风险提示】

1. 公安机关各办案部门对任何一种来源的案件都应当立即接受，不得推诿，除案件性质和事实涉及国家秘密的以外，都必须进行网上登记，然后再根据案情依法作出进一步处理。

2. 受案一般包括以下环节：制作询问笔录、接受证据、制作登记表和回执单以及现场处置等。公安机关接报案、受案登记可以由一名人民警察带领警务辅助人员进行，但应当全程录音录像。

第六十一条　【受案后的处理】 公安机关应当对报案、控告、举报、群众扭送或者违法嫌疑人投案分别作出下列处理，并将处理情况在接报案登记中注明：

（一）对属于本单位管辖范围内的案件，应当立即调查处理，制作受案登记表和受案回执，并将受案回执交报案人、控告人、举报人、扭送人；

（二）对属于公安机关职责范围，但不属于本单位管辖的，应当在二十四小时内移送有管辖权的单位处理，并告知报案人、控告人、举报人、扭送人、投案人；

（三）对不属于公安机关职责范围的事项，在接报案时能够当场判断的，应当立即口头告知报案人、控告人、举报人、扭送人、投案人向其他主管机关报案或者投案，报案人、控告人、举报人、扭送人、投案人对口头告知内容有异议或者不能当场判断的，应当书面告知，但因没有联系方式、身份不明等客观原因无法书面告知的除外。

在日常执法执勤中发现的违法行为，适用前款规定。

【条文主旨】

本条规定了公安机关受案后应当根据不同情形作出处理的规定。

【最新修改提示】

修订前（2012 版）	修订后（2018 版）
第四十七条　公安机关对报案、控告、举报、群众扭送或者违法嫌疑人投案，以及其他行政主管部门、司法机关移送的案件，应当及时受理，制作受案登记表，并分别作出以下处理： （一）对属于本单位管辖范围内的事项，应当及时调查处理； （二）对属于公安机关职责范围，但不属于本单位管辖的，应当在受理后的二十四小时内移送有管辖权的单位处理，并告知报案人、控告人、举报人、扭送人、投案人； （三）对不属于公安机关职责范围内的事项，书面告知报案人、控告人、举报人、扭送人、投案人向其他有关主管机关报案或者投案。 公安机关接受案件时，应当制作受案回执单一式二份，一份交报案人、控告人、举报人、扭送人，一份附卷。 公安机关及其人民警察在日常执法执勤中发现的违法行为，适用第一款的规定。	**第六十一条**　公安机关**应当**对报案、控告、举报、群众扭送或者违法嫌疑人投案**分别作出下列处理，并将处理情况在接报案登记中注明：** （一）对属于本单位管辖范围内的案件，应当立即调查处理，**制作受案登记表和受案回执，并将受案回执交报案人、控告人、举报人、扭送人；** （二）对属于公安机关职责范围，但不属于本单位管辖的，**应当在二十四小时内移送有管辖权的单位处理**，并告知报案人、控告人、举报人、扭送人、投案人； （三）对不属于公安机关职责范围的事项，**在接报案时能够当场判断的，应当立即口头**告知报案人、控告人、举报人、扭送人、投案人向其他主管机关报案或者投案，**报案人、控告人、举报人、扭送人、投案人对口头告知内容有异议或者不能当场判断的，应当书面告知，但因没有联系方式、身份不明等客观原因无法书面告知的除外。** 在日常执法执勤中发现的违法行为，适用前款规定。

【理解与适用】

公安机关及其人民警察对报案、控告、举报、群众扭送或者违法嫌疑人投案或者在日常执勤中发现的违法行为，应当首先进行初步判断是否属于公安机关应当管辖的案件范围并作出相应的处理。

一、不属于公安机关职责范围的事项

对不属于公安机关职责范围的事项，在接报案时能够当场判断的，应当立即口头告知报案人、控告人、举报人、扭送人、投案人向其他主管机关报案或者投案，报案人、控告人、举报人、扭送人、投案人对口头告知内容有异议或者不能当场判断的，应当书面告知，但因没有联系方式、身份不明等客观原因无法书面告知的除外。

二、属于本单位管辖范围内的案件

公安机关对属于本单位管辖范围内的案件，应当立即调查处理，制作受案登记表和受案回执，并将受案回执交报案人、控告人、举报人、扭送人。实践中，大部分案件属于此种情况。公安机关及其人民警察对于此种情况应当立即受案，并调查处理，确保案件得到处理，公民、法人和其他组织的合法权益得到及时保护。

三、属于公安机关职责范围，但不属于本单位管辖的案件

对属于公安机关职责范围，但不属于本单位管辖的，应当在二十四小时内移送有管辖权的单位处理，并告知报案人、控告人、举报人、扭送人、投案人。对于此类案件，接报案公安机关应在二十四小时内移送有管辖权的单位处理。并将移送情况告知报案人、控告人、举报人、扭送人、投案人，便于报案人、控告人、举报人、扭送人、投案人等了解案件情况。

被移送案件的公安机关，如果认为案件不属于自己的管辖范围，应当与移送单位协商或者报请共同的上级公安机关决定。不得自行再次移送。

【执法风险提示】

1. 依照相关法律法规的规定，公安机关人民警察对接受或者发现的涉嫌违法犯罪的案件都应当予以登记，并将初步判断和处理的情况及时向报案人、控告人、举报人、扭送人反馈。

2. 对于不属于本单位管辖，但属于公安机关职责范围的，由接报案公安机关在二十四小时内移送有管辖权的单位处理，并告知报案人、控告人、举报人、扭送人、投案人。而不是告知报案人、控告人、举报人、扭送人、投案人向公安机关其他部门报案、投案。

第六十二条 【先行处置】 属于公安机关职责范围但不属于本单位管辖的案件，具有下列情形之一的，受理案件或者发现案件的公安机关及其人民警察应当依法先行采取必要的强制措施或者其他处置措施，再移送有管辖权的单位处理：

（一）违法嫌疑人正在实施危害行为的；

（二）正在实施违法行为或者违法后即时被发现的现行犯被扭送至公安机关的；

（三）在逃的违法嫌疑人已被抓获或者被发现的；

（四）有人员伤亡，需要立即采取救治措施的；

（五）其他应当采取紧急措施的情形。

行政案件移送管辖的，询问查证时间和扣押等措施的期限重新计算。

【条文主旨】

本条是关于公安机关移送管辖前进行先行处置的规定。

【最新修改提示】

本条对应修改前的第 48 条，内容未变化。

【理解与适用】

有些行政案件属于公安机关的职责范围，但是不属于受案单位的管辖范围，按照本《程序规定》第 61 条，应当移送有管辖权的单位处理。但是，当存在某些特殊情况，如人员受伤等，受案或者发现案件的公安机关应当进行先行处置，以防止人员伤亡和财产损失进一步扩大、证据丢失影响案件处理。

一、必须先行处置的情形

根据本条规定，案件移送前需要采取先行处置的情形主要包括：

（一）违法嫌疑人正在实施危害行为的。对于正在实施的危害行为，公安机关应当采取先行处置措施，防止损失进一步扩大。

（二）正在实施违法行为或者违法后即时被发现的现行犯被扭送至公

安机关的。对被扭送公安机关的现行犯实施先行处置措施，可以防止人员逃跑和证据丢失。

（三）在逃的违法嫌疑人已被抓获或者被发现的。在逃的违法嫌疑人已被抓获或者被发现的，受理案件的公安机关应当采取措施，以防止嫌疑人再次逃跑。

（四）有人员伤亡，需要立即采取救治措施的。有人员伤亡需要立即采取救治措施的，应当立即采取救治措施。

（五）其他应当采取紧急措施的情形。

二、先行处置的主体和处置措施

本条规定，受理案件或者发现案件的公安机关及其人民警察应当依法先行采取必要的强制措施或者其他处置措施，再移送有管辖权的单位处理。所以案件移送前先行处置的主体主要是：受理案件或者发现案件的公安机关及其人民警察。

受理案件或者发现案件的公安机关及其人民警察对需要立即进行处置的，应当依法先行采取必要的强制措施或者其他处置措施，即先行处置措施包括：强制措施或者其他处置措施。无论是采取强制措施还是其他处置措施，都应当遵循依法和必要原则。即进行移送前先行处置的人民警察所采取的强制措施或者其他处置措施是法律赋予其的权力，并且按照法律规定的程序进行的。人民警察应当根据危害行为的性质、危害程度、影响范围、涉及人数、当事人身份及警情敏感性等综合因素，根据比例原则，快速判断，采取相应的处置措施。发现有应当救助的伤员时，应当立即向下达处警指令的单位口头报告，并迅速对受伤人员采取临时救治措施。根据需要通知120急救中心到场救治，或者报告下达处警指令的单位，由其通知120急救中心到场救治。

三、相关期限的计算

行政案件移送管辖的，询问查证时间和扣押等措施的期限重新计算。即公安机关为了预防和制止发生更大的危险、造成更大的损失，为了及时抓获违法嫌疑人，在行政案件移送管辖前采取先行处置措施的，如根据需要依法采取了扣押、询问等措施的，在移送管辖后，办理案件的公安机关需要再进行询问、扣押的，询问查证时间和扣押等措施的期限重新计算。之前先行处置中进行询问、扣押等措施的时间不连续计算。

【执法风险提示】

人民警察进行先行处置措施时应当严格遵守相关法律法规的要求，

不能超越法律、法规和规章的规定实施行为；并且同时应遵循必要的原则。

第六十三条 【为报案人保密】报案人不愿意公开自己的姓名和报案行为的，公安机关应当在受案登记时注明，并为其保密。

【条文主旨】

本条规定公安机关人民警察为报案人保密的规定。

【最新修改提示】

本条对应修改前的第49条，内容未变化。

【理解与适用】

如果报案人、控告人、举报人的人身和财产安全得不到应有的保障，就会影响报案人的报案积极性，从而出现知情不报、不敢作证的现象，给公安机关调查处理案件带来困难。为了保护报案人、控告人、举报人的合法权益，本条从保护和鼓励报案的角度，规定受案的公安机关人民警察在进行受案登记时，如果报案人出于种种原因不愿意公开自己的姓名和报案行为的，公安机关应当在受案登记时注明，并为其保密。

受案登记表的报案人一栏按照要求将填写姓名、性别、联系方式等信息，如果报案人不愿意公开自己的姓名和报案行为的，公安机关的人民警察在填写相关信息后，应当特别注明报案人要求不公开。公安机关的人民警察因工作原因知悉的报案人员信息应当注意保密，不得向无关人员透露。

【执法风险提示】

对于不愿意公开自己的姓名和报案行为的报案人，民警在受案登记时应当特别注明，并注意保密。对于没有提出保密要求的报案人，民警也应注意不向无关人员透露报案人的情况。

第六十四条　【接受证据材料、物品】对报案人、控告人、举报人、扭送人、投案人提供的有关证据材料、物品等应当登记，出具接受证据清单，并妥善保管。必要时，应当拍照、录音、录像。移送案件时，应当将有关证据材料和物品一并移交。

【条文主旨】

本条是公安机关在受理案件时接受报案人等提供的证据、物品的要求。

【最新修改提示】

本条对应修改前的第50条，内容未变化。

【理解与适用】

一、接受证据、物品的要求

根据本条规定公安机关在受理相关的报案时，对扭送人、报案人、控告人、举报人、自动投案人提供的有关证据材料、物品接受时应当符合以下要求：

1. 登记。对扭送人、报案人、控告人、举报人、自动投案人提供的有关证据材料、物品等应当当场登记。

2. 出具接受证据清单。对证据材料、物品等登记的同时，制作接受证据材料清单。接受证据材料清单一式三份，写明证据材料的编号、名称、数量、特征等，由证据提交人、办案人（接受人）签名，注明接受时间，加盖办案（受案）单位公章，一份由办案（受案）单位留存附卷，一份交证据提交人，一份连同接受的证据交公安机关的保管人员妥善保管。

3. 妥善保管。对报案人、控告人、举报人、扭送人、投案人提供的有关证据材料、物品，公安机关应当妥善保管。妥善保管证据材料、物品既是案件调查的需要，也是保护当事人合法权益的要求。

4. 必要时，应当拍照或者录音、录像。有些物品、证据容易发生变化，公安机关应当及时固定证据，必要时，应当拍照或者录音录像，记录证据特征和证据、物品的提供过程。

二、移送案件时，应当将有关证据材料和物品一并移交

对属于公安机关职责范围，但不属于本单位管辖的，接报案的公安机

关应当在二十四小时内移送有管辖权的单位处理。移送案件时，应当把报案人、控告人、举报人、扭送人、投案人提供的有关证据材料、物品一并移交受移送的公安机关。

第六十五条　【行政刑事案件的衔接】 对发现或者受理的案件暂时无法确定为刑事案件或者行政案件的，可以按照行政案件的程序办理。在办理过程中，认为涉嫌构成犯罪的，应当按照《公安机关办理刑事案件程序规定》办理。

【条文主旨】

本条是关于公安机关无法确定行政、刑事案件时的处理的规定。

【最新修改提示】

本条对应修改前的第 51 条，内容未变化。

【理解与适用】

一、无法确定为刑事案件或者行政案件的，可以按照行政案件的程序办理

本条规定要求受案的公安机关对于当场无法确定是行政还是刑事案件的，首先按照行政案件程序办理。比如伤害案件，当场无法确定是行政案件还是刑事案件，可以先按照办理行政案件的程序办理。

二、认为涉嫌构成犯罪的，应当按照《公安机关办理刑事案件程序规定》办理

对于按照行政案件办理的案件，一旦办案单位认为符合了刑事立案标准，就应当立即依照《公安机关办理刑事案件程序规定》的要求，进行刑事立案侦查。

【执法风险提示】

办理案件公安机关应当根据案件的调查情况，对于符合刑事立案标准的应当立即进行刑事立案调查，履行相应的审批手续，调整相应的法律文书，做好行政、刑事案件的衔接工作。

案例分析

公安机关受案程序合法性的判断
——龚某连等与××县公安局公安行政管理案①

△基本案情

2018年12月6日12时许，××县公安局××派出所接到指挥中心接报警（110指令）：××村打架。当日，被告（××县公安局）作出××受案字〔2018〕1631号受案登记表：同意受理为行政案件进行调查。2018年12月10日，××派出所向吴某云送达接报案回执：你于2018年12月6日报称的银玄村打架警情已受理。你可通过××县公安局××派出所查询案件进展情况。原告龚某连之子吴某清在该回执报案人处签名。受理案件后，被告方对当事人、证人进行了询问，形成了调查笔录，收集了当事人入、出院病历。2019年1月5日，办案民警因案情重大，呈请延长办理期限三十日，同日被告签署“同意”。2019年1月15日，原告向本院提出行政诉讼，至今，被告仍未对本案作出行政处理决定。后原告向人民法院提起行政诉讼，要求：1. 判令被告依法履行职责：受案查处唐某某殴打龚某连的违法行为，并依法追究唐某某的法律责任；2. 判令确认被告不予受案的行为违法；3. 判决确认被告受案不告知原告的行为违法；4. 判决确认被告调查行为违法；5. 判决确认被告将办案期限延期的行为违法。

△核心问题

被告公安机关的受案行为是否合法?

△法律评析

根据本案发生的情况，这里主要对被告公安机关受案及相关调查行为的合法性进行分析。

一、被告公安机关履行了受理程序

依照《公安机关办理行政案件程序规定》原第47条（现第60条）的规定，公安机关对报案、举报、群众扭送或者违法嫌疑人投案，以及其他行政主管部门、司法机关移送的案件，应当及时受理，制作受案登记表，并分别作出如下处理：（一）对属于本单位管辖范围内的事项，应当及时调查处理……本案被告接到报警后，向原告的亲属送达了接报案回执，并

① 参见（2019）湘0922行初8号行政判决书。

制作了受案登记表：同意受理为行政案件，履行了受理程序。

二、受理后依法予以调查

被告公安机关受理案件后，进行了调查，依照《公安机关办理行政案件程序规定》之规定，公安机关办理治安案件的期限，自受理之日起不得超过三十日；案情重大、复杂的，经上一级公安机关批准，可以延长三十日。被告依据案情作出的延长程序，符合法律规定，但对延期情况应当告知，否则不对当事人发生法律效力。被告的内部程序虽然对原告的权利义务不产生影响，但至法院开庭前，已经超过了延长期限，被告仍未对原告投诉事项作出行政处理决定，逾期未处理行为违法。

三、制作受案回执行为合法

《公安机关办理行政案件程序规定》之规定，公安机关接受案件时，应当制作受案回执单交报案人。本案被告接受案件后，将受案回执单交给原告亲属，告知其报警已经受理，并可通过××派出所查询案件进展情况，其受理程序合法。

四、被告公安机关调查、办案延期的行为，均属于公安机关办理行政案件的过程行为、内部程序行为，对原告的权利与义务不产生实际影响，不属于行政诉讼案件的受案范围。

第三节　询　问

第六十六条　【询问地点】 询问违法嫌疑人，可以到违法嫌疑人住处或者单位进行，也可以将违法嫌疑人传唤到其所在市、县内的指定地点进行。

【条文主旨】

本条规定了公安机关询问违法嫌疑人的地点。

【最新修改提示】

本条对应修改前的第 52 条，内容未变化。

【理解与适用】

一、询问

询问是公安机关人民警察为了查证违法行为，依照法定程序，以言词方式对与案件有关的人员进行调查取证的活动。公安机关在办理行政案件中，询问的对象包括违法嫌疑人、被侵害人和证人，询问的目的是调查收集案件相关的证据，本条是对公安机关询问违法嫌疑人地点的规定。

二、询问违法嫌疑人的地点可以是违法嫌疑人的住处、单位或者其所在县、市的指定地点

因为在一般行政案件中，对违法嫌疑人的询问，特别是第一次询问往往是查清案件的关键环节，因此本条赋予了办案的公安机关可以根据案件情况选择询问地点的权力。但是公安机关在选择询问违法嫌疑人的地点时，应当注意：

（一）对于询问违法嫌疑人的地点，公安机关应当根据案件调查的情况进行选择，可以在公安机关进行询问，也可以在本条规定的违法嫌疑人住处或者单位进行，也可以将违法嫌疑人传唤到其所在市、县内的指定地点进行。

（二）依照本规定第71条的要求在公安机关询问违法嫌疑人时，应当在办案区进行，并遵守相关规定。

（三）在公安机关办案场所以外的地点进行询问的，应当选择适宜的房间或者地点，将被询问人安排在远离门窗的位置，并采取相应的安全防范措施。

【执法风险提示】

公安机关办理行政案件在选择询问违法嫌疑人的地点时，应当综合考虑本条规定和《程序规定》第71条的规定，根据案件调查的需要选择合适的询问违法嫌疑人的地点。一是如果在违法嫌疑人的住处或者单位询问违法嫌疑人，建议办案人员注意保护违法嫌疑人的隐私，注重对违法嫌疑人相关权益的保护；二是在将违法嫌疑人传唤到其所在的市、县进行询问时，应当选在相对安全又便于询问的地点进行，并注意在询问过程中保护违法嫌疑人的安全和隐私；三是不管在任何地点对违法嫌疑人进行询问，都应当遵守相关法律、法规关于询问时间、告知等相关规定，并注意做好询问笔录。

【相关规定】

《治安管理处罚法》第82条、第83条；《行政处罚法》第37条。

第六十七条　【传唤】 需要传唤违法嫌疑人接受调查的，经公安派出所、县级以上公安机关办案部门或者出入境边防检查机关负责人批准，使用传唤证传唤。对现场发现的违法嫌疑人，人民警察经出示人民警察证，可以口头传唤，并在询问笔录中注明违法嫌疑人到案经过、到案时间和离开时间。

单位违反公安行政管理规定，需要传唤其直接负责的主管人员和其他直接责任人员的，适用前款规定。

对无正当理由不接受传唤或者逃避传唤的违反治安管理、出境入境管理的嫌疑人以及法律规定可以强制传唤的其他违法嫌疑人，经公安派出所、县级以上公安机关办案部门或者出入境边防检查机关负责人批准，可以强制传唤。强制传唤时，可以依法使用手铐、警绳等约束性警械。

公安机关应当将传唤的原因和依据告知被传唤人，并通知其家属。公安机关通知被传唤人家属适用本规定第五十五条第一款第五项的规定。

【条文主旨】

本条规定公安机关传唤应当遵守的规定。

【最新修改提示】

修订前（2012 版）	修订后（2018 版）
第五十三条　需要传唤违法嫌疑人接受调查的，经公安派出所、县级以上公安机关办案部门或者出入境边防检查机关负责人批准，使用传唤证传唤。对现场发现的违法嫌疑人，人民警察经出示工作证件，可以口头传唤，并在询问笔录中注明违法嫌疑人到案经过、到案时间和离开时间。 单位违反公安行政管理规定，需要传唤其直接负责的主管人员和其他直接责任人员的，适用前款规定。	**第六十七条**　需要传唤违法嫌疑人接受调查的，经公安派出所、县级以上公安机关办案部门或者出入境边防检查机关负责人批准，使用传唤证传唤。对现场发现的违法嫌疑人，人民警察经出示**人民警察证**，可以口头传唤，并在询问笔录中注明违法嫌疑人到案经过、到案时间和离开时间。 单位违反公安行政管理规定，需要传唤其直接负责的主管人员和其他直接责任人员的，适用前款规定。

修订前（2012 版）	修订后（2018 版）
对无正当理由不接受传唤或者逃避传唤的违反治安管理、消防安全管理、出境入境管理的嫌疑人以及法律规定可以强制传唤的其他违法嫌疑人，经公安派出所、县级以上公安机关办案部门或者出入境边防检查机关负责人批准，可以强制传唤。强制传唤时，可以依法使用手铐、警绳等约束性警械。 公安机关应当将传唤的原因和依据告知被传唤人，并通知其家属。公安机关通知被传唤人家属适用本规定第四十三条第一款第五项的规定。	对无正当理由不接受传唤或者逃避传唤的违反治安管理、出境入境管理的嫌疑人以及法律规定可以强制传唤的其他违法嫌疑人，经公安派出所、县级以上公安机关办案部门或者出入境边防检查机关负责人批准，可以强制传唤。强制传唤时，可以依法使用手铐、警绳等约束性警械。 公安机关应当将传唤的原因和依据告知被传唤人，并通知其家属。公安机关通知被传唤人家属适用本规定**第五十五条**第一款第五项的规定。

【理解与适用】

本条是公安机关办案部门传唤违法嫌疑人应当遵守的规定，具体包括以下几个方面：

一、传唤违法嫌疑人

（一）传唤

传唤是指公安机关为了及时查清案件事实，依法责令违反公安行政管理行为人或者违法嫌疑人于指定时间，到指定地点接受调查询问而采取的行政措施。对于传唤行为从行政行为类型的角度，传唤属于行政命令的一种，强制传唤则是限制人身自由的行政强制措施。传唤的目的在于依法对违法嫌疑人进行询问尽快查明案情，因此相关法律法规对公安机关的传唤作出了明确的规定，同时也应当遵守《行政强制法》对行政强制措施的规定。

（二）传唤的方式

依照《治安管理处罚法》以及本条的规定，公安机关可以根据办理案件的实际情况采取口头传唤、书面传唤、强制传唤的方式。

1. 口头传唤

口头传唤是指办案的人民警察对在现场发现的违法嫌疑人，经出示人民警察证，直接将其带回公安机关依法进行询问的行为。口头传唤违法嫌疑人应当在询问笔录中注明违法嫌疑人到案经过、到案时间和离开时间。本次修改将“工作证件”修改为“人民警察证”，解决了各地对“工作证件”认识不统一的情况，为进一步规范执法行为，明确人民警察执法证件有重要的意义。

2. 书面传唤

书面传唤是指对需要传唤接受调查的违法嫌疑人，经公安派出所、县级以上公安机关办案部门或者出入境边防检查机关负责人批准，使用传唤证进行传唤的行为。《传唤证》一式二份，一份交被传唤人，一份由被传唤人签收后附卷。违法嫌疑人被传唤到案后和询问查证结束后，应当由其在附卷的传唤证上分别填写到案时间和离开时间并签名。拒绝填写或者签名的，办案民警应当在传唤证上注明。

3. 强制传唤

强制传唤是指对无正当理由不接受传唤或者逃避传唤的违反治安管理、出境入境管理的嫌疑人以及法律规定可以强制传唤的其他违法嫌疑人，经公安派出所、县级以上公安机关办案部门或者出入境边防检查机关负责人批准，可以强制传唤。强制传唤时，可以依法使用手铐、警绳等约束性警械。

（三）实施传唤行为的要求

依照本条规定，办案民警实施传唤行为，应当遵守以下两个方面规定：

1. 传唤时应当将传唤的原因和依据告知被传唤人，并依法通知家属。这要求实施传唤的人民警察在依法对违法嫌疑人实施传唤的同时将传唤的理由的依据当面告知违法嫌疑人。

2. 要注意保证被传唤人的基本权利，禁止对被传唤人游街示众或者变相游街示众，或者采取其他方式侮辱被传唤人的人格尊严。

二、传唤主管人员和其他直接责任人员

（一）单位违反治安管理行为

单位违反治安管理行为，是指机关、团体、公司、企业、事业单位实施了依法应当给予治安管理处罚的危害社会的行为。

（二）确定被传唤人的范围

依照《治安管理处罚法》第18条规定，对单位违反治安管理行为的，公安机关应当依照本法的规定，对单位直接负责的主管人员和其他直接责任人员给予治安管理处罚，即依照《治安管理处罚法》对自然人的处罚规定，对单位直接负责的主管人员和其他直接责任人员给予相应的治安管理处罚，包括给予警告、罚款、行政拘留等处罚。因此办案的人民警察可以传唤的违法嫌疑人包括单位直接负责的主管人员和其他直接责任人员。

直接负责的主管人员和其他直接责任人员可能在单位违反治安管理中

起着组织、指挥、实施的作用。但直接负责的主管人员的组织、指挥作用往往发生在决定实施某一具体单位违反治安管理行为的决策过程中。直接责任人员的作用一般发生在着手实施某一具体单位违反治安管理行为的实施过程中。

（三）实施传唤行为的要求

传唤直接负责的主管人员和其他直接责任人员，应当遵守与传唤自然人违法的违法嫌疑人相同的规定和要求。

三、通知被传唤人家属

传唤违法嫌疑人应当将传唤的原因和依据告知被传唤人，并依照《程序规定》第55条规定通知家属。即当场告知当事人家属实施强制措施的公安机关、理由、地点和期限；无法当场告知的，应当在实施强制措施后立即通过电话、短信、传真等方式通知；身份不明、拒不提供家属联系方式或者因自然灾害等不可抗力导致无法通知的，可以不予通知。告知、通知家属情况或者无法通知家属的原因应当在询问笔录中注明。

【执法风险提示】

1. 公安机关在采取强制传唤的措施时，应当严格遵守《治安管理处罚法》对强制传唤条件的规定和《行政强制法》关于采取限制人身自由的行政强制措施的规定。如果需要使用警械时则应当注意警械的使用条件，注意遵守比例原则。

2. 公安机关通过传唤询问违法嫌疑人，应当严格遵守传唤的适用条件和程序要求，明确告知被传唤人传唤的原因和依据并依法通知家属，保证被传唤人的人格尊严。

3. 公安机关采取传唤措施询问违法嫌疑人一定要注意严格按照相关法律法规的规定，在制作询问笔录等法律文书时，对于需要告知违法嫌疑人、通知家属、到案及离开时间以及休息饮食等情况做好书面记录，以保证证据获取手段的合法性。

【相关规定】

《治安管理处罚法》第18条、第83条；《行政强制法》第5条、第6条、第18条、第19条。

第六十八条 【传唤证使用要求】使用传唤证传唤的，违法嫌疑人被传唤到案后和询问查证结束后，应当由其在传唤证上填写到案和离开时间并签名。拒绝填写或者签名的，办案人民警察应当在传唤证上注明。

【条文主旨】

本条规定人民警察应当依法要求被传唤人在传唤证上注明时间并签名。

【最新修改提示】

本条对应修改前的第 54 条，内容未变化。

【理解与适用】

本条是对公安机关使用传唤证书面传唤违法嫌疑人应当如何填写传唤证的规定。

使用传唤证传唤（也称书面传唤），是指需要传唤违法嫌疑人接受调查的，经公安派出所、县级以上公安机关办案部门或者出入境边防检查机关负责人批准，使用传唤证传唤。《传唤证》一式二份，一份交被传唤人，一份由被传唤人签收后附卷。违法嫌疑人被传唤到案后和询问查证结束后，应当由其在附卷的传唤证上分别填写到案时间和离开时间并签名。

如果被传唤人拒绝填写到案时间和离开时间，或者签名的，办案民警应当在传唤证上注明。

【执法风险提示】

1. 公安机关在传唤违法嫌疑人时，除可以当场传唤的情形外，都应当使用传唤证传唤违法嫌疑人。

2. 使用传唤证传唤违法嫌疑人应当遵守传唤的程序规定，并依照本条规定要求违法嫌疑人在传唤证上签字，拒签的一定要注明，以保证传唤程序的合法。

3. 依照本条规定应当由被传唤人在传唤证上书写的内容包括到案和离开时间并签名，之所以要求由被传唤人自行写明到案和离开时间，无论从保证被传唤人合法权益，还是从证据的客观性的角度，更容易得到各方的认可。

【相关规定】

《治安管理处罚法》第83条。

第六十九条　【询问时限】对被传唤的违法嫌疑人，应当及时询问查证，询问查证的时间不得超过八小时；案情复杂，违法行为依法可能适用行政拘留处罚的，询问查证的时间不得超过二十四小时。

不得以连续传唤的形式变相拘禁违法嫌疑人。

【条文主旨】

本条规定了不同情形公安机关传唤违法嫌疑人进行询问的时限。

【最新修改提示】

本条对应修改前的第55条，内容未变化。

【理解与适用】

一、询问查证时间

询问查证的时间，是指从被传唤人到案开始至离开询问地点为止。被传唤人的到案时间是指被传唤人到达公安机关或者其他指定的询问地点的时间，不是公安机关下达传唤命令的时间，也不是公安机关开始询问的时间。这样理解询问查证的时间，既有利于保护违法嫌疑人的合法权益，也有利于督促公安机关及时询问调查案情。

二、公安机关对依法传唤的违法嫌疑人应当及时询问查证

询问查证的时间不得超过8小时。即公安机关对违法嫌疑人进行询问查证的时间是从违法嫌疑人到达公安机关或者其他指定的接受询

问的地点起算的，因此公安机关应当在违法嫌疑人到案后，尽快做好询问前的准备，并开展询问。无论公安机关是否对违法嫌疑人进行询问还是是否询问完毕，都应当在 8 小时内结束询问，并允许违法嫌疑人离开。

三、针对案情复杂，违法行为依法可能适用行政拘留处罚的特殊规定

对经过询问查证，发现案情复杂，违法行为依法可能适用行政拘留处罚，在 8 个小时内不能结束询问，需要进一步询问调查的，办案人民警察需口头或者书面报经公安机关或者其办案部门负责人批准。对口头报批的，办案民警应当记录在案。询问查证时间最长不得超过 24 小时。这里“违法行为依法可能适用行政拘留处罚的”，是指根据相关法律规定，违法嫌疑人实施的违法行为存在被依法处以行政拘留处罚的可能性，而不是指案件最终的处理结果。

四、不得以连续传唤的形式变相拘禁违法嫌疑人

这要求公安机关不得在第一次传唤后紧接着进行第二次传唤。对于需要继续查证的，公安机关可以对违法嫌疑人进行再次传唤，对于两次传唤之间间隔的时间，法律没有明确的规定，通常情况下应当以保证被传唤人有充足的休息时间为限，制定本规定的目的主要是保护违法嫌疑人的合法权益。

【执法风险提示】

1. 公安机关对被传唤的违法嫌疑人，应当尽快进行询问，并严格依照规定的时间对被传唤人进行询问调查工作，对于确实需要延长询问时间的，应当依法履行审批手续，并保存好相应的记录。

2. 可能对违法嫌疑人适用行政拘留的处罚是公安机关延长询问时间的必要条件，因此办案的人民警察应当根据当前调查收集的相关证据，依照《治安管理处罚法》及其他法律法规规定的公安行政违法行为的构成要件谨慎合理地作出判断。

【相关规定】

《行政处罚法》第 37 条。

第七十条　【询问投案自首或者群众扭送的违法嫌疑人】 对于投案自首或者群众扭送的违法嫌疑人，公安机关应当立即进行询问查证，并在询问笔录中记明违法嫌疑人到案经过、到案和离开时间。询问查证时间适用本规定第六十九条第一款的规定。

对于投案自首或者群众扭送的违法嫌疑人，公安机关应当适用本规定第五十五条第一款第五项的规定通知其家属。

【条文主旨】

本条是关于公安机关询问投案自首或者群众扭送的违法嫌疑人时限和要求的规定。

【最新修改提示】

本条内容没有修改，只对援引法律条文序号进行了调整。

【理解与适用】

公安机关对投案自首或者群众扭送的违法嫌疑人进行询问应当遵守：

一、立即进行询问查证

公安机关办理行政案件判断违法嫌疑人是否属于投案自首，可以参考《刑法》中对犯罪嫌疑人是否属于自首行为的判断。笔者认为违法嫌疑人投案自首是指违法事实或者违法嫌疑人未被公安机关发觉，或者虽被发觉，但违法嫌疑人尚未受到询问、未被传唤时，主动、直接向公安机关投案的行为。

公安机关对投案自首或者群众扭送的违法嫌疑人，应当立即进行询问查证，不必再办理传唤手续，但应当在《受案登记表》中注明案件来源，并在询问笔录中记明违法嫌疑人到案经过、到案时间和离开时间。

本条规定的立即询问查证，一方面可以使公安机关尽快了解违法嫌疑人是否实施了相应的违法行为、违法行为的种类以及是否具有从轻从重处罚的情节；而对于被群众扭送的违法嫌疑人立即询问则有助于尽快确定其是否实施了违法行为、是否需要进一步进行调查。

二、通知被询问人的家属

对于主动投案自首和被群众扭送到公安机关的违法嫌疑人，在公安机关进行询问查证之前不能确定其是否实施了相应的违法行为，公安机关应当查明案件的具体情况，这就需要给予公安机关对投案自首和被群众扭送的违法嫌疑人进行询问的权力。

为了保证被询问人的合法权益，本条规定询问查证时间、通知家属、询问地点等应当遵守本规定第 69 条和第 55 条的规定。

【执法风险提示】

对于投案自首或者群众扭送的违法嫌疑人，公安机关应当注意在相应的法律文书上对案件来源、违法嫌疑人到案经过、到案时间和离开时间予以记载，并遵守通知家属、询问地点、询问查证时间的规定。

【相关规定】

《行政处罚法》第 37 条；《治安管理处罚法》第 83 条。

第七十一条　【在公安机关询问违法嫌疑人】在公安机关询问违法嫌疑人，应当在办案场所进行。

询问查证期间应当保证违法嫌疑人的饮食和必要的休息时间，并在询问笔录中注明。

在询问查证的间隙期间，可以将违法嫌疑人送入候问室，并按照候问室的管理规定执行。

【条文主旨】

本条规定了在公安机关询问违法嫌疑人的要求。

【最新修改提示】

修订前（2012 版）	修订后（2018 版）
第五十七条　询问违法嫌疑人，应当在公安机关的办案场所进行。	**第七十一条　在公安机关询问违法嫌疑人，应当在办案场所进行。**

修订前（2012 版）	修订后（2018 版）
询问查证期间应当保证违法嫌疑人的饮食和必要的休息时间，并在询问笔录中注明。 在询问查证的间隙期间，可以将违法嫌疑人送入候问室，并按照候问室的管理规定执行。	询问查证期间应当保证违法嫌疑人的饮食和必要的休息时间，并在询问笔录中注明。 在询问查证的间隙期间，可以将违法嫌疑人送入候问室，并按照候问室的管理规定执行。

【理解与适用】

1. 在公安机关询问违法嫌疑人应当在办案场所进行。之所以这样规定是因为根据本规定第 66 条公安机关可以根据案件调查情况选择到违法嫌疑人住处或者单位进行，也可以将违法嫌疑人传唤到其所在市、县内的指定地点进行。本条规定的在公安机关办案区进行询问，只是针对将违法嫌疑人传唤到公安机关后进行询问的情形。

2. 办案场所，是指公安机关在办理案件过程中，依法进行安全检查、信息采集、讯（询）问、继续盘问、辨认等办案活动的专门区域，包括公安机关派出所和内设机构设置的专门办案区域，以及公安机关设置的供两个以上执法办案部门共同使用的办案中心。

3. 询问查证的间隙期间，可以将违法嫌疑人送入候问室或者等候室，并按照候问室的管理规定执行。

4. 询问查证期间应当保证违法嫌疑人的饮食和必要的休息时间，并在询问笔录中注明违法嫌疑人饮食和休息的时间。

【执法风险提示】

1. 在询问笔录中应当注明违法嫌疑人饮食休息的时间，在询问结束时由被询问人在询问笔录上签名捺指印。

2. 被询问人在候问室或者等候室休息的时间，计入公安机关询问查证的时间。

3. 公安机关在办案场所询问违法嫌疑人，除遵守《治安管理处罚法》《行政处罚法》等关于询问的规定外，还应当注意《公安机关执法办案场所办案区使用管理规定》中对办案场所使用的相关要求，注意规范执法，提升办案效果。

【相关规定】

《公安机关执法办案场所办案区使用管理规定》。

第七十二条　【个别询问】询问违法嫌疑人、被侵害人或者其他证人，应当个别进行。

【条文主旨】

本条规定公安机关应当对案件调查中涉及的相关人员分别询问。

【最新修改提示】

本条对应修改前的第 58 条，内容未变化。

【理解与适用】

询问违法嫌疑人、被侵害人或者其他证人，应当个别进行。本条规定的目的是保证公安机关对案件的调查。个别询问，是指公安机关对违法嫌疑人、被害人、证人等相关人员询问应当单独进行，以防止违法嫌疑人之间相互影响，保障证人如实作证，从而保证案件的调查结果的公正性。

【执法风险提示】

1. 本条规定的目的在于保证公安机关的询问效果，防止违法嫌疑人、证人等串通，因此公安机关在办理行政案件时，都应当遵守个别询问的原则，以保证办案的效果。特别是注意针对违法嫌疑人相对较多的、聚众实施的违法行为，如聚众赌博等案件，也应当遵守个别询问的规定。

2. 办案的人民警察在适用本条规定时，应当注意本条规定的个别询问是要求办案的人民警察分别询问案件涉及的违法嫌疑人、证人等，如果被询问人是未成年人，则应当遵守法律的规定通知其监护人等到场。

第七十三条　【首次询问内容】首次询问违法嫌疑人时，应当问明违法嫌疑人的姓名、出生日期、户籍所在地、现住址、身份证件种类及号码，是否为各级人民代表大会代表，是否受过刑事处罚或者行政拘留、收容教育、强制隔离戒毒、社区戒毒、收容教养等情况。必要时，还应当问明其家庭主要成员、工作单位、文化程度、民族、身体状况等情况。

违法嫌疑人为外国人的，首次询问时还应当问明其国籍、出入境证件种类及号码、签证种类、入境时间、入境事由等情况。必要时，还应当问明其在华关系人等情况。

【条文主旨】

本条是对公安机关首次询问违法嫌疑人应当询问内容的规定。

【最新修改提示】

本条规定对应修订前的第59条，删除了有关已经废止的劳动教养的内容，其他内容没有修订。

【理解与适用】

本条规定明确地列出了公安机关人民警察在第一次询问违法嫌疑人时应当问明的情况，主要是考虑在首次询问时应当先确定违法嫌疑人的基本情况，以免造成错案。同时了解违法嫌疑人的基本情况后也便于办案人民警察进一步采取后续的处理措施。

1. 公安机关在首次询问违法嫌疑人时应当问明的情形，分为了两类：

一是任何案件都必须要问的情形。如违法嫌疑人的姓名、出生日期、户籍所在地、现住址、身份证件种类及号码，是否为各级人民代表大会代表，是否受过刑事处罚或者行政拘留、强制隔离戒毒、社区戒毒、收容教养等情况。必问情形的规定是让公安机关了解违法嫌疑人的基本情况以及对今后案件调查和裁量处罚有影响的情形，如是人大代表，则对其决定拘留时需要相应的报请程序。

另一类是办案人员根据其调查案件的情况，认为必要时应当问明的情况。具体包括：其家庭主要成员、工作单位、文化程度、民族、身体状况等情况。公安机关根据案件情形决定询问的情形，如问清违法嫌疑人的民族，一是应当考虑如果违法嫌疑人不通晓当地通用语言，则应当为其配备翻译；二是在考虑违法嫌疑人的饮食和休息时注意民族习惯。

2. 违法嫌疑人为外国人的，首次询问时还应当问明其国籍、出入境证件种类及号码、签证种类、入境时间、入境事由等情况。必要时，还应当问明其在华关系人等情况。

【执法风险提示】

公安机关在询问违法嫌疑人的个人情况时，应当注意相关情况可能涉及的国家秘密、个人隐私和工作秘密，并依法予以处理。

【相关规定】

《治安管理处罚法》第 86 条。

> **第七十四条　【询问前的告知】**询问时，应当告知被询问人必须如实提供证据、证言和故意作伪证或者隐匿证据应负的法律责任，对与本案无关的问题有拒绝回答的权利。

【条文主旨】

本条规定了公安机关在询问前应当告知被询问人的权利义务。

【最新修改提示】

本条对应修改前的第 60 条，内容未变化。

【理解与适用】

本条是对公安机关询问违法嫌疑人应当履行的告知义务的规定，其内容在于保护违法嫌疑人的合法权益的同时也要求违法嫌疑人如实提供证据、证言。这是保证公安机关案件调查真实性和客观性的基础，也是为保证被询问人合法权益而作出的规定。

公安机关在询问案件的具体情况前，应当首先告知被询问人必须如实提供证据、证言和故意作伪证或者隐匿证据应当承担的法律责任，以及申请回避、拒绝回答与本案无关的问题等权利。

【执法风险提示】

告知违法嫌疑人的权利义务是公安机关应当履行的义务，没有告知则可能影响《询问笔录》的法律效力，因此相应的告知内容应当在询问笔录中具体体现出来。

对于违法嫌疑人拒绝回答的问题是否与本案有关，则是需要办案人员根据案件情况的不同具体分析，但不得因为违法嫌疑人拒绝回答而加重处罚。

【相关规定】

《行政处罚法》第 37 条；《治安管理处罚法》第 79 条。

第七十五条　【询问未成年人】询问未成年人时，应当通知其父母或者其他监护人到场，其父母或者其他监护人不能到场的，也可以通知未成年人的其他成年亲属，所在学校、单位、居住地基层组织或者未成年人保护组织的代表到场，并将有关情况记录在案。确实无法通知或者通知后未到场的，应当在询问笔录中注明。

【条文主旨】

本条规定询问未成年人时，应当有其监护人或者其他人员在场。

【最新修改提示】

本条对应修改前的第 61 条，内容未变化。

【理解与适用】

1. 本条是为了保护未成年人合法权益而对询问所作的特别规定，其基本原则是询问未成年人应当有其监护人或者其他见证人员在场。

2. 依照《治安管理处罚法》第 84 条第 3 款规定，询问不满 16 周岁的违法治安管理行为人，应当通知其父母或者其他监护人到场。如果未成年人的父母或者其他监护人无法通知或者拒绝到场、不能及时到场的，依照《公安机关执行〈中华人民共和国治安管理处罚法〉有关问题的解释规定》，可以邀请办案地居（村）民委员会的人员或者被询问人在办案地有完全行为能力的亲友，或者所在学校的老师，或者其他见证人到场，并将有关情况记录在询问笔录中；确实无法通知或者通知后未到场的，应当在询问笔录中注明。根据治安管理处罚法以及本条的相关规定，询问未成年人时：

（1）首先应当通知其父母或者其他监护人到场。根据《民法总则》第 27 条的规定，其他监护人包括：祖父母、外祖父母、兄、姐以及其他愿意担任监护人的个人或者组织。

（2）其父母或者其他监护人不能到场的，也可以通知未成年人的其他成年亲属，所在学校、单位、居住地基层组织或者未成年人保护组织的代表到场。

（3）确实无法通知或者通知后未到场的，应当在询问笔录中注明。

【执法风险提示】

1. 公安机关询问未成年人通知其父母或者其他监护人到场，是公安机关应当履行的法定义务；只有在其父母或者其他监护人不能到场情况下，公安机关才可以邀请其他人员到场参加询问。

2. 公安机关在确定通知被询问人的监护人等到场时，应当考虑具体法律的规定。《治安管理处罚法》规定，询问不满 16 周岁的未成年人，应当通知其父母或者其他监护人到场。但《未成年人保护法》规定，未成年人是指未满 18 周岁的公民①。根据法律适用的原则，如果违法嫌疑人违反的是《治安管理处罚法》，那么就应当按照特殊优于一般的原则，适用《治安管理处罚法》的规定；如果是其他公安行政违法行为，就应当按照《未成年人保护法》的规定。

【相关规定】

《治安管理处罚法》第 86 条；《未成年人保护法》第 50 条、第 55 条、第 61 条；《民法总则》第 27 条。

---

① 参见《未成年人保护法》第 2 条。

第七十六条　【提供手语、翻译人员】询问聋哑人，应当有通晓手语的人提供帮助，并在询问笔录中注明被询问人的聋哑情况以及翻译人员的姓名、住址、工作单位和联系方式。

对不通晓当地通用的语言文字的被询问人，应当为其配备翻译人员，并在询问笔录中注明翻译人员的姓名、住址、工作单位和联系方式。

【条文主旨】

本条规定了公安机关在询问时为被询问人提供通晓手语和翻译人员的规定。

【最新修改提示】

本条对应修改前的第62条，内容未变化。

【理解与适用】

本条规定有两方面的目的，一是保证被询问人的合法权益，二是保证公安机关案件调查工作的顺利进行。具体要求：

一、询问聋哑人

（一）聋哑人是指在询问时被询问人处于聋哑状态，并知晓手语，通常用手语交流的人员。换言之，一般情况下需要配备手语翻译的聋哑人，是幼年失聪并知晓手语的；对于一些特殊情况下受伤或者因病短时失聪失语的被询问人，因其不一定知晓手语，此时办案的人民警察可以根据案件调查情况，使用文字或者让其自行书写等方式进行询问；对于使用上述方式仍无法询问的被询问人，办案的人民警察可以根据案情待其恢复后进行询问。

（二）通晓手语的人员。手语翻译员是以手语、口语为交流手段，在聋人与常人之间进行传译服务的人员。本条没有明确规定必须取得相应的资质，只规定了通晓手语，但是我国有制定相关的手语《翻译员国家职业标准（试行）》，建议公安机关在确定手语翻译人员时予以考虑。

（三）公安机关在《询问笔录》中注明被询问人的聋哑情况以及翻译人员的姓名、住址、工作单位和联系方式。对于被询问人的聋哑情况，如果被询问人有残疾人证，可以按照残疾人证上标识的残疾情况注明；如果没有申领残疾人证的，建议对被询问人听力和言语受损的具体情况进行描述，并询问其是否需要手语翻译人员。

本条要求注明翻译人员的姓名、住址、工作单位和联系方式，一方面可以保证询问过程的公正，另一方面也可以使得公安机关在需要时找到翻译人员进行核对相关信息。

二、询问不通晓当地通用的语言文字的人

对不通晓当地通用的语言文字的被询问人，应当为其配备翻译人员。

在询问笔录中注明翻译人员的姓名、住址、工作单位和联系方式，保证公安机关在需要时可找到翻译人员核对相关信息。

【执法风险提示】

1. 为被询问人提供相应的翻译人员是公安机关应当履行的义务，在办理行政案件中公安机关发现被询问人存在本条规定的情形时，就应当依法为被询问人提供相应的翻译帮助。

2. 公安机关在询问被询问人时，如果被询问人是聋哑状态，具备应当由通晓手语的人员提供帮助的情形，但是聋哑人由于后天学习、医疗等可以自行交流或者拒绝手语翻译帮助但又不妨碍询问的，建议在询问笔录中注明情况。

【相关规定】

《手语翻译员国家职业标准（试行）》。

第七十七条　【核对询问笔录并签名捺指印】询问笔录应当交被询问人核对，对没有阅读能力的，应当向其宣读。记录有误或者遗漏的，应当允许被询问人更正或者补充，并要求其在修改处捺指印。被询问人确认笔录无误后，应当在询问笔录上逐页签名或者捺指印。拒绝签名和捺指印的，办案人民警察应当在询问笔录中注明。

办案人民警察应当在询问笔录上签名，翻译人员应当在询问笔录的结尾处签名。

询问时，可以全程录音、录像，并保持录音、录像资料的完整性。

【条文主旨】

本条是对询问笔录完成后需要被询问人核对、签名、捺指印的规定。

【最新修改提示】

本条对应修改前的第63条，内容未变化。

【理解与适用】

一、《询问笔录》

《询问笔录》是公安机关对案件进行询问查证结果的主要表现形式之一，也是案件的重要证据，因此应当保证《询问笔录》符合相关的法律规定，以保证其真实性和合法性。公安机关询问违法嫌疑人时，应当首先询问其有无违法行为，让其陈述违法行为的事实、经过和无违法行为的辩解，然后针对其违法事实与证据进行询问。

《询问笔录》记录的内容应当客观，公安机关应当如实记录询问过程，尽量记录被询问人的原话。在记录违法事实时，要全面、准确地记录违法经过，重点记录时间、地点、后果以及违法行为的证据，如果有共同的违法行为人则还应当记录共同违法行为人的情况以及各自在案件中所起的作用。

二、询问笔录应当交被询问人核对

询问笔录应当交被询问人核对。对没有阅读能力的，应当向其宣读。

记录有误或者遗漏的，应当允许被询问人更正或者补充，并要求其在修改处捺指印。

被询问人确认笔录无误后，应当在询问笔录上逐页签名或者捺指印，并注明“以上笔录我看过”或“已向我宣读过，与我说的相符”。拒绝签名和捺指印的，办案民警应当在询问笔录中注明。

三、签名

办案民警应当在询问笔录上签名，翻译人员应当在询问笔录的结尾处签名。

四、录音录像

这里规定的录音录像是可以，而没有要求所有的询问都全程录音录像。录音录像可以反映询问的真实情况，增加询问过程的透明度和可信程度，公安机关可以根据案件的需要决定对询问过程进行全程录音录像，对询问过程进行录音录像形成的视听资料应当符合相应的证据要求。

【执法风险提示】

1. 询问笔录是公安机关询问过程的反映和客观记录，只有询问笔录如实体现公安机关遵守法律规定依法对被询问人进行询问的过程和要求，才能保证制作的《询问笔录》能够作为证明案件事实的证据被采信。

2. 向被询问人宣读的询问笔录，建议主动询问被询问人是否记录有误或者遗漏，以保证询问笔录的完整性和准确性。

【相关规定】

《治安管理处罚法》第 84 条；《行政处罚法》第 37 条。

第七十八条　【听取陈述和申辩】 询问违法嫌疑人时，应当听取违法嫌疑人的陈述和申辩。对违法嫌疑人的陈述和申辩，应当核查。

【条文主旨】

本条要求公安机关在询问过程中听取违法嫌疑人的陈述和申辩并依法予以核查。

【最新修改提示】

本条对应修改前的第 65 条，内容未变化。

【理解与适用】

本条是对公安机关在询问违法嫌疑人时应当听取其陈述和申辩的特别规定。之所以单独规定在询问中公安机关应当听取违法嫌疑人的陈述和申辩，主要是为了防止公安机关人民警察在对案件的调查中先入为主，仅调查违法嫌疑人实施了违法行为的证据，而忽视了对违法嫌疑人没有实施违法行为以及行为违法程度较轻的辩解。另外允许违法嫌疑人进行陈述和申辩，除保护违法嫌疑人的合法权益外，还可以通过其陈述使公安机关了解、掌握某些之前不了解的信息，如个人的某些特殊情况或者其他人违法的情况等。因此本条要求询问的人民警察必须听取违法嫌疑人的陈述和申辩并依法予以核查，以保证调查的真实和客观。

【执法风险提示】

1. 公安机关人民警察询问违法嫌疑人，无论对违法嫌疑人的陈述和申辩是否采纳，都应当注意在询问笔录中体现询问违法嫌疑人对没有实施违法行为或者违法行为较轻的陈述和申辩。

2. 需要对违法嫌疑人进行再次询问的，公安机关可以根据案件调查的情况，在再次询问过程中采取适当方式告知违法嫌疑人对其陈述和申辩内容予以核实的情况，并应当严正告知其如实陈述和提供证据的义务和法律责任。

【相关规定】

《行政处罚法》第 41 条；《治安管理处罚法》第 94 条。

第七十九条　【询问被侵害人或者证人】询问被侵害人或者其他证人，可以在现场进行，也可以到其单位、学校、住所、其居住地居（村）民委员会或者其提出的地点进行。必要时，也可以书面、电话或者当场通知其到公安机关提供证言。

在现场询问的，办案人民警察应当出示人民警察证。

询问前，应当了解被询问人的身份以及其与被侵害人、其他证人、违法嫌疑人之间的关系。

【条文主旨】

本条是公安机关人民警察询问被侵害人或者证人应当遵守的规定。

【最新修改提示】

修订前（2012 版）	修订后（2018 版）
第六十六条　询问被侵害人、其他证人或者其他与案件有关的人，可以在现场进行，也可以到其单位、学校、住所、其居住地居（村）民委员会或者其提出的地点进行。必要时，也可以书面、电话或者当场通知其到公安机关提供证言。 在现场询问的，办案人民警察应当出示工作证件。 询问前，应当了解被询问人的身份以及其与被侵害人、其他证人、违法嫌疑人之间的关系。	**第七十九条　询问被侵害人或者其他证人**，可以在现场进行，也可以到其单位、学校、住所、其居住地居（村）民委员会或者其提出的地点进行。必要时，也可以书面、电话或者当场通知其到公安机关提供证言。 在现场询问的，办案人民警察应当出示人民警察证。 询问前，应当了解被询问人的身份以及其与被侵害人、其他证人、违法嫌疑人之间的关系。

【理解与适用】

本条删除了“或者其他与案件有关的人”，一方面依照相关法律规定所有知道案件真实情况的人都可以成为证人，因此其他证人可以涵盖除被侵害人以外的其他了解案情的人员；另一方面如果其他人员不具备成为证人的基本条件，那么对其的询问笔录在法律上也不能作为证据使用。

一、询问地点

询问被侵害人或者其他证人，可以在现场进行，也可以到其单位、学校、住所、其居住地居（村）民委员会或者其提出的地点进行。必要时，也可以通知其到公安机关提供证言。

二、通知被侵害人或者其他证人接受询问的方式

公安机关根据案件调查的需要，可以在现场进行询问，也可以书面、电话或者当场通知其到其所在地公安机关提供证言。要求被侵害人或者其他证人到公安机关提供证言的，应当采用通知形式，不得传唤。

三、出示证件

如果现场询问被侵害人以及其他证人应当遵守人民警察执法的相关要求出示人民警察证。

四、了解关系

询问前应当了解被询问人的身份以及其与被侵害人、其他证人、违法嫌疑人之间的关系，用于确定证人证言的证据资格和证据能力。

【执法风险提示】

1. 如果公安机关认为应当询问被侵害人或者其他证人，可以现场进行，也可以到其单位、学校、住所、其居住地居（村）民委员会或者其提出的地方进行；还可以书面或者电话或者当场通知其到所在地公安机关接受询问，但是注意不能传唤。

2. 公安机关将来在采信询问笔录或者证人证言时应当注意被询问人与被侵害人、违法嫌疑人、其他证人之间的关系。

【相关规定】

《治安管理处罚法》第85条。

第八十条　【提供书面材料】违法嫌疑人、被侵害人或者其他证人请求自行提供书面材料的，应当准许。必要时，办案人民警察也可以要求违法嫌疑人、被侵害人或者其他证人自行书写。违法嫌疑人、被侵害人或者其他证人应当在其提供的书面材料的结尾处签名或者捺指印。对打印的书面材料，违法嫌疑人、被侵害人或者其他证人应当逐页签名或者捺指印。办案人民警察收到书面材料后，应当在首页注明收到日期，并签名。

【条文主旨】

本条是对相关人员自行提供书面材料的规定。

【最新修改提示】

本条对应修改前的第64条，内容未变化。

【理解与适用】

一、请求自行提供

违法嫌疑人、被侵害人或者其他证人请求自行提供书面材料的，办案人员应当允许并为其提供相应的条件，不能以任何理由或者借口拒绝。

二、要求自行书写

公安机关应当根据案件情况决定是否要求违法嫌疑人、被侵害人或者其他证人自行书写材料。如遇被询问人有表达障碍、需要笔迹鉴定、专业性较强等情形，可以考虑由公安机关要求相关人员自行书写材料。

三、提供书面材料的要求

违法嫌疑人、被侵害人或者其他证人应当在其提供的书面材料的结尾处注明书写供述的时间，并签名或者捺指印。

对打印的书面材料，违法嫌疑人、被侵害人或者其他证人应当逐页签名或者捺指印。

办案人民警察收到书面材料后，应当在首页注明收到日期，并签名，如在首页右上方写明“于某年某月某日收到，共×页”，并签名。

【执法风险提示】

1. 接受违法嫌疑人自行书写的材料不排除办案人员对其依法实施传唤或者进行询问查证，办案人员认为需要时，可以根据书面材料的内容对违法嫌疑人进行询问或者要求其提供补充材料，需要传唤违法嫌疑人的，还可以依法传唤。

2. 对于前述的聋哑人士或者少数民族人士，如表达困难但是可以自行书写相关材料的，公安机关可以考虑选择让违法嫌疑人自行书写相关材料的方式以提高办案的效率。

【相关规定】

《治安管理处罚法》第84条。

案例分析

如何把握询问查证的时限

——周某凤与××市公安局××分局公安行政管理案①

△基本案情

2018年8月2日20时左右，原告周某凤在××市××区××派出所

---

① 参见（2019）浙0282行初7号行政判决书。

大厅等待其弟周某元案件处理结果时因对鲁某波答复不满，对鲁某波进行语言侮辱，被口头传唤至××市××区××派出所。鲁某波于当日21时向××市公安局××分局报警。××市公安局××分局接警后赶赴现场，分别对原告周某凤、原告丈夫刘某耀等人进行了调查询问。××市公安局××分局办案民警认为该案情况复杂，于8月3日经审批延长询问查证时间至24小时。经调查，被告于2018年8月3日19时40分许告知原告拟给予行政处罚的事实、理由、依据及原告依法享有陈述和申辩的权利，原告承认其违法事实，未作陈述和申辩。××市公安局××分局于同日依据《治安管理处罚法》第42条第2项之规定，作出《11029号决定书》并予以送达，该决定已执行。后周某凤不服，向人民法院提起行政诉讼要求撤销××市公安局××分局于2018年8月3日作出的《11029号决定书》。

原告周某凤诉称：2018年8月2日傍晚，原告弟弟周某元在下班路上被二人无故殴打，后周某元报案。被告下属××派出所民警到场后，仅将周某元和其中一名殴打人带至××派出所。原告等人得知此事后于当晚18时30分许赶至××派出所。原告在等待弟弟周某元做笔录时，弟媳妇李某玲曾与其中一名殴打人发生争吵被第三人鲁某波喝止。当晚19时30分左右，周某元询问第三人鲁某波什么时候会有处理结果，鲁某波回答："你们直接去法院告好了"。当时，原告认为弟弟周某元无故被人殴打，且被打时还丢了3000元钱，××派出所民警却只带了其中一名殴打人回来调查，又有推脱不管的意思。原告十分气愤，便与第三人发生了几句争执。当晚19时50分左右，第三人认为原告是对其进行言语侮辱，便叫其他民警将原告关进××派出所一楼大厅右转进去左手边一排房间的其中一间。在约三个小时以后，即当晚23时左右，××公安局的两名民警才将原告带进××派出所一楼大厅右转进去左手边其中的另外一个房间（非羁押房间）开始做笔录，于23时30分左右做完笔录。××公安局民警给原告做完笔录后，××派出所的民警仍不让原告离开，而是直接将原告羁押在最初的屋子内约20小时。直至8月3日20时左右，××派出所民警将原告押至××公安局，让原告在被告作出的《11029号决定书》上签字捺印。随后当晚23时左右，被告才将原告从××公安局提送至宁波市拘留所，直到8月6日14时，原告才重获自由。原告认为，一、被告作出行政处罚程序违法。根据《治安管理处罚法》第83条第1款规定，如果完成了询问查证，就不能再行限制行政相对人的人身自由。本案发生在派出所内，且案情十分简单，调查也不复杂，应当在8小时内完成询问，但是原告被××派出所民警无故羁押三个半小时后，才开始询问查证，做笔录耗时不过30分钟，但该派出所在询问查证结束后仍不将原告放出，而是继续羁押原告至次日20时许，才将原告押往××公安局签字。被告在给原告做笔录前后，违法无故限制了原告近24小时人身自由，该时段无人再对原告进行二次查证，故被告处罚程序明显违法。二、该处罚事实不清且明显不当。对原告处行政拘留3日的处罚明显畸重，原告因为××派出所民警对殴打案件有所偏袒、推脱才与第三人产生争执，属事出有因；发生争执的场所是在××派出所一楼大厅的有限空间内，不符合"公然"的场所要求，也不能达到"侮辱"的程度；原告没有主观侮辱的故意，系情绪难以控制说了句情绪的话。

被告辩称：一、被告具有法定职权。根据《治安管理处罚法》第7条规定，被告作为××区辖区内的公安机关，有权作出涉案行政处罚决定。二、被告作出的行政处罚决定认定事实清楚，证据确实充分，适用法律正确，量罚适当。2018年8月2日21时许，第三人鲁某波报案称在××派出所大厅被人辱骂。经调查，原告确实采用辱骂的方式侮辱第三人，且在第三人要求其立即停止辱骂后仍继续辱骂。被告认为，原告的行为违反了《治安管理处罚法》第42条第2项的规定，即原告实施了侮辱他人的行为，公安机关办事大厅无论是在功能上还是结构上都是公共场所，案发时现场人员众多，故原告的侮辱是公然进行，且原告针对的是特定第三人，并在第三人明确要求停止后仍继续辱骂，其违法事实清楚，主观故意明显。被告认为，原告事出有因，未造成严重后果，在综合考量本案情节和影响后，依法对其作出行政拘留三日的决定。三、被告作出行政处罚决定的程序合法。2018年8月2日21时许，被告接第三人报案，经初查后予以受理。办案民警依法对原告、刘某耀、周某红、周某飞、汪某波、王某伟进行询问调查，对第三人的情况说明进行收集，对视频监控进行调取，根据《治安管理处罚法》第83条第1款规定，被告于2018年8月2日19时50分将原告口头传唤，于次日19时50分作出处罚决定，完全符合法律规定。被告在案件办理中履行了受案、调查、告知、送达等义务，程序合法。综上，被告作出的《11029号决定书》事实清楚，证据确凿，程序合法，适用依据正确，请求驳回原告的诉讼请求。

经庭审质证，原、被告对对方提供的证据的真实性均无异议，对证明对象均有异议。针对原告关于行政处罚审核人员资质的质疑，被告根据本院要求向本院补充提供了下列证据：

1. 任职证明、《行政处罚审批表》各1份，用以证明审核人员梅某勇具有法制审核资格；

2. 规范性文件依据：《中华人民共和国行政诉讼法》第38条第3款，《公安机关办理行政案件程序规定》第171条第2款。

△核心问题

本案公安机关的询问查证时间是否符合法律规定。

△法律评析

1. 关于违法事实认定问题。根据被告对相关人员的询问及调取的监控视频，原告于2018年8月2日20时许在××派出所大厅侮辱第三人的事实清楚，对此原告亦予以了自认。××派出所大厅系对外开放的场所，案发时该大厅人员众多，被告认定原告公然侮辱第三人事实清楚，证据确凿。

2. 关于处罚程序问题。首先，根据《治安管理处罚法》第82条、第83条第1款的规定：公安机关对现场发现的违反治安管理行为人，可以口头传唤；传唤后应当及时询问查证，询问查证的时间不得超出八小时；情况复杂，可能适用行政拘留处罚的，询问查证的时间不得超过二十四小时。本案中，因原告在××派出所大厅公然侮辱第三人，被口头传唤在该派出所。因原告行为可能适用行政拘留处罚，被告经审批延长询问查证时间至24小时。原告从2018年8月2日19时50分被传唤至次日19时45分离开，未超过24小时。被告在询问笔录中对相关情况进行了说明，亦由原告签名确认。被告上述行为符合法律规定。其次，被告受案后，开展了调查，在对原告进行调查询问时对其权利义务进行书面告知，在对其作出行政处罚决定前告知了拟处罚的事实、理由及依据，以及原告享有陈述、申辩的权利，后在法定期限内作出处罚决定，程序合法。

3. 关于法律适用问题。原告在人数众多的××派出所大厅辱骂第三人事实清楚，被告综合考虑情节和影响后，根据《治安管理处罚法》第42条第2项“公然侮辱他人或者捏造事实诽谤他人”的规定，对原告作出行政拘留三日的行政处罚决定适用法律准确，处罚适当。

综上，原告要求撤销被告作出的《11029号决定书》的诉讼请求，理由不能成立，本院不予支持。据此，依照《中华人民共和国行政诉讼法》第69条之规定，法院判决如下：

驳回原告周某凤的诉讼请求。

第四节　勘验、检查

第八十一条　【现场勘验】 对于违法行为案发现场，必要时应当进行勘验，提取与案件有关的证据材料，判断案件性质，确定调查方向和范围。

现场勘验参照刑事案件现场勘验的有关规定执行。

【条文主旨】

本条规定了对违法行为案发现场的勘验。

【最新修改提示】

本条对应修改前的第 67 条，内容未变化。

【理解与适用】

勘验，是公安机关在办理行政案件过程中，对与案件有关的场所、物品进行实地勘测检验，以发现和收集违法活动所遗留的各种痕迹和物证的调查活动。勘验是公安机关依法采取的调查手段，目的在于提取与案件有关的证据材料，判断案件性质，确定调查方向和范围。勘验主要针对违法行为的案发现场实施，本条要求公安机关办理行政案件时的现场勘验按照勘验刑事犯罪现场的有关规定执行。

一、勘验机构和勘验人员

（一）勘验机构

依照本条规定行政案件的现场勘验参照刑事案件现场勘验的规定，行政案件的勘验与办理行政案件的管辖分工相同，如县级公安机关及其派出机构负责辖区内公安行政案件的现场勘验。对于案情重大、现场复杂的案件，可以向上一级公安机关请求支援。上级公安机关认为有必要时，可以直接组织现场勘验。涉及两个县级以上地方公安机关的行政案件现场勘验，由受案地公安机关进行，案件尚未受理的，由现场所在地公安机关进行。

（二）指挥员

一般案件的现场勘验，由办案部门负责人指定的人员现场指挥；重大、特别重大案件的现场勘验，由办案部门负责人现场指挥。必要时，发案地公安机关负责人应当亲自到现场指挥。现场勘验的指挥员由具有现场勘验专业知识和组织指挥能力的人民警察担任。

（三）勘验人员

公安机关对现场进行勘验不得少于二人。现场勘验由公安机关组织现场勘验、检查人员实施。必要时，可以指派或者聘请具有专门知识的人，在办案人员的组织下进行现场勘验、检查。

（四）见证人

勘验现场时，应当邀请一至二名与案件无关的公民作为见证人。由于客观原因无法由符合条件的人员担任见证人的，应当在案卷材料中注明情况，并对相关活动全程不间断录像。

二、勘验的实施

（一）初步了解情况。现场勘验人员到达现场后，应当向现场值勤民警或者现场知情人、报案人、案件发现人、当事人、现场保护人及其他有关人员了解案件发生、发现和现场保护情况。

（二）根据现场情况进行现场保护、追踪违法嫌疑人、防止违法行为再次发生等相应措施。

（三）勘查现场。提取与案件有关的证据材料，判断案件性质，确定调查方向和范围。

（四）制作现场勘验工作记录。现场勘验结束后，应当及时将现场信息录入系统并制作现场勘验检查工作记录。

三、提取痕迹、物品

提取现场痕迹、物品，应当制作提取痕迹、物证登记表，写明物品、文件的编号、名称、数量、特征和来源等，由勘验人员、见证人和物品、文件持有人分别签名或者盖章。对于持有人拒绝签名或者无法查清持有人的，应当在提取痕迹、物证登记表上注明。

【执法风险提示】

1. 由于行政案件相对于刑事案件一般情节较轻，案情相对简单，因此公安机关并不需要对所有的现场都进行勘验，但是对于情节比较复杂，社会影响较大，需要现场勘验来查证案件事实的行政案件应当依法予以勘验。

2. 依照本条规定，公安机关在对行政案件现场进行勘验时，应当遵守与勘验刑事案件现场一样的要求。

3. 公安机关进行现场勘验应当由具有相应资格的人民警察实施。

【相关规定】

《刑事诉讼法》第128条、第129条、第130条。

第八十二条 【检查规范】 对与违法行为有关的场所、物品、人身可以进行检查。检查时，人民警察不得少于二人，并应当出示人民警察证和县级以上公安机关开具的检查证。对确有必要立即进行检查的，人民警察经出示人民警察证，可以当场检查；但检查公民住所的，必须有证据表明或者有群众报警公民住所内正在发生危害公共安全或者公民人身安全的案（事）件，或者违法存放危险物质，不立即检查可能会对公共安全或者公民人身、财产安全造成重大危害。

对机关、团体、企业、事业单位或者公共场所进行日常执法监督检查，依照有关法律、法规和规章执行，不适用前款规定。

【条文主旨】

本条规定了公安机关实施检查的要求和条件。

【最新修改提示】

本条将原规定的人民警察实施检查时应当出示的“工作证件”，统一改为“人民警察证”。

修订前（2012版）	修订后（2018版）
第六十八条 对与违法行为有关的场所、物品、人身可以进行检查。检查时，人民警察不得少于二人，并应当出示工作证件和县级以上公安机关开具的检查证。对确有必要立即进行检查的，	**第八十二条** 对与违法行为有关的场所、物品、人身可以进行检查。检查时，人民警察不得少于二人，并应当出示**人民警察证**和县级以上公安机关开具的检查证。对确有必要立即进行检查的，

修订前（2012版）	修订后（2018版）
人民警察经出示工作证件，可以当场检查；但检查公民住所的，必须有证据表明或者有群众报警公民住所内正在发生危害公共安全或者公民人身安全的案（事）件，或者违法存放危险物质，不立即检查可能会对公共安全或者公民人身、财产安全造成重大危害。 对机关、团体、企业、事业单位或者公共场所进行日常执法监督检查，依照有关法律、法规和规章执行，不适用前款规定。	人民警察经出示**人民警察证**，可以当场检查；但检查公民住所的，必须有证据表明或者有群众报警公民住所内正在发生危害公共安全或者公民人身安全的案（事）件，或者违法存放危险物质，不立即检查可能会对公共安全或者公民人身、财产安全造成重大危害。 对机关、团体、企业、事业单位或者公共场所进行日常执法监督检查，依照有关法律、法规和规章执行，不适用前款规定。

【理解与适用】

一、检查的概念

检查，是公安机关为了查明案情，依法对与违法行为有关的场所、物品、人身进行实地查看、寻找、检验，以发现和收集有关证据的一种调查活动。目的在于查找收集违法行为的证据，查明案件事实。

二、检查范围

对与违法行为有关的场所、物品、人身可以进行检查。其中“场所”既可以是违法嫌疑人实施违法的现场，也可能是周边场所，还可以是违法嫌疑人的住所或者违法嫌疑人或者证据可能藏匿的地方；“物品”是指与违法行为相关的物品，比如，可能是实施违法行为的工具或者违法所得的赃物，既可以是违法嫌疑人的物品也可以是被侵害人或者其他人员的物品；“人身”主要是指违法嫌疑人或者被侵害人的人身，目的在于检查与违法行为有关的人身上是否藏有违禁品、枪支、凶器、赃款、赃物以及作案工具等物品；或者确定与违法行为有关的人的某些身体特征或者伤害情况等。

三、检查的程序

（一）经办案部门负责人审核，报县级以上公安机关负责人批准后，开具检查证。检查时，人民警察不得少于二人，并应当出示人民警察证和检查证。

（二）当场检查。对确有必要立即进行检查的，办案民警经出示人民警察证，可以当场检查，并在检查笔录中注明。

检查公民住所的，必须有证据表明或者有群众报警公民住所内正在发生危害公共安全或者公民人身安全的案（事）件，或者违法存放危险物质，不立即检查可能会对公共安全或者公民人身、财产安全造成重大危害。

（三）违法嫌疑人的居住场所与其在工商行政管理部门注册登记的经营场所合一的，在经营时间内对其检查时，应当按照检查经营场所办理相关手续；在非经营时间内对其检查时，应当按照检查公民住所办理相关手续。

四、适用限制

本条规定的检查适用于公安机关办理行政案件过程中以调查案件事实为目的的检查行为，不适用于对机关、团体、企业、事业单位或者公共场所进行日常执法监督检查。

【执法风险提示】

依据对公民住所进行检查时应当同时出示人民警察证和检查证，但有例外情形，即有证据表明或者有群众报警公民住所内正在发生危害公共安全或者公民人身安全的案（事）件，或者违法存放危险物质，不立即检查可能会对公共安全或者公民人身、财产安全造成重大危害。

【相关规定】

《行政处罚法》第36条；《治安管理处罚法》第87条；《人民警察法》第23条。

第八十三条　【生物识别信息采集】对违法嫌疑人，可以依法提取或者采集肖像、指纹等人体生物识别信息；涉嫌酒后驾驶机动车、吸毒、从事恐怖活动等违法行为的，可以依照《中华人民共和国道路交通安全法》《中华人民共和国禁毒法》《中华人民共和国反恐怖主义法》等规定提取或者采集血液、尿液、毛发、脱落细胞等生物样本。人身安全检查和当场检查时已经提取、采集的信息，不再提取、采集。

【条文主旨】

本条是对公安机关根据相关法律规定依法采集违法嫌疑人生物识别信息等的特别规定。

【最新修改提示】

本条为2018年《公安部关于修改〈公安机关办理行政案件程序规定〉的决定》新增条款。

【理解与适用】

1. 本条规定了公安机关在办理行政案件时，可以提取或者采集违法嫌疑人的肖像、指纹等人体生物识别信息。参考公安机关办理刑事案件的规定，公安机关为确定违法嫌疑人或者其生理特征，可以依法提取或者采集其肖像、指纹等人体生物识别信息。

2. 采集人体生物信息的主要目的是用于人的生物信息进行个人身份的识别以及核实，确定是否是违法嫌疑人等与个人身份相关的信息。

3. 涉嫌酒后驾驶机动车、吸毒、从事恐怖活动等违法行为的，采集违法嫌疑人的血液、尿液、毛发、脱落细胞等生物样本时，可以依据《道路交通安全法》《禁毒法》《反恐怖主义法》等规定。如《反恐怖主义法》第50条规定，“公安机关调查恐怖活动嫌疑，可以依照有关法律规定对嫌疑人员进行盘问、检查、传唤，可以提取或者采集肖像、指纹、虹膜图像等人体生物识别信息和血液、尿液、脱落细胞等生物样本，并留存其签名。公安机关调查恐怖活动嫌疑，可以通知了解有关情况的人员到公安机关或者其他地点接受询问”。《中华人民共和国禁毒法》第32条第1款规定，“公安机关可以对涉嫌吸毒的人员进行必要的检测，被检测人员应当予以配合；对拒绝接受检测的，经县级以上人民政府公安机关或者其派出机构负责人批准，可以强制检测”。《道路交通安全法实施条例》第105条规定，“机动车驾驶人有饮酒、醉酒、服用国家管制的精神药品或者麻醉药品嫌疑的，应当接受测试、检验”。

4. 提取或者采集违法嫌疑人的生物识别信息或者生物样本，只采集一次。对于在人身安全检查和当场检查时已经提取、采集的，不再提取。

【执法风险提示】

公安机关人民警察在依法采集或者提取违法嫌疑人的生物识别信息和生物样本时，如果违法嫌疑人不配合而需要采取相应的行政强制措施，还需要符合适用行政强制措施的相关规定。

【相关规定】

《反恐怖主义法》第 50 条；《道路交通安全法实施条例》第 105 条；《禁毒法》第 32 条；《道路交通安全违法行为处理程序规定》第 33 条、第 34 条。

第八十四条 【尊重人格尊严】 对违法嫌疑人进行检查时，应当尊重被检查人的人格尊严，不得以有损人格尊严的方式进行检查。

检查妇女的身体，应当由女性工作人员进行。

依法对卖淫、嫖娼人员进行性病检查，应当由医生进行。

【条文主旨】

本条规定实施人身检查应当尊重被检查人的人格尊严。

【最新修改提示】

本条对应修改前的第 69 条，内容未变化。

【理解与适用】

本条提出了公安机关人民警察实施人身检查的原则，即应当尊重被检查人的人格尊严，不得以有损人格尊严的方式进行检查。并提出以下具体要求：

1. 检查妇女的身体，应当由女性工作人员进行。这里的女性工作人员，不仅包括公安机关的女性人民警察，也包括聘用的女性工作人员以及专门为实施检查提供临时帮助的女性医务工作人员和其他女性工作人员。

2. 对卖淫、嫖娼人员进行性病检查，应当由医生进行。

【执法风险提示】

公安机关人民警察在实施人身检查时，除应当遵守上述规定外，自身的语言、行为应当体现出对被检查人人格的尊重，不得有侮辱被检查人人格的言语和行为。

【相关规定】

《行政处罚法》第 37 条；《治安管理处罚法》第 87 条、第 88 条；《反恐怖主义法》第 50 条；《全国人民代表大会常务委员会关于严禁卖淫嫖娼的决定》第 4 条。

第八十五条　【检查场所、物品】检查场所或者物品时，应当注意避免对物品造成不必要的损坏。

检查场所时，应当有被检查人或者见证人在场。

【条文主旨】

本条规定公安机关人民警察对场所和物品进行检查时应遵守的规定。

【最新修改提示】

本条对应修改前的第 70 条，内容未变化。

【理解与适用】

公安机关对相应场所和物品进行检查的目的是查明案件事实，尽量不损坏原物是实施检查时应当遵守的规定。

检查场所和物品同样要求被检查人（场所或者物品的所有人、管理人或者其他相关人员）或者见证人在场。以保证、监督和证明公安机关人民警察实施检查的合法性、正当性。

【执法风险提示】

公安机关人民警察在依法对场所和物品实施检查时，应当保证有被检查人或者见证人在场，并在检查笔录上签名，并尽量保护被检查的场所和原物完好。

【相关规定】

《行政处罚法》第 37 条；《治安管理处罚法》第 87 条、第 88 条；《反恐怖主义法》第 50 条。

第八十六条　【检查笔录】检查情况应当制作检查笔录。检查笔录由检查人员、被检查人或者见证人签名；被检查人不在场或者拒绝签名的，办案人民警察应当在检查笔录中注明。

检查时的全程录音录像可以替代书面检查笔录，但应当对视听资料的关键内容和相应时间段等作文字说明。

【条文主旨】

本条是关于公安机关制作检查笔录的规定。

【最新修改提示】

修订前（2012 版）	修订后（2018 版）
第七十一条　检查情况应当制作检查笔录。检查笔录由检查人员、被检查人或者见证人签名；被检查人不在场或者拒绝签名的，办案人民警察应当在检查笔录中注明。	**第八十六条**　检查情况应当制作检查笔录。检查笔录由检查人员、被检查人或者见证人签名；被检查人不在场或者拒绝签名的，办案人民警察应当在检查笔录中注明。 **检查时的全程录音录像可以替代书面检查笔录，但应当对视听资料的关键内容和相应时间段等作文字说明。**

【理解与适用】

1. 依照本条规定公安机关人民警察实施检查行为，应当制作检查笔录，记录检查情况。

2. 《检查笔录》写明检查过程和结果，由参加检查的检查人员、被检查人和见证人签名；被检查人拒绝签名的，办案人员应当在笔录中注明；如果指派或者聘请医师检查，医师应当写出诊断意见书，说明检查的情况和结果。

3. 检查时的全程录音录像可以替代书面检查笔录，但应当对视听资料的关键内容和相应时间段等作文字说明。用全程录音录像替代书面检查笔录的，要求公安机关人民警察对实施检查的全过程进行全程录音录像，并参考《最高人民法院关于行政诉讼证据若干问题的规定》（法释〔2002〕21 号）对视听资料审查的要求，辅以文字说明。

【执法风险提示】

公安机关在实施检查行为时应当注意符合法定的程序要求，制作的检查笔录应当具备法律文书要求的所有要素；检查时的全程录音录像可以替代书面检查笔录的，记录应当完整，同时对于关键内容和相应时间段等应当附以文字说明。

【相关规定】

《行政处罚法》第 37 条；《治安管理处罚法》第 88 条；《反恐怖主义法》第 50 条。

案例分析

勘验现场中应遵守何种程序规定

——张某中与××市公安局公安行政处罚案①

△基本案情

2018 年 1 月 1 日上午，在××村，因原告张某中内侄郑某和第三人女儿张某倩存在婚姻经济问题引发纠纷，导致双方亲属发生肢体冲突。在冲突中，张某中将杜某良家的院墙推倒。××市公安局于当日受案后到现场进行勘验。××市公安局经调查取证，认定张某中的行为已构成毁损他人财物的违法行为。2018 年 6 月 28 日××市公安局对张某中进行行政处罚告知。2018 年 7 月 5 日××市公安局根据《中华人民共和国治安管理处罚法》

① 参见（2019）冀 0981 行初 3 号行政判决书。

第49条之规定，作出××行罚决字（2018）0362号行政处罚决定，给予张某中行政拘留五日的行政处罚。上述事实有被告提供的证据在案佐证。

另查明，××市公安局办案人员崔某伟没有公安部颁发的人民警察证，只有河北省人民政府颁发的河北省行政执法证。

在诉讼过程中，被告××市公安局提供了张某芬的指控、张某中和郑某的笔录、现场勘验笔录和现场照片、张某芬、张某中和郑某的户籍证明等证据。

庭审中原告认为公安机关在本案中所作的现场勘查，不符合现场勘查规则，没有见证人，也没有当时进行勘验的现场录像；对崔某伟的行政执法证不认可，不能证实崔某伟具备人民警察资格，崔某伟作为办理行政案件的承办人员违法。

△核心问题

本案中的现场勘查行为是否合法？

△法律评析

人民法院经过审理认为，依照《中华人民共和国人民警察法》第7条规定，公安机关的人民警察对违反治安管理或者其他公安行政管理法律、法规的个人或者组织，依法可以实施行政强制措施、行政处罚。《公安机关人民警察证使用管理规定》第4条规定，人民警察证是公安机关人民警察身份和依法执行职务的凭证和标志。公安机关人民警察在依法执行职务时，除法律、法规另有规定外，应当随身携带人民警察证，主动出示并表明人民警察身份。由此可见，办案人民警察的执法主体资格，不是政府部门所颁发的行政执法证，而是公安部统一配发的人民警察证。本案办案人员崔某伟不具备人民警察资质，其参与调查取证等执法行为，属违反法定程序。《公安机关办理行政案件程序规定》第81条规定，对于违法行为案发现场，必要时应当进行勘验，提取与案件有关的证据材料，判断案件性质，确定调查方向和范围。现场勘验参照刑事案件现场勘验的有关规定执行。《公安机关刑事案件现场勘验检查规则》第24条规定，公安机关对刑事案件现场进行勘验、检查不得少于二人。勘验、检查现场时，应当邀请一至二名与案件无关的公民作见证人。由于客观原因无法由符合条件的人员担任见证人的，应当在笔录材料中注明情况，并对相关活动进行录像。勘验、检查现场，应当拍摄现场照片，绘制现场图，制作笔录，由参加勘查的人和见证人签名。对重大案件的现场，应当录像。本案中，××市公安局在勘验现场时，未按上述法律规定邀请与案件无关的公民作见证人，而是让第三人杜某良到场并签字，属于违反法定程序。综上，被告××市公安局违反法定程序，其被诉行政处罚决定应予以撤销。

另外，《公安机关办理行政案件程序规定》第141条规定：公安机关办理治安案件的期限，自受理之日起不得超过三十日；案情重大、复杂的，经上一级公安机关批准，可以延长三十日。办理其他行政案件，有法定办案期限的，按照相关法律规定办理。为了查明案情进行鉴定的期间，不计入办案期限。本案中，被告××市公安局的受案时间是2018年1月1日，行政处罚决定作出时间是2018年7月5日，超出了上述规定的法定期限，且未提出超期办案的客观原因，属于程序轻微违法，在此本院予以指明。

因此公安机关在执法过程中应当严格按照相关法律法规的规定执行，以免因为程序违法而导致相应的证据无效，而引起作出的行政行为被人民法院依法撤销。

第五节　鉴　定

第八十七条　【鉴定和鉴定人员】 为了查明案情，需要对专门性技术问题进行鉴定的，应当指派或者聘请具有专门知识的人员进行。

需要聘请本公安机关以外的人进行鉴定的，应当经公安机关办案部门负责人批准后，制作鉴定聘请书。

【条文主旨】

本条是关于公安机关对专门技术问题进行鉴定的规定。

【最新修改提示】

本条对应修改前的第72条，内容未变化。

【理解与适用】

一、关于鉴定

鉴定是公安机关为了查明案情，解决案件中有争议的某些专门性技术问题，由公安机关指派或者聘请有专门知识的人对该专门性技术问题进行鉴别和判断的一种调查活动。鉴定的目的是验证某些证据的真伪，鉴别某些物品的质地、成分、含量、性能、价值、用途以及能否成为办理案件的有效证据等。

二、公安机关进行鉴定的条件

公安机关办理行政案件中存在有争议的专门性技术问题，需要通过鉴定来查明的，由公安机关指派或者聘请具有专门知识的人员进行。其中专门性技术问题，是指需要具有某一专门研究的理论和实践经验才能解决的问题。从公安机关执法办案的实践来看，需要进行鉴定的专门技术问题主要有伤情鉴定、价格鉴定、违禁品和危险品鉴定、精神病鉴定、人体毒品成分检测、酒精含量检验以及声像资料鉴定等。

三、鉴定实施主体要求

（一）鉴定人

鉴定人，是指运用专门知识或者技能对案件的专门性技术问题进行鉴别、检验和判断的人。鉴定人应当由公安机关指派或者聘请，就指定的事项进行鉴定。鉴定人应当具有相应的鉴定资格和专业技能。

（二）其他鉴定实施主体

对出境入境证件的真伪进行认定的，由出入境边防检查机关具备证件认定专门知识的人员进行；对淫秽物品的鉴定由县级以上公安机关治安管理部门负责实施；对毒品的鉴定由县级以上公安机关禁毒、刑侦或者刑事技术部门负责实施；对枪支、弹药的鉴定由设区的市一级公安机关负责实施；对电子数据涉及的专门性问题难以确定的，由司法鉴定机构出具鉴定意见，或者由公安部指定的机构出具检验报告；对假币的鉴定委托中国人民银行当地分支机构或者中国人民银行授权的当地鉴定机构进行；对办理制黄贩黄、侵权盗版案件中所查获的光盘及母盘进行鉴定，以确定送检光盘及母盘的生产企业的，由光盘生产源鉴定中心负责实施；对发票真伪的鉴定，委托税务机关进行；需要对有关事项是否属于国家秘密以及属于何种密级进行鉴定的，委托国家保密工作部门或者省、自治区、直辖市保密工作部门进行；对查获的军服仿制品的认定存在争议的，委托省军区（卫戍区、警备区）或者军分区（警备区）军需主管部门进行鉴定；对仿制人民警察制式服装及其标志的鉴定，由省级公安机关装备财务部门负责实施；对查获的仿制品的认定存在争议的，由公安部装备财务局负责实施鉴定；对环境污染专门性问题难以确定的，由司法鉴定机构出具鉴定意见，或者由国务院环境保护部门指定的机构出具检验报告。县级以上环境保护部门及其所属监测机构出具的监测数据，经省级以上环境保护部门认可的，可以作为证据使用。

四、聘请本公安机关以外的人进行鉴定

需要聘请本公安机关以外的人进行鉴定的，应当经公安机关办案部门负责人批准后，制作鉴定聘请书。

【执法风险提示】

1. 公安机关对于办理的案件是否需要启动鉴定程序，由办案人员根据案情依照相关的法律规定确定。

2. 公安机关应当依法启动鉴定程序，并选择有相应资质的鉴定机构和鉴定人员。

3. 对于后续可能进行行政或者刑事诉讼程序的案件，公安机关在依法启动鉴定程序时应当注意相关证据标准与司法程序要求的统一。

【相关规定】

《治安管理处罚法》第 90 条；《刑事诉讼法》第 146 条；《全国人大常委会关于司法鉴定管理问题的决定》；《公安机关办理刑事案件程序规定》第 239 条；《人民检察院刑事诉讼规则》第 218 条。

第八十八条　【为鉴定提供条件】公安机关应当为鉴定提供必要的条件，及时送交有关检材和比对样本等原始材料，介绍与鉴定有关的情况，并且明确提出要求鉴定解决的问题。

办案人民警察应当做好检材的保管和送检工作，并注明检材送检环节的责任人，确保检材在流转环节中的同一性和不被污染。

禁止强迫或者暗示鉴定人作出某种鉴定意见。

【条文主旨】

本条是要求公安机关为鉴定提供必要条件的规定。

【最新修改提示】

本条对应修改前的第 73 条，内容未变化。

【理解与适用】

一、及时送交鉴定材料并提供鉴定所需的必要条件

及时送交鉴定材料，是指公安机关应当从有利于案件调查处理和保护当事人合法权益的角度尽快将检材送交鉴定人，并为鉴定人提供送交鉴定材料的比对样本等原始材料。

二、保证送检材料的原始性

办案民警应当做好检材的保管和送检工作，并注明检材送检环节的责任人，确保检材在流转环节中的同一性和不被污染，这是保证鉴定结果真实性的基础和关键，也是保证鉴定意见有效性的核心。

三、介绍鉴定有关情况提出明确的鉴定要求

公安机关人民警察送交鉴定材料应当明确告知鉴定人鉴定需要解决的问题，但是不得强迫或者暗示鉴定人作出某种鉴定意见，保证鉴定人作出鉴定的客观和公正。

【执法风险提示】

公安机关的人民警察认为需要鉴定的，应当保证提供的检材是在案件调查工作中收集的第一手证据材料，并确保检材的真实可靠，提供的检材应当清晰、完整且具有可鉴定性；提出的鉴定需求应当清晰明确，且不能具有暗示性。这是保证鉴定人公正作出鉴定意见的基础，也可以避免由于送检程序的过失导致鉴定意见的无效。

【相关规定】

《行政强制法》第 25 条第 3 款；《公安机关办理刑事案件程序规定》第 240 条、第 241 条；《人民检察院刑事诉讼规则》第 219 条。

第八十九条　【与人身相关鉴定】对人身伤害的鉴定由法医进行。

卫生行政主管部门许可的医疗机构具有执业资格的医生出具的诊断证明，可以作为公安机关认定人身伤害程度的依据，但具有本规定第九十条规定情形的除外。

对精神病的鉴定，由有精神病鉴定资格的鉴定机构进行。

【条文主旨】

本条是对与人身相关的鉴定的要求。

【最新修改提示】

本条内容没有修订，只是对除外情形适用条文的序号进行了相应的调整。

【理解与适用】

本条分别对人身伤害和精神病鉴定作出了明确的规定。

一、伤情鉴定

对人身伤害的鉴定，由法医进行。卫生行政主管部门许可的医疗机构具有执业资格的医生出具的诊断证明，可以作为公安机关认定人身伤害程度的依据。但是，具有本规定第 90 条规定情形的除外。即受伤程度较重，可能构成轻伤以上伤害程度的；被侵害人要求作伤情鉴定的；违法嫌疑人、被侵害人对伤害程度有争议的，卫生行政主管部门许可的医疗机构具有执业资格的医生出具的诊断证明不能作为认定人身伤害程度的依据，仍应当由法医进行伤情鉴定。

另外本条规定使用的是“可以”，也就是说即便是符合规定的诊断证明，且不存在《程序规定》第 90 条规定的情形，公安机关也不是必须要将其作为认定人身伤害程度的依据，而且根据案件的具体情况作出判断。

二、精神病鉴定

公安机关在对案件进行调查时，如果涉及精神病人，应当对精神病进行鉴定，以确定其有无法律责任能力。精神病人的鉴定包括被鉴定人是否患有精神病、患有何种精神病、实施涉嫌违法行为时的状态、有无法律责任能力等。根据《全国人民代表大会常务委员会关于司法鉴定管理问题的决定》的规定，精神病的鉴定属于法医类鉴定，由国务院司法行政部门主管全国鉴定人和鉴定机构的登记管理工作。省级人民政府司法行政部门依照本决定的规定，负责对鉴定人和鉴定机构的登记、名册编制和公告。对精神病的鉴定应当尽量委托《国家司法鉴定人和司法鉴定机构名册》公布的具有精神病鉴定资质的鉴定机构进行。

【执法风险提示】

公安机关如果将诊断证明作为认定人身伤害程度的依据，应当对医疗机构具有执业资格的医生的诊断证明进行相应的审查，以保证其出具的诊断证明的效力。

【相关规定】

《治安管理处罚法》第90条；《全国人民代表大会常务委员会关于司法鉴定管理问题的决定》。

第九十条　【应当伤情鉴定情形】人身伤害案件具有下列情形之一的，公安机关应当进行伤情鉴定：

（一）受伤程度较重，可能构成轻伤以上伤害程度的；

（二）被侵害人要求作伤情鉴定的；

（三）违法嫌疑人、被侵害人对伤害程度有争议的。

【条文主旨】

本条规定了公安机关应当依法由法医进行伤情鉴定的情形。

【最新修改提示】

本条对应修改前的第75条，内容未变化。

【理解与适用】

本条规定了公安机关依法应当进行伤情鉴定的情形。依照《治安管理处罚法》的规定，殴打他人或者故意伤害他人身体的，应当受到治安管理处罚；但是如果构成轻伤，依法可能需要追究刑事责任，所以本条规定了需要进行伤情鉴定的情况。在执法实践中，办理人身伤害案件的公安机关遇有以情形之一的，公安机关应当进行伤情鉴定：

1. 受伤程度较重，可能构成轻伤以上伤害程度的。依照最高人民法院、最高人民检察院、公安部、国家安全部、司法部关于《人体损伤程度鉴定标准》的规定，“本标准适用于《中华人民共和国刑法》及其他法律、法规所涉及的人体损伤程度鉴定”，因此公安机关办理涉及人身损害需要鉴定也适用此标准。该标准中对重伤、轻伤和轻微伤的定义，可以为公安机关判定是否可能构成轻伤提供相应的判定依据。①

2. 本条规定的其他两种应当做伤情鉴定的情况，一是基于被侵害人的要求，二是由于违法嫌疑人和被侵害人对伤害的程度认识存在争议的。这两种情况都是由于案件涉及的当事人对伤情的判断不认可或者不一致，需要由专门的鉴定机构和鉴定人员，依照法律规定出具鉴定意见确定被侵害人的伤情。

【执法风险提示】

公安机关办理行政案件，查明案件情况是办案人员的法定职责，因此只要行政案件符合本条规定的应当进行人身伤害鉴定的情况，就应当进行伤情鉴定，而不一定由违法嫌疑人或者被侵害人提出才启动人身伤害的鉴定程序。

【相关规定】

《治安管理处罚法》第 90 条。

---

① 《人体损伤程度鉴定标准》规定，重伤是指使人肢体残废、毁人容貌、丧失听觉、丧失视觉、丧失其他器官功能或者其他对于人身健康有重大伤害的损伤，包括重伤一级和重伤二级；轻伤是指使人肢体或者容貌损害，听觉、视觉或者其他器官功能部分障碍或者其他对于人身健康有中度伤害的损伤，包括轻伤一级和轻伤二级；轻微伤是指各种致伤因素所致的原发性损伤，造成组织器官结构轻微损害或者轻微功能障碍。

第九十一条 【拒绝伤情鉴定】 对需要进行伤情鉴定的案件，被侵害人拒绝提供诊断证明或者拒绝进行伤情鉴定的，公安机关应当将有关情况记录在案，并可以根据已认定的事实作出处理决定。

经公安机关通知，被侵害人无正当理由未在公安机关确定的时间内作伤情鉴定的，视为拒绝鉴定。

【条文主旨】

本条规定了公安机关对拒绝伤情鉴定的处理。

【最新修改提示】

本条对应修改前的第 76 条，内容未变化。

【理解与适用】

本条规定了办理行政案件的人民警察认为需要对被害人进行伤情鉴定，但是被侵害人拒绝时的处理方式：

1. 被侵害人拒绝伤情鉴定的，公安机关不得强迫被侵害人进行伤情鉴定，也就是说本条并未赋予公安机关强制被侵害人进行伤情鉴定的权力。对于不愿意进行伤情鉴定的被侵害人，公安机关可以本着保护其合法权益、尽快查明案情的原则劝说被侵害人进行伤情鉴定，但不可以强制。

2. 视为被侵害人拒绝伤情鉴定情形。在公安机关办理行政案件的过程中，如果被侵害人经公安机关通知，被侵害人无正当理由逾期不做伤情鉴定的，视为拒绝伤情鉴定。

3. 未进行伤情鉴定的治安案件的处理。在公安执法实践中，伤情鉴定直接影响到对违法嫌疑人行为后果的认定及处罚，如果被侵害人拒绝进行伤情鉴定，公安机关应当记录在案，并根据已经查清、认定的事实作出相应的处理决定；如果公安机关根据现有证据无法认定案件事实，且被侵害人又拒绝提供诊断证明或者伤情鉴定的，公安机关就不能对违法嫌疑人伤害后果予以认定进而实施相应的行政处罚。

【执法风险提示】

公安机关办理行政案件，如果认为需要进行伤情鉴定，建议尽量劝说被侵害人提供医疗诊断证明或者进行伤情鉴定，这是保证各方当事人合法权益和公安机关查明案情的基础；如果经过充分的调查，且被侵害人拒绝提供相应医疗机构的诊断证明或者拒绝伤情鉴定，办案人员依然无法查明案情，不能确定违法嫌疑人违法行为的伤害后果，则不能要求违法嫌疑人承担相应的责任。

第九十二条　【电子数据鉴定】 对电子数据涉及的专门性问题难以确定的，由司法鉴定机构出具鉴定意见，或者由公安部指定的机构出具报告。

【条文主旨】

本条是对电子数据鉴定的规定。

【最新修改提示】

本条为2018年《公安部关于修改〈公安机关办理行政案件程序规定〉的决定》新增条款。

【理解与适用】

电子数据是公安机关办理行政案件法定的证据种类之一，由于电子数据的特殊性，本条针对电子数据鉴定人的资质作出了特别规定。

1. 电子数据，是指以数字化形式存储、处理、传输的数据。电子数据鉴定，是指公安机关电子数据鉴定机构的鉴定人按照技术规程，运用专业知识、仪器设备和技术方法，对受理委托鉴定的检材进行检查、验证、鉴别、判定，并出具鉴定结论的过程。

2. 本条规定了电子数据鉴定的资质要求。由于我国是公安部对全国公安机关电子数据鉴定机构实行鉴定资质许可管理制度，因此对于电子数据的鉴定可以由相应的具有司法鉴定资质的机构出具鉴定意见或者由公安部指定的机构出具报告。

【执法风险提示】

公安机关选择鉴定机构对电子数据进行鉴定时，一定要选择具有电子数据鉴定资质的鉴定机构，或者报请公安部指定专门机构出具相应的鉴定报告。

【相关规定】

《关于办理刑事案件收集提取和审查判断电子数据若干问题的规定》第 17 条；《公安机关办理刑事案件电子数据取证规则》第 4 章。

第九十三条　【价格鉴定】 涉案物品价值不明或者难以确定的，公安机关应当委托价格鉴证机构估价。

根据当事人提供的购买发票等票据能够认定价值的涉案物品，或者价值明显不够刑事立案标准的涉案物品，公安机关可以不进行价格鉴证。

【条文主旨】

本条规定了公安机关对涉案物品价格的鉴定要求。

【最新修改提示】

本条对应修改前的第 77 条，内容未变化。

【理解与适用】

依据《价格认定规定》（发改价格〔2015〕2251 号），价格认定是指经有关国家机关提出，价格认定机构对纪检监察、司法、行政工作中所涉及的价格不明或者价格有争议的，实行市场调节价的有形产品、无形资产和各类有偿服务进行价格确认的行为。价格认定结论作为纪检监察、司法和行政执法工作的重要依据，直接关系着执纪执法公正，关系到罪与非罪的判定和罪刑适当的判定。公安机关在办理行政案件时，如果不能判定涉案财物的价格，则应当委托价格鉴证机构进行估价。

1. 价格鉴证机构。早在 2000 年国务院清理整顿经济鉴证类社会中介机构领导小组发布的《关于规范价格签证机构管理意见》就明确各级政府价格主管部门设立的价格鉴证机构作为事业单位保留，县级以上每个行政区划内只设一个价格鉴证机构，为国家司法机关指定的涉案物品价格鉴证机构。各级政府价格部门为价格鉴证机构的主管部门，负责本行政区域内价格鉴证机构的监督管理工作。县级人民政府价格主管部门的价格认定机构办理本级纪律检查委员会、基层人民法院、人民检察院、人民政府各部门以及国务院垂直管理部门所属机构提出的价格认定事项。

2. 公安机关启动价格鉴证的条件是在办理案件过程中认为涉案物品价值不明或者难以确定的，就应当委托价格鉴证机构估价。价格鉴证部门是指国家认可的价格鉴证部门，其出具的价格鉴证具有权威性，可以在后续的案件处理及可能的诉讼中作为证据使用。

3. 根据当事人提供的购买发票等票据能够认定价值的涉案物品，或者价值明显不够刑事立案标准的涉案物品，公安机关可以不进行价格鉴定。

【执法风险提示】

在公安机关办理行政案件过程中，如果办案人员不能确定涉案财物实际价值，或者各方对涉案财物价值判断存在影响案件处理的差异的，建议依法提交有资质的价格鉴证机构作出价格鉴定。

【相关规定】

《价格法》第 2 条、第 5 条；《价格评估机构资质认定管理办法》；《价格认定规定》。

第九十四条　【吸毒检测与药品检测】对涉嫌吸毒的人员，应当进行吸毒检测，被检测人员应当配合；对拒绝接受检测的，经县级以上公安机关或者其派出机构负责人批准，可以强制检测。采集女性被检测人检测样本，应当由女性工作人员进行。

对涉嫌服用国家管制的精神药品、麻醉药品驾驶机动车的人员，可以对其进行体内国家管制的精神药品、麻醉药品含量检验。

【条文主旨】

本条是依据《禁毒法》[①] 和《道路交通安全法实施条例》[②] 规定对违法嫌疑人进行的吸毒检测和体内国家管制的精神药品、麻醉药品检测。

【最新修改提示】

本条对应修改前的第 78 条，内容未变化。

【理解与适用】

一、吸毒检测

吸毒检测，是指运用科技手段对涉嫌吸毒的人员进行生物医学检测，为公安机关认定吸毒行为提供科学依据的活动。吸毒检测属于强制性检测，如果被检测人员拒绝接受检测的，经县级以上公安机关或者其派出机构负责人批准，可以对其进行强制检测。采集女性被检测人检测样本，应当由女性工作人员进行。

（一）吸毒检测的对象

包括涉嫌吸毒的人员，被决定执行强制隔离戒毒的人员，被公安机关责令接受社区戒毒和社区康复的人员，以及戒毒康复场所内的戒毒康复人员。

（二）吸毒检测的主体

吸毒检测包括现场检测、实验室检测、实验室复检。现场检测由县级以上公安机关或者其派出机构进行。实验室检测由县级以上公安机关指定的取得检验鉴定机构资格的实验室或者有资质的医疗机构进行。实验室复检由县级以上公安机关指定的取得检验鉴定机构资格的实验室进行，且不得由与实验室检测的同一检测机构进行。

（三）采集检测样本

采集样本应当使用专用器材。现场检测器材应当是国家主管部门批准生产或者进口的合格产品。检测样本为采集的被检测人员的尿液、血液等生物样本。接受委托的实验室检测机构或者实验室复检机构认为送检样本

---

① 《禁毒法》第 32 条规定："公安机关可以对涉嫌吸毒的人员进行必要的检测，被检测人员应当予以配合；对拒绝接受检测的，经县级以上人民政府公安机关或者其派出机构负责人批准，可以强制检测。公安机关应当对吸毒人员进行登记。"

② 《道路交通安全法实施条例》第 105 条："机动车驾驶人有饮酒、醉酒、服用国家管制的精神药品或者麻醉药品嫌疑的，应当接受测试、检验。"

不符合检测条件的，应当报县级以上公安机关或者其派出机构负责人批准后，由公安机关根据检测机构的意见，重新采集检测样本。

二、药品检测

对涉嫌服用国家管制的精神药品、麻醉药品驾驶机动车的人员，可以对其进行体内国家管制的精神药品、麻醉药品含量检验。

【执法风险提示】

公安机关办理行政案件对违法嫌疑人采取相应的毒品检测、药品检测，应当注意遵守相关的程序规定，如果在检测过程中涉及采取行政强制措施的，还应当遵守实施行政强制措施的相关规定。

【相关规定】

《禁毒法》第 32 条；《道路交通安全法实施条例》第 105 条；《吸毒检测程序规定》第 2—17 条。

第九十五条　【驾驶人酒精检测】对有酒后驾驶机动车嫌疑的人，应当对其进行呼气酒精测试，对具有下列情形之一的，应当立即提取血样，检验血液酒精含量：

（一）当事人对呼气酒精测试结果有异议的；

（二）当事人拒绝配合呼气酒精测试的；

（三）涉嫌醉酒驾驶机动车的；

（四）涉嫌饮酒后驾驶机动车发生交通事故的。

当事人对呼气酒精测试结果无异议的，应当签字确认。事后提出异议的，不予采纳。

【条文主旨】

本条是对检测机动车驾驶人血液中酒精含量的规定。

【最新修改提示】

本条对应修改前的第 79 条，内容未变化。

【理解与适用】

本条是依据《道路交通安全法》和《道路交通安全法违法行为处理程序规定》对驾驶人进行呼气酒精测试和检测血液中酒精含量的规定。

酒精含量测试和检验适用于有酒后驾驶机动车嫌疑的人，交通警察可以对其进行酒精呼气测试或者检验体内酒精含量。如果有吸毒驾驶机动车嫌疑的，可以进行吸毒检测。

一、呼气酒精测试

（一）呼气酒精测试的基本要求

交通民警要求当事人接受呼气酒精测试时，应当使用规范用语，严格按照工作规程操作，每测试一人更换一次新的吹嘴；当事人违反测试要求的，应当当场重新测试；当事人对呼气酒精测试结果无异议的，应当签字确认。事后提出异议的，不予采纳。

（二）呼气酒精测试的操作规程

依照《交通警察道路执勤执法工作规范》的规定，执勤的交通警察发现有酒后驾驶机动车嫌疑的，应当按照以下操作规程查处：

1. 发现有酒后驾驶嫌疑的，应当及时指挥机动车驾驶人立即靠路边停车，熄灭发动机，接受检查，并要求机动车驾驶人出示驾驶证、行驶证。

2. 对有酒后驾驶嫌疑的机动车驾驶人，要求其下车接受酒精检验。对确认没有酒后驾驶行为的机动车驾驶人，应当立即放行。

3. 使用酒精检测仪对有酒后驾驶嫌疑的机动车驾驶人进行检验，检验结束后，应当告知检验结果；当事人违反检验要求的，应当当场重新检验。

4. 检验结果确认为酒后驾驶的，应当依照《道路交通安全违法行为处理程序规定》对违法行为人进行处理；检验结果确认为非酒后驾驶的，应当立即放行。

5. 当事人对检验结果有异议或者饮酒后驾驶车辆发生交通事故的，应当立即固定不少于 2 份的血液样本，或者由不少于两名交通警察或者 1 名交通警察带领两名协管员将当事人带至县级以上医院固定不少于两份的血液样本。

6. 固定当事人血液样本的，应当通知其家属或者当事人要求通知的人员。无法通知或者当事人拒绝的，可以不予通知，但应当在行政强制措施凭证上注明。

应当注意的是，这里当场重新测试的条件是当事人违反测试要求，而不是当事人对测试结果有异议。当事人是否违反测试要求，是要参考呼气酒精检测仪的使用说明由交通警察现场进行判断的，如果当事人对酒精检测的结果有异议，依照规定应当进行血液检测。

二、血液酒精含量检验

（一）条件

对具有下列情形之一的，应当立即提取血样，检验血液酒精含量：

1. 当事人对呼气酒精测试结果有异议的；
2. 当事人拒绝配合呼气酒精测试的；
3. 涉嫌醉酒驾驶机动车的；
4. 涉嫌饮酒后驾驶机动车发生交通事故的。

（二）程序

1. 交通民警对当事人血样提取过程应当全程监控，保证收集证据合法、有效。

2. 提取的血样应当当场登记封装，并立即送县级以上公安机关检验鉴定机构或者经公安机关认可的其他具备资格的检验鉴定机构进行血液酒精含量检验。

3. 因特殊原因不能立即送检的，应当按照规范低温保存，经上级公安机关交通管理部门负责人批准，可以在 3 日内送检。

4. 对送检的血样，检验鉴定机构应当在 3 日内出具检验报告。

5. 当事人对检验结果有异议的，应当告知其在接到检验报告后 3 日内提出重新检验申请。①

【执法风险提示】

公安机关办案人员在适用本条款时应当注意选用的酒精检测仪应当符合国家标准并依法进行了检验，对于呼气酒精检测仪检测的次数本条没有明确规定，只要办案人员选用的酒精检测仪是符合国家标准的且检测过程符合相应的操作过程，那么就可以认为检测结果有效；如果当事人对检测结果有异议，则可以依法进行血液中酒精含量的检测。同时公安机关在对违法嫌疑人进行血液检测时一定要遵守相应的标准和操作规程，避免由于操作程序违法导致检测结果不能作为证据采信。

---

① 参见《道路交通事故处理程序规定》第 56 条。

【相关规定】

《道路交通安全法实施条例》第105条；《道路交通安全违法行为处理程序规定》第33条、第34条。

第九十六条　【出具鉴定意见】鉴定人鉴定后，应当出具鉴定意见。鉴定意见应当载明委托人、委托鉴定的事项、提交鉴定的相关材料、鉴定的时间、依据和结论性意见等内容，并由鉴定人签名或者盖章。通过分析得出鉴定意见的，应当有分析过程的说明。鉴定意见应当附有鉴定机构和鉴定人的资质证明或者其他证明文件。

鉴定人对鉴定意见负责，不受任何机关、团体、企业、事业单位和个人的干涉。多人参加鉴定，对鉴定意见有不同意见的，应当注明。

鉴定人故意作虚假鉴定的，应当承担法律责任。

【条文主旨】

本条是对鉴定人出具鉴定意见的规定。

【最新修改提示】

本条对应修改前的第80条，内容未变化。

【理解与适用】

1. 鉴定意见是鉴定人运用科学技术、专门知识和技能，对案件中的某些专门技术问题进行鉴定后给出的鉴定结果，是证据的法定种类之一。本条规定了鉴定机构出具鉴定意见不受干涉及鉴定意见应当载明内容的要求，这有两方面要求，一方面是要求鉴定人不应当受办案单位、社会舆论等任何单位、个人等的影响，鉴定人出具鉴定意见应当客观公正，基于相关的专业技术出具相应的鉴定意见，不受任何机关、团体、企业、事业单位和个人的干涉，另一方面包括办案单位在内其他任何单位和个人不得干涉鉴定机构和鉴定人出具鉴定意见，以保证鉴定意见的中立和客观性。

2. 鉴定机构出具的鉴定意见应当符合相应的形式要求，即鉴定意见应当依照要求载明相应的内容，包括鉴定意见应当载明委托人、委托鉴定的事项、提交鉴定的相关材料、鉴定的时间、依据和结论性意见等内容，并由鉴定人签名或者盖章。这要求鉴定机构和鉴定人依照相应法律文书的要求，出具符合法律规定的鉴定意见。

3. 通过分析得出的鉴定意见，应当有分析过程的说明。这也是最高人民法院《关于行政诉讼证据若干问题的规定》要求的。在鉴定意见中写明分析过程，有助于办案人员对鉴定意见的审查，也可以作为说服当事人的理由。

4. 多人参加鉴定，对鉴定意见有不同意见的，应当注明。办案的公安机关在决定是否采信鉴定意见以及是否需要重新鉴定时，应当对鉴定人出具的鉴定意见从形式到实质内容进行相应的审查。多人参加鉴定的，注明不同意见，有助于办案的公安机关客观公正地对鉴定意见作出审查。

【执法风险提示】

公安机关办理行政案件需要鉴定的应当委托有资质的鉴定人，并对其出具的鉴定意见的形式及内容作出相应的审查，以保证鉴定意见的客观公正。

【相关规定】

《治安管理处罚法》第 90 条；《刑事诉讼法》第 147 条；《公安机关办理刑事案件程序规定》第 242 条、第 247 条第 2 款。

第九十七条　【鉴定意见的审查告知及重新鉴定】办案人民警察应当对鉴定意见进行审查。

对经审查作为证据使用的鉴定意见，公安机关应当在收到鉴定意见之日起五日内将鉴定意见复印件送达违法嫌疑人和被侵害人。

医疗机构出具的诊断证明作为公安机关认定人身伤害程度的依据的，应当将诊断证明结论书面告知违法嫌疑人和被侵害人。

违法嫌疑人或者被侵害人对鉴定意见有异议的，可以在收到鉴定意见复印件之日起三日内提出重新鉴定的申请，经县级以上公安机关批准后，进行重新鉴定。同一行政案件的同一事项重新鉴定以一次为限。

当事人是否申请重新鉴定，不影响案件的正常办理。

公安机关认为必要时，也可以直接决定重新鉴定。

【条文主旨】

本条要求公安机关依法审查收到的鉴定意见，并将作为证据使用的鉴定意见依法告知违法嫌疑人和被侵害人，违法嫌疑人和被侵害人可以申请重新鉴定。

【最新修改提示】

本条对应修改前的第 81 条，内容未变化。

【理解与适用】

鉴定机构和鉴定人出具的鉴定意见，是鉴定人就案件中有争议的专门技术问题作出的判断意见，公安机关在具体办案中，办案民警应当对鉴定意见进行审查，这包括形式和实质的审查，以确定该鉴定意见是否可以作为定案根据。

一、办案人员对鉴定意见的审查

鉴定机构出具的鉴定意见，是鉴定人运用科学技术、专门知识和技能，对案件中某些专门性技术问题进行鉴定后所书写的鉴定材料，是法定的证据种类之一。公安机关办案人员收到鉴定意见后应当结合案件的调查情况对鉴定意见进行审查。其中形式审查主要是审查收到的鉴定意见是否符合法定的形式要求，如载明的内容是否齐全，鉴定意见是否明确，鉴定人是否签名，鉴定机构是否盖章等。实质性审查，即对鉴定意见的内容进行审查，即审查鉴定意见是否符合专业要求，分析过程是否合理，与案件其他证据是否一致等。

二、告知

1. 对经审查作为证据使用的鉴定意见，公安机关应当在收到鉴定意见之日起5日内将鉴定意见复印件送达违法嫌疑人和被侵害人，并告知其对鉴定意见有异议的，可以在收到鉴定意见复印件之日起3日内提出重新鉴定的申请；对经审查作为证据使用的出境入境证件真伪的认定意见，出入境边防检查机关应当在48小时内告知违法嫌疑人；医疗机构出具的诊断证明作为公安机关认定人身伤害程度的依据的，应当将诊断证明结论书面告知违法嫌疑人和被侵害人，本条没有规定诊断证明的告知期限，但应当根据案件办理情况及时告知，以保证案件能够在规定期限内办结。

2. 鉴定意见应当既告知被侵害人也告知违法嫌疑人。

3. 告知鉴定意见的方式为书面方式，这既利于规范公安机关执法办案也利于保护相对人的合法权益。

三、申请重新鉴定

重新鉴定，是指对原鉴定的检材再次进行鉴定。重新鉴定是为了保证鉴定结果公正、客观、真实性而作的规定。为了保证鉴定意见的客观、公正，又防止重新鉴定权利的滥用，重新鉴定必须符合相应的条件。

（一）重新鉴定的启动

重新鉴定程序既可以由公安机关根据情况决定，也可以由违法嫌疑人或者被侵害人提出申请。违法嫌疑人或者被侵害人对鉴定意见有异议的，可以在收到鉴定意见复印件之日起3日内提出重新鉴定的申请。公安机关办案人员经过对鉴定意见的审查，如果发现鉴定意见的形式有问题，可以要求鉴定人予以补充完善；如果认为鉴定意见违反规定出现了应当重新鉴定的情况，就应当依法提起重新鉴定程序。

有权申请重新鉴定的人是违法嫌疑人与被侵害人。申请的条件是对鉴定意见有异议，也就是说是违法嫌疑人或者被侵害人不同意鉴定意见。违法嫌疑人和被侵害人享有的是提出重新鉴定的权利，而是否需要进行重新鉴定则由公安机关根据案件情况依法决定是否启动重新鉴定程序。

（二）重新鉴定的批准

公安机关决定启动重新鉴定的，应当经县级以上公安机关负责人批准；违法嫌疑人或者被侵害人对鉴定意见有异议而提出重新鉴定申请的，经县级以上公安机关负责人（出境入境证件真伪重新认定申请须经出入境边防检查站值班领导）批准后，进行重新鉴定。不符合重新鉴定条件的，经县级以上公安机关负责人批准，作出不准予重新鉴定的决定，并在作出决定之日起的 3 日内书面通知申请人。无论哪种情形，未经批准的不得启动重新鉴定程序。

（三）重新鉴定的次数及鉴定人的选择

同一行政案件的同一事项重新鉴定以一次为限（依法进行吸毒检测的除外），同时应当另行指派或者聘请鉴定人。

【执法风险提示】

1. 公安机关办理行政案件中办案人员应当注意将审查后作为证据使用的鉴定意见告知案件中与鉴定意见有利害关系的相对人，以保证各方相对人的合法权益；对于医疗诊断证明也应当及时告知各方当事人，以保证案件的公正调查处理。对于是否应当启动重新鉴定程序，则应当看是否符合进行重新鉴定条件。

2. 对违法嫌疑人或者被侵害人提起的重新鉴定申请，公安机关都应当接受，无论是否启动重新鉴定程序，都应当告知违法嫌疑人或者被侵害人。

3. 公安机关在选择重新鉴定机构和鉴定人，注意另行委托其他鉴定机构进行鉴定。在选择鉴定机构和鉴定人时，应当充分考虑鉴定机构和鉴定人的资质，选择与原鉴定人专业技术资格或者职称同等以上的鉴定人实施。

【相关规定】

《刑事诉讼法》第 148 条；《公安机关办理刑事案件程序规定》第 243 条、第 244 条；《公安机关鉴定规则》。

第九十八条　【重新鉴定】 具有下列情形之一的，应当进行重新鉴定：

（一）鉴定程序违法或者违反相关专业技术要求，可能影响鉴定意见正确性的；

（二）鉴定机构、鉴定人不具备鉴定资质和条件的；

（三）鉴定意见明显依据不足的；

（四）鉴定人故意作虚假鉴定的；

（五）鉴定人应当回避而没有回避的；

（六）检材虚假或者被损坏的；

（七）其他应当重新鉴定的。

不符合前款规定情形的，经县级以上公安机关负责人批准，作出不准予重新鉴定的决定，并在作出决定之日起的三日以内书面通知申请人。

【条文主旨】

本条规定了公安机关应当重新鉴定的情形。

【最新修改提示】

本条对应修改前的第 82 条，内容未变化。

【理解与适用】

1. 重新鉴定，是指对原鉴定的检材再次进行鉴定。重新鉴定是为了保证鉴定结果公正、客观、真实性而作的规定。为了保证鉴定意见的客观、公正，又防止重新鉴定权利的滥用，重新鉴定必须符合相应的条件。本条是对《程序规定》第 97 条中重新鉴定情形的列举，有助于公安机关具体适用重新鉴定。

2. 重新鉴定应当符合本条规定的条件，因为如果出现本条规定的情形，鉴定意见极有可能不真实不客观，进而影响案件的处理结果。

本条规定的进行重新检验的条件都是需要办案人员通过对收到的鉴定意见进行形式和内容的审查。可以启动重新鉴定的主要原因是原鉴定存在以下三个方面的问题：一是合法性问题，如鉴定机构资质、鉴定人的资格等；二是检材出现问题，致使出具的鉴定意见不能如实反映案件的真实情况；三是鉴定意见内容存在问题，这主要是针对鉴定依据的技术手段等不足以支持鉴定意见的。

3. 对于不符合上述条件则不应当进行重新鉴定，经县级以上公安机关负责人批准，作出不准予重新鉴定的决定，并自作出决定之日起的三日以内书面通知申请人。

【执法风险提示】

1. 依照本条规定重新鉴定应当符合法定的条件。对于不符合法定条件的，公安机关不应当启动重新鉴定程序，否则会对案件的调查办理带来一定的麻烦和困难，进而影响案件的处理。

2. 对于不批准重新鉴定的案件，公安机关一定要在法定的时效内作出决定并通知当事人。

3. 同意重新鉴定的案件，如果只有违法嫌疑人或者被侵害人一方提出重新鉴定申请的，建议公安机关将启动重新鉴定程序的决定告知另一方当事人。

【相关规定】

《公安机关办理刑事案件程序规定》第 246 条第 1 款、第 3 款；《公安机关鉴定规则》第 7 章。

第九十九条 【重新聘请鉴定人】 重新鉴定，公安机关应当另行指派或者聘请鉴定人。

【条文主旨】

本条要求公安机关进行重新鉴定时应当另行指派或者重新聘请鉴定人。

【最新修改提示】

本条对应修改前的第 83 条，内容未变化。

【理解与适用】

出于保证鉴定意见公正客观性的考虑，本条规定公安机关在决定重新鉴定后应当另行指派或者聘请鉴定人。根据本规定应当启动重新鉴定程序的情形，启动重新鉴定主要是由于鉴定机构、鉴定人不适格以及鉴定机构应用的技术手段等问题导致鉴定意见不能被采信。因此，本条规定要求公安机关在启动重新鉴定程序时应当另行选择鉴定人。

【执法风险提示】

重新鉴定时建议实施重新鉴定的公安机关依照相关规定选择级别相对较高的鉴定机构进行重新鉴定，以保证重新鉴定意见的公正、客观、权威以及在今后可能的诉讼过程中的权威性。

【相关规定】

《公安机关办理刑事案件程序规定》第246条第2款；《人民检察院刑事诉讼规则》第220条；《公安机关鉴定规则》第7章。

第一百条　【鉴定费用】鉴定费用由公安机关承担，但当事人自行鉴定的除外。

【条文主旨】

本条规定鉴定费用由公安机关承担。

【最新修改提示】

本条对应修改前的第84条，内容未变化。

【理解与适用】

鉴定是公安机关依法行使警察行政权力对案件进行调查的手段，属于行使公权力的行为，因此鉴定的费用应当由公安机关承担，这里规定的鉴定费用包括初次鉴定也包括重新鉴定的费用，但不包括当事人自行鉴定的费用。

【执法风险提示】

办案人员不得以任何理由向当事人收取鉴定费用。

【相关规定】

《人民检察院刑事诉讼规则》第221条。

案例分析

如何保证血液检测程序合法
——王某甲与××市公安局行政强制案①

△基本案情

2015年6月19日2时30分许，原告王某甲驾驶浙G×××××号小型轿车，途经××市某交叉路口处时，与前方行驶的浙G×××××号小型轿车发生追尾事故。××交警直属一大队接警后，指派民警王某乙及协警出警。在处警过程中，王某乙发现原告有饮酒后驾驶机动车嫌疑，遂对其进行酒精含量呼气测试。经测试，原告酒精含量呼气测试达87mg/100ml，已超过醉酒驾驶机动车酒精含量阈值，涉嫌醉酒后驾驶机动车。随后，王某乙及协警带原告到××市××医院抽取血液。当日3时42分，该院护士对原告王某甲抽取血样，并由民警王某乙、抽血护士现场填写涉嫌酒后驾车驾驶人血样提取登记表，对抽血情况进行记录，原告及其在场家属分别在该登记表当事人栏、通知被血检驾驶人家属情况记录栏签名。该表医务人员填写栏记载：样本盛装容器名称为“医用抗凝血试管”，消毒液名称为“碘伏”，密封方式为“橡皮塞”。处警民警通过执法记录仪，对上述酒精呼气检测过程及抽血过程进行了全程录音录像。之后，民警口头传唤原告王某甲到××交警直属一大队接受调查，向原告王某甲送达编号为330701300××××12的行政强制措施凭证，该强制措施凭证载明：“当事人于2015年6月19日2时30分，在××市某路口处，实施醉酒后驾驶机动车的违法行为（代码6032），实施醉酒后驾驶机动车的违法行为（代码6031），根据《中华人民共和国道路交通安全法》第91条第2款、第110条第1款，《中华人民共和国道路交通安全法实施条例》第105条，决定给予扣留驾驶证，检查血液/尿样”。该强制措施凭证存档联上印有：交通警察郑某兰。民警范某伟在其上签名，并有大队领导郭某“同意”的审批意见及签名。同月19日上午，××交警直属一大队民警将上述血样送××市公安司法鉴定中心鉴定。原告不服，于同年7月6日向被告××市公安局申请行政复议，要求确认××交警直属一大队2015年6月19日对原告作出的行政强制措施违法，并予以撤销。××市公安局复议后认为，×

① 参见（2016）浙0702行初103号行政判决书。

×交警直属一大队作出扣留机动车辆驾驶证和检验血液的行政强制措施决定合法，但带领原告抽取血样和血样提取登记表记录存在违反《行政强制法》第18条第2项、第8项规定的法定程序的情形，根据《中华人民共和国行政复议法》第28条第1款第3项第3目之规定，于同年9月29日作出××复决字（2015）第49号行政复议决定，确认××交警直属一大队2015年6月19日对原告王某甲作出检验血液的公安交通管理行政强制措施违法，并将行政复议决定书邮寄送达原告。

另查明：执勤民警王某乙于2014年9月11日经××市人力资源和社会保障局批准被录用为公务员，分配至××市公安局交通警察支队工作。王某乙在2015年6月19日出警时着警服。民警郑某兰、范某伟曾在血样提取登记表办案人签名栏签字，但当日均不在抽取血样现场。

△核心问题

本案中血液检测程序是否合法？

△法律评析

本案中公安机关交通管理部门的人民警察依法对涉嫌醉酒驾驶的机动车驾驶人进行血液检测，但实施血液检测的程序违反了相关法律法规的规定。

1. 实施血液检测行政强制措施符合相应的法律规定

《道路交通安全法实施条例》第105条规定，机动车驾驶人有饮酒、醉酒、服用国家管制的精神药品或者麻醉药品嫌疑的，应当接受测试、检验。《道路交通安全违法行为处理程序规定》第33条第1款第2项和《公安机关办理行政案件程序规定》① 第79条第1款第4项均规定，对涉嫌饮酒后驾驶机动车发生交通事故的人，应当提取血样，检验血液酒精含量。

××交警直属一大队发现王某甲涉嫌酒后驾驶机动车发生交通事故，对其作出检验血液的行政强制措施决定，依据充分。

2. 实施行政强制措施的程序违法

《行政强制法》第十九条规定，情况紧急需当场实施行政强制措施，行政执法人员应当在24小时内向行政机关负责人报告，并补办审批手续。由于人体血液中的酒精含量会随着时间的推移发生变化，因此，发现××交警直属一大队原告涉嫌酒后驾驶机动车，对原告当场实施强制检验血液，并在补办审批手续后向其作出行政强制措施决定，符合法律规定。但是，根据《行政强制法》第18条第2项、第8项的规定，行政机关实施

① 该案发生在《公安机关办理行政案件程序规定》2018年修订前。

行政强制措施应当由两名以上行政执法人员实施，制作的现场笔录由当事人和行政执法人员签名或者盖章，当事人拒绝的，在笔录中予以注明。本案中，××交警直属一大队仅由1名执法人员和1名协警带原告到医院抽取血样，违反法律规定；其制作的涉嫌酒后驾车驾驶人血样提取登记表，属于提取血样过程的现场调查记录，应当由医务人员、在场执法人员、驾驶人等签名或盖章，但血样提取登记表除医务人员与在场民警王某乙外，不在现场的民警范某伟、郑某兰也在上面签名，不符合《行政强制法》第18条第8项的规定。因此，××交警直属一大队对原告作出的检验血液的行政强制措施违法。鉴于检验血液的行政强制措施已经实际执行，不具有可撤销内容，本院依法不予撤销。被告××市公安局受理原告复议申请后，作出确认第三人对原告作出的检验血液的公安交通管理行政强制措施违法的复议决定，基本事实清楚，证据确凿，适用法律、法规正确，符合法定程序。

第六节 辨 认

第一百零一条 【辨认对象】为了查明案情，办案人民警察可以让违法嫌疑人、被侵害人或者其他证人对与违法行为有关的物品、场所或者违法嫌疑人进行辨认。

【条文主旨】

本条规定了公安机关采取辨认措施的目的及辨认对象。

【最新修改提示】

本条对应修改前的第85条，内容未变化。

【理解与适用】

1. 辨认，是公安机关在办理行政案件中，为了查明案件的真实情况，让违法嫌疑人，被侵害人或者其他证人对与违法行为有关的物品、场所或者违法嫌疑人进行辨别，作出判断的调查取证措施。经过审查查实的辨认结果，可以有效地印证被询问人陈述、有关证据的可靠程度和真伪，从而解决案件的疑点问题，有助于查明案件的真实情况。

2. 办案人员可以根据案件调查情况，让违法嫌疑人、被侵害人或者其他证人对与违法行为有关的物品、场所或者违法嫌疑人进行辨认，这里违法嫌疑人既可以是辨认的主体也可以是被辨认的对象。

3. 是否进行辨认由办案人员决定。

【执法风险提示】

办案人员认为需要通过辨认来查明案情的，应当严格按照相关法律法规以及本规定关于辨认的规定，以确保通过辨认取得的证据的真实性和合法性。

【相关规定】

《公安机关办理刑事案件程序规定》第249条；《人民检察院刑事诉讼规则》第223条。

第一百零二条　【辨认要求】辨认由二名以上办案人民警察主持。

组织辨认前，应当向辨认人详细询问辨认对象的具体特征，并避免辨认人见到辨认对象。

【条文主旨】

本条规定了辨认应当由两名以上人民警察主持以及辨认前的准备工作要求。

【最新修改提示】

本条对应修改前的第86条，内容未变化。

【理解与适用】

1. 辨认应当由两名以上人民警察主持。

2. 主持辨认的人民警察应当做好辨认前的准备工作，向辨认人了解辨认对象的情况，选择符合规定的陪衬人（物、照片），陪衬人（物、照片）

要与辨认对象相近并符合法律规定的数量。

3. 组织辨认前，应当避免辨认人见到辨认对象。因为一旦辨认人提前见到辨认对象，将会在大脑中留下印象，在实施辨认时将严重影响辨认结果。

【执法风险提示】

1. 公安机关应当注意主持辨认的人民警察的人数要求，并充分了解辨认对象的情况，以便选择符合条件的被辨认人和相似的物品或照片。

2. 实践中，个别办案民警担心辨认人不能辨认出违法嫌疑人，提前让辨认人看到辨认对象，这样做出的辨认结果显然违背了辨认的客观真实性要求，也违反了辨认的程序规定，不能作为案件的证据使用。

第一百零三条　【分别辨认】多名辨认人对同一辨认对象或者一名辨认人对多名辨认对象进行辨认时，应当个别进行。

【条文主旨】

本条是对辨认人或者辨认对象是多名时应当分别辨认的规定。

【最新修改提示】

本条对应修改前的第 87 条，内容未变化。

【理解与适用】

为了防止辨认人之间的互相影响，本条规定有多名辨认人或者多名辨认对象时，公安机关应当分别组织辨认。即公安机关组织辨认时每次辨认无论是辨认对象还是辨认人都只能有一人，辨认人或是辨认对象有多人时，都应当分别辨认。这主要是为了保证辨认结果的准确性，以免相互影响导致辨认人的认知偏差。

【执法风险提示】

有不同的辨认人对同一名辨认对象进行辨认，或者是一名辨认人对多名辨认对象进行确认，一定要分别进行；同时分别进行的过程，要通过相应的辨认笔录体现出来。

第一百零四条　【辨认对象要求】辨认时，应当将辨认对象混杂在特征相类似的其他对象中，不得给辨认人任何暗示。

辨认违法嫌疑人时，被辨认的人数不得少于七人；对违法嫌疑人照片进行辨认的，不得少于十人的照片。

辨认每一件物品时，混杂的同类物品不得少于五件。

同一辨认人对与同一案件有关的辨认对象进行多组辨认的，不得重复使用陪衬照片或者陪衬人。

【条文主旨】

本条是对公安机关选择辨认对象的要求。

【最新修改提示】

本条对应修改前的第 88 条，内容未变化。

【理解与适用】

1. 根据辨认对象的情况选择符合规定的陪衬人（物、照片），陪衬人（物、照片）要与辨认对象相近并符合法律规定的数量，被辨认的人数不得少于 7 人，办案人员以及在公安机关工作的其他人员不得替代，并在辨认笔录中写明被辨认人的姓名、编号、排列顺序；对犯罪嫌疑人照片进行辨认的，应当选择性别相同，年龄、发式等特征相类似的照片作为辨认陪衬照片，被辨认的照片不得少于 10 张，并对所有被辨认照片按顺序编号，打印或者贴附在纸上，在辨认笔录中写明被辨认照片人的姓名、编号、排列顺序。照片中不得出现犯罪嫌疑人、陪衬人的姓名，辨认的所有照片应当入卷；辨认每一件物品时，混杂的同类物品不得少于 5 件。

2. 将辨认对象混杂在其他对象中，不得给辨认人任何暗示。在办案人员的主持下，辨认人对辨认对象进行详细辨认。

辨认违法嫌疑人的，办案人员应当当场对被辨认人照相；辨认照片的，办案人员应当将所有照片附纸、编号后，由辨认人辨认。在辨认结束后，将照片附纸、编号。辨认人应当在辨认出的违法嫌疑人照片与附纸骑缝上捺指印，在附纸上注明实施某项违法行为的人是第几张照片上的人并签名、捺指印，也可以对辨认过程照相、录像。

3. 同一辨认人对与同一案件有关的辨认对象进行多组辨认的，不得重复使用陪衬照片或者陪衬人。如同一个案件需要辨认三个违法嫌疑人，使用照片进行辨认时，每一组辨认不得少于十人的照片，即总共不得少于30张照片，且这30张照片不能有重复。

【执法风险提示】

由于辨认行为依赖于辨认人的主观认知，因此办案人员应当严格选择被辨认人和陪衬照片，以免对辨认人产生暗示而影响辨认结果。

第一百零五条　【不公开辨认】 辨认人不愿意暴露身份的，对违法嫌疑人的辨认可以在不暴露辨认人的情况下进行，公安机关及其人民警察应当为其保守秘密。

【条文主旨】

本条规定辨认人不愿意暴露身份的，进行不公开辨认。

【最新修改提示】

本条对应修改前的第89条，内容未变化。

【理解与适用】

出于保护辨认人的考虑，本条规定对违法嫌疑人的辨认，辨认人不愿意公开进行时，可以在不暴露辨认人的情况下进行，公安机关及其人民警察应当为其保守秘密，并在辨认笔录中注明。

【执法风险提示】

对于不愿意公开身份的辨认人，办案人员应当注意为其保密。

第一百零六条　【制作辨认笔录】 辨认经过和结果，应当制作辨认笔录，由办案人民警察和辨认人签名或者捺指印。必要时，应当对辨认过程进行录音、录像。

【条文主旨】

本条是对办案人员制作辨认笔录的要求。

【最新修改提示】

本条对应修改前的第 90 条，内容未变化。

【理解与适用】

辨认的过程应当制作辨认笔录，交辨认人核对无误后，由辨认人、主持辨认的办案人员、记录人员分别签名确认，或者捺指印。必要时，应当对辨认过程进行录音、录像。

辨认的照片作为辨认笔录的组成部分，制作与照片有关的所有人员、物品、场所情况的说明，附在辨认笔录之后。对于案件重大复杂的，公安机关认为必要时应当对辨认过程进行全程录音录像。

【执法风险提示】

这里应当注意：对辨认过程的全程录音录像不能替代辨认笔录。

案例分析

刑事侦查与行政执法中的证据转换

——毛某军与××市公安局丙分局、××市公安局行政复议案①

△案例背景

2018 年 10 月 2 日，原告毛某军驾驶苏 D×××××小型汽车从××市

① 参见（2019）苏 0411 行初 22 号行政判决书。

某某小区西门口驶出，一辆电动车因避让不及滑倒，两车未发生碰撞，但电动车驾驶员受伤较重。甲交警大队民警邢某到达现场后，告知原告毛某军要扣留其车辆。原告毛某军不同意，邢某遂请求支援，其同事朱某到场支援。经朱某再次解释，原告毛某军要求自行开车前往指定地点，但不同意甲交警大队人员乘坐其车一同前往。在交通事故处理过程中，原告毛某军从朱某手中夺走事故移交登记表，并要拍照。邢某、朱某及姚某等以内部文书为由，多次要求原告返还，但原告未予返还，坚持要求拍照。邢某与朱某等人遂对原告毛某军采取控制措施。因原告毛某军反抗，邢某和朱某被抓伤，两民警的眼镜、警务通和警服等被损坏。同时，原告毛某军要求报警。乙派出所接警后到现场处警。当日 17 时，乙派出所依据刑事诉讼法，将涉嫌妨碍公务的原告口头传唤至该所进行审查。2018 年 10 月 3 日，经讯问及调查取证后，被告丙公安分局认为原告行为尚未构成刑事犯罪，决定予以行政处罚。当日 15 时 30 分，乙派出所对原告制作《行政处罚告知笔录》，告知拟作出行政处罚决定的事实、理由、依据，一并告知其享有陈述和申辩权。原告提出陈述和申辩。15 时 34 分，局前街派出所对原告制作询问笔录。同日，被告丙公安分局决定对原告行政拘留七日并送××市拘留所执行。乙派出所当日制作《被行政拘留人家属通知书》，并于 10 月 4 日，邮寄原告家属及原告所在党支部。

在行政诉讼庭审过程中，原告毛某军对被告提供的辨认笔录提出异议，不认可辨认笔录合法性，认为无法证明各辨认人分别辨认，五次辨认使用同一陪衬照片和人员，且无证据证明办案人员系警察。

△核心问题

如何理解刑事侦查与行政执法中的证据转换。

△法律评析

本案在审理中存在许多争议的地方，这里我们仅就刑事侦查和行政执法过程中的证据转换以及辨认笔录的问题进行讨论。

1. 根据《最高人民法院关于适用〈中华人民共和国行政诉讼法〉的解释》第 1 条第 2 款第 1 项规定，《受案登记表》《立案决定书》《呈请立案报告书》《呈请延长传唤报告书》等均系公安机关依据《中华人民共和国刑事诉讼法》行使职权形成的程序性材料，不属于行政诉讼审查范围，法院不予认证。《抓获经过》、讯问笔录、询问笔录、辨认笔录等其他证据，虽系公安机关在刑事调查中收集，但根据《公安机关办理行政案件程序规定》① 第 29 条规定，可以作为公安机关行政案件的证据。

2. 五组辨认笔录上记载的辨认时间均不同，办案人、见证人也有变化，且在被辨认人身份情况说明上加盖了局前街派出所公章，这可以用来证明公安机关分别进行了辨认，没有违反相关的法律规定，所以该辨认的结果有效，可以作为证据使用。

第七节　证据保全

第一百零七条　【扣押、扣留物品】对下列物品，经公安机关负责人批准，可以依法扣押或者扣留：

（一）与治安案件、违反出境入境管理的案件有关的需要作为证据的物品；

（二）道路交通安全法律、法规规定适用扣留的车辆、机动车驾驶证；

（三）《中华人民共和国反恐怖主义法》等法律、法规规定适用扣押或者扣留的物品。

对下列物品，不得扣押或者扣留：

（一）与案件无关的物品；

（二）公民个人及其所扶养家属的生活必需品；

（三）被侵害人或者善意第三人合法占有的财产。

对具有本条第二款第二项、第三项情形的，应当予以登记，写明登记财物的名称、规格、数量、特征，并由占有人签名或者捺指印。必要时，可以进行拍照。但是，与案件有关必须鉴定的，可以依法扣押，结束后应当立即解除。

【条文主旨】

本条规定公安机关办理行政案件可以扣押、扣留物品的范围。

---

① 此案发生于《公安机关办理行政案件程序规定》2018 年修订前。

【最新修改提示】

修订前（2012 版）	修订后（2018 版）
第九十一条　对下列物品，经公安机关负责人批准，可以依法扣押或者扣留： （一）与治安案件、违反出境入境管理的案件有关的需要作为证据的物品； （二）道路交通安全法律、法规规定适用扣留的车辆、机动车驾驶证； （三）其他法律、法规规定适用扣押或者扣留的物品。 ……	**第一百零七条**　对下列物品，经公安机关负责人批准，可以依法扣押或者扣留： （一）与治安案件、违反出境入境管理的案件有关的需要作为证据的物品； （二）道路交通安全法律、法规规定适用扣留的车辆、机动车驾驶证； （三）**《中华人民共和国反恐怖主义法》等**法律、法规规定适用扣押或者扣留的物品。 ……

【理解与适用】

一、扣押、扣留物品的概念

扣押、扣留物品是《治安管理处罚法》、《出入境管理法》、《道路交通安全法》、《道路交通安全法实施条例》以及《反恐怖主义法》等法律法规规定的对公民财物依法予以暂时控制的行政强制措施，是公安机关依法采取的证据保全措施。

二、依法扣押或者扣留

经公安机关负责人批准，对下列物品可以依法扣押或者扣留：

1. 与治安案件、违反出境入境管理的案件有关的需要作为证据的物品；

2. 道路交通安全法律、法规规定适用扣留的车辆、机动车驾驶证；

3. 《中华人民共和国反恐怖主义法》等法律、法规规定适用扣押或者扣留的物品。

公安机关办理行政案件，对发现的与案件有关需要作为证据的物品，经公安机关负责人批准，可以依法扣押或者扣留，其目的在于提取和保全证据，查明案情、查获违法嫌疑人，但是公民个人及其所抚养家属的生活必需品，被侵害人或者善意第三人合法占有的财产不得扣押或者扣留。

扣押、扣留的条件是与案件有关的需要作为证据的物品，在实际执法中办案人员应当根据案件调查情况确定是否与案件有关。

本条规定的是“可以”予以扣押、扣留，并不是“应当”，因此是否需要扣押或者扣留上述物品，也由办案人员根据案件情况作出决定。公安机关在案件调查中发现的可疑物品，一时不能排除与案件有关的，应当先予扣押或者扣留，待查清后，尽快作出相应的处理，以免证据遗失或者损毁而影响案件调查。

三、不得扣押或者扣留的物品

对下列物品，不得扣押或者扣留：

1. 与案件无关的物品；

2. 公民个人及其所扶养家属的生活必需品；

3. 被侵害人或者善意第三人合法占有的财产。

对于与案件有关的“公民个人及其所扶养家属的生活必需品”和“被侵害人或者善意第三人合法占有的财产”，需要作为证据的，依照本条规定公安机关不能予以扣押、扣留，但应当予以登记。

登记，是指对上述物品需要作为证据使用的，由公安机关依法予以记录，但物品依然由公民个人、被侵害人或者善意第三人保存的措施。对于应当予以登记的物品，公安机关应当写明登记财物的名称、规格、数量、特征，并由占有人签名或者捺指印。必要时，可以进行拍照。

公安机关在办案过程中，如果需要对“公民个人及其所扶养家属的生活必需品”和“被侵害人或者善意第三人合法占有的财产”进行鉴定才能查明案件事实，则可以依法予以扣押。但是对此种扣押情形的时限作了严格规定，即鉴定结束后应当立即解除。

【执法风险提示】

1. 公安机关办案中对于依法扣押、扣留的物品，应当妥善保管，尽量避免不必要的损害。

2. 公安机关对于依法扣押、扣留的物品，应当严格遵守规定的时限，根据扣押、扣留物品种类的不同依法作出相应的处理决定，以免由于物品保管的不当而产生相应的法律责任。

【相关规定】

《治安管理处罚法》第 89 条第 1 款；《刑事诉讼法》第 141 条；《行政强制法》第 23 条；《公安机关办理刑事案件程序规定》第 222 条。

第一百零八条 【查封】 办理下列行政案件时，对专门用于从事无证经营活动的场所、设施、物品，经公安机关负责人批准，可以依法查封。但对与违法行为无关的场所、设施，公民个人及其扶养家属的生活必需品不得查封：

（一）擅自经营按照国家规定需要由公安机关许可的行业的；

（二）依照《娱乐场所管理条例》可以由公安机关采取取缔措施的；

（三）《中华人民共和国反恐怖主义法》等法律、法规规定适用查封的其他公安行政案件。

场所、设施、物品已被其他国家机关依法查封的，不得重复查封。

【条文主旨】

本条明确了公安机关在办理行政案件适用查封措施的条件。

【最新修改提示】

修订前（2012版）	修订后（2018版）
第九十二条 办理下列行政案件时，对专门用于从事无证经营活动的场所、设施、物品，经公安机关负责人批准，可以依法查封。但对与违法行为无关的场所、设施，公民个人及其扶养家属的生活必需品不得查封： （一）擅自经营按照国家规定需要由公安机关许可的行业的； （二）依照《娱乐场所管理条例》可以由公安机关采取取缔措施的； （三）法律、法规规定适用查封的其他公安行政案件。 对有关单位或者个人经通知不及时消除消防安全隐患可能严重威胁公共安全的，公安机关消防机构应当对危险部位或者场所采取临时查封措施。 场所、设施、物品已被其他国家机关依法查封的，不得重复查封。	**第一百零八条** 办理下列行政案件时，对专门用于从事无证经营活动的场所、设施、物品，经公安机关负责人批准，可以依法查封。但对与违法行为无关的场所、设施，公民个人及其扶养家属的生活必需品不得查封： （一）擅自经营按照国家规定需要由公安机关许可的行业的； （二）依照《娱乐场所管理条例》可以由公安机关采取取缔措施的； （三）**《中华人民共和国反恐怖主义法》等**法律、法规规定适用查封的其他公安行政案件。 场所、设施、物品已被其他国家机关依法查封的，不得重复查封。

【理解与适用】

一、查封物品、设施或者场所

查封物品、设施或者场所是《行政强制法》规定的对财物实施的行政强制措施，它要求公安机关就地封存有关的空间或者有体物，在一定时期内禁止任何相对人对有体物或者空间进行处置、转移或者使用但并不转移占有，是公安机关依法采取的证据保全措施。

二、查封的条件

公安机关办理行政案件，对专门用于从事无证经营活动的场所、设施、物品，经公安机关负责人批准，可以依法予以查封，其目的在于提取和保全证据，查明案情。可以查封的场所、设施、物品应同时具备以下条件：

（一）在特定行政案件中。可以适用查封的行政案件有：擅自经营按照国家规定需要由公安机关许可的行业的；依照《娱乐场所管理条例》可以由公安机关采取取缔措施的；《反恐怖主义法》等法律、法规规定适用查封的其他公安行政案件。

（二）专门用于从事无证经营活动的场所、设施、物品。

（三）经公安机关负责人批准。

依照《娱乐场所管理规定》，娱乐场所是指以营利为目的，并向公众开放、消费者自娱自乐的歌舞、游艺等场所。对擅自从事娱乐场所经营活动的，由文化主管部门依法予以取缔；公安部门在查处治安、刑事案件时，发现擅自从事娱乐场所经营活动的，应当依法予以取缔。因此公安机关调查治安案件时发现擅自从事娱乐场所经营活动的，就可以使用本条规定依法予以查封。

依照《反恐怖主义法》第 52 条规定，公安机关调查恐怖活动嫌疑，经县级以上公安机关负责人批准，可以查询嫌疑人员的存款、汇款、债券、股票、基金份额等财产，可以采取查封、扣押、冻结措施。查封、扣押、冻结的期限不得超过二个月，情况复杂的，可以经上一级公安机关负责人批准延长一个月。

三、禁止性规定

（一）不得查封。对与违法行为无关的场所、设施，及公民个人及其扶养家属的生活必需品不得查封。

（二）不得重复查封。公安机关办案中对于符合条件可以依法予以查封的场所、设施、物品，如果已经被其他国家机关依法查封的，则公安机关不得重复查封。

【执法风险提示】

1. 根据《行政强制法》的有关规定，采取查封措施必须有明确的法律法规依据，公安机关在采取查封措施时，应当有明确的法律法规依据。

2. 公安机关对于采取查封措施的场所、设施、物品，应当在规定的查封期限前作出相应的处理决定，否则应当依法解除查封措施。

【相关规定】

《行政强制法》第 23 条。

第一百零九条　【抽样取证】收集证据时，经公安机关办案部门负责人批准，可以采取抽样取证的方法。

抽样取证应当采取随机的方式，抽取样品的数量以能够认定本品的品质特征为限。

抽样取证时，应当对抽样取证的现场、被抽样物品及被抽取的样品进行拍照或者对抽样过程进行录像。

对抽取的样品应当及时进行检验。经检验，能够作为证据使用的，应当依法扣押、先行登记保存或者登记；不属于证据的，应当及时返还样品。样品有减损的，应当予以补偿。

【条文主旨】

本条是对公安机关实施抽样取证措施的规定。

【最新修改提示】

本条对应修改前的第 93 条，内容未变化。

【理解与适用】

1. 抽样取证，公安机关为了调查案情获取相关证据，采取的从总体中抽取部分进行分析判断，从而对总体的某些未知因素采用相关科学推理作出统计推断，取得执法证据的措施。公安机关在办理行政案件中对于数量较大、需要确定物品性质的，可以进行抽样取证。本条对公安机关适用抽样取证的条件、决定和抽样取证的程序、样品的检验和处理作出了具体规定。

2. 抽样取证，应当由办案人员决定，报公安机关办案部门负责人批准。

3. 抽取样品的要求。抽取样品应当随机抽取，即办案人员应当从成批物品中随意抽取样品，以保证样品的客观性和准确性，抽取样品的数量以能够认定本品的品质特征为限。

4. 拍照或全程录像。为了保证抽样取证过程的公正、客观，同时也为了保证检验结果作为证据的可采性，本条要求公安机关办案人员对抽样取证的全过程进行录像或者对现场、样品、本品进行拍照。

5. 抽取样品的处理。公安机关对于抽取的样品进行检验后，认为可以作为证据使用的，应当根据不同的情况采取相应的证据保全措施，依法扣押或者先行登记保存或者登记。认为不属于证据的，公安机关应当及时返还样品，样品有减损的应当予以补偿。

【执法风险提示】

1. 办案人员对抽样取证过程的录像，要反映出本条要求的要素，并符合视听资料的证据要求。

2. 办案人员在抽样检验后，依法采取证据保全措施的，注意相关程序和法律文书的制作；对于返还的样品也应注意说明情况，并要求当事人签字，并保留证据。

第一百一十条　【先行登记保存】 在证据可能灭失或者以后难以取得的情况下，经公安机关办案部门负责人批准，可以先行登记保存。

先行登记保存期间，证据持有人及其他人员不得损毁或者转移证据。

对先行登记保存的证据，应当在七日内作出处理决定。逾期不作出处理决定的，视为自动解除。

【条文主旨】

本条规定了证据先行登记保存的条件和期限。

【最新修改提示】

本条对应修改前的第 94 条，内容未变化。

【理解与适用】

1. 先行登记保存。公安机关办理行政案件，在证据可能灭失或者以后难以取得的情况下，经公安机关办案部门负责人批准，对证据登记造册，暂时先予封存固定，责令当事人妥善保管，不得动用、转移、损毁或者隐藏，等待公安机关进一步调查处理。

2. 先行登记保存的适用条件。一是，只有在证据可能灭失或者以后难以取得的情况下才可以先行登记保存，并且先行登记保存的物品是当事人与案件有关的物品，对于当事人与案件无关的物品不得先行登记保存。二是，先行登记保存由公安机关办案部门负责人批准。

3. 物品保存人。先行登记保存的物品是由当事人妥善保存，并不得动用、转移、损毁或者藏匿。

4. 先行登记自动解除。对先行登记保存的证据，公安机关应当在 7 日内作出处理决定。逾期不作出处理决定的，视为自动解除。

【执法风险提示】

1. 采取先行登记保存的措施应由公安机关办案部门负责人批准。

2. 注意相关法律文书的制作，以保证先行登记保存证据的真实性和合法性。

3. 对先行登记保存的证据应当及时作出处理决定，防止因超过期限造成证据灭失或者损毁，影响对案件的调查。

第一百一十一条 **【证据保全要求】**实施扣押、扣留、查封、抽样取证、先行登记保存等证据保全措施时，应当会同当事人查点清楚，制作并当场交付证据保全决定书。必要时，应当对采取证据保全措施的证据进行拍照或者对采取证据保全的过程进行录像。证据保全决定书应当载明下列事项：

（一）当事人的姓名或者名称、地址；

（二）抽样取证、先行登记保存、扣押、扣留、查封的理由、依据和期限；

（三）申请行政复议或者提起行政诉讼的途径和期限；

（四）作出决定的公安机关的名称、印章和日期。

证据保全决定书应当附清单，载明被采取证据保全措施的场所、设施、物品的名称、规格、数量、特征等，由办案人民警察和当事人签名后，一份交当事人，一份附卷。有见证人的，还应当由见证人签名。当事人或者见证人拒绝签名的，办案人民警察应当在证据保全清单上注明。

对可以作为证据使用的录音带、录像带，在扣押时应当予以检查，记明案由、内容以及录取和复制的时间、地点等，并妥为保管。

对扣押的电子数据原始存储介质，应当封存，保证在不解除封存状态的情况下，无法增加、删除、修改电子数据，并在证据保全清单中记录封存状态。

【条文主旨】

本条是关于公安机关采取证据保全措施应遵守的规定。

【最新修改提示】

修订前（2012 版）	修订后（2018 版）
第九十五条 …… 对可以作为证据使用的录音带、录像带、电子数据存储介质，在扣押时应当予以检查，记明案由、内容以及录取和复制的时间、地点等，并妥为保管。	**第一百一十一条** …… 对可以作为证据使用的录音带、录像带，在扣押时应当予以检查，记明案由、内容以及录取和复制的时间、地点等，并妥为保管。 **对扣押的电子数据原始存储介质，应当封存，保证在不解除封存状态的情况下，无法增加、删除、修改电子数据，并在证据保全清单中记录封存状态。**

【理解与适用】

本条在保留原来规定的基础上，根据目前公安机关执法的实际情况，增加了扣押电子数据的相关要求。

一、采取证据保全措施的程序

（一）严格履行审批程序，会同当事人查点清楚，制作并当场交付证据保全决定书并附证据保全清单。

证据保全决定书应当载明下列事项：当事人的姓名或者名称、地址；抽样取证、先行登记保存、扣押、扣留、查封的理由、依据和期限；申请行政复议或者提起行政诉讼的途径和期限；作出决定的公安机关的名称、印章和日期。

证据保全清单载明被采取证据保全措施的场所、设施、物品的名称、规格、数量、特征等。

（二）证据保全决定书并附证据保全清单由办案人民警察和当事人签名后，一份交当事人，一份附卷。有见证人的，还应当由见证人签名。当事人或者见证人拒绝签名的，办案人民警察应当在证据保全清单上注明。

（三）办案人员根据案件办理的具体情况，如案件相对复杂，影响较大时，对采取证据保全措施的证据进行拍照或者对采取证据保全的过程进行录像。

二、扣押视听资料前进行检查

作为证据使用的录音带、录像带，是以其记录的内容作为案件的证据使用，因此要求办案人员在扣押时应当予以检查，记明案由、内容以及录取和复制的时间、地点等，并妥为保管，保证视听资料记录的内容的原始性和完整性。

三、扣押电子数据原始储存介质的要求

对扣押的电子数据原始存储介质，应当封存，保证在不解除封存状态的情况下，无法增加、删除、修改电子数据，并在证据保全清单中记录封存状态，目的同样在于保障电子数据的原始和完整。

【执法风险提示】

1. 采取证据保全措施应当严格按照法定的条件和程序、权限执行，保证法律文书内容的完整、全面。

2. 对于扣押的电子数据的原始储存介质和录音带、录像带应当注意妥善保管，避免因为保存环境、人为破坏等导致视听资料和电子数据证据的无效。

【相关规定】

《治安管理处罚法》第89条第2款；《行政强制法》第24条。

第一百一十二条　【证据保全的期限】扣押、扣留、查封期限为三十日，情况复杂的，经县级以上公安机关负责人批准，可以延长三十日；法律、行政法规另有规定的除外。延长扣押、扣留、查封期限的，应当及时书面告知当事人，并说明理由。

对物品需要进行鉴定的，鉴定期间不计入扣押、扣留、查封期间，但应当将鉴定的期间书面告知当事人。

【条文主旨】

本条规定了公安机关实施证据保全措施的期限。

【最新修改提示】

本条对应修改前的第96条，内容未变化。

【理解与适用】

1. 公安机关采取扣押、扣留、查封证据保全措施的期限规定为30日，案情重大、复杂在30日内不能作出相应处理决定的，经县级以上公安机关负责人批准，可以延长30日。逾期不作出处理决定的，应当将扣押、扣留的物品归还当事人，解除查封的场所、设施或者物品。物品退还当事人时应当由接收人在《证据保全清单》上进行签收。

延长扣押、扣留、查封期限的，应当及时书面告知当事人，并说明理由。

2. 鉴定期间不计算鉴定时限。对物品需要进行鉴定的，鉴定期间不计入扣押、扣留、查封期间，但应当将鉴定的期间书面告知当事人。

【执法风险提示】

1. 公安机关应当在规定的时限作出处理决定，需要延长的，应严格履行审批程序。

2. 延长证据保全期限以及鉴定的时间，应当书面告知当事人。

【相关规定】

《行政强制法》第 25 条。

第一百一十三条 【冻结恐怖活动嫌疑人财产】 公安机关对恐怖活动嫌疑人的存款、汇款、债券、股票、基金份额等财产采取冻结措施的，应当经县级以上公安机关负责人批准，向金融机构交付冻结通知书。

作出冻结决定的公安机关应当在三日内向恐怖活动嫌疑人交付冻结决定书。冻结决定书应当载明下列事项：

（一）恐怖活动嫌疑人的姓名或者名称、地址；

（二）冻结的理由、依据和期限；

（三）冻结的账号和数额；

（四）申请行政复议或者提起行政诉讼的途径和期限；

（五）公安机关的名称、印章和日期。

【条文主旨】

本条是对恐怖活动嫌疑人采取冻结财产的行政强制措施的规定。

【最新修改提示】

本条为 2018 年《公安部关于修改〈公安机关办理行政案件程序规定〉的决定》新增条款。

【理解与适用】

1. 《反恐怖主义法》第 52 条规定，公安机关调查恐怖活动嫌疑，经县级以上公安机关负责人批准，可以查询嫌疑人员的存款、汇款、债券、股票、基金份额等财产，可以采取查封、扣押、冻结措施。查封、扣押、冻结的期限不得超过二个月，情况复杂的，可以经上一级公安机关负责人批准延长一个月。对恐怖活动嫌疑人的存款、汇款、债券、股票、基金份额等财产采取冻结措施的，应当经县级以上公安机关负责人批准，向金融机构交付冻结通知书。

2. 冻结属于行政强制措施，应当遵守《行政强制法》的相关规定。根据《行政强制法》第 18 条的规定，行政机关实施行政强制措施，实施人员应当当场告知当事人采取行政强制措施的理由、依据及当事人依法享有的权利、救济途径。

3. 作出冻结决定的公安机关应当在三日内向恐怖活动嫌疑人交付冻结决定书。冻结决定书应当载明下列事项："（一）恐怖活动嫌疑人的姓名或者名称、地址；（二）冻结的理由、依据和期限；（三）冻结的账号和数额；（四）申请行政复议或者提起行政诉讼的途径和期限；（五）公安机关的名称、印章和日期。"

【执法风险提示】

1. 注意本条中的行政强制措施是依据《反恐怖主义法》的规定而实施，本条为具体操作性规定，因此公安机关还应当注意遵守相关法律对实施行政强制措施的规定和要求。

2. 公安机关应当在冻结决定书载明冻结的账号和数额，并向金融机构交付冻结通知书，以保证强制措施实施的效果。

【相关规定】

《反恐怖主义法》第 52 条；《刑事诉讼法》第 144 条；《人民检察院刑事诉讼规则》第 212 条；《行政强制法》第 18 条。

第一百一十四条　【冻结期限】自被冻结之日起二个月内，公安机关应当作出处理决定或者解除冻结；情况复杂的，经上一级公安机关负责人批准，可以延长一个月。

延长冻结的决定应当及时书面告知恐怖活动嫌疑人，并说明理由。

【条文主旨】

本条依照《反恐怖主义法》的规定明确了冻结的期限以及延长冻结期限和条件。

【最新修改提示】

本条为2018年《公安部关于修改〈公安机关办理行政案件程序规定〉的决定》新增条款。

【理解与适用】

1. 《反恐怖主义法》第52条明确规定，公安机关调查恐怖活动嫌疑，经县级以上公安机关负责人批准，可以查询嫌疑人员的存款、汇款、债券、股票、基金份额等财产，可以采取查封、扣押、冻结措施。查封、扣押、冻结的期限不得超过二个月，情况复杂的，可以经上一级公安机关负责人批准延长一个月。

2. 对于情况复杂公安机关不能在规定的时限里作出处理决定或者解除冻结的，经上一级公安机关负责人批准，可以延长一个月。即延长冻结期限的权限是作出冻结决定的上一级公安机关，并且延长的期限为一个月。

3. 作出延长决定的，公安机关应当将延长冻结的决定书面告知恐怖活动嫌疑人，并说明理由。

【执法风险提示】

由于冻结财产是对违法嫌疑人影响较大的行政强制措施，因此本条明确了延长期限由上一级公安机关审批的规定。

【相关规定】

《反恐怖主义法》第52条。

第一百一十五条　【解除证据保全】 有下列情形之一的，公安机关应当立即退还财物，并由当事人签名确认；不涉及财物退还的，应当书面通知当事人解除证据保全：

（一）当事人没有违法行为的；

（二）被采取证据保全的场所、设施、物品、财产与违法行为无关的；

（三）已经作出处理决定，不再需要采取证据保全措施的；

（四）采取证据保全措施的期限已经届满的；

（五）其他不再需要采取证据保全措施的。

作出解除冻结决定的，应当及时通知金融机构。

【条文主旨】

本条是关于公安机关解除证据保全的规定。

【最新修改提示】

修订前（2012版）	修订后（2018版）
第九十七条 有下列情形之一的，公安机关应当及时作出解除证据保全决定： （一）当事人没有违法行为的； （二）被采取证据保全的场所、设施、物品与违法行为无关的； （三）已经作出处理决定，不再需要采取证据保全措施的； （四）采取证据保全措施的期限已经届满的； （五）被临时查封的危险部位和场所的火灾隐患已经消除的； （六）其他不再需要采取证据保全措施的。 解除证据保全措施的，应当立即退还财物，并由当事人签名确认。	**第一百一十五条** 有下列情形之一的，公安机关应当**立即退还财物，并由当事人签名确认；不涉及财物退还的，应当书面通知当事人解除证据保全**： （一）当事人没有违法行为的； （二）被采取证据保全的场所、设施、物品、财产与违法行为无关的； （三）已经作出处理决定，不再需要采取证据保全措施的； （四）采取证据保全措施的期限已经届满的； （五）其他不再需要采取证据保全措施的。 **作出解除冻结决定的，应当及时通知金融机构。**

【理解与适用】

本条是对公安机关在结束证据保全的强制措施后，应当如何处理相应场所、物品及设施等的规定。

一、解除证据保全的情形

有下列情形之一的，公安机关应当解除证据保全：

（一）当事人没有违法行为的；

（二）被采取证据保全的场所、设施、物品、财产与违法行为无关的；

（三）已经作出处理决定，不再需要采取证据保全措施的；

（四）采取证据保全措施的期限已经届满的；

（五）其他不再需要采取证据保全措施的。

二、解除证据保全后对场所、设施、财物的处理

（一）符合返还条件的，公安机关应当立即退还财物，并由当事人签名确认。

（二）不涉及财物退还的，办理解除证据保全文书，并书面通知当事人。

（三）涉及第三方机构还应当及时通知第三方机构。例如解除冻结恐怖嫌疑人财产的，应当及时通知金融机构。

【执法风险提示】

公安机关应当根据不同的情况作出不同的处理决定，应当注意的是无论是否涉及实体的财物返还，都应当以书面方式告知当事人并由其签名确认。

【相关规定】

《治安管理处罚法》第 89 条第 3 款；《行政强制法》第 28 条；《公安机关办理刑事案件程序规定》第 228 条、第 229 条。

第一百一十六条　【移交涉案财物及孳息】行政案件变更管辖时，与案件有关的财物及其孳息应当随案移交，并书面告知当事人。移交时，由接收人、移交人当面查点清楚，并在交接单据上共同签名。

【条文主旨】

本条规定管辖权发生变更时，案件相关财物随之移交。

【最新修改提示】

本条对应修改前的第 98 条，内容未变化。

【理解与适用】

案件变更管辖时，变更前后的办案部门不使用同一个集中统一的涉案财物管理场所、账户的，原办案部门应当将涉案财物及其孳息随案卷一并移交给有管辖权的公安机关，并书面告知当事人。移交时，移交人员和接收人员应当当场查点检验、登记入册，并共同签名或者盖章。

变更前后的办案部门使用同一个集中统一的涉案财物管理场所、账户的，原办案部门应当将案卷移送给有管辖权的公安机关，并共同在涉案财物管理部门办理变更登记手续。

【执法风险提示】

移交涉案财物及其孳息，应当办好相应的交接手续，以保证责任明晰，避免因责任不明确导致相关证物损毁。

案例分析

行政强制措施的适用条件

——胡某与××县公安局交通警察大队道路交通行政强制并赔偿案①

△案例背景

原告胡某于 2018 年 4 月 13 日 18 时 10 分许，驾驶湘 LG41××号小型客车沿××县甲大道由南向北行驶，行驶至乙大道交会十字路口时，与胡某柳驾驶的湘 LC58××号小型客车（搭乘李某）相撞，造成交通事故。被告××县公安局交通警察大队依据《中华人民共和国道路交通安全法》第 72 条第 2 款、《湖南省实施办法》第 37 条的规定扣留了原告胡某的湘 LG41××号小型客车，并将车辆停放于××县某停车场。被告××县公安局交通警察大队对事故进行调查后，于 2018 年 4 月 17 日作出第 4310258201800179 号《道路交通事故认定书（简易程序）》。同日，被告作出《涉案车辆领取

① 参见（2018）湘 1021 行初 278 号行政判决书。

通知书》，于2018年5月4日通过邮政挂号信函邮寄给原告胡某，原告胡某于2018年5月7日拒绝签收。2018年6月14日，原告胡某持涉案车辆出场交接表取回被扣留的湘LG41××号小型客车。湘LG41××号小型客车被扣留××县某停车场62天，××县某停车场按每天20元，收取47天停车费，共计940元。

本案的争议焦点是被告作出的道路交通行政强制措施事实是否清楚、程序是否合法、适用法律是否正确。

△核心问题

采用行政强制措施应符合什么条件。

△法律评析

扣留车辆属于《行政强制法》规定的行政强制措施。根据《道路交通安全法》第72条第2款规定："交通警察应当对交通事故现场进行勘验、检查、收集证据；因收集证据的需要，可以扣留事故车辆，但是应当妥善保管，以备核查。"根据《道路交通事故处理程序规定》第29条规定，扣押与事故有关的物品需开具扣押物品清单。《湖南省实施办法》第37条第2款规定："发生交通事故造成人员伤亡、财产损失不能及时了结的，有赔偿责任的当事人或者事故车辆所有人应当提供有效的担保。"根据《道路交通安全法实施条例》第89条第1款、第2款规定，接到交通事故报警，应当及时赶赴现场，对未造成人身伤亡，事实清楚，并且机动车可以移动的，应当在记录事故情况后责令当事人撤离现场，恢复交通，对拒不撤离现场的，予以强制撤离。对前款规定情况的道路交通事故，交通警察可以适用简易程序处理，并当场出具事故认定书。《道路交通事故处理程序规定》第四章"自行协商和简易程序"的第16条规定："交通警察适用简易程序处理道路交通事故时，应当在固定现场证据后，责令当事人撤离现场，恢复交通……"为此，适用简易程序处理道路交通安全事故不应以收集证据的需要为由扣留事故车辆。造成人员伤亡、财产损失不能及时了结的，责令有赔偿责任的当事人或者事故车辆所有人应当提供有效的担保，但不应以收集证据的需要为由扣留事故车辆。本案中，被告对该起交通事故适用简易程序进行处理，同时以收集证据需要为由扣留原告的事故车辆，违反上述法律法规规定。

根据《国家赔偿法》第4条第1款第2项规定：违法对财产采取查封、扣押、冻结等行政强制措施，侵犯财产权的有取得赔偿的权利。第36条第1款第8项规定：对财产权造成其他损害的，按照直接损失给予赔偿。

本案中，被告违反法律规定扣留原告机动车辆，停车场收取的停车费用940元，应当由被告予以赔偿。

公安机关采取相应的行政强制措施一定要符合法律规定的条件，收集的案件事实的证据应当证明具备了采取相应行政强制措施的条件，否则可能导致公安机关违法实施行政强制措施并承担行政赔偿责任。

第八节　办案协作

第一百一十七条　【办案协作的要求】办理行政案件需要异地公安机关协作的，应当制作办案协作函件。负责协作的公安机关接到请求协作的函件后，应当办理。

【条文主旨】

本条是办案协作中对协作各方公安机关要求的规定。

【最新修改提示】

本条为2018年《公安部关于修改〈公安机关办理行政案件程序规定〉的决定》新增条款。

【理解与适用】

一、办案协作的定义

办案协作，是指办理行政案件需要异地公安机关协助的，应当制作办案协作函件，负责协作的公安机关接到请求协作的函件后，予以办理的制度。办案协作包括：派员异地办理、视频远程合作办理、委托异地办理三种办案协作方式。

近年来，人口流动性增大，流窜作案、跨地区作案日益增多，为了减小办案难度，提高办案效率，迫切需要跨地区的办案协作。随着公安机关办理刑事案件的办案协作的开展，很多地方尝试开展办理行政案件中的办案协作。本次《程序规定》设专节规定了办案协作的内容、程序，从法律上把实践中的先进经验固定，同时为各地公安机关办理行政案件中的协作与配合提供了制度保障，提高了公安机关的办案效率，充分体现了公安机关全国一盘棋的精神，对发挥公安机关的整体战斗力起到了积极的推动作用。

二、办案协作中对办案地公安机关的要求

办理行政案件需要异地公安机关协作的，应当制作办案协作函件。在办案协作中，办案地的公安机关需要制作办案协作函，请求协作地公安机关进行办案协助；人民警察需要出示警官证，以表明身份；还需要出示传唤证等需要协作事项的法律文书，以表明需要采取的调查措施。

三、办案协作中对协作地公安机关的要求

负责协作的公安机关接到请求协作的函件后，应当办理。注意本条规定是“应当办理”，即要求协作地公安机关必须予以协助。协作地公安机关依照办案地公安机关的要求，依法履行办案协作职责所产生的法律责任，由办案地公安机关承担。①

【执法风险提示】

负责协作的公安机关接到请求协作的函件后，必须协作办理。

第一百一十八条　【协作传唤】需要到异地执行传唤的，办案人民警察应当持传唤证、办案协作函件和人民警察证，与协作地公安机关联系，在协作地公安机关的协作下进行传唤。协作地公安机关应当协助将违法嫌疑人传唤到其所在市、县内的指定地点或者到其住处、单位进行询问。

【条文主旨】

本条是关于异地协作传唤的规定。

【最新修改提示】

本条为2018年《公安部关于修改〈公安机关办理行政案件程序规定〉的决定》新增条款。

---

① 根据《程序规定》第122条。

【理解与适用】

办案地公安机关需要派员到异地执行传唤的，按照以下程序办理：

一、协作传唤时，办案地公安机关出具的法律手续

办案人民警察应当持传唤证、办案协作函件和人民警察证，与协作地公安机关联系。办案地公安机关需要到异地执行传唤的，由于办案地公安机关的干警不熟悉当地的情况，为了方便案件办理，提高办案效率，可以请求当地公安机关协助。在事先与协作地公安机关取得联系时，应持有传唤证、办案协作函件和人民警察证，以表明身份、协作意愿和协作事项。

二、协作地公安机关应当协助传唤

办案地公安机关在协作地公安机关的协作下进行传唤。为了提高传唤工作的准确性和效率性，传唤应在协作地公安机关的协作下进行。

三、协作传唤的地点

为了保护违法嫌疑人的合法权益，异地执行传唤的，协作地公安机关应当协助将违法嫌疑人传唤到其所在市、县内的指定地点或者到其住处、单位进行询问。在公安机关询问违法嫌疑人，应当在办案场所进行。

【执法风险提示】

异地执行传唤的，办案人民警察应当持传唤证、办案协作函件和人民警察证，与协作地公安机关联系。注意需要携带的法律手续要齐全。

第一百一十九条　【协作检查、查询，查封、扣押或者冻结】需要异地办理检查、查询，查封、扣押或者冻结与案件有关的财物、文件的，应当持相关的法律文书、办案协作函件和人民警察证，与协作地公安机关联系，协作地公安机关应当协助执行。

在紧急情况下，可以将办案协作函件和相关的法律文书传真或者通过执法办案信息系统发送至协作地公安机关，协作地公安机关应当及时采取措施。办案地公安机关应当立即派员前往协作地办理。

【条文主旨】

本条是关于公安机关协作进行检查、查询，查封、扣押或者冻结的规定。

【最新修改提示】

本条为2018年《公安部关于修改〈公安机关办理行政案件程序规定〉的决定》新增条款。

【理解与适用】

公安机关需要异地办理检查、查询，查封、扣押或者冻结与案件有关的财物、文件的，按照以下程序办理：

一、协作进行检查、查询，查封、扣押或者冻结的法律手续

需要异地办理检查、查询，查封、扣押或者冻结与案件有关的财物、文件的，办案地公安机关的人民警察应当持相关的法律文书、办案协作函件和人民警察证等法律手续，与协作地公安机关联系。“相关的法律文书”是指异地进行的调查行为需要的法律文书，如检查证、扣押、查封的批准手续等。协作地公安机关根据法律文书的内容，协助采取检查、查询，查封、扣押或者冻结等调查措施。

二、协作地公安机关应当协助执行

接到办案协作手续的公安机关应当无条件地、无偿地协作办理，共同打击违法活动。

三、紧急情况的处理

在紧急情况下，办案地公安机关人民警察无法赶到，需要立即采取检查、查询，查封、扣押或者冻结等调查措施的，办案地公安机关可以将办案协作函件和相关的法律文书传真或者通过执法办案信息系统发送至协作地公安机关。协作地公安机关应当及时采取措施。办案地公安机关应当立即派员前往协作地办理。这是现代科学技术手段在办案协作中的应用。

【执法风险提示】

1. 需要异地办理检查、查询，查封、扣押或者冻结的，办案地公安机关的人民警察应当持相关的法律文书、办案协作函件和人民警察证等法律手续，法律手续要齐全。

2. 在紧急情况下，需要立即采取检查、查封等调查措施的，可以将办案协作函件和相关的法律文书传真或者通过执法办案信息系统发送至协作地公安机关，协作地公安机关应当先行采取措施。办案地公安机关应当立即派员前往协作地办理。

第一百二十条　【视音频远程合作办理】需要进行远程视频询问、处罚前告知的，应当由协作地公安机关事先核实被询问、告知人的身份。办案地公安机关应当制作询问、告知笔录并传输至协作地公安机关。询问、告知笔录经被询问、告知人确认并逐页签名或者捺指印后，由协作地公安机关协作人员签名或者盖章，并将原件或者电子签名笔录提供给办案地公安机关。办案地公安机关负责询问、告知的人民警察应当在首页注明收到日期，并签名或者盖章。询问、告知过程应当全程录音录像。

【条文主旨】

本条是关于公安机关视音频远程协作询问、告知的规定。

【最新修改提示】

本条为2018年《公安部关于修改〈公安机关办理行政案件程序规定〉的决定》新增条款。

【理解与适用】

随着通信技术的发展，视频音频技术已经非常成熟，在生产生活中已得到广泛应用。公安机关信息化建设开展多年，视音频技术已广泛应用于社会管理和案件办理中。本条规定是远程实时的视音频技术在远程询问、告知中的应用。

远程询问、告知，是指办案地公安机关人民警察无需前往协作地，利用远程视音频技术，在协作地人民警察的协助下完成询问、告知。需要进行远程视频询问、处罚前告知的，办案地公安机关持相关的法律文书、办案协作函件和人民警察证，与协作地公安机关联系后，按照以下程序进行：

一、协作地公安机关核实被询问、告知人的身份

询问、告知首先应当核实被询问、告知人身份，确定其是否为我们要询问、告知的人。远程询问、告知办案人民警察与被询问、告知人不在同一个地方。所以，现场核实身份的工作由协作地公安机关的人民警察进行。

二、办案地公安机关进行询问、告知，制作询问、告知笔录

（一）办案地公安机关进行询问、告知。核实身份后，由办案地公安机关通过远程视音频系统进行询问、告知，制作询问告知笔录。

（二）将询问、告知笔录传输至协作地公安机关。由于询问、告知笔录需要确认、签字，办案地公安机关应当将做好的询问、告知笔录传输至协作地公安机关，由其代理完成确认、签字工作。

三、协作地公安机关的确认、签字工作

（一）协作地公安机关收到传输过来的询问、告知笔录，由被询问、告知人确认笔录内容，确认无误后，逐页签名或者捺指印。询问、告知笔录既可以打印出来签字或者盖章，也可以在电子询问、告知笔录上签字或捺指印。

（二）被询问、告知人签名或捺指印后，协作地公安机关的协作人员要签字或者盖章，以确认签字工作的真实性、合法性。

（三）被询问、告知人和协作人员签字后，由协作地公安机关协作人员将笔录原件或者电子签名笔录传输或者发送给办案地公安机关。

四、办案地公安机关签收

办案地公安机关负责询问、告知的人民警察，收到签字后的询问、告知笔录后，应当在首页注明收到日期，并签名或者盖章。

询问、告知过程应当全程录音录像。

【执法风险提示】

1. 远程询问、告知以办案地公安机关的人民警察为主导，协作地公安机关人民警察予以协助。

2. 询问、告知笔录，除被询问人、告知人需要逐页签名或者捺指印外，协作地公安机关的协作人员也要签名或者盖章。

3. 签字后发回的询问、告知笔录，办案地公安机关的人民警察应当在首页注明收到日期，并签名或者盖章。

第一百二十一条　【委托异地办理】办案地公安机关可以委托异地公安机关代为询问、向有关单位和个人调取电子数据、接收自行书写材料、进行辨认、履行处罚前告知程序、送达法律文书等工作。

委托代为询问、辨认、处罚前告知的，办案地公安机关应当列出明确具体的询问、辨认、告知提纲，提供被辨认对象的照片和陪衬照片。

委托代为向有关单位和个人调取电子数据的，办案地公安机关应当将办案协作函件和相关法律文书传真或者通过执法办案信息系统发送至协作地公安机关，由协作地公安机关办案部门审核确认后办理。

【条文主旨】

本条是关于委托协作地公安机关进行案件协作办理的规定。

【最新修改提示】

本条为2018年《公安部关于修改〈公安机关办理行政案件程序规定〉的决定》新增条款。

【理解与适用】

委托异地办理，是指办案地公安机关无需派员前往异地，而是把行政案件中需要异地办理的事项委托协作地公安机关代为办理，责任由办案地公安机关承担的制度。

一、委托异地办理事项

根据本条规定，办案地公安机关可以委托异地公安机关代为办理的事项包括：询问、向有关单位和个人调取电子数据、接收自行书写材料、进行辨认、履行处罚前告知程序、送达法律文书等工作。

二、委托代为询问、辨认、处罚前告知

由于协作地的公安机关不了解案情，故委托其代为询问、辨认、处罚前告知的，办案地公安机关应当列出明确具体的询问、辨认、告知提纲，

提供被辨认对象的照片和陪衬照片，以便询问、辨认、告知的结果合法，并满足其办案需要。

三、委托代为向有关单位和个人调取电子数据

委托代为向有关单位和个人调取电子数据的，办案地公安机关应当将办案协作函件和相关法律文书传真或者通过执法办案信息系统发送至协作地公安机关，由协作地公安机关办案部门审核确认后办理。

【执法风险提示】

1. 委托其代为询问、辨认、处罚前告知的，办案地公安机关应当列出明确具体的询问、辨认、告知提纲，提供被辨认对象的照片和陪衬照片。

2. 委托代为调取电子数据的，办案地公安机关应当将办案协作函件和相关法律文书传真或者通过执法办案信息系统发送至协作地公安机关，由协作地公安机关办案部门审核确认后办理。

第一百二十二条　【办案协作的法律责任承担】协作地公安机关依照办案地公安机关的要求，依法履行办案协作职责所产生的法律责任，由办案地公安机关承担。

【条文主旨】

本条是关于公安机关办案协作的法律责任承担的规定。

【最新修改提示】

本条为2018年《公安部关于修改〈公安机关办理行政案件程序规定〉的决定》新增条款。

【理解与适用】

办案协作就其本质就是行政委托。而行政委托不发生职权职责、法律后果及行政主体资格的转移。行政委托的法律后果由委托机关承担。如《行政处罚法》第18条规定："……委托行政机关对受委托的组织实施行政处罚的行为应当负责监督，并对该行为的后果承担法律责任……"

根据行政委托的原理，办案地公安机关申请协作地公安机关协助办理相关事项，协作地公安机关依照办案地公安机关的要求，依法履行办案协作职责所产生的法律责任，由办案地公安机关承担。

【执法风险提示】

公安机关办案协作的法律责任，由办案地公安机关承担。

【相关规定】

《行政处罚法》第 18 条。

第八章　听证程序

第一节　一般规定

第一百二十三条　【听证条件】在作出下列行政处罚决定之前，应当告知违法嫌疑人有要求举行听证的权利：

（一）责令停产停业；

（二）吊销许可证或者执照；

（三）较大数额罚款；

（四）法律、法规和规章规定违法嫌疑人可以要求举行听证的其他情形。

前款第三项所称“较大数额罚款”，是指对个人处以二千元以上罚款，对单位处以一万元以上罚款，对违反边防出境入境管理法律、法规和规章的个人处以六千元以上罚款。对依据地方性法规或者地方政府规章作出的罚款处罚，适用听证的罚款数额按照地方规定执行。

【条文主旨】

本条规定了举行听证的条件。

【最新修改提示】

本条对应修改前的第 99 条，内容未变化。

【理解与适用】

公安行政案件听证，是指公安机关对于符合法定条件的行政处罚案件，根据被处罚人的申请，决定召开听证会，正式听取利害关系人意见的活动。

针对相对较重处罚而举行听证有利于查明事实真相，正式听证具有准司法的性质，采用诉讼程序中双方对抗、主持人居中主持的结构模式。听证中，主持人听取办案人员和违法行为人双方的陈述，询问证人，并进行辩论。这样证据可以在听证中都得到充分的展现，并就其真实性和关联性进行了讨论，有利于发现真相，为行政机关的决定提供基础。

一、听证的条件

规定听证条件的法律规范是《行政处罚法》和本规定，公安机关在作出下列行政处罚决定之前，违法嫌疑人要求举行听证的，应当听证：

（一）责令停产停业

责令停产停业，是指公安机关责令行政相对人停止生产经营活动的行政处罚。责令停产停业与责令停止违法行为和责令消除安全隐患不同，前者是法定的行政处罚种类，而后者是要求行政相对人消除违法行为的行政措施。

（二）吊销许可证或者执照

吊销许可证或者执照，是指公安机关对其已经许可批准从事特定活动的行政相对人，依法限制或者剥夺其从事特定活动的法律资格的一种行政处罚。如，吊销驾驶证、行政证等。

（三）较大数额罚款

较大数额罚款，是指对个人处以2000元以上罚款，对单位处以1万元以上罚款，对违反边防出入境管理法律、法规和规章的个人处以6000元以上罚款。对依据地方性法规或者地方政府规章作出的罚款处罚，适用听证的罚款数额按照地方规定执行。①

（四）其他情形

法律、法规和规章规定违法嫌疑人可以要求举行听证的其他情形。

行政相对人对裁决行政拘留的处罚不服，依照《行政处罚法》第42条的规定，属于法律另有规定的除外情况，不适用听证程序。被处罚人如

---

① 参见《程序规定》第123条第2款。

果申请行政复议或者行政诉讼，可以向作出行政拘留决定的公安机关提出暂缓执行行政拘留的申请，公安机关认为暂缓执行行政拘留不致发生社会危险，且被处罚人或者其近亲属提出符合条件的担保人，或者按每日行政拘留 200 元的标准交纳保证金的，应当作出暂缓执行行政拘留的决定；认为不宜暂缓执行的，应当告知申请人。

二、听证的告知

公安机关在作出依法应当听证的行政处罚之前，应当告知当事人有要求举行听证的权利。因为将来其处罚决定的有效性，以公安机关是否告知当事人有权要求听证为前提，即未履行告知程序的可能导致该行政处罚无效。对适用听证程序的行政案件，办案部门在提出处罚意见后，应当告知违法嫌疑人拟作出的行政处罚和有要求举行听证的权利，并在行政处罚告知笔录中记明，由被告知人签字确认。被告知人拒绝签字的，告知人应当注明。

【执法风险提示】

1. 如果地方法规规定的听证条件低于本条规定则应当遵守地方法规的规定。

2. 公安机关在处罚决定前，如果发现处罚决定达到了听证的条件，就应当书面告知当事人有要求听证的权利。

【相关规定】

《行政处罚法》第 42 条。

第一百二十四条　【听证机构】听证由公安机关法制部门组织实施。

依法具有独立执法主体资格的公安机关业务部门以及出入境边防检查站依法作出行政处罚决定的，由其非本案调查人员组织听证。

【条文主旨】

本条规定了公安机关的听证机构。

【最新修改提示】

本条对应修改前的第 100 条，内容未变化。

【理解与适用】

听证的组织机构，是指具体组织听证的机构，即办理公安行政案件的公安机关。听证的告知、听证会的申请、听证会的举行、听证主持人的来源及听证笔录都应以其名义作出。依照本条的要求，听证由公安机关法制部门负责组织实施，公安机关内设业务部门依法以自己的名义作出行政处罚决定的，由该机构非本案调查人员组织听证。《行政处罚法》设立行政听证程序的目的在于，使行政机关能够更为慎重地作出重大的行政处罚决定，并且使相对人在受到较重的处罚决定之前能够充分地进行陈述和申辩，因而要求作出行政处罚决定的公安机关必须亲自举行听证会，不得委托其他机关代为听证。

第一百二十五条　【听证不加重处罚】公安机关不得因违法嫌疑人提出听证要求而加重处罚。

【条文主旨】

本条规定了公安机关不得因听证加重处罚。

【最新修改提示】

本条对应修改前的第 101 条，内容未变化。

【理解与适用】

《行政处罚法》第 32 条规定，“当事人有权进行陈述和申辩。行政机关必须充分听取当事人的意见，对当事人提出的事实、理由和证据，应当进行复核；当事人提出的事实、理由或者证据成立的，行政机关应当采纳。行政机关不得因当事人申辩而加重处罚”。听证是当事人进行陈述和申辩的方式，因此应当遵守上述法律规定，不得因违法嫌疑人提出听证要求而加重处罚。

【相关规定】

《行政处罚法》第 32 条。

第一百二十六条　【听证内容】 听证人员应当就行政案件的事实、证据、程序、适用法律等方面全面听取当事人陈述和申辩。

【条文主旨】

本条规定了听证人员应当听证的内容。

【最新修改提示】

本条对应修改前的第 102 条，内容未变化。

【理解与适用】

1. 开始听证。听证开始时，听证主持人核对听证参加人；宣布案由；宣布听证员、记录员和翻译人员名单；告知当事人在听证中的权利和义务；询问当事人是否提出回避申请；对不公开听证的行政案件，宣布不公开听证的理由。

2. 办案民警陈述。听证开始后，首先由办案民警提出听证申请人违法的事实、证据和法律依据及行政处罚意见；当场出示证据，宣读证人证言、鉴定意见、勘验笔录和其他作为证据的文书。办案人员出示、宣读证据时应当全面地出示证据、宣读证据内容，让当事人了解证据的具体内容。

3. 听证申请人申辩。听证申请人可以就办案民警提出的违法事实、证据和法律依据以及行政处罚意见进行陈述、申辩和质证，并可以提出新的证据；听证过程中，当事人及其代理人有权申请通知新的证人到会作证，调取新的证据。对上述申请，听证主持人应当当场作出是否同意的决定。

4. 第三人陈述。第三人可以陈述事实，提出新的证据。

5. 辩论。听证辩论应当在听证主持人的主持下进行，辩论发言顺序原则上应当按照听证申请人或者其代理人，第三人或者其代理人，办案人员的先后顺序进行，每个人的发问都应当征得听证主持人的同意。听证申请人、第三人和办案民警可以围绕案件的事实、证据、程序、适用法律、处罚种类和幅度等问题进行辩论。

6. 最后陈述。辩论结束后，听证主持人应当听取听证申请人、第三人、办案民警各方最后陈述意见。

案例分析

听证的适用条件有哪些

——刘某生诉××市公安局交通警察大队交通管理行政处罚案①

△基本案情

一审法院经审理查明：2016年6月30日12时30分许，原告刘某生驾驶未悬挂机动车号牌的机动车，到××市××镇××村刘某高家载刘某高试车。后该机动车翻入路边沟内，刘某高经抢救无效死亡。公安机关进行了调查，但未查明该机动车发生事故的原因及发生事故时的机动车驾驶人。事故发生后，××市公安局××派出所对事故现场进行了勘验、拍照，并分别于2016年6月30日、7月1日、8月19日、9月27日对原告刘某生进行了询问，制作询问笔录。2016年11月28日，被告××市公安局交通警察大队书面告知原告刘某生拟作出行政处罚的事实、理由及依据，并告知其依法享有的权利，原告刘某生当即表示要求举行听证，被告进行复核，答复原告刘某生按法律规定不需要听证。同日，被告作出××公交决字〔2016〕第370283－2700424205号公安交通管理行政处罚决定，认定刘某生于2016年6月30日12时30分，在××镇驻地实施上道路行驶的机动车未悬挂机动车号牌违法行为（代码17170）。根据《中华人民共和国道路交通安全法》第95条第1款、第90条，决定给予罚款200元。根据《机动车驾驶证申领和使用规定》记12分。并于即日送达原告刘某生。原告刘某生不服，于2017年2月28日提起行政诉讼。

一审法院认为：本案争议的焦点，一是被告对原告的违法行为拟作出行政处罚时，原告要求听证，被告未举行听证，被告是否违反了《中华人民共和国行政处罚法》第42条的程序规定。二是被告认定事故发生前，原告刘某生驾驶机动车未悬挂号牌的事实是否清楚，证据是否确凿。

---

① 参见（2017）鲁02行终598号行政判决书。

△核心问题

公安行政处罚听证的适用条件是什么？

△法律评析

一、本案不属于应当听证的情形，××市公安局交通警察大队不予听证的做法正确

《中华人民共和国行政处罚法》第42条规定，行政机关作出责令停产停业、吊销许可证或者执照、较大数额罚款等行政处罚决定之前，应当告知当事人有要求举行听证的权利；当事人要求听证的，行政机关应当组织听证。其中，根据《公安机关办理行政案件程序规定》第123条（原第99条）“较大数额罚款”，是指对个人处以二千元以上罚款，对单位处以一万元以上罚款，对违反边防出境入境管理法律、法规和规章的个人处以六千元以上罚款。对依据地方性法规或者地方政府规章作出的罚款处罚，适用听证的罚款数额按照地方规定执行。本案中，被告××市公安局交通警察大队对原告作出罚款200元的处罚，不属于《中华人民共和国行政处罚法》第42条规定应当进行听证的情形。另外，被告针对原告的道路交通安全违法行为进行处罚，适用《道路交通安全违法行为处理程序规定》正确，况且根据《公安机关办理行政案件程序规定》关于听证程序的规定，本案也不属于应当进行听证的情形。故本案争议的焦点一，原告要求听证，被告未举行听证并不违反法律规定，原告主张被告程序违法、适用法律错误不予支持。

二、关于争议焦点二，被告认定事故发生前，原告刘某生驾驶机动车未悬挂号牌的事实是否清楚，证据是否确凿

事故发生后，××市公安局××派出所对原告的三次询问笔录中原告均承认其驾驶机动车时未悬挂号牌，现场勘验照片也显示事故机动车未悬挂号牌，故被告认定原告的车辆未悬挂机动车号牌上道路行驶事实清楚，证据确凿，原告主张该事实证据不足，不予支持。

在庭审质证过程中，原告刘某生称发生事故时，自己未驾驶车辆，因被告是对在发生事故前，原告刘某生驾驶车辆未悬挂机动车号牌上道路的行为进行的处罚，故发生事故时机动车驾驶人是谁，不是本案审理范围。

综上，一审法院认为：被告履行了告知原告违法的基本事实、处罚依据及其依法享有的权利和义务，并将处罚决定书送达原告，被告作出的行政处罚事实清楚，证据确凿，适用法律法规正确，处罚得当，符合法定程序，原告请求撤销该处罚决定于法无据，不予支持。依照《中华人民共和

国行政诉讼法》第 69 条之规定，判决驳回原告刘某生的诉讼请求。案件受理费 50 元，由原告刘某生负担。

原告刘某生不服提起上诉，被上诉人××市公安局交通警察大队的答辩意见与其在原审法院的答辩意见一致。上诉人未向法院提交证据。被上诉人向原审法院提交的证据已随案移送本院。二审法院同意原审法院对证据的认证意见及据此确认的案件事实。

二审法院判决驳回上诉，维持原判。二审案件受理费 50 元，由上诉人刘某生负担。

第二节　听证人员和听证参加人

第一百二十七条　【听证人员】听证设听证主持人一名，负责组织听证；记录员一名，负责制作听证笔录。必要时，可以设听证员一至二名，协助听证主持人进行听证。

本案调查人员不得担任听证主持人、听证员或者记录员。

【条文主旨】

本条是对听证人员的规定。

【最新修改提示】

本条对应修改前的第 103 条，内容未变化。

【理解与适用】

1. 本条依照《行政处罚法》第 42 条规定制定，依照《行政处罚法》及本条规定，公安机关的听证应当由将要作出处罚决定的公安机关实施，公安机关组织听证应当至少设一名主持人，一名记录人员。

2. 听证员的设置是公安机关根据案件情况和本机关人员情况决定的，不是听证案件必须设定的参加人员。目前公安机关警力往往相对不足，因此在实践中要注意听证员不是法律规定必须有的。

3. 依照回避的基本要求，听证主持人、听证员或者记录员都不能是本案的调查人员。

4. 办理案件的公安机关应当指定听证主持人一名，负责组织听证；记录员一名，负责制作听证笔录，听证员协助听证主持人进行听证。

5.《行政处罚法》没有规定听证主持人应当由谁来承担，只是规定听证主持人由行政机关指定，并且应当是非本案调查人员。

【执法风险提示】

1.《行政处罚法》虽然没有对听证主持人的资格作出明确的规定，只要求由行政机关指定，并且应当是非本案调查人员，但是在实际执法过程中，由于进入听证程序的行政处罚往往对当事人的权利义务有较大影响，因此可以考虑选择作出处罚决定的法制部门的人民警察或者是有相对丰富执法经验的人民警察做听证主持人。

2. 听证程序的主要目的是查明案情，但听证过程也是当事人陈述案情以及在听证主持人的主持下当事人与办案人员就案情双方认知进行沟通的过程。建议听证主持人在听证过程中，通过沟通交流一方面查明案情，另一方面也帮助当事人加强对相关法律的了解，增加当事人对案件处理结果的接受程度。

【相关规定】

《行政处罚法》第42条。

第一百二十八条　【听证主持人职责】 听证主持人决定或者开展下列事项：

（一）举行听证的时间、地点；

（二）听证是否公开举行；

（三）要求听证参加人到场参加听证，提供或者补充证据；

（四）听证的延期、中止或者终止；

（五）主持听证，就案件的事实、理由、证据、程序、适用法律等组织质证和辩论；

（六）维持听证秩序，对违反听证纪律的行为予以制止；

（七）听证员、记录员的回避；

（八）其他有关事项。

【条文主旨】

本条是对听证主持人职责的规定。

【最新修改提示】

本条对应修改前的第 104 条，内容未变化。

【理解与适用】

本条是听证主持人应当履行的职责的规定，共有七项具体要求和一项概括性的规定。

1. 决定举行听证的时间、地点。根据本《程序规定》，听证应当在公安机关收到听证申请之日起 10 日内举行。[①]

2. 决定听证是否公开举行。听证的方式包括公开听证和不公开听证两种，公开听证允许他人旁听、允许新闻记者参加；不公开听证是指不允许他人旁听、不允许新闻记者参加。依照《行政处罚法》规定，除涉及国家秘密、商业秘密和个人隐私的行政案件外，应当公开听证。二个以上违法嫌疑人分别对同一行政案件提出听证要求的，可以合并举行。同一行政案件中有二个以上违法嫌疑人，其中部分违法嫌疑人提出听证申请的，应当在听证举行后一并作出处理决定。

3. 要求听证参加人到场参加听证，提供或者补充证据。听证的参加人包括当事人及其代理人，本案办案人民警察，证人、鉴定人、翻译人员等。听证主持人有权要求听证参加人到场参加听证，提供或者补充与案件有关的证据。听证申请人不能按期参加听证的，可以申请延期，是否准许，由听证主持人决定。

4. 决定听证的延期、中止或者终止。听证的延期，是指在听证日期确定后，或者在听证的过程中，由于法定事由，使听证不能如期举行，或者无法继续进行，而决定推延听证的一种制度。听证的中止，是指在听证过程中，由于出现影响听证活动正常进行的情形，听证机构依法暂停听证程序，待原因消除后听证继续进行。听证的终止，是指在听证过程中，出现了某些特定情形，使得听证会无法或者没有必要继续进行而结束听证会的

---

① 参见《程序规定》第 137 条。

情形。听证的延期、中止或者终止的具体情形，详见本《程序规定》第137条、第148条、第149条。

5. 主持听证。听证主持人主持听证，就案件的事实、理由、证据、程序、适用法律等组织质证和辩论。

6. 维持听证秩序。对违反听证会场纪律的行为，听证主持人应当警告制止；对不听制止，干扰听证正常进行的旁听人员，责令其退场。申请人不听劝阻继续扰乱听证会秩序、影响听证会正常进行的，听证主持人可以作出终止听证的决定；办案人员不听劝阻继续扰乱听证会秩序的，报请公安机关负责人做出处理决定。

7. 决定听证员、记录员的回避。听证的听证员、记录员具备法定回避情形的，应当回避。其自行提出回避申请，或者当事人及其法定代理人要求其回避的，听证员、记录员是否回避由听证主持人决定。

8. 其他有关事项。本项是概括性规定，指除前述听证主持人决定或开展的事项外，其他应当由听证主持人决定或者开展事项。

【执法风险提示】

听证主持人应当具有较高的法律素养、丰富的执法经验和较高的听证过程的掌控能力，并严格遵守相关法律法规对听证的要求，确保听证过程的合法性和听证制作相关文书的有效性，特别是对需要听证参加人签字的法律文书，一定要保证当事人签字的真实性。

【相关规定】

《行政处罚法》第42条。

第一百二十九条　【听证参加人】听证参加人包括：

（一）当事人及其代理人；

（二）本案办案人民警察；

（三）证人、鉴定人、翻译人员；

（四）其他有关人员。

【条文主旨】

本条规定了听证参加人的范围。

【最新修改提示】

本条对应修改前的第 105 条，内容未变化。

【理解与适用】

听证参加人，是指因与将要听证的内容有直接的法律上的利害关系而参加到听证会中的人员，包括利害关系人及其代理人，也包括证人、鉴定人、翻译人员等因需要而加入到听证会的人员。具体来讲，听证参加人包括：

一、当事人及其代理人

公安行政案件的当事人，是指将要受到较大数额罚款处罚、吊销许可证或者执照以及责令停产停业处罚的自然人、法人、其他组织。对于参加听证的公民应当注意其是否具有法律责任能力和行为能力，即已满 14 周岁不满 18 周岁的自然人，如果依法予以从轻处罚后，仍具备听证的条件，要求和参加听证的应当由其法定代理人进行。对于法人或其他组织要求听证的，应当由其法定代表人要求和参加听证。法人或其他组织变更的，由变更后的法人或其他组织的法定代表人凭有效证件继续要求或参加听证。法人或其他组织终止的，由承继其权利和义务的法人或其他组织继续要求或参加听证。

《行政处罚法》第 42 条第 1 款第 5 项规定，当事人可以亲自参加听证，也可以委托一至二人代理，代理人既可以是法定代理人也可以是当事人委托的代理人。

二、本案办案民警

本案调查人员，是指负责办理将听证的公安行政案件的民警，本案正是根据他们的调查取证拟决定对当事人的处罚。在听证过程中，负责处理本案的人民警察依法有权对当事人违反公安行政管理行为的事实、证据、提出处罚建议的法律依据与当事人及其委托代理人进行答辩、辩论和质证。

三、证人、鉴定人、翻译人员

根据听证的公安行政案件的不同而不同，在认定案件事实的证据中涉及上述证据的，可以要求提供证言的证人、做出鉴定意见的鉴定人员出席听证会；如果将要听证的案件涉及少数民族、外籍人士或者残障人士，语言交流有障碍时，可以有翻译人员参加听证。

四、其他有关人员

与听证案件处理结果有直接利害关系的其他公民、法人或者其他组织作为第三人申请参加听证的，应当允许。为查明案情，必要时，听证主持人也可以通知其参加听证。

【执法风险提示】

要求听证参加人到场参加听证，决定听证员、记录员的回避是听证主持人的职责，因此在确定和通知听证参加人时，听证主持人应当充分了解案情，通知所有应当参加听证的人员到场，以保证听证的有效性。

【相关规定】

《行政处罚法》第 42 条。

第一百三十条　【当事人在听证中的权利】 当事人在听证活动中享有下列权利：

（一）申请回避；

（二）委托一至二人代理参加听证；

（三）进行陈述、申辩和质证；

（四）核对、补正听证笔录；

（五）依法享有的其他权利。

【条文主旨】

本条规定了听证当事人的权利。

【最新修改提示】

本条对应修改前的第 106 条，内容未变化。

【理解与适用】

一、听证当事人

目前理论界对听证当事人范围的认识不完全一致。一种观点认为听证当事人是指与举行听证的行政处罚案件有直接的利害关系，主动要求行政机关举行听证会的人，包括与听证结果有利害关系的第三人；另一种观点认为，听证当事人仅指被事先告知将受到行政处罚，并依法有权提出听证要求的违法嫌疑人。结合《程序规定》的其他条款，本章关于当事人的认识采用第二种观点。

二、当事人在听证中的权利

当事人在听证活动中享有下列权利：

1. 申请回避。当事人有申请听证主持人、听证员、听证记录员回避的权利。

2. 委托一至二人代理参加听证。当事人有委托代理人参加听证的权利，代理人既包括法定代理人，也包括委托代理人。

3. 进行陈述、申辩和质证。当事人有对案件的事实、法律适用进行陈述的权利，并有与案件调查人员进行辩论和质证的权利。

4. 核对、补正听证笔录。当事人有对听证笔录进行核对、补正的权利等。

除上面的明确规定外，当事人还有提出新证据，申请通知新的证人到会作证、调取新的证据、申请重新鉴定以及进行辩论和撤回听证申请等权利。听证主持人或者听证人员应当告知当事人享有的权利和义务。

【执法风险提示】

设立听证程序的目的是调查案件、查实证据，因此听证主持人或者听证人员在听证的全过程应当提示并主动询问听证当事人是否要求回避、是否有其他证据补充等，以保证最大限度地查明案情，保护行政相对人的合法权益。

【相关规定】

《行政处罚法》第 42 条。

第一百三十一条　【听证第三人】与听证案件处理结果有直接利害关系的其他公民、法人或者其他组织，作为第三人申请参加听证的，应当允许。为查明案情，必要时，听证主持人也可以通知其参加听证。

【条文主旨】

本条是对听证第三人参加听证会方式的规定。

【最新修改提示】

本条对应修改前的第 107 条，内容未变化。

【理解与适用】

听证第三人是与听证案件处理结果有直接利害关系的其他公民、法人或者其他组织，这里的其他应当理解为除听证当事人以外的其他与案件有利害关系的公民、法人或者其他组织。

依照本条规定，行政第三人参加听证会的方式有两种：一是听证第三人主动申请参加听证会；二是听证主持人根据调查案件的需要通知第三人参加听证会。

【执法风险提示】

针对即将进入听证程序的行政案件，公安机关的听证主持人应当提前了解案件当事人和可能涉及的第三人的情况，如果第三人与案件的结果有直接的利害关系，建议通知第三人将要举行的听证会的时间地点；若第三人没有自行申请参加听证会，主持人应当根据调查案件的需要通知第三人到场参加听证会。

【相关规定】

《行政处罚法》第 42 条。

案例分析

听证中的案件当事人享有哪些权利

——李某革诉××市公安局交通警察支队公安行政处罚案①

△基本案情

原告李某革诉称：2017年8月31日，原告酒后驾驶冀F×××××普通货车，在××公路处被××县公安局交通管理大队查处，有编号130631600004565违法行为通知书为证。2017年9月4日原告接受处罚，交驾驶证、缴纳罚金1000元、到××市公安局交通警察支队参加学习机动车驾驶人违法满分考试。有××县公安局交通管理大队公安交通管理行政处罚决定书、交款票据、机动车驾驶人违法满分考试信息反馈通知为证。2018年2月28日原告接受行政处罚后从××公安局交通管理大队领取了驾驶本。2018年3月27日××县公安局交通管理大队作出撤销行政处罚决定书，2018年5月10日、5月15日××市公安局交通警察支队作出公安行政处罚告知书、举行听证通知书。2018年5月23日被告举行听证时，原告提出××县公安局交通管理大队撤销行政处罚决定书错误，因该撤销决定编号与×公交决字不一致。2018年5月25日××县公安局交通管理大队进行了补正。被告在组织听证时，明知该案已处罚终结，又违法撤销××县公安交通行政处罚决定书，以同一事实再次进行行政处罚，违法了《中华人民共和国行政处罚法》的规定，现原告依据本案的事实和法律规定，提起行政诉讼。请求：依法撤销被告作出的〔2018〕第130600－2600166416号的公安交通管理行政处罚决定书；本案诉讼费用由被告承担。

被告××市公安局交通警察支队辩称：一、答辩人有实施本次行为的职权。二、案件事实。2017年8月31日下午1时13分，原告李某革酒后驾驶车牌号为冀F×××××跃进牌轻型普通货车行驶至××县××处被××大队查获，并进行了呼吸酒精检测，其血液酒精含量21mg/100ml，其行为属于饮酒后驾驶营运机动车。2018年5月31日，我局对其处以了罚款五千元，吊销机动车驾驶证的行政处罚。三、法律依据。《中华人民共和国道路交通安全法》第91条第3款“饮酒后驾驶营运机动车的，处十

---

① 参见（2018）冀0602行初67号行政判决书。

五日拘留，并处五千元罚款，吊销机动车驾驶证，五年内不得重新取得机动车驾驶证”的规定。综上，我单位办理此案事实清楚，证据确凿。请驳回原告诉讼请求。

△核心问题

听证中，案件当事人享有哪些权利？

△法律评析

《公安机关办理行政案件程序规定》第 130 条规定，当事人在听证活动中享有下列权利：申请回避；委托一至二人代理参加听证；进行陈述、申辩和质证；核对、补正听证笔录；依法享有的其他权利。

本案中，2018 年 5 月 23 日被告举行听证时，原告提出 × × 县公安局交通管理大队撤销行政处罚决定书错误，该撤销决定编号与 × 公交决字不一致。2018 年 5 月 25 日 × × 县公安局交通管理大队进行了补正。

法院认为：2017 年 8 月 31 日 13 时 13 分，原告在 × × 公路处酒后驾驶营运机动车，被 × × 县公安局交通管理大队查获，经检测原告李某革血液酒精含量 21mg/100ml。2017 年 9 月 4 日 × × 县公安局交通管理大队对其作出 × 公交决字〔2017〕第 130631 – 26000750022 号公安交通管理行政处罚决定书，以原告饮酒后驾驶机动车为由，对其作出罚款 1000 元，暂扣机动车驾驶证 6 个月的行政处罚。被告认为 × × 县公安局交通管理大队原处罚决定定性错误，2018 年 3 月 27 日，× × 县公安局交通管理大队作出 × 公交撤字〔2018〕第 130631 – 26000750022 号撤销行政处罚决定书，撤销了对原告作出的行政处罚。被告于 2018 年 5 月 31 日作出的保公交决字〔2018〕第 130600 – 2600166416 号公安交通管理行政处罚决定书，认定原告李某革饮酒后驾驶营运机动车。根据《中华人民共和国道路交通安全法》第 91 条第 3 款、第 110 条第 1 款、《中华人民共和国道路交通安全法实施条例》第 104 条第 3 款、第 105 条，给予原告罚款 5000 元，吊销机动车驾驶证，五年内不得重新取得机动车驾驶证的行政处罚。

被告被诉行政行为主体适格，程序合法，认定事实清楚，适用法律、法规正确。依照《中华人民共和国行政诉讼法》第 69 条之规定，判决如下：驳回原告李某革的诉讼请求。案件受理费 50 元，由原告李某革负担。

第三节　听证的告知、申请和受理

第一百三十二条　【听证告知】对适用听证程序的行政案件，办案部门在提出处罚意见后，应当告知违法嫌疑人拟作出的行政处罚和有要求举行听证的权利。

【条文主旨】

本条是公安机关依法告知违法嫌疑人听证权利的规定。

【最新修改提示】

本条对应修改前的第 108 条，内容未变化。

【理解与适用】

依照《行政处罚法》第 42 条的规定，公安机关对适用听证程序的行政处罚案件，应当在作出行政处罚决定前，向当事人送达听证告知书。公安机关在作出依法应当听证的行政处罚之前，应当告知当事人有要求举行听证的权利，而之后对其处罚的有效性，以公安机关是否告知当事人有权要求听证为前提，即未履行告知程序的可能导致该行政处罚无效。对适用听证程序的行政案件，办案部门在提出处罚意见后，应当告知违法嫌疑人拟作出的行政处罚和有要求举行听证的权利，并在行政处罚告知笔录中记明，由被告知人签字确认。被告知人拒绝签字的，告知人应当注明。

【执法风险提示】

这里应当注意的是处罚的告知和听证的告知是两个不同的告知程序，处罚的告知是公安机关在决定行政处罚过程中应当告知违法嫌疑人违反的法律规定、事实、理由，将要受到的处罚以及有进行陈述和申辩的权利等；而听证的告知是指公安机关办案人员经过调查，认为拟对违法嫌疑人作出符合听证条件的行政处罚时应当明确告知违法嫌疑人有要求听证的权利，听证的告知应当以书面方式完成。

【相关规定】

《行政处罚法》第 42 条。

第一百三十三条　【听证申请时限】 违法嫌疑人要求听证的，应当在公安机关告知后三日内提出申请。

【条文主旨】

本条规定了违法嫌疑人应当在三日内提出听证申请。

【最新修改提示】

本条对应修改前的第 109 条，内容未变化。

【理解与适用】

本条也是依照《行政处罚法》第 42 条作出的规定，违法嫌疑人要求听证的应当在公安机关告知后三日（工作日）内提出，如果违法嫌疑人在三日内没有提出听证申请，则公安机关依法不再举行听证程序，而应当根据已经查明的案情在法定期限内作出相应的处罚决定。

【执法风险提示】

依据本条规定违法嫌疑人申请听证的时限的起点是公安机关对其听证权利的告知，因此结合《程序规定》第 132 条规定，公安机关应当严格依法履行听证的告知程序并做好笔录或者单独制作告知文书，以避免违法嫌疑人主张没有收到听证告知，而造成对案件处理结果的影响。

【相关规定】

《行政处罚法》第 42 条。

第一百三十四条 【听证再申请】违法嫌疑人放弃听证或者撤回听证要求后，处罚决定作出前，又提出听证要求的，只要在听证申请有效期限内，应当允许。

【条文主旨】

本条是对违法嫌疑人在规定期限内可以多次提出听证申请的规定。

【最新修改提示】

本条对应修改前的第 110 条，内容未变化。

【理解与适用】

听证程序依法由相对人启动。违法嫌疑人要求听证的，应当在公安机关告知后 3 日内提出申请。违法嫌疑人放弃听证或者撤回听证要求后，处罚决定作出前，又提出听证要求的，只要在听证申请有效期限内，应当允许。

【执法风险提示】

《行政处罚法》规定的违法嫌疑人三日的申请期限，是法律赋予违法嫌疑人履行听证申请权的期限，也就是说在这一期限内应当允许当事人犹豫，改变，只要违法嫌疑人最后递交的听证书在规定的三日内，公安机关应当依法接受其听证申请，对于符合法定条件的，应当依法举行听证会。

对于违法嫌疑人在公安机关告知其有要求听证的权利，但是违法嫌疑人当场表示不听证的案件，建议公安机关也等足三日后再作出相应的处理决定，以避免违法嫌疑人在规定期限内再次提出听证申请而处罚决定已经作出的情形发生。三日内提出申请，是法律给予违法嫌疑人考虑选择是否听证的期限，办案公安机关应当给足违法嫌疑人相应的时间，以便违法嫌疑人作出决定，也可以在最大程度上保证听证制度作用的发挥。

【相关规定】

《行政处罚法》第 42 条。

第一百三十五条　【听证受理】公安机关收到听证申请后，应当在二日内决定是否受理。认为听证申请人的要求不符合听证条件，决定不予受理的，应当制作不予受理听证通知书，告知听证申请人。逾期不通知听证申请人的，视为受理。

【条文主旨】

本条是公安机关应当受理听证的条件以及默示受理的规定。

【最新修改提示】

本条对应修改前的第111条，内容未变化。

【理解与适用】

公安机关收到听证申请后，应当在2日内决定是否受理。公安机关收到听证申请后，应对以下条件进行审查：听证申请是否超过听证申请期限，申请人是否具备申请资格，是否符合听证范围。

认为符合听证条件的，公安机关受理听证后，应当在举行听证7日前将举行听证通知书送达听证申请人，并将举行听证的时间、地点通知其他听证参加人。举行听证通知书一式二份，一份交被通知人，一份附卷。

认为听证申请人的要求不符合听证条件，决定不予受理的，应当制作不予受理听证通知书，告知听证申请人。逾期不通知听证申请人的，视为受理。不予受理听证通知书一式二份，一份交申请人，一份附卷。

【执法风险提示】

1. 公安机关应当认真审核违法嫌疑人的听证申请，对于符合听证条件的应当举行听证会。

2. 无论是否举行听证会，都应当制作书面的法律文书，依照法定程序送达听证申请人。

3. 此处规定了公安机关的默示受理，也就是公安机关应当在法律规定二日内书面告知当事人是否受理听证申请，对于没有书面告知不予受理的，视为受理听证。因此实践中，公安机关如果逾期履行不予受理听证书告知程序，那么就应当依照规定告知违法嫌疑人听证的时间地点，依法举行听证会。

【相关规定】

《行政处罚法》第42条。

第一百三十六条 【听证会告知】 公安机关受理听证后，应当在举行听证的七日前将举行听证通知书送达听证申请人，并将举行听证的时间、地点通知其他听证参加人。

【条文主旨】

本条规定的是公安机关依法决定举行听证会后，应告知相关人员听证的时间地点。

【最新修改提示】

本条对应修改前的第112条，内容未变化。

【理解与适用】

本条要求听证的公安机关应当在听证会举行前的7日内，将听证通知书送达听证申请人，但是对于其他的听证参加人没有要求一定使用听证通知书告知，可以利用电话、短信等方式进行告知。

【执法风险提示】

公安机关应当在听证会举行前的7日内告知听证申请人，这主要是考虑公安机关需要准备相应的案件材料并根据案情需要确定举行听证会的时间、地点；而要求公安机关提前7日告知听证申请人则是要给听证申请人留足其充分参加听证会的准备时间。

对于听证申请人应当以听证通知书的方式书面告知其听证的时间、地点，而对于其他的听证参加人本规定并没有明确要求通过听证通知书的方式告知，但是无论以何种方式告知听证的其他人员，负责告知的公安机关都应当保存好相应证据。

【相关规定】

《行政处罚法》第42条。

案例分析

公安机关通知当事人举行听证的期限

——××市某网络会所诉××市公安局××分局行政处罚案①

△基本案情

原告诉称：2017年10月13日，原告（××市某网络会所）经营场所未发生刑事或治安案件，也无人报案报警，被告（××市公安局××分局）下属民警数人突然闯入原告经营场所进行“依法检查”，并查验网吧内上网消费者的身份证件，发现消费者田某使用他人身份证上网消费，即称原告涉嫌违反互联网服务实名制。2017年10月16日，被告向原告送达了“举行听证通知书”，通知原告2017年10月18日举行听证会。原告如期参加听证会。会上，原告辩解称没有违反《反恐怖主义法》，不能依据《反恐怖主义法》处罚原告，被告称上报领导建议从轻处罚。2017年10月20日，被告向原告送达了××行罚决字〔2017〕2354号《行政处罚决定书》，依照《反恐怖主义法》第86条之规定，“从轻”对原告处以自“网吧”诞生以来全国最高的20万元人民币的巨额罚款。

原告认为上述处罚违法，理由如下：1. 被告主体不合法，依据上述条文八十六条之规定，对涉嫌违反该条文的单位实施行政处罚的主体是“主管部门”。依据《互联网上网服务营业场所管理条例》（以下简称《互联网条例》）第4条之规定，原告的主管部门是向原告颁发网络文化经营许可证，对原告日常经营活动负有监管职权的文化部门，被告不是原告的主管部门，即无论原告是否违反该条文，被告均无权依据该条文对原告实施行政处罚。2. 被告程序违法，被告没有依法在听证的七日前通知当事人举行听证的时间、地点。3. 被告适用法律错误，国务院制定的行政法规《互联

---

① 参见（2017）皖1802行初70号行政判决书。

网条例》合法有效，是目前调整网吧日常运营的唯一法规，在该法规废止前，不存在适用其他法律法规调整网吧日常运营的空间。4. 被告涉嫌滥用职权，根据《行政处罚法》的相关规定，行政处罚的设定和实施必须以事实为依据，与违法行为的事实、性质、情节及社会危害程度相当，行政处罚属于后果罚，无危害后果不得处罚，本案中，原告为未使用本人身份证的消费者提供上网服务，所产生的仅是该消费者上了一会儿网的后果，不存在任何危害性，经营者不是警察，也不是行政机关，无权强制核对、登记上网消费者身份证，消费者也没有必须提供自己的身份信息给经营者的法定义务。综上，被告对原告开出天价罚单，主体、程序、适用法律均严重违法，且涉嫌滥用职权，故提起行政诉讼，请求法院：1. 判决撤销××行罚决字〔2017〕2354 号行政处罚决定书；2. 判令由被告承担本案诉讼费用。

被告辩称：本案事实清楚，证据确实、充分，答辩人认定原告的违法事实有原告法定代表人张某的陈述和申辩、原告店长马文某的陈述和申辩、原告前台工作人员任勃某的陈述和申辩、证人证言、现场检查笔录、前科材料等证据证实；本案适用法律准确、量罚适当。原告在 2016 年 1 月 19 日、8 月 29 日，2017 年 1 月 24 日、7 月 17 日因未按规定核对、登记上网消费者有效身份证件被公安机关行政处罚四次，仍不予以改正，2017 年 10 月 13 日，答辩人对原告进行检查时，再次发现原告未按规定对上网人员身份进行查验，其行为已构成未依照规定执行互联网服务实名制。根据《反恐怖主义法》第 86 条之规定，答辩人依法进行处罚；本案程序合法，案发当日，原告违法行为被查获后，答辩人及时受理，依法查明案件事实，对原告履行行政处罚告知程序、听证程序，在法定期限内作出决定并将公安行政处罚决定书送达原告，依法保障了原告的各项权利。综上，本案事实清楚，证据确实充分，适用法律正确，处罚适当，程序合法，请依法驳回原告的诉讼请求。

△核心问题

公安机关通知当事人举行听证的期限。

△法律评析

一、被告××市公安局××分局通知听证的期限是否合法

《中华人民共和国行政处罚法》第 42 条规定：“……当事人要求听证的，行政机关应当组织听证。……听证依照以下程序组织：……（二）行政机关应当在听证的七日前，通知当事人举行听证的时间、地点；……”

《公安机关办理行政案件程序规定》第136条规定，公安机关受理听证后，应当在举行听证的七日前将举行听证通知书送达听证申请人，并将举行听证的时间、地点通知其他听证参加人。即公安机关通知当事人举行听证的期限为举行听证的七日前。

本案中，原告于2017年10月16日向被告申请听证，被告同日通知原告举行听证的时间、地点并于10月18日举行听证会，未做到在七日前告知听证的时间、地点，属程序轻微违法。

二、关于原告××市某网络会所的其他诉求解析

（一）关于公安机关是否负有对网吧经营者的监督管理职责

《反恐怖主义法》第8条规定："公安机关、国家安全机关和人民检察院、人民法院、司法行政机关以及其他有关国家机关，应当根据分工，实行工作责任制，依法做好反恐怖主义工作……"《互联网条例》第4条规定："县级以上人民政府文化行政部门负责互联网上网服务营业场所经营单位的设立审批，并负责对依法设立的互联网上网服务营业场所经营单位经营活动的监督管理；公安机关负责对互联网上网服务营业场所经营单位的信息网络安全、治安及消防安全的监督管理；……"故公安机关具有对上网服务营业场所经营单位的信息网络安全进行监督管理的职权。针对互联网上网服务营业场所经营单位未按规定核对、登记上网消费者有效身份证件，该条例第31条规定："互联网上网服务营业场所经营单位违反本条例的规定，有下列行为之一的，由文化行政部门、公安机关依据各自职权给予警告，可以并处15000元以下的罚款；……（三）未按规定核对、登记上网消费者的有效身份证件或者记录有关上网信息的；……"该条款中"依据各自职权"是指文化行政部门、公安机关按照各自执法程序上的规定进行，并没有排除公安机关的监督处罚权，且居民身份证由公安机关负责发放和监督，在对互联网上网服务营业场所经营单位是否按规定查验、登记上网消费者有效身份证件进行监督检查当中，首先应检查上网消费者的身份证件。

故被告××市公安局××分局对本辖区内经营性网吧的信息网络安全进行监督管理符合法律规定，原告主张被告主体不适格，应由文化行政部门监管于法无据。

（二）关于法律适用问题

《互联网条例》第31条第3项对于互联网上网服务营业场所经营单位未按规定核对、登记上网消费者的有效身份证件或者记录有关上网信息的行为进行了规定，但自2016年1月1日起施行的《反恐怖主义法》针对

这一问题作出了新规定。该法第86条第1款规定："电信、互联网、金融业务经营者、服务提供者未按规定对客户身份进行查验，或者对身份不明、拒绝身份查验的客户提供服务的，主管部门应当责令改正；拒不改正的，处二十万元以上五十万元以下罚款，并对其直接负责的主管人员和其他直接责任人员处十万元以下罚款；情节严重的，处五十万元以上罚款，并对其直接负责的主管人员和其他直接责任人员，处十万元以上五十万元以下罚款。"根据上位法优于下位法，新法优于旧法的原则，应当适用《反恐怖主义法》的相关规定。

本案中，根据已经认证的证据证明，案发当日，原告网吧107号机器实际上网消费者田某与网吧前台登记的上网消费者章某身份不符，被告认定原告未按规定执行互联网实名制，定性正确，原告关于网吧只受《互联网条例》调整，不受《反恐怖主义法》调整的主张于法无据。

法院认为：被告××市公安局××分局对原告××市某网络会所作出××行罚决字〔2017〕2354号《行政处罚决定书》事实清楚，证据确凿，适用法律正确，虽程序轻微违法，但未对原告的权利产生实际影响，原告××市某网络会所要求撤销上述行政处罚决定的诉讼请求，本院不予支持。据此，依据《中华人民共和国行政诉讼法》第74条第1款第2项之规定，判决如下：确认被告××市公安局××分局对原告××市某网络会所作出的××行罚决字〔2017〕2354号《行政处罚决定书》的行政行为违法。本案受理费50元，由被告××市公安局××分局负担。

第四节　听证的举行

第一百三十七条　【听证举行的时间和方式】听证应当在公安机关收到听证申请之日起十日内举行。

除涉及国家秘密、商业秘密、个人隐私的行政案件外，听证应当公开举行。

【条文主旨】

本条是关于公安机关办理行政案件适用听证的时间和形式的规定。

【最新修改提示】

本条对应修改前的第113条，内容未变化。

【理解与适用】

一、听证的举行时间

听证应当在公安机关收到听证申请之日起十日内举行。听证仅仅是公安机关在作出行政处罚决定之前，由公安机关指派专人主持，听取案件调查人员和违法嫌疑人就案件事实、证据以及处罚理由、处罚依据进行质证和辩论的程序。为了提高行政效率，有效保护被侵害人的合法权益，听证应当及时进行。

本条填补了《行政处罚法》的空白，具体规定了听证的举行时间，即收到申请之日起十日内举行。本条规定是效率原则的具体体现，使该原则具有了可操作性。要求公安机关收到听证申请后，应当抓紧筹备，确定听证的主持人、和听证会的时间、地点，通知当事人。收到听证申请后，听证会的举行不得超过十日。

二、听证应当公开举行

除涉及国家秘密、商业秘密、个人隐私的行政案件外，听证应当公开举行。这里的"公开"是指允许旁听，允许新闻报道等。行政处罚的听证原则上应当公开进行，涉及以下情形的行政案件除外：

（一）涉及国家秘密的行政案件

国家秘密是关系国家安全和利益，依照法定程序确定，在一定时间内只限一定范围的人员知悉的事项。[①]《保守国家秘密法》第9条进一步规定了国家秘密的范围。涉及国家秘密的行政案件，听证不公开举行。

（二）涉及商业秘密的行政案件

商业秘密是不为公众所知悉，能为权利人带来经济利益，具有实用性并经权利人采取保密措施的技术信息和经营信息。[②] 商业秘密主要分为技术信息和经营信息。

涉及商业秘密的行政案件，非经权利人许可，不得公开举行。

---

① 参见《保守国家秘密法》第2条。

② 参见《反不正当竞争法》第10条。

（三）涉及个人隐私的行政案件

关于隐私、隐私权法律上没有明确的概念，学理上的研究一直比较活跃，如王利明在其主编的《人格权法新论》中认为，隐私权是自然人享有的对其个人的与公共利益无关的个人信息、私人活动和私有领域进行支配的一种人格权。张新宝在其《隐私权的法律保护》中认为，隐私权是指公民享有的私人生活安宁与私人信息依法受到保护，不被他人非法侵扰、知悉、搜集、利用和公开等的一种人格权。英国《牛津法律大辞典》则把隐私权定义为，是不受他人干扰的权利，关于人的私生活不受侵犯或不得将人的私生活非法公开的权利要求。

基于隐私是一种与公共利益、群体利益无关，当事人不愿他人知道的个人信息，不愿他人干涉的个人私事，不愿他人侵入的个人领域，所以涉及隐私的行政案件，听证不公开举行。

【执法风险提示】

注意听证应当在公安机关收到听证申请之日起十日内举行，而不是公安机关决定受理听证申请之日起起算。

【相关规定】

《保守国家秘密法》第 2 条、第 9 条；《行政处罚法》第 42 条；《反不正当竞争法》第 10 条。

第一百三十八条　【听证延期】听证申请人不能按期参加听证的，可以申请延期，是否准许，由听证主持人决定。

【条文主旨】

本条是关于公安机关行政处罚听证延期的规定。

【最新修改提示】

本条对应修改前的第 114 条，内容未变化。

【理解与适用】

一、延期听证的概念

延期听证，是指公安机关在发出听证通知、确定举行听证的时间、地点之后，正式听证举行之前，由于出现某种原因，致使无法按期举行听证，由听证主持人决定推迟举行听证的制度。

二、申请延期听证

听证申请人不能按期参加听证的，可以申请延期。

听证申请人是可能被处以责令停产停业、吊销许可证或者执照、较大数额罚款等的违法嫌疑人。如果听证申请人提出听证申请，公安机关根据法律规定受理听证申请，并确定听证举行的时间、地点之后，由于特殊原因申请人无法按期参加听证的（如申请人生病住院等），听证申请人可以申请延期听证。

三、延期听证由主持人决定

听证是否准许延期，由听证主持人决定。是否准许延期，以及延期的期限，由听证主持人根据延期的事由作出决定。原则上延期的事由消除，听证应当及时举行。

第一百三十九条　【合并听证】二个以上违法嫌疑人分别对同一行政案件提出听证要求的，可以合并举行。

【条文主旨】

本条是关于公安机关合并听证的规定。

【最新修改提示】

本条对应修改前的第 115 条，内容未变化。

【理解与适用】

为了节约人力、物力，提高听证效率，对于同一行政案件的不同违法嫌疑人，分别提出听证申请的，公安机关可以合并举行听证。

合并听证的应符合下列条件：

1. 同一行政案件有多个（包括两人）违法嫌疑人。
2. 违法嫌疑人中二人以上分别提出听证申请。
3. 申请针对的是同一行政案件。
4. 听证要求符合听证条件。

符合以上条件的，公安机关可以合并举行听证。

【执法风险提示】

二个以上违法嫌疑人只有就同一行政案件提出听证要求的，才可以合并举行听证。

第一百四十条　【部分嫌疑人申请听证的处理】同一行政案件中有二个以上违法嫌疑人，其中部分违法嫌疑人提出听证申请的，应当在听证举行后一并作出处理决定。

【条文主旨】

本条是关于部分违法嫌疑人申请听证的处理的规定。

【最新修改提示】

本条对应修改前的第116条，内容未变化。

【理解与适用】

听证的目的是广泛听取各方面的意见，通过公开、合理的程序，将行政决定建立在合法适当的基础上，避免违法或者不当的行政决定给行政管理相对人带来不利或不公正的影响。同一个行政案件中有多个（包括二人）违法嫌疑人，只有部分违法嫌疑人提出听证申请的，对于未申请听证的违法嫌疑人不得直接作出处理决定，而应当在申请听证的违法嫌疑人听证程序举行后，一并作出处理决定。以避免因违法嫌疑人没有提出听证申请而导致不公正的处理。

违法嫌疑人没有提出听证申请的原因有很多，如其不符合提出听证的条件，或者不愿意提出听证，或者耽误了提出听证申请的时间等。

【执法风险提示】

只有部分违法嫌疑人提出听证申请的，对于未申请听证的违法嫌疑人不得直接作出处理决定，而应当在申请听证的违法嫌疑人举行听证后，一并作出处理决定。

第一百四十一条　【听证开始】听证开始时，听证主持人核对听证参加人；宣布案由；宣布听证员、记录员和翻译人员名单；告知当事人在听证中的权利和义务；询问当事人是否提出回避申请；对不公开听证的行政案件，宣布不公开听证的理由。

【条文主旨】

本条是关于听证预备阶段的规定。

【最新修改提示】

本条对应修改前的第 117 条，内容未变化。

【理解与适用】

听证在正式开始前的阶段主要是主持人的工作。听证主持人将进行以下工作：

1. 核对听证参加人。听证参加人包括：当事人及其代理人、本案办案人民警察、证人、鉴定人、翻译人员、其他有关人员。听证开始时主持人首先核对听证参加人的姓名、住址、工作单位等信息，确认参加人是否到场，和参加人的身份，确保听证合法、有效。

2. 宣布案由。主持人宣布案由，明确听证案件的性质和内容。

3. 宣布听证员、记录员和翻译人员名单。如果听证有其他协助主持听证的人员，如听证员、记录员、翻译人员等，主持人应一并宣布介绍。介绍其姓名、工作部门等。

4. 告知当事人在听证中的权利和义务。告知当事人在听证活动中享有：申请回避、委托一至二人代理参加听证、进行陈述、申辩和质证、核对、补正听证笔录等权利。

5. 询问当事人是否提出回避申请。宣布完主持听证会的人员情况后，应询问当事人是否对听证主持人和听证员、记录员等申请回避。

6. 对不公开听证的行政案件，宣布不公开听证的理由。听证一般应公开进行，如具备法定情形（如涉及国家秘密、商业秘密和个人隐私的行政案件）听证不公开进行的，应宣布不公开听证的理由。

此阶段理论上称为听证举行的预备阶段。

【执法风险提示】

听证正式开始前，听证主持人应当告知当事人在听证中的权利和义务，询问当事人是否提出回避申请。当事人不要求回避的，应当记录在案。如果当事人申请主持人或者其他听证员、记录员回避的，应当说明理由。回避申请提出后，听证主持人宣布暂时休会。听证主持人的回避由公安机关负责人决定，听证员、记录员的回避由听证主持人决定。

【相关规定】

《行政处罚法》第 42 条；《治安管理处罚法》第 98 条。

第一百四十二条　【听证步骤一】 听证开始后，首先由办案人民警察提出听证申请人违法的事实、证据和法律依据及行政处罚意见。

【条文主旨】

本条是关于听证正式阶段首先步骤的规定。

【最新修改提示】

本条对应修改前的第 118 条，内容未变化。

【理解与适用】

听证预备阶段后，听证进入正式阶段。此阶段是听证目的能否实现的关键。听证正式开始后，首先（第一步）由办案人民警察提出听证申请人违法的事实、证据和法律依据及行政处罚意见。

办案人民警察提出听证申请人违法的事实，提出相应证据时，应当向听证会出示。

在陈述违法事实、出示相关证据材料的基础上，提出给予相应行政处罚的意见。并说明给予该行政处罚的理由和依据法律的具体条款。

【相关规定】

《行政处罚法》第 42 条；《治安管理处罚法》第 98 条。

第一百四十三条 【听证中人民警察提出证据】 办案人民警察提出证据时，应当向听证会出示。对证人证言、鉴定意见、勘验笔录和其他作为证据的文书，应当当场宣读。

【条文主旨】

本条是关于听证中办案人民警察提出证据的规定。

【最新修改提示】

本条对应修改前的第 119 条，内容未变化。

【理解与适用】

本条是正式听证步骤一的补充规定，即要求听证中办案人民警察提出物证、书证、视听资料、电子数据证据时，应当向听证会出示。对证人证言、鉴定意见、勘验笔录和其他作为证据的文书，应当当场宣读。保证当事人及其代理人了解证据的具体内容，便于质证权的行使。

【相关规定】

《行政处罚法》第 42 条。

第一百四十四条　【听证步骤二】 听证申请人可以就办案人民警察提出的违法事实、证据和法律依据以及行政处罚意见进行陈述、申辩和质证，并可以提出新的证据。

第三人可以陈述事实，提出新的证据。

【条文主旨】

本条是关于听证申请人、第三人陈述、申辩的规定。

【最新修改提示】

本条对应修改前的第 120 条，内容未变化。

【理解与适用】

本条是听证正式阶段的第二步。听证申请人在听取办案人民警察的陈述后，可以就办案人民警察提出的违法事实进行申辩。认为办案人民警察陈述的事实与案件事实不符的，可以向听证会陈述自己主张的事实；对办案人民警察提出的证据，可以进行质证，提出证据存在的瑕疵。并可以提出新的证据证明自己的观点，反驳人民警察陈述的违法事实和提出的证据；对办案人民警察提出的法律依据以及行政处罚意见进行申辩。

如果案件存在第三人的，第三人有权陈述事实，提出新的证据，以维护自己的合法权益。

本条赋予了违法嫌疑人、第三人重要的权利，违法嫌疑人、第三人可以充分阐述自己的观点，提出新的证据证明自己的观点，以使公安机关作出公正的处罚决定，有利于保护案件当事人的合法权益。

【相关规定】

《行政处罚法》第 42 条。

第一百四十五条　【当事人提出新的证据】 听证过程中，当事人及其代理人有权申请通知新的证人到会作证，调取新的证据。对上述申请，听证主持人应当当场作出是否同意的决定；申请重新鉴定的，按照本规定第七章第五节有关规定办理。

【条文主旨】

本条是关于听证中当事人提出新的证据的规定。

【最新修改提示】

本条对应修改前的第 121 条，内容未变化。

【理解与适用】

听证过程中，当事人及其代理人为了反驳办案人民警察的观点，或者证明自己陈述的事实，有权提出新的证据。提出新的证据包括：申请通知新的证人到会作证、调取新的证据、申请重新鉴定等。

对申请通知新的证人到会作证、调取新的证据的申请，听证主持人应当当场作出是否同意的决定。对于申请重新鉴定的，按照《程序规定》第 97 条的规定办理。

对于与案件事实有关的证据或证人，听证主持人应当同意调取或通知到会作证。

【相关规定】

《行政处罚法》第 42 条。

第一百四十六条　【听证步骤三】 听证申请人、第三人和办案人民警察可以围绕案件的事实、证据、程序、适用法律、处罚种类和幅度等问题进行辩论。

【条文主旨】

本条是关于听证辩论的规定。

【最新修改提示】

本条对应修改前的第 122 条，内容未变化。

【理解与适用】

听证申请人、第三人和办案人民警察各方陈述完案件事实后，进入辩论阶段，各方就案件的事实问题和法律问题进行相互辩论。

辩论在听证主持人的主持下进行，辩论可以是一轮，也可以是多轮。听证申请人、第三人和办案人民警察之间可以相互辩论。

辩论应围绕案件的事实、证据、程序、适用法律、处罚种类和幅度等案件事实问题和法律问题进行辩论。主持人应控制辩论内容，使辩论内容集中于案件事实问题和法律问题，提高辩论的高效性和有效性。

【执法风险提示】

主持人应控制辩论内容，使辩论内容集中于案件事实问题和法律问题，对各方主张的事实应当要求相应的证据支持，避免游离于案件之外的无效辩论。

【相关规定】

《行政处罚法》第 42 条。

第一百四十七条　【听证步骤四】辩论结束后，听证主持人应当听取听证申请人、第三人、办案人民警察各方最后陈述意见。

【条文主旨】

本条是关于听证各方最后陈述的规定。

【最新修改提示】

本条对应修改前的第 123 条，内容未变化。

【理解与适用】

听证辩论后，整个听证会结束之前，听证主持人应当听取听证申请人、第三人、办案人民警察各方最后陈述意见。最后陈述的内容不受限制，法律上也没有规定。通常各方会概括阐述在经过陈述、申辩、质证后自己仍坚持的案件事实、认定案件事实所依据的证据，以及适用的法律等。

最后陈述的顺序是：首先由听证申请人做最后陈述，其次是第三人做最后陈述，最后由办案人民警察做最后陈述。

经过前期各方陈述、申辩、质证、辩论后的最后陈述，案件更加客观，更接近事实真相。陈述的事实更容易为各方所接受。同时，最后陈述也体现了对各方，尤其是对案件违法嫌疑人和第三人意见的尊重。

【相关规定】

《行政处罚法》第 42 条。

第一百四十八条　【中止听证】听证过程中，遇有下列情形之一，听证主持人可以中止听证：

（一）需要通知新的证人到会、调取新的证据或者需要重新鉴定或者勘验的；

（二）因回避致使听证不能继续进行的；

（三）其他需要中止听证的。

中止听证的情形消除后，听证主持人应当及时恢复听证。

【条文主旨】

本条是关于中止听证的规定。

【最新修改提示】

本条对应修改前的第 124 条，内容未变化。

【理解与适用】

一、中止听证的概念

中止听证，是指听证过程中，听证因法定情形的发生而中途停止，待法定原因消除后，听证继续进行的制度。听证中止关乎案件当事人合法权益的保护，影响案件在法定办案期限内结案，所以中止听证必须符合法定条件。

二、中止听证的情形

根据本条规定，听证过程中，遇有下列情形之一，可以中止听证：

（一）需要通知新的证人到会、调取新的证据或者需要重新鉴定或者勘验的。听证申请人或者第三人提出新的证据，需要通知新的证人到会，或者调取新的证据，或者需要重新鉴定，或者勘验的，听证中止。

（二）因回避致使听证不能继续进行的。当事人申请听证主持人或者其他听证人员回避的，公安机关需要根据具体情况研究决定是否需要回避，或者需要重新确定听证主持人或者其他听证人员，听证暂时不能进行的，中止听证。

（三）其他需要中止听证的。

三、中止听证的程序

中止听证由听证主持人根据实际情况决定，并在听证笔录中记明。中止听证的事由消除后，听证主持人应当及时恢复听证。听证恢复后，中止前进行的听证行为继续有效。

【执法风险提示】

1. 听证中止关乎案件当事人合法权益的保护，影响案件结案的期限，所以是必须遇有法定情形的，才可以决定中止听证。

2. 即使遇有本条中听证可以中止的情形，是否中止听证仍由听证主持人根据实际情况决定。既可以决定中止听证，也可以决定不中止听证。

【相关规定】

《行政处罚法》第 42 条。

第一百四十九条　【终止听证】听证过程中，遇有下列情形之一，应当终止听证：

（一）听证申请人撤回听证申请的；

（二）听证申请人及其代理人无正当理由拒不出席或者未经听证主持人许可中途退出听证的；

（三）听证申请人死亡或者作为听证申请人的法人或者其他组织被撤销、解散的；

（四）听证过程中，听证申请人或者其代理人扰乱听证秩序，不听劝阻，致使听证无法正常进行的；

（五）其他需要终止听证的。

【条文主旨】

本条是关于终止听证的规定。

【最新修改提示】

本条对应修改前的第125条，内容未变化。

【理解与适用】

一、终止听证的概念

终止听证，是指听证过程中，由于某种原因使听证的继续进行成为不可能，或者已无必要继续听证，而结束听证的制度。

二、终止听证的情形

导致听证终止的原因包括：

（一）听证申请人撤回听证申请的。听证是听证申请人的一项权利，权利人可以行使权利，也可以放弃行使权利，听证机关不能强求。听证申请人撤回听证申请，即表示放弃听证权利，为了尊重案件当事人的选择，提高行政效率，应当终止听证。

（二）听证申请人及其代理人无正当理由拒不出席或者未经听证主持人许可中途退出听证的。公安机关按照法律规定通知听证参加人听证举行的时间和地点后，听证申请人及其代理人无正当理由拒不出席听证的，视为放弃听证，听证应当终止。

听证应当在主持人的主持下有序进行。听证申请人确有正当原因，经听证主持人许可，可以暂时退出听证。听证申请人及其代理人未经听证主持人许可中途退出听证的，是藐视法律，违反听证纪律，扰乱听证秩序的行为，为了维护法律尊严和执法权威，听证主持人应当终止听证。

（三）听证申请人死亡或者作为听证申请人的法人或者其他组织被撤销、解散的。听证申请人死亡或者作为听证申请人的法人或者其他组织被撤销、解散的，行政责任主体消灭，作为旨在维护责任主体合法权益的听证没有继续举行的意义，听证终止。

（四）听证过程中，听证申请人或者其代理人扰乱听证秩序，不听劝阻，致使听证无法正常进行的。此类行为构成藐视法律，为了维护法律的尊严和执法的权威，听证主持人应当决定终止听证。

（五）其他需要终止听证的。

三、终止听证的程序

符合上述条件之一的，就应当终止听证。终止听证的决定，由听证主持人作出。

【执法风险提示】

1. 听证终止必须符合法定情形。

2. 符合法定情形的，应当作出终止听证决定。注意这里是“应当”，而不是“可以”。

【相关规定】

《行政处罚法》第42条。

第一百五十条　【违反听证纪律的处理】听证参加人和旁听人员应当遵守听证会场纪律。对违反听证会场纪律的，听证主持人应当警告制止；对不听制止，干扰听证正常进行的旁听人员，责令其退场。

【条文主旨】

本条是关于应当遵守听证纪律及违反听证纪律的处理的规定。

【最新修改提示】

本条对应修改前的第 126 条，内容未变化。

【理解与适用】

一、听证参加人和旁听人员应当遵守听证会场纪律

所有参加听证的人员（包括听证参加人和旁听人员），都应当遵守听证会场纪律，听从主持人的指挥。任何参加听证的人员不得扰乱听证会场秩序，影响听证会的正常进行。

二、对违反听证会场纪律的处理

对违反听证会场纪律的，听证主持人应当警告制止。对不听制止，干扰听证正常进行的旁听人员，责令其退场；对于扰乱听证秩序，不听劝阻的申请人或者其代理人，致使听证无法正常进行的，因为其行为已经反映了对反听证权利的放弃，因此听证主持人决定终止听证。

【执法风险提示】

对违反听证会场纪律的旁听人员和听证申请人及其代理人的处理是不同的。对不听制止，干扰听证正常进行的旁听人员，责令其退场，听证继续进行；对于扰乱听证秩序，不听劝阻的申请人或者其代理人，致使听证无法正常进行的，听证主持人决定终止听证。

【相关规定】

《行政处罚法》第 42 条。

第一百五十一条　【听证笔录】记录员应当将举行听证的情况记入听证笔录。听证笔录应当载明下列内容：

（一）案由；

（二）听证的时间、地点和方式；

（三）听证人员和听证参加人的身份情况；

（四）办案人民警察陈述的事实、证据和法律依据以及行政处罚意见；

（五）听证申请人或者其代理人的陈述和申辩；

（六）第三人陈述的事实和理由；

（七）办案人民警察、听证申请人或者其代理人、第三人质证、辩论的内容；

（八）证人陈述的事实；

（九）听证申请人、第三人、办案人民警察的最后陈述意见；

（十）其他事项。

【条文主旨】

本条是关于听证笔录的内容的规定。

【最新修改提示】

本条对应修改前的第 127 条，内容未变化。

【理解与适用】

一、制作听证笔录

听证笔录，是记载整个听证会活动的书面凭证。

听证会应当设记录员，将听证会的情况客观记录下来，制作成听证笔录。

听证笔录是公安机关作出行政处罚决定的依据之一。

二、听证笔录的主要内容

听证笔录应当载明下列内容：案由；听证的时间、地点和方式；听证人员和听证参加人的身份情况；办案人民警察陈述的事实、证据和法律依据以及行政处罚意见；听证申请人或者其代理人的陈述和申辩；第三人陈述的事实和理由；办案人民警察、听证申请人或者其代理人、第三人质证、辩论的内容；证人陈述的事实；听证申请人、第三人、办案人民警察的最后陈述意见；其他事项（如听证的延期、中止、终止等）。

【相关规定】

《行政处罚法》第 42 条。

第一百五十二条 【听证笔录的阅读与确认】听证笔录应当交听证申请人阅读或者向其宣读。听证笔录中的证人陈述部分，应当交证人阅读或者向其宣读。听证申请人或者证人认为听证笔录有误的，可以请求补充或者改正。听证申请人或者证人审核无误后签名或者捺指印。听证申请人或者证人拒绝的，由记录员在听证笔录中记明情况。

听证笔录经听证主持人审阅后，由听证主持人、听证员和记录员签名。

【条文主旨】

本条是关于听证笔录阅读与确认的规定。

【最新修改提示】

本条对应修改前的第128条，内容未变化。

【理解与适用】

一、听证笔录的阅读

听证笔录应当交听证申请人阅读，如果申请人不识字可以向其宣读，核对听证笔录记录的是否属实。听证笔录中的证人陈述部分，应当交证人阅读或者向其宣读，对其陈述部分进行核对。

二、听证笔录的补充与修正

听证申请人或者证人认为听证笔录有误的，可以请求补充或者改正。是否准许其补充或者改正，由听证主持人根据其具体要求补充或者改正的内容决定。

三、听证笔录的确认

听证申请人或者证人对听证笔录审核无误后，签名或者捺指印，以确认听证笔录的正确。听证申请人或者证人拒绝的，由记录员在听证笔录中记明情况。

听证笔录经听证主持人审阅后，由听证主持人、听证员和记录员签名。

【执法风险提示】

听证申请人可以阅读核对整个听证笔录，证人只对其陈述部分进行阅读核对。

【相关规定】

《行政处罚法》第 42 条。

第一百五十三条　【听证报告书】 听证结束后，听证主持人应当写出听证报告书，连同听证笔录一并报送公安机关负责人。

听证报告书应当包括下列内容：

（一）案由；

（二）听证人员和听证参加人的基本情况；

（三）听证的时间、地点和方式；

（四）听证会的基本情况；

（五）案件事实；

（六）处理意见和建议。

【条文主旨】

本条是关于听证报告书的规定。

【最新修改提示】

本条对应修改前的第 129 条，内容未变化。

【理解与适用】

一、听证报告书的概念

听证报告书，是听证结束后听证主持人向公安机关负责人汇报听证案件的案由、听证会的基本情况等内容，并提出自己对案件的处理意见和建议的报告文书。

听证结束后，听证主持人应当写出听证报告书，连同听证笔录一并报送公安机关负责人，作为对案件决策的参考。

二、听证报告书的内容

听证报告书的内容包括：案由；听证人员和听证参加人的基本情况；听证的时间、地点和方式；听证会的基本情况；案件事实；处理意见和建议。

【执法风险提示】

听证报告书是公安机关的内部工作文书，听证当事人等无权阅读。

【相关规定】

《行政处罚法》第43条。

案例分析

未向听证会出示的证据，其效力如何认定

——赵某纳诉××市公安局××分局治安行政处罚案①

△基本案情

××市公安局××分局刑事警察大队因在工作中发现有人于2016年12月19日在××市××区臭水沟路口一民房内开设赌场聚众赌博，于2017年1月16日立案侦查。2017年4月10日，××分局刑事警察大队接到群众举报，赵某纳涉嫌聚众斗殴，故将赵某纳抓获归案。通过侦查和调查，××市公安局××分局认为赵某纳涉嫌参与了2016年12月19日臭水沟民房内的赌博，于2017年5月10日向赵某纳发出公安行政处罚告知并制作了笔录。5月11日，××市公安局××分局又向赵某纳发出举证听证通知，定于当天下午3时举行听证会。在听证会中，××市公安局××分局向赵某纳出示了赵某纳本人以及廖甲、赵某名、吴甲、赵甲的讯问笔录和（2012）×刑初字第325号刑事判决书由赵某纳质证。听证会中，赵某纳不承认参与了赌博。2017年5月12日，××市公安局××分局认为赵某纳在缓刑期内伙同他人坐庄赌博，依据《中华人民共和国治安管理处罚法》和《湖南省公安行政处罚裁量权基准》的相关规定，对赵某纳作出行

① 参见（2018）湘09行终3号行政判决书。

政拘留十五日、并处罚款三千元的行政处罚。2017 年 5 月 16 日，××市公安局××分局又向赵某纳发出×公资补字〔2017〕第 01 号补正通知书，将处罚决定书中的“赵某纳坐庄参赌”补正为“赵某纳坐庄参赌，单注金额五十元以上，属于违反治安管理情节严重的情形”。2017 年 5 月 17 日，××市公安局××分局将赵某纳送至××市治安拘留所执行拘留决定。赵某纳不服，诉至××市××区人民法院。

××市××区人民法院认为，××市公安局××分局对赵某纳作出拟拘留十五日并处罚款人民币三千元的处罚告知，应该按照《中华人民共和国行政处罚法》的规定和当事人的要求举行听证，且应当在听证的七日前，通知当事人举行听证的时间和地点。××市公安局××分局向赵某纳发出听证告知通知并于当天举行听证，没有按照处罚法的规定给予赵某纳充分的准备时间，违反了法定程序。因此，××市公安局××分局作出的行政处罚决定应当予以撤销。据此，根据《中华人民共和国行政诉讼法》第 70 条第 3 项的规定，故判决：撤销被告××市公安局××分局作出的×公资（刑）决字〔2017〕第 0225 号《公安行政处罚决定书》。案件受理费 50 元，由被告负担。

上诉人（赵某纳）诉称：1. 一审判决采信被上诉人补充的非法证据，应予以纠正；2. 上诉人提供的四名证人证言应当予以采信；3. 一审判决认定事实错误，上诉人没有坐庄参赌；4. 一审判决适用法律错误。

其上诉请求：1. 一审法院在实体上判决撤销被上诉人××市公安局××分局的行政处罚决定是正确的，但一审判决认定证据和事实均有错误、适用法律错误、认定撤销行政处罚决定的理由不全面，从而导致被上诉人对上诉人继续重新处罚，请求二审依法改判认定上诉人赵某纳没有坐庄参赌的事实；2. 请求二审法院认定被上诉人××市公安局××分局在一审双方庭前交换证据后对证人徐甲、赵某红、赵某琼、昌某安进行调查取证的行为违法，并对该部分非法证据予以排除；3. 判令被上诉人承担本案诉讼费用。

被上诉人××市公安局××分局辩称：1. 被上诉人补充提交的四名证人证言是依职权对昌某安坐庄参赌一案调查取得的证据，其程序合法，另根据××市××区人民检察院的建议书，上诉人提出被上诉人提交非法证据的理由不能成立；2. 上诉人提交的四名证人证言，是经过公证程序取得的证言，过程是合法的，但是证言内容是虚假的，经××市××区人民检察院检察员办理该案，发现徐甲等人的证言不一致，应当不予采信；3. 上诉人提出没有参与坐庄赌博也不值得采信，被上诉人补充提交的四名证人证言均能证实上诉人参与坐庄赌博的事实。综上，一审法院在行政诉讼的过程中，未就案件事实作客观评价，只适用了公安在听证过程中程序违法，就撤销了被上诉人作出的行政处罚，请求二审法院查明案件事实，作出公正的评判。

△核心问题

未向听证会出示的证据，其效力如何认定？

△法律评析

一、办案人民警察提出证据时应当向听证会出示

《公安机关办理行政案件程序规定》第 143 条规定，办案人民警察提出证据时，应当向听证会出示。对证人证言、鉴定意见、勘验笔录和其他作为证据的文书，应当当场宣读。本案中，证人吴甲只证明“黑咀”代“安咀”做庄，且证人赵某名、吴甲对赵某纳的辨认笔录未在听证程序中质证，不具有合法性。故证人赵某名、吴甲证言中所指的“赵某纳”“黑咀”是否是××市公安局××分局作出行政处罚的行政相对人依据不充分。

××市公安局××分局所提供的其他证人黄某、郭某、钟某的证言也并没有证实赵某纳坐庄参赌的事实，且其他相关证据均未在听证会上出示并由赵某纳质证和发表意见，故不能作为赵某纳涉嫌违法的依据。

二、本案中，上诉人其他诉求的分析

（一）被上诉人（××市公安局××分局）在行政处罚作出之后，在一审诉讼程序中补充提交对徐甲、赵某红、赵某琼、昌某安的四份询问笔录，是否可作为行政处罚合法的依据问题。在一审诉讼程序中，被上诉人××市公安局××分局向一审法院提交了 2017 年 7 月 2 日对昌某安询问笔录、2017 年 7 月 6 日对赵某红询问笔录、2017 年 7 月 7 日对赵某琼询问笔录、2017 年 7 月 10 日对徐甲询问笔录，根据《最高人民法院关于行政诉讼证据若干问题的规定》第 60 条第 1 项“被告及其诉讼代理人在作出具体行政行为后或者在诉讼程序中自行收集的证据，不能作为认定被诉具体行政行为合法的依据”的规定，该四份询问笔录系被上诉人××市公安局××分局于 2017 年 5 月 12 日作出行政处罚之后收集的证据，不能作为行政处罚合法的依据，一审对该四份询问笔录证明目的和效力予以采信不当，二审法院予以纠正。

（二）上诉人在一审中提交的徐甲、赵某红、赵某琼、昌某安的证人证言是否应予采信的问题。上诉人在一审法定举证期限内提交的是 2017 年 5 月 24 日经××市××公证处对证人徐甲、赵某红、赵某琼、昌某安的证

言形成过程的合法性进行公证的四份公证文书，该四份经公证的证人证言和证明目的是证实赵某纳没有坐庄赌博，只是替代他人参赌的事实。根据《中华人民共和国民事诉讼法》第69条“经过法定程序公证证明的法律事实和文书，人民法院应当作为认定事实的根据”的规定，故一审对该四份经公证的证人证言证词内容的真实性不予采信不当，二审法院予以纠正。

（三）《公安行政处罚决定书》认定赵某纳坐庄参赌的事实所依据的主要证据不足。

1. 该案未抓获现场，未收缴赌资，也未进行现场勘查；2. 赵某纳本人一直陈述没有参赌，而是临时替代参赌的事实；3. ××市公安局××分局所依据的三位证人廖甲、赵某名、吴甲的证言，只有证人廖甲、赵某名的证言证实赵某纳是坐庄参赌，证人廖甲与赵某纳之间发生了纠纷，有利害关系，所作证言内容的真实性本院不予采信。

（四）《公安行政处罚决定书》认定赵某纳坐庄参赌的事实的证据不足。（具体论述见“一、办案人民警察提出证据时应当向听证会出示”）

（五）行政处罚决定程序违法。

存在如下程序违法问题：1. 没有按照《中华人民共和国行政处罚法》的规定在听证的七日前通知上诉人，违反了法定程序；2. 该《公安行政处罚决定书》既未认定赵某纳的违法情节，也未认定赵某纳的违法情形，虽××市公安局××分局向赵某纳发出《补正通知书》，将《公安行政处罚决定书》中的“赵某纳坐庄参赌”补正为“赵某纳坐庄参赌，单注金额五十元以上，属于违反治安管理情节严重的情形”，但补正内容是针对赵某纳违法情节作出的新的处罚认定，一审认定该《补正通知书》不能作为所诉行政行为的依据，不予采信正确。

综上，××市公安局××分局作出×公资（刑）决字〔2017〕第0225号《公安行政处罚决定书》认定赵某纳坐庄参赌的事实所依据的主要证据不足，且程序违法，处理不当。赵某纳的行为是一种临时替代他人参赌，既没有出资，也没有受益，不符合坐庄参赌的构成要件，不应予以行政处罚。上诉人赵某纳的部分上诉理由成立，本院部分予以支持。××市公安局××分局作出××公资（刑）决字〔2017〕第0225号《公安行政处罚决定书》认定赵某纳坐庄参赌的事实所依据的主要证据不足，程序违法，处理不当，应予以撤销。一审认定事实有误，证据不足，但处理结果正确，本院予以维持。依照《中华人民共和国行政诉讼法》第70条第1、3、6项，第89条第1款第1项之规定，判决如下：驳回上诉，维持原判。二审案件受理费50元，由上诉人赵某纳负担。

第九章　行政处理决定

第一节　行政处罚的适用

第一百五十四条　【追究时效】违反治安管理行为在六个月内没有被公安机关发现，其他违法行为在二年内没有被公安机关发现的，不再给予行政处罚。

前款规定的期限，从违法行为发生之日起计算，违法行为有连续、继续或者持续状态的，从行为终了之日起计算。

被侵害人在违法行为追究时效内向公安机关控告，公安机关应当受理而不受理的，不受本条第一款追究时效的限制。

【条文主旨】

本条是关于对违反公安行政管理行为的追究时效的规定。

【最新修改提示】

本条对应修改前的第 130 条，内容未变化。

【理解与适用】

一、公安行政违法行为的追究时效

追究时效，是指对违法犯罪行为追究法律责任的有效期限。

公安行政执法中，对违反公安行政管理的行为实施的行政处罚，称为公安行政处罚。在公安行政处罚中，对违反治安管理处罚法的行为，称为违反治安管理的行为，其所受到的处罚为治安处罚；除违反治安管理行为以外的违反公安行政管理的行为，称为其他公安行政违法行为，根据相关法律的规定实施行政处罚。不同的公安行政违法行为的追究时效是不同的。

（一）违反治安管理行为在六个月内没有被公安机关发现，不再给予行政处罚

违反治安管理行为的追究时效为 6 个月，即违反治安管理行为在 6 个月内没有被公安机关发现的，不再给予治安管理处罚。6 个月后，公安机关无论在何时发现这一违反治安管理的事实，对这一违反治安管理的行为人不再给予治安管理处罚。

条文中“没有被公安机关发现”，是指公安机关既没有通过自己的工作发现发生了违反治安管理事实，也没有接到报案人、控告人、举报人对这一违反治安管理事实的报案、控告、举报，同时违反治安管理行为人也没有向公安机关主动投案。这里发现的对象是违反治安管理事实，而不是违反治安管理行为人。

关于追究时效，行政处罚法和治安管理处罚法都有相关的规定。《行政处罚法》第 29 条规定：“违法行为在二年内未被发现的，不再给予行政处罚。法律另有规定的除外……”《治安管理处罚法》第 22 条规定：“违反治安管理行为在六个月内没有被公安机关发现的，不再处罚……”二者的效力级别都是法律，根据特别法优于普通法的原则，对违反治安管理的行为优先适用六个月的追究时效。

（二）其他违法行为在二年内没有被公安机关发现的，不再给予行政处罚

《行政处罚法》第 29 条规定：“违法行为在二年内未被发现的，不再给予行政处罚。法律另有规定的除外……”根据《行政处罚法》的规定，在法律没有特别规定时，适用追究时效的一般规定，即其他公安行政违法行为，在二年内没有被公安机关发现的，不再给予行政处罚。

法律规定追究时效具有积极、现实的意义。一方面，对于未过追究时效的违法行为，必须依法追究行为人的法律责任、给予行政处罚，体现了法律的尊严和执法的严肃性。另一方面，对于已过追究时效的违法行为，不再依法追究行为人的法律责任，体现了教育与处罚相结合的原则。在法定追究时效内，违法行为人既然没有再实施新的违法行为，说明其已经在很大程度上改过自新，不再继续危害社会。在这种情况下，再处罚则没有太大意义。同时，追究时效可以使已改过自新的人放下包袱，过正常生活，既有利于稳定社会，也有利于公安机关集中力量同现实违反治安管理行为作斗争。

二、追究时效的计算

根据本条的规定，追究时效从违法行为发生之日起计算，违法行为有连续、继续或者持续状态的，从行为终了之日起计算。违法行为发生之日，是指违法行为没有连续或持续状态的，行为的完成或者停止之日。连续状态，是指基于同一的或者概括的违法故意，连续实施数个独立的违法行为，构成性质相同的违法行为的状态。对连续的违法行为，从最后一个违法行为终了之日起计算追究时效。例如，连续盗窃，应当以最后一个盗窃行为实施完毕之日起计算追究时效。继续状态，是指违法行为及其所造成的不法状态在一定时间内处于持续状态。对有继续状态的违法行为，以持续的违法行为终了之日起计算追究时效。例如，非法拘禁，应当以非法拘禁行为停止之日起开始计算追究时效。

三、不受追究时效限制的情形

被侵害人在违法行为追究时效内向公安机关控告，公安机关应当受理而不受理的，不受本条第一款追究时效的限制。如果被侵害人在违法行为追究时效内向公安机关控告，由于公安机关的过错，应当受理而不受理的，不属于“没有被公安机关发现”的情形，不适用追究时效。案件还要继续调查处理，违法行为人还要继续追究其法律责任。

四、有违禁品的，应当依法予以收缴

根据《公安机关执行〈中华人民共和国治安管理处罚法〉有关问题的解释》第3条的规定：“……公安机关对超过追究时效的违反治安管理行为不再处罚，但有违禁品的，应当依法予以收缴。”

【执法风险提示】

1. 只有违反治安管理的行为，适用六个月的追究时效期间；其他公安行政违法行为仍适用两年的追究时效期间。

2. 违法行为有连续、持续状态的，从行为终了之日起计算。

3. 在不受追究时效限制的情形中，要求被侵害人向公安机关提出控告的时间是在违法行为追究时效内。如果控告是在追究时效的法定期间外提出，仍然需要遵守追究时效的限制。

【相关规定】

《行政处罚法》第29条；《治安管理处罚法》第22条。

第一百五十五条　【责令改正、限期改正】实施行政处罚时，应当责令违法行为人当场或者限期改正违法行为。

【条文主旨】

本条是关于公安机关实施行政处罚时责令改正或现场改正的规定。

【最新修改提示】

本条对应修改前的第131条，内容未变化。

【理解与适用】

一、责令改正和限期改正的概念、性质

责令改正，是指行政机关在实施行政处罚时，要求违法行为人停止或改正违法行为。限期改正，是指行政机关在实施行政处罚时，要求违法行为人在限定期限内改正违法行为。

责令改正或限期改正虽然是在实施行政处罚时作出，但其行为性质不属于行政处罚，而属于对违法行为后果的消除。责令改正、限期改正与行政处罚的区别主要表现在：第一，含义不同。行政处罚是行政主体对违反行政法律规范尚未构成犯罪的相对人依法所给予的法律制裁；而责令改正或限期改正违法行为是指行政机关在实施行政处罚的过程中对违法行为人发出的一种作为命令。第二，内容不同。行政处罚是法律制裁，是对违法行为人的人身、财产、名誉的限制和剥夺，是对违法行为人精神和声誉造成损害的惩戒；而责令改正或者限期改正，其本身并不是制裁，只是要求违法行为人履行法定义务，停止违法行为，消除不良后果，恢复原状。第三，规制的角度不同。行政处罚是从惩戒的角度，对行政相对人科以新的义务，以告诫违法行为人不得再违法；而责令改正或限期改正则是命令违法行为人履行既有的法定义务，纠正违法，恢复原状。第四，形式不同。行政处罚的具体种类有：警告；罚款；没收违法所得、非法财物；责令停产停业；暂扣或者吊销许可证、执照；行政拘留。而责令改正或者限期改正违法行为，因各种具体违法行为不同而表现不同，如停止违法行为、责令退还、责令恢复原状、限期拆除、限期办理等形式。

二、公安机关实施行政处罚时，应当责令违法行为人当场或者限期改正

《行政处罚法》第 23 条规定：“行政机关实施行政处罚时，应当责令当事人改正或者限期改正违法行为。”在公安行政执法中则具体表现为：公安机关实施行政处罚时，应当责令违法行为人当场或者限期改正违法行为。

本条规定也是教育与处罚相结合的具体表现。《治安管理处罚法》第 5 条规定：“……办理治安案件应当坚持教育与处罚相结合的原则。”《行政处罚法》中也有相关的规定。法律规定处罚的目的在于教育违法行为人，纠正违法行为，预防违法行为的再次发生。所以，在进行行政处罚时，应当对违法行为人进行教育，使其认识到行为错误所在，认识到法律所确定的正确的社会秩序。我们反对“以罚代教”和“只罚不管”。公安机关在实施行政处罚时，责令违法行为人改正或限期改正违法行为，即是处罚与教育相结合的体现。

【执法风险提示】

责令改正和限期改正虽然不属于行政处罚，但其仍是行政行为，属于行政命令的一种。相对人不服，可以提起行政复议和行政诉讼。

【相关规定】

《行政处罚法》第 5 条、第 23 条；《治安管理处罚法》第 5 条。

第一百五十六条　【一事不再罚】对违法行为人的同一个违法行为，不得给予两次以上罚款的行政处罚。

【条文主旨】

本条是关于公安机关实施行政处罚时一事不再罚的规定。

【最新修改提示】

本条对应修改前的第 132 条，内容未变化。

【理解与适用】

“一事不再罚”是法理概念，指对违法行为人的同一个违法行为，不得以同一事实和同一依据，给予两次或者两次以上的处罚。

我国《行政处罚法》第 24 条规定：“对当事人的同一违法行为，不得给予两次以上罚款的行政处罚”。可见我国《行政处罚法》对“一事不再罚”原则作了有限解释，其仅仅限制的是不得给予二次以上罚款的处罚，而不限制其他行政处罚种类的第二次或多次适用。

“一事不再罚”中的一事即“同一违法行为”，是指当事人实施了一个违反行政法规范的行为，当事人在客观上仅有一个独立完整的违法事实。这个违法事实无论是违反一个规范，还是数个规范；受一个行政主体管辖，还是数个行政主体管辖，对其罚款只能一次。另外的处罚可以是吊销营业执照，也可以是责令停产停业、没收等，只是不能再是罚款。

“一事不再罚”作为行政处罚的原则，目的在于防止重复处罚，体现过罚相当的法律原则，以保护行政相对人的合法权益。

【执法风险提示】

根据我国现行法律规定，对违法行为人的同一个违法行为，仅仅是不得给予两次以上的罚款处罚。

【相关规定】

《行政处罚法》第 24 条。

第一百五十七条　【对未成年人违法的处罚】不满十四周岁的人有违法行为的，不予行政处罚，但是应当责令其监护人严加管教，并在不予行政处罚决定书中载明。已满十四周岁不满十八周岁的人有违法行为的，从轻或者减轻行政处罚。

【条文主旨】

本条是关于公安机关对未成年违法行为人适用行政处罚的规定。

【最新修改提示】

本条对应修改前的第 133 条，内容未变化。

【理解与适用】

不满十八周岁的自然人为未成年人。未成年人正处于生理逐渐发育成熟，心里逐渐成长，认识水平不断提高，阅历不断丰富的时期。他们的独立意识和辨别是非的能力正处于从不完全到完全的重要发展时期。国家一贯重视对未成年人的保护，对未成年人坚持教育为主、处罚为辅的政策。对于违法的未成年人，根据其年龄不同，是非判断能力不同，规定了不同的处罚适用原则。

一、不予处罚

不予处罚，是指因具有法律所规定的特殊事由，公安机关对某些形式上虽然行为违反行政法律规范，但实质上不应当承担法律责任的人，不适用行政处罚。根据本条的规定：

（一）不满十四周岁的人有违法行为的，不予行政处罚

不满十四周岁的人，实施法律规定的任何违反行政法律规范的行为，公安机关都不能给予治安管理处罚，这是原则性的规定。不满十四周岁的孩子，从人的成长发展规律上来说，独立意识和辨别是非的能力尚不成熟，从保护未成年人出发，其违反行政法律规范的，不承担相应法律责任。《行政处罚法》第 25 条规定："不满十四周岁的人有违法行为的，不予行政处罚，责令监护人加以管教……"《治安管理处罚法》第 12 条也有相关的规定。不满十四周岁的年龄理论上称之为无行政责任能力的年龄。这里的"不满十四周岁"，不包括十四周岁本数。

（二）应当责令其监护人严加管教，并在不予行政处罚决定书中载明

不满十四周岁不予行政处罚，并不是说该年龄段的人实施了违反行政法律规范的行为不会负任何责任。公安机关应当在不予行政处罚决定书中载明责令其监护人严加管教。根据《民法总则》第 27 条规定，"父母是未成年子女的监护人。未成年人的父母已经死亡或者没有监护能力的，由下列有监护能力的人按顺序担任监护人：（一）祖父母、外祖父母；（二）兄、姐；（三）其他愿意担任监护人的个人或者组织，但是须经未成年人住所地的居民委员会、村民委员会或者民政部门同意"。监护人应当认真履行监护职责，对违法的被监护人严加管教。

二、从轻或者减轻行政处罚

从轻处罚，是指公安机关在法律、法规和规章规定的处罚方式和处罚幅度内，对违法行为人在几种可能的处罚方式内选择适用较轻的处罚方式，或者在同一种处罚允许的幅度内选择幅度的低限进行处罚。

减轻处罚，是指公安机关在法律、法规和规章规定的处罚方式和处罚幅度最低限以下，对违法行为人适用行政处罚。根据本条规定：

（一）已满十四周岁不满十八周岁的人有违法行为的，从轻或者减轻行政处罚

已满14周岁不满18周岁的未成年人，正处在成长发育阶段，由于其年龄小，智力处于不成熟时期，控制自己行为和辨别是非能力还比较差，所以在实施违法行为时，难免带有一些冲动和盲目。同时，未成年人的可塑性强，易于教育、矫治。因此，本法对未成年人的违法行为，以注重教育为主，规定了从轻或者减轻处罚，有利于对违法未成年人的挽救，有利于未成年人的健康成长。《行政处罚法》第25条和《治安管理处罚法》第12条均有相关的规定。

这里的“已满十四周岁不满十八周岁”包括十四岁不包括十八岁。对未成年的违法行为人，在具体决定给予治安管理处罚时，不但要根据违反治安管理的事实、行为性质和危害社会的程度，还要充分考虑未成年人违法的动机、行为时的年龄，是否为初犯、偶犯，在共同违法中的地位和作用等情节，以及违法后有无悔过表现等情况，综合考虑决定对其适用从轻还是减轻处罚，以及从轻或者减轻处罚的幅度。

（二）关于减轻处罚的适用

《公安机关执行〈中华人民共和国治安管理处罚法〉有关问题的解释（二）》第4条规定，违反治安管理行为人具有《治安管理处罚法》第12条、第14条、第19条减轻处罚情节的，按下列规定适用：（1）法定处罚种类只有一种，在该法定处罚种类的幅度以下减轻处罚；（2）法定处罚种类只有一种，在该法定处罚种类的幅度以下无法再减轻处罚的，不予处罚；（3）规定拘留并处罚款的，在法定处罚幅度以下单独或者同时减轻拘留和罚款，或者在法定处罚幅度内单处拘留；（4）规定拘留可以并处罚款的，在拘留的法定处罚幅度以下减轻处罚；在拘留的法定处罚幅度以下无法再减轻处罚的，不予处罚。

【执法风险提示】

对不满十四周岁的人有违法行为的，不予行政处罚，但公安机关应当在不予行政处罚决定书中载明责令其监护人严加管教。

【相关规定】

《行政处罚法》第 25 条；《治安管理处罚法》第 12 条；《公安机关执行〈中华人民共和国治安管理处罚法〉有关问题的解释（二）》；《民法总则》第 27 条。

第一百五十八条　【精神病人违法的处罚】精神病人在不能辨认或者不能控制自己行为时有违法行为的，不予行政处罚，但应当责令其监护人严加看管和治疗，并在不予行政处罚决定书中载明。间歇性精神病人在精神正常时有违法行为的，应当给予行政处罚。尚未完全丧失辨认或者控制自己行为能力的精神病人有违法行为的，应当予以行政处罚，但可以从轻或者减轻行政处罚。

【条文主旨】

本条是关于公安机关对精神病人违法的处罚的规定。

【最新修改提示】

本条对应修改前的第 134 条，内容未变化。

【理解与适用】

精神病人指患有各类精神性疾病的人。精神病人辨认和控制自己行为的能力不同，承担的法律责任也不同。

一、不予行政处罚

（一）精神病人在不能辨认或者不能控制自己行为时有违法行为的，不予行政处罚。精神病人因为患病而不能辨认或者不能控制自己行为实施违法行为（处于精神病状态），由于是不由自主地实施的，是一种既无故意又无过失的病态行为。根据法学理论和我国法律实践，虽然违法行为对某种社会关系造成侵害，但是由于其主观上没有任何故意和过失，即缺少主观方面要件，而不负法律责任。《行政处罚法》第 26 条和《治安管理处罚法》第 13 条也有相关的规定。

（二）但应当责令其监护人严加看管和治疗，并在不予行政处罚决定书中载明。精神病人在不能辨认或者不能控制自己行为的时候有违法行为的，不予处罚，并不是完全不管。公安机关应当在不予行政处罚决定书中载明责令其监护人严加看管和治疗。根据《民法总则》第 28 条规定，精神病人由下列有监护能力的人按顺序担任监护人：配偶；父母、子女；其他近亲属；其他愿意担任监护人的个人或者组织，但是须经被监护人住所地的居民委员会、村民委员会或者民政部门同意。监护人应当认真履行监护职责，对违法的被监护人严加看管和治疗，不得放任不管。

二、给予行政处罚

间歇性精神病人在精神正常时有违法行为的，应当给予行政处罚。间歇性精神病人的精神状态不是一成不变的，有些时候能够辨认和控制自己的行为。间歇性精神病人实施违法行为是否应当受到处罚，就要看其在实施违法行为时的精神状态。如果行为人在实施违法行为时精神状态是正常的，那就应当依法给予治安管理处罚；如果行为人在实施违法行为时正处于病发状态，那就不应当依法给予治安管理处罚。

三、可以从轻或者减轻行政处罚

尚未完全丧失辨认或者控制自己行为能力的精神病人有违法行为的，应当予以行政处罚，但可以从轻或者减轻行政处罚。有些精神病人尚未完全丧失辨认和控制自己行为的能力，对这样的精神病人违法时可以从轻或者减轻行政处罚。

【相关规定】

《行政处罚法》第 26 条；《治安管理处罚法》第 13 条；《民法总则》第 28 条。

第一百五十九条　【从轻、减轻处罚或者不予行政处罚】 违法行为人有下列情形之一的，应当从轻、减轻处罚或者不予行政处罚：

（一）主动消除或者减轻违法行为危害后果，并取得被侵害人谅解的；

（二）受他人胁迫或者诱骗的；

（三）有立功表现的；

（四）主动投案，向公安机关如实陈述自己的违法行为的；

（五）其他依法应当从轻、减轻或者不予行政处罚的。

违法行为轻微并及时纠正，没有造成危害后果的，不予行政处罚。

盲人或者又聋又哑的人违反治安管理的，可以从轻、减轻或者不予行政处罚；醉酒的人违反治安管理的，应当给予处罚。

【条文主旨】

本条是关于公安机关对能够辨认或者控制自己行为的违法行为人从轻、减轻处罚或者不予行政处罚的规定。

【最新修改提示】

本条对应修改前的第 135 条，内容未变化。

【理解与适用】

《程序规定》第 157 条、第 158 条规定是关于对不能或者不能完全辨认或者控制自己行为的违法行为人的行政处罚的适用。本条是对能够辨认或者控制自己行为的违法行为人的行政处罚的适用。具体包括以下情形：

一、应当从轻、减轻处罚或者不予行政处罚的情形

（一）主动消除或者减轻违法行为危害后果，并取得被侵害人谅解的

1. 主动消除或者减轻违法行为危害后果。指违法行为人实施违法行为

后，幡然悔悟，主动采取措施消除或者减轻违法行为产生或者即将产生的危害后果。既包括违法过程中主动消除或者减轻违法行为危害后果，也包括违法结果发生后主动消除或者减轻违法行为危害后果，如违法结果产生后，积极退赃、赔偿、消除影响等行为也可以认定为主动消除或者减轻违法后果。主动消除或者减轻违法行为危害后果使违法行为的社会危害性变小，同时也表明违法行为人主观上认识到自己的错误，并有悔改表现。

2. 取得被侵害人谅解。在违法行为有被侵害人的情况下，违法行为人主动消除或者减轻违法后果的举动，必须取得被侵害人的谅解，即被侵害人原谅了违法行为人，表示不再追究其法律责任。在违法行为没有被侵害人的情况下，违反治安管理行为人有主动消除或者减轻违法后果的行为即可。

"主动消除或者减轻违法行为危害后果"和"取得被侵害人谅解"两个条件同时具备，才适用从轻、减轻处罚或者不予行政处罚。

（二）受他人胁迫或者诱骗的

在行政处罚中，处罚不是主要目的。通过处罚达到教育本人和防止违法行为再次发生才是主要目的。被胁迫人或者被诱骗人主观上一开始并没有违法动机，只是受到他人的胁迫或者诱骗后，才实施了违法行为。虽然被胁迫人或者被诱骗人在主观方面也有过错，但性质不恶劣，只要他们认错，公安机关指出其错误后，根据具体情况予以从轻、减轻处罚或者不予处罚，也同样可以达到教育目的。

（三）有立功表现的

立功，是指违法行为人到案后，违法行为人本人有检举、揭发、提供破案线索等行为，经查证属实的，在侦破案件、抓获违法犯罪嫌疑人中发挥实际作用的行为，或者具有其他建立功劳的行为。

立功表现主要包括：违法行为人到案后有检举、揭发他人违法犯罪行为，经查证属实的；或者提供侦破其他违法犯罪案件的重要线索，经查证属实的；或者阻止他人从事违法犯罪活动的；或者在协助公安机关抓获其他违法行为人、抓捕其他犯罪嫌疑人中发挥实际作用的；其他有利于国家和社会的突出表现的情况。

（四）主动投案，向公安机关如实陈述自己的违法行为的

必须同时具备两点：

1. 主动投案。主动投案，是指违法事实或者违法行为人未被公安机关发觉，或者虽被公安机关发觉，但违法行为人尚未受到传唤或者询问时，主动、直接向公安机关投案。违法行为人对行为性质的辩解不影响主动投案的成立。

2. 如实陈述自己的违法行为。如实陈述自己的违法行为，是指违法行为人主动投案后，如实交代自己的主要违反治安管理事实。

（五）其他依法应当从轻、减轻或者不予行政处罚的

本项为兜底条款。除了以上情形外，如果其他法律规范规定了从轻、减轻或者不予行政处罚的，从其规定。

二、违法行为轻微并及时纠正，没有造成危害后果的，不予行政处罚

《行政处罚法》第 27 条规定："……违法行为轻微并及时纠正，没有造成危害后果的，不予行政处罚。"本款是根据《行政处罚法》作出的相应规定。适用不予处罚需要同时具备三个条件：

（一）违法行为轻微

判断违法行为是否轻微，应当从违法行为人的年龄、身份，以及违法行为的目的、动机、手段，造成的后果、认错的程度等方面进行综合认定。

为规范公安机关治安管理处罚裁量权，公安部出台了《公安机关对部分违反治安管理行为实施处罚的裁量指导意见》（以下简称《指导意见》），《指导意见》的第一部分第 7 条规定，实施违反治安管理行为危害较小，且积极配合公安机关查处的，或在共同违反治安管理行为中起次要或者辅助作用的，属于"情节较轻"。此外，《指导意见》还针对具体违反治安管理的行为规定了情节的具体认定标准。

（二）及时纠正

指行为人在实施了违法行为后，立即悔改，及时纠正自己的违法行为。

（三）没有造成危害后果

现实中，即使轻微的违法行为也可能造成危害后果。根据本款规定，只有没有造成危害后果的才适用不予处罚。

三、盲人或者又聋又哑的人违反治安管理的，可以从轻、减轻或者不予行政处罚

有些人虽然精神正常，年龄足够成熟，但是由于视觉、听觉、语言能力等重要生理功能的缺失或者丧失，而影响其辨别、判断和控制自己的行为。如果这些人实施违法行为时，和正常人一样给予行政处罚，就不够公正。因此，本款规定：盲人或者又聋又哑的人违反治安管理的，可以从轻、减轻或者不予行政处罚。

根据规定，只有又聋又哑的人，且在违反《治安管理处罚法》时，才可以适用从轻、减轻或者不予行政处罚。

“可以”从轻、减轻或者不予行政处罚，区别于“应当”，公安机关在办理盲人或者又聋又哑的人违反治安管理的治安案件时，要结合违反治安管理行为人和案件的具体情况，依法合理地决定是否从轻、减轻或者不予处罚，以及从轻、减轻的幅度等。

四、醉酒的人违反治安管理的，应当给予处罚

从医学观点看，在醉酒状态下，行为人的精神虽然会出现某些变化，如语言增多，行为放纵，情绪不稳，易激动等。但只是高级的复杂的精神机能开始削弱，其并没有完全丧失辨别和控制自己行为的能力。同时，醉酒往往是本人在清醒状态时酗酒所致，是个人行为导致的。酗酒是一种不良习气，它不符合社会公共道德的要求，也有碍正常的社会秩序，应当受到道德和法律的约束。因此，醉酒的人违反治安管理的，公安机关应当依法给予治安管理处罚。

另外，根据《公安机关执行〈中华人民共和国治安管理处罚法〉有关问题的解释》之第 3 条的规定，公安机关对依法不予处罚的违反治安管理行为人，有违法所得的，应当依法予以追缴；有非法财物的，应当依法予以收缴。同样适用于本条规定，适用不予处罚的违反治安管理的行为人。

【执法风险提示】

1. 注意“可以”与“应当”的区别。对于盲人或者又聋又哑的人违反治安管理的，规定的是可以从轻、减轻或者不予行政处罚。其他条款规定的是应当。

2. 本款关于盲人或者又聋又哑的人从轻、减轻或者不予行政处罚的规定，只适用违反治安管理的情形。

【相关规定】

《行政处罚法》第 27 条；《治安管理处罚法》第 14 条、第 15 条、第 19 条；《公安机关对部分违反治安管理行为实施处罚的裁量指导意见》第 7 点；《公安机关执行〈中华人民共和国治安管理处罚法〉有关问题的解释》第 3 条。

第一百六十条　【从重处罚情形】违法行为人有下列情形之一的，应当从重处罚：

（一）有较严重后果的；

（二）教唆、胁迫、诱骗他人实施违法行为的；

（三）对报案人、控告人、举报人、证人等打击报复的；

（四）六个月内曾受过治安管理处罚或者一年内因同类违法行为受到两次以上公安行政处罚的；

（五）刑罚执行完毕三年内，或者在缓刑期间，违反治安管理的。

【条文主旨】

本条是关于公安机关办理行政案件从重处罚的规定。

【最新修改提示】

修订前（2012 版）	修订后（2018 版）
第一百三十六条　违法行为人有下列情形之一的，应当从重处罚： …… （五）刑罚执行完毕、劳动教养解除三年内，或者在缓刑期间，违反治安管理的。	**第一百六十条**　违法行为人有下列情形之一的，应当从重处罚： …… **（五）刑罚执行完毕三年内，或者在缓刑期间，违反治安管理的。**

【理解与适用】

从重处罚，是指公安机关在法律规定的处罚方式和处罚幅度内，对违法行为人选择适用较重的处罚方式，或者在同一种处罚方式下选择幅度的较高限进行处罚。根据本条规定，公安机关在办理行政案件中对违法行为人从重处罚主要有以下情形：

一、有较严重后果的

违法行为所造成的后果，是确定违法性质和进行法律制裁的重要依据。一般来说，后果较严重的，社会危害性就较大，按照过罚相当的原则，应当从重处罚。这里的“有较严重后果”，是以构成违反治安管理行为而尚未构成犯罪为前提。否则就不是行政处罚，而是刑罚处罚了。

违法行为的后果是否为较严重，根据违法行为的时间、对象、数额、次数、行为人主观恶意程度、行为人在违法行为中所起的作用等因素综合判断。《指导意见》的第一部分第6条规定，违反治安管理具有下列情形之一的，属于“情节较重”“情节严重”：一年内因同种违法行为被治安管理处罚后又实施的；刑罚执行完毕六个月内，或者在缓刑、假释期间，实施违反治安管理行为的；组织、领导实施违反治安管理行为的，或者在共同违反治安管理行为中起主要作用的；被侵害人为精神病人、残疾人、老年人、未成年人、孕妇的；在突发事件和重大活动期间、突发事件和重大活动发生地、举行地实施违反治安管理行为的；达到刑事追诉标准，但因犯罪情节轻微，人民检察院作出不起诉决定或者人民法院判决免除刑事处罚的。此外，《指导意见》还针对具体违反治安管理的行为规定了情节较重的具体认定标准。

二、教唆、胁迫、诱骗他人实施违法行为的

教唆，是指采用授意、劝说、挑拨、怂恿或者其他方法，故意唆使他人实施违法行为。胁迫，是指采用暴力、威胁、逼迫等方法，迫使他人实施违法行为。诱骗，是指采用引诱、欺骗等方法，使他人上当受骗实施违法行为。

教唆、胁迫、诱骗他人实施违法行为，不仅自己违法，同时促使他人也违法，其社会危害性比自己违法还要大，所以法律规定要从重处罚。《治安管理处罚法》第20条也有相关的规定。

三、对报案人、控告人、举报人、证人等打击报复的

对违法行为进行报案、控告、举报、作证，是公民维护国家法制，维护社会秩序，协助公安机关履行职责，保护自己的合法权益的积极行为。法律规定，公民有作证的义务。对报案人、控告人、举报人、证人进行打击报复，不仅侵犯了报案人、控告人、举报人、证人的合法权益，扰乱了公安机关正常的办案工作，而且可能导致其他公民不敢报案、控告、举报、作证。因此，对这种违法行为应当从重处罚，以保护公民同违法行为作斗争的积极性。

四、六个月内曾受过治安管理处罚或者一年内因同类违法行为受到两次以上公安行政处罚的

（一）六个月内曾受过治安管理处罚

行为人因实施违反治安管理行为，被公安机关给予治安管理处罚后的

6 个月内再次实施违法行为，这说明其没有悔改，公安机关应当就其再次实施的违法行为从重处罚。

六个月内曾受过治安管理处罚，指违法行为人在六个月内实施过违反治安管理的行为，并被处罚。如果仅仅是有违反治安管理的行为，没有被发现并处罚，则需要合并处罚，而不是从重的问题。

行为人再次实施的违法行为，可以是违反治安管理的行为，也可以是其他种类的公安行政违法行为。

（二）一年内因同类违法行为受到两次以上公安行政处罚的

第一，“同类违法行为”中的违法行为，包括但不限于违反治安管理的行为。

第二，两个以上的违法行为必须是同一种类，如两个以上的行为都是治安违法行为或者都是交通违法行为等。

第三，同种类的违法行为发生在一年内，且行为人均受到了行政处罚。

行为人在一年内因同类违法行为受到两次以上公安行政处罚后，再次实施同种类的违法行为的，从重处罚。

五、刑罚执行完毕三年内，或者在缓刑期间，违反治安管理的

本项包括两种情形：（1）刑罚执行完毕三年内，违反治安管理的；（2）在缓刑期间，违反治安管理的。此两种情形反映了行为人主观恶性较大，且屡教不改，根据规定从重处罚。这里需要强调的是，再次实施的是违反治安管理的行为。

【执法风险提示】

1. 六个月内曾受过治安管理处罚，而不是其他公安行政处罚的，再次实施公安行政违法行为的，从重处罚。

2. 一年内因同类违法行为受到两次以上公安行政处罚的，再次实施同类违法行为的，从重处罚。如果一年内不是因同种类的违法行为而受到处罚两次以上的，不适用从重处罚。

【相关规定】

《治安管理处罚法》第 20 条；《公安机关对部分违反治安管理行为实施处罚的裁量指导意见》第 6 条。

第一百六十一条　【数过并罚的原则】 一人有两种以上违法行为的，分别决定，合并执行，可以制作一份决定书，分别写明对每种违法行为的处理内容和合并执行的内容。

一个案件有多个违法行为人的，分别决定，可以制作一式多份决定书，写明给予每个人的处理决定，分别送达每一个违法行为人。

【条文主旨】

本条是关于公安机关对一人有两种以上违法行为和一个案件有多个违法行为人的处理的规定。

【最新修改提示】

本条对应修改前的第 137 条，内容未变化。

【理解与适用】

一、数过并罚原则——分别决定，合并执行

（一）一人有两种以上违法行为的，分别决定，合并执行

1. 数过并罚前提。必须一个行为人实施数个违法行为。这是适用数过并罚原则的前提条件。数个违法行为，既可以是行为人单独实施的，也可以是行为人伙同他人共同实施的。

2. 数过并罚的原则——分别决定，合并执行。分别决定，是指对于一个行为人的两个或者两个以上的违法行为，分别对每一个违法行为依法作出处理决定。处理决定可能是行政处罚，也可能是其他的处理。合并执行，是指将分别作出的处理决定合并起来，决定最后需要执行的内容。

合并执行的原则是以并科原则为主，以限制加重原则为辅。具体表现为：(1) 如果决定为数个罚款的，采用并科原则。即将罚款数额累加，决定需要执行的罚款数额。(2) 如果决定为数个行政拘留的，采用限制加重原则。即将行政拘留期限累加，决定执行的拘留期限，但最长不超过 20 日。(3) 决定为两个或者两个以上警告、限期出境或驱逐出境等，只能各执行一个处罚。不能将两次警告处罚合并成一个罚款或行政拘留。(4) 决定分别为警告、罚款、行政拘留，或者其他种类的处理决定等，采用并科

原则决定最后执行的内容。由于种类不同，无法简单相加，决定同时执行警告、罚款、行政拘留或其他的处理决定。

（二）可以制作一份决定书，分别写明对每种违法行为的处理内容和合并执行的内容

一人有两种以上违法行为的，虽然需要对不同的违法行为分别作出决定，但可以制作一份决定书。在这份决定书中分别写明对每种违法行为的处理内容和合并执行的内容，便于分清违法事实，明确责任，同时也便于行为人寻求救济。

二、一个案件有多个违法行为人的，分别决定

（一）一个案件有多个违法行为人的，分别决定。当一个行政违法案件有多个违法行为人时，分别对每个违法行为人根据其违法行为的具体违法情况，分别作出处理决定。

（二）可以制作一式多份决定书，写明给予每个人的处理决定。对同一个案件的不同违法行为人所作的不同的处理决定，可以写在一个决定书中。决定书中写明给予每个人的处理决定，并根据违法行为人的人数，将该决定书制作多份。

（三）分别送达每一个违法行为人。制作的一式多份决定书，分别送达每一个违法行为人。以便于违法行为人进行行政复议或行政诉讼等救济行为。

【相关规定】

《行政处罚法》第24条；《治安管理处罚法》第16条。

第一百六十二条　【行政拘留的合并执行】行政拘留处罚合并执行的，最长不超过二十日。

行政拘留处罚执行完毕前，发现违法行为人有其他违法行为，公安机关依法作出行政拘留决定的，与正在执行的行政拘留合并执行。

【条文主旨】

本条是关于行政拘留合并执行的规定。

【最新修改提示】

修订前（2012 版）	修订后（2018 版）
第一百三十八条 行政拘留处罚合并执行的，最长不超过二十日。 行政拘留处罚执行完毕前，发现违法行为人有其他违法行为，公安机关依法作出行政拘留决定的，不与正在执行的行政拘留合并执行。	**第一百六十二条** 行政拘留处罚合并执行的，最长不超过二十日。 行政拘留处罚执行完毕前，发现违法行为人有其他违法行为，公安机关依法作出行政拘留决定的，**与正在执行的行政拘留合并执行。**

【理解与适用】

本条是对《程序规定》第 161 条的补充规定。

一、行政拘留处罚合并执行的，最长不超过二十日

违法行为人有两种以上违法行为的，根据法律的相关规定，先对每个违法行为分别作出处理，再把作出的处理决定合并执行。如果处理决定恰好都是行政拘留的，由于行政拘留是限制人身自由的行政处罚，且处罚对象是违反行政法律规范尚未构成犯罪的相对人，所以合并执行时间不宜过长。根据相关规定，合并执行时间最长不超过二十日。如《治安管理处罚法》第 16 条规定，有两种以上违反治安管理行为的，分别决定，合并执行。行政拘留处罚合并执行的，最长不超过二十日。

二、行政拘留处罚执行完毕前，发现违法行为人有其他违法行为，公安机关依法作出行政拘留决定的，与正在执行的行政拘留合并执行

如果在行政拘留处罚执行完毕前，公安机关发现违法行为人在行政拘留决定作出之前还有其他违法行为没有被处罚的，如果该违法行为依法应作出行政拘留决定的，新决定的行政拘留应与正在执行的行政拘留合并执行。已经执行完的行政拘留的时间应计算在合并执行的行政拘留期限以内。

【执法风险提示】

根据 2018 年修订前的《程序规定》，行政拘留处罚执行完毕前，发现违法行为人有其他违法行为，公安机关依法作出行政拘留决定的，不与正在执行的行政拘留合并执行。本次修订做了完全相反的规定，要求与正在执行的行政拘留合并执行。实践执法中应注意克服旧的习惯。

【相关规定】

《治安管理处罚法》第16条；《刑法》第70条。

第一百六十三条　【行政拘留的折抵】对决定给予行政拘留处罚的人，在处罚前因同一行为已经被采取强制措施限制人身自由的时间应当折抵。限制人身自由一日，折抵执行行政拘留一日。询问查证、继续盘问和采取约束措施的时间不予折抵。

被采取强制措施限制人身自由的时间超过决定的行政拘留期限的，行政拘留决定不再执行。

【条文主旨】

本条是关于限制人身自由的强制措施折抵行政拘留的规定。

【最新修改提示】

修订前（2012版）	修订后（2018版）
第一百三十九条　对决定给予行政拘留处罚的人，在处罚前因同一行为已经被采取强制措施限制人身自由的时间应当折抵。限制人身自由一日，折抵执行行政拘留一日。询问查证和继续盘问时间不予折抵。 被采取强制措施限制人身自由的时间超过决定的行政拘留期限的，行政拘留决定不再执行。	**第一百六十三条**　对决定给予行政拘留处罚的人，在处罚前因同一行为已经被采取强制措施限制人身自由的时间应当折抵。限制人身自由一日，折抵执行行政拘留一日。询问查证、继续盘问**和采取约束措施的**时间不予折抵。 被采取强制措施限制人身自由的时间超过决定的行政拘留期限的，行政拘留决定不再执行。

【理解与适用】

一、对决定给予行政拘留处罚的人，在处罚前因同一行为已经被采取强制措施限制人身自由的时间应当折抵

公安机关在办理案件过程中，为了保证侦查或调查活动的顺利进行，制止违法犯罪行为、防止证据损毁、避免危害发生、控制危险扩大等情形，可以依法对公民的人身自由实施暂时性限制，或者对公民、法人或者其他组织的财物实施暂时性控制的行为。强制措施具有保障作用，不具有惩罚功能，如果因为同一行为已经被采取限制人身自由的强制措施的，为了切实保护公民的合法权益，根据法律规定，其相对人权益造成的某些影响可以折抵为行政处罚。

强制措施根据控制对象的不同，可以分为限制人身自由的强制措施和控制财物的强制措施。根据本条规定，只有采取强制措施限制人身自由的时间才可以折抵行政拘留。《治安管理处罚法》第 92 条也有相关的规定。①

《刑法》第 37 条规定："对于犯罪情节轻微不需要判处刑罚的，可以免予刑事处罚，但是可以根据案件的不同情况，予以训诫或者责令具结悔过、赔礼道歉、赔偿损失，或者由主管部门予以行政处罚或者行政处分。"根据该条规定，被处以行政拘留的相对人，除其本身就是行政违法行为人外，还可能是因为犯罪情节轻微，免予刑事处罚转而被行政处罚的曾经的犯罪嫌疑人。所以，其在行为人被行政拘留处罚前因同一行为被采取的强制措施，除了行政强制措施（如拘留审查）外，还可能是刑事强制措施（如拘留、逮捕）。

二、限制人身自由一日，折抵执行行政拘留一日，被采取强制措施限制人身自由的时间超过决定的行政拘留期限的，行政拘留决定不再执行

在具体折抵的方法上，限制人身自由的强制措施与行政拘留虽然行为的性质不同，但二者都具有限制人身自由的属性，而且对人身自由的限制强度是相同的，故法律规定限制人身自由一日，折抵执行行政拘留一日。

如果被采取强制措施限制人身自由的时间超过决定的行政拘留期限的，如曾被刑事拘留或者逮捕的时间超过最后决定的行政拘留期限，行政拘留不再执行。《公安机关执行〈中华人民共和国治安管理处罚法〉有关问题的解释》第 11 条规定："……这里的'强制措施限制人身自由的时间'，包括被行政拘留人在被行政拘留前因同一行为被依法刑事拘留、逮捕时间。如果被行政拘留人被刑事拘留、逮捕的时间已超过被行政拘留的时间的，则行政拘留不再执行，但办案部门必须将《治安管理处罚决定书》送达被处罚人。"

---

① 《治安管理处罚法》第 92 条规定："对决定给予行政拘留处罚的人，在处罚前已经采取强制措施限制人身自由的时间，应当折抵。限制人身自由一日，折抵行政拘留一日。"

三、询问查证、继续盘问和采取约束措施的时间不予折抵

询问查证。为了使办理的行政案件事实清楚、证据确凿，法律赋予了公安机关询问和查证的权力。根据《治安管理处罚法》第 83 条规定，对违反治安管理行为人，公安机关传唤后应当及时询问查证，询问查证的时间不得超过八小时；情况复杂，依照本法规定可能适用行政拘留处罚的，询问查证的时间不得超过二十四小时。本《程序规定》第 69 条也有类似的规定。

继续盘问。根据《人民警察法》第 9 条的规定，公安机关的人民警察对有违法犯罪嫌疑的人员，经出示相应证件，可以当场盘问、检查；经盘问、检查，发现具有法定情形的，可以将其带至公安机关，经该公安机关批准，对其继续盘问。对被盘问人的留置时间自带至公安机关之时起不超过二十四小时，在特殊情况下，经县级以上公安机关批准，可以延长至四十八小时。

约束措施。为了防止行为人对本人、他人或者公共安全造成威胁，公安机关根据法律的规定可以采取约束措施。目前，公安机关采取的约束措施主要有对醉酒的人和精神病人采取的保护性约束措施和对恐怖活动嫌疑人采取的约束措施。如《治安管理处罚法》第 15 条规定："……醉酒的人在醉酒状态中，对本人有危险或者对他人的人身、财产或者公共安全有威胁的，应当对其采取保护性措施约束至酒醒。"《反恐怖主义法》第 53 条规定："公安机关调查恐怖活动嫌疑，经县级以上公安机关负责人批准，可以根据其危险程度，责令恐怖活动嫌疑人员遵守下列一项或者多项约束措施……"

询问、查证、继续盘问都是调查案件时可以使用的调查方法，其行为目的是查清案件事实。虽然在进行询问、查证、继续盘问时，会对相对人的人身自由造成一定的影响，但这种影响是附带的，不是询问、查证、继续盘问本身的目的。这与为了剥夺人身自由而实施的强制措施和行政拘留有本质上的不同。同理，对相对人采取的约束措施，或是为了保护相对人本人，或是为了保护他人的人身财产安全或者公共安全，而附带剥夺或限制了相对人的人身自由。根据规定，询问查证、继续盘问和采取约束措施的时间不予折抵。

【执法风险提示】

1. 行政拘留处罚的行为，与被采取强制措施限制人身自由的行为是同一行为，被采取强制措施限制人身自由的时间才与行政拘留的时间折抵。

2. 限制人身自由的强制措施，既包括行政强制措施，也包括刑事强制措施。

3. 询问查证、继续盘问和采取约束措施的时间不予折抵。

【相关规定】

《行政处罚法》第 28 条；《治安管理处罚法》第 15 条、第 83 条、第 92 条；《刑法》第 37 条；《人民警察法》第 9 条、第 14 条；《反恐怖主义法》第 53 条。

第一百六十四条　【不执行行政拘留情形】违法行为人具有下列情形之一，依法应当给予行政拘留处罚的，应当作出处罚决定，但不送拘留所执行：

（一）已满十四周岁不满十六周岁的；

（二）已满十六周岁不满十八周岁，初次违反治安管理或者其他公安行政管理的。但是，曾被收容教养、被行政拘留依法不执行行政拘留或者曾因实施扰乱公共秩序，妨害公共安全，侵犯人身权利、财产权利，妨害社会管理的行为被人民法院判决有罪的除外；

（三）七十周岁以上的；

（四）孕妇或者正在哺乳自己婴儿的妇女。

【条文主旨】

本条是关于公安机关不予执行行政拘留的规定。

【最新修改提示】

本条对应修改前的第 140 条，内容未变化。

【理解与适用】

一、不予执行行政拘留与不予处罚辨析

我国法律历来重视保护未成年人、老年人和妇女的权益。公安机关在办案中也充分考虑他们的特殊情况，予以特别保护。为了体现教育与处罚相结合的原则，本条规定了对未成年人、老年人和妇女具备法定情形，不予执行行政拘留的情形。

不予执行行政拘留，是指公安机关依法对违法行为人作出行政拘留决

定，但考虑到行为人具有法定的特殊情况，而实际上不执行行政拘留。“不执行行政拘留处罚”不等于完全放任，被处罚人居住地公安派出所应当会同被处罚人所在单位、学校、家庭、居（村）民委员会、未成年人保护组织和有关社会团体进行帮教。①

不予执行行政拘留与不予处罚不同。不予执行行政拘留是作出行政拘留处罚后，不送违法行为人执行行政拘留。对其作出行政拘留决定，意味着对其行为作出否定评价；不予处罚，是根本没有作出行政拘留的处罚决定。二者的法律后果也不同，前者虽然在作出行政拘留处罚决定后不执行，但作出行政拘留处罚决定本身就是从法律上对行为人的违法行为予以否定，而且公安机关可以据此确定行为人有了违法经历，此后行为人再次实施违法行为时，可以依法从重处罚；后者则没有从法律上对行为人的违法行为予以否定，公安机关也不能据此确定行为人有了违法经历。

二、不予执行行政拘留的情形

（一）已满十四周岁不满十六周岁的

“已满十四周岁”，包括十四周岁本数；“不满十六周岁”，不包括十六周岁本数。对已满十四周岁不满十六周岁的未成年人违法行为，依法应当给予行政拘留处罚的，应当作出处罚决定，但不送拘留所执行。

本项是关于对未成年人保护的规定。对犯了错误的未成年人，我们采取的是教育、感化、挽救的保护原则。一般来说，行为人只有在能够辨别行为的性质和后果，仍然去实施违法行为时，要求其承担法律责任才是恰当的。已满十四周岁不满十六周岁的未成年人，生理、心理和辨别能力尚在不断成熟中，其对行为的性质和后果的辨别能力有待进一步提高。对于这一阶段的未成年人，即使其行为依法应当予以行政拘留处罚，为了对其保护，在作出行政拘留决定后，也不予执行。这种责任承担上的限制，也有利于给未成年人更多的改过自新的机会，避免行政拘留对其成长可能造成的不利影响。

（二）已满十六周岁不满十八周岁，初次违反治安管理或者其他公安行政管理的。但是，曾被收容教养、被行政拘留依法不执行行政拘留或者曾因实施扰乱公共秩序，妨害公共安全，侵犯人身权利、财产权利，妨害社会管理的行为被人民法院判决有罪的除外

1. 已满十六周岁不满十八周岁，初次违反治安管理或者其他公安行政管理的。

本项规定的不予执行行政拘留的情形，需要两个条件同时具备。一是

---

① 参见《公安机关执行〈中华人民共和国治安管理处罚法〉有关问题的解释》第5条。

未成年人已满十六周岁不满十八周岁；二是初次违反治安管理或者其他公安行政管理。

已满十六周岁不满十八周岁的未成年人，包括十六周岁，不包括十八周岁。这个年龄段的未成年人对其行为的辨别和控制能力，与已满十四周岁不满十六周岁的相比有所提高，但与成年人相比，还有差距。故本项规定，只有在初次违反治安管理或者其他公安行政管理时，才不予执行行政拘留。

《公安机关执行〈中华人民共和国治安管理处罚法〉有关问题的解释（二）》第5条规定，“初次违反治安管理”，是指行为人的违反治安管理行为第一次被公安机关发现或者查处。根据上述规定，对初次违反其他公安行政管理的情形也可以做出判断。

2. 曾被收容教养、被行政拘留依法不执行行政拘留或者曾因实施扰乱公共秩序，妨害公共安全，侵犯人身权利、财产权利，妨害社会管理的行为被人民法院判决有罪的除外。根据《公安机关执行〈中华人民共和国治安管理处罚法〉有关问题的解释（二）》第5条规定，具有下列情形之一的，不属于“初次违反治安管理”：（1）曾违反治安管理，虽未被公安机关发现或者查处，但仍在法定追究时效内的；（2）曾因不满十六周岁违反治安管理，不执行行政拘留的；（3）曾违反治安管理，经公安机关调解结案的；（4）曾被收容教养、劳动教养（已废止）的；（5）曾因实施扰乱公共秩序，妨害公共安全，侵犯人身权利、财产权利，妨害社会管理的行为被人民法院判处刑罚或者免除刑事处罚的。故曾经被收容教养、被行政拘留依法不执行行政拘留或者曾因实施扰乱公共秩序，妨害公共安全，侵犯人身权利、财产权利，妨害社会管理的行为被人民法院判决有罪，都不属于初次违反治安管理的情形，不具备不予执行行政拘留的条件，故被排除在不予执行行政拘留的情形外。

（三）七十周岁以上的

本项体现了对老年人的保护。七十周岁以上，包括七十周岁本数。七十周岁以上的老年人，年迈体弱，若剥夺其人身自由，对其身体和生活将造成不利影响。出于人道主义考虑，对七十周岁以上的违法行为人，即使作出行政拘留决定，也不予执行。可以通过其他渠道对其监管、教育，或者考虑其他更为合适的处罚方式。

（四）孕妇或者正在哺乳自己婴儿的妇女

本项是对妇女和婴儿的特殊保护。为了保护婴儿的健康，对孕妇和正在哺乳自己婴儿的妇女的违法行为，依法应当给予行政拘留处罚的，应当作出处罚决定，但不送拘留所执行。不送拘留所执行并不是不管，可以考虑其他合适的处罚方式，或者采取其他的帮教和监管措施。

根据《公安机关执行〈中华人民共和国治安管理处罚法〉有关问题的解释》第5条的规定，上述未成年人、老年人的年龄、怀孕或者哺乳自己不满1周岁婴儿的妇女的情况，以其实施违反治安管理行为或者正要执行行政拘留时的实际情况确定，即违反治安管理行为人在实施违反治安管理行为时具有上述情形之一的，或者执行行政拘留时符合上述情形之一的，均不再投送拘留所执行行政拘留。

【执法风险提示】

1. 本条规定的是依法作出行政拘留的处罚决定，但不送拘留所执行的情形，注意与不予处罚相区别。

2. 对于已满十六周岁不满十八周岁未成年违法行为人，只有初次违反治安管理或者其他公安行政管理的，才不予执行行政拘留。且要注意有例外情形。

【相关规定】

《行政处罚法》第20条；《治安管理处罚法》第91条；《公安机关执行〈中华人民共和国治安管理处罚法〉有关问题的解释及解释（二）》第5条。

案例分析

公安机关对未成年人的处罚应遵守哪些规定

——李某诉××市××区公安局要求撤销公安机关行政处罚决定①

△基本案情

原告：李某。

被告：××市××区公安局。

2017年5月9日16时许，民警在工作中发现，在2017年5月1日下午，××中学学生张某被同学李某约到××公园。在公园内一处空地内李某、王某等人对张某进行殴打。根据《中华人民共和国治安管理处罚法》第26条之规定，决定对李某行政拘留七日。因其已满十四岁未满

① 参见（2017）冀1181行初11号行政判决书。

十八岁且初次违反《中华人民共和国治安管理处罚法》，依法从轻减轻处罚，决定不予执行。原告李某不服被告所作行政处罚，提起行政诉讼。

原告李某诉称：原告与张某系××中学同学，听其他同学说张某说自己坏话，2017年5月1日下午，原告将张某约到××公园进行理论。双方开始发生语言冲突，之后原告与王某动手打了张某。但没有造成张某伤害，事后也与张某握手言和，并取得了张某的谅解。2017年5月9日，被告在工作中发现了该情况后，对原告进行调查，并根据《中华人民共和国治安管理处罚法》第26条，对原告处以行政拘留七日。因原告未满十八周岁，且系初次违反《中华人民共和国治安管理处罚法》，从轻处罚，应决定不予执行。虽原告实施打人行为，但未对对方造成伤害，属于情节显著轻微，且双方达成谅解不应处罚。原告系未成年人，被告处罚过重，所以请求法院依法撤销被告行政处罚决定书。

被告××市××区公安局辩称：被告所作处罚决定认定原告寻衅滋事，事实清楚，证据确实充分，适用法律得当，程序合法；原告李某凭道听途说，借故生非纠集他人对受害人张某采取扇头部、脚踹等手段进行殴打，又用矿泉水浇头，并将该视频传至班级群，情节较严重，不属于不予处罚的情形，且寻衅滋事不适用治安调解，原告主张与事实不符，应驳回其诉讼请求。

△核心问题

公安机关对未成年人的处罚应遵守哪些规定？

△法律评析

一、办案依据分析

《公安机关办理行政案件程序规定》第157条规定，不满十四周岁的人有违法行为的，不予行政处罚，但是应当责令其监护人严加管教，并在不予行政处罚决定书中载明。已满十四周岁不满十八周岁的人有违法行为的，从轻或者减轻行政处罚。

《公安机关办理行政案件程序规定》第164条规定，违法行为人具有下列情形之一，依法应当给予行政拘留处罚的，应当作出处罚决定，但不送拘留所执行：

“（一）已满十四周岁不满十六周岁的；

（二）已满十六周岁不满十八周岁，初次违反治安管理或者其他公安行政管理的。但是，曾被收容教养、被行政拘留依法不执行行政拘留或者曾因实施扰乱公共秩序，妨害公共安全，侵犯人身权利、财产权利，妨害社会管理的行为被人民法院判决有罪的除外；

（三）七十周岁以上的；

（四）孕妇或者正在哺乳自己婴儿的妇女。”

违法行为人承担行政责任除在客观上要有违法事实并达到一定程度构成行政违法行为外，从主体来说，还必须有行政责任能力。一般来讲，行政责任能力包括行政责任年龄和行为人的精神状态。

行政责任年龄，是指行为人对自己的违法行为承担行政责任所必须达到的年龄：世界各国立法都规定了违法行为人对自己的违法行为负法律责任必须达到的年龄。《行政处罚法》第 25 条规定：“不满十四周岁的人有违法行为的，不予行政处罚，责令监护人加以管教；已满十四周岁不满十八周岁的人有违法行为的，从轻或者减轻行政处罚。”《治安管理处罚法》第 12 条和《程序规定》第 157 条规定了与《行政处罚法》相同的责任年龄。由此可见，我国行政责任年龄分为三个阶段：

1. 18 周岁以上为完全行政责任年龄。这个年龄阶段的人实施了违法行为的，一律按照法律规定依法承担其违法行为后果的全部法律责任。

2. 已满 14 周岁不满 18 周岁为限制行政责任年龄。这个年龄阶段的人有违法行为的，从轻或者减轻行政处罚。

3. 14 周岁以下为无行政责任年龄。这个年龄阶段的人有违法行为的，不予行政处罚，但是应当责令其监护人严加管教。

公安机关在考虑违法行为人的责任年龄时：要注意把握 14 周岁和 18 周岁这两个关键年龄点。对于年龄计算问题，按照《最高人民法院关于审理未成年人刑事案件具体应用法律若干问题的解释》第 2 条的规定，《刑法》第 17 条规定的“周岁”按照公历的年、月、日计算，从周岁生日的第二天起算。因此，《刑法》规定的年龄，是指实足年龄，应以日计算，从过了生日的第二天起算，生日当天不算已满责任年龄。虽然法律对违法行为的责任年龄的计算没有明确规定，但从社会主义法制统一的角度考虑，公安机关办理行政案件时，对违法行为人的年龄应当按照上述司法解释规定的方法计算。此外，还需注意的是，这里的责任年龄是指实施违法行为时的年龄，如果违法行为有连续或继续状态，违法行为人在实施违法行为过程中达到 14 周岁，那么他只对已满 14 周岁之后的违法行为承担责任。

二、案例分析

《治安管理处罚法》第 26 条规定：“有下列行为之一的，处五日以上十日以下拘留，可以并处五百元以下罚款；情节较重的，处十日以上十五日以下拘留，可以并处一千元以下罚款：（一）结伙斗殴的；（二）追逐、拦截他人的；（三）强拿硬要或者任意损毁、占用公私财物的；（四）其他寻衅滋事行为。”

在本案中，原告与张某发生语言冲突后和王某动手打了张某。但没有造成张某伤害，事后也与张某握手言和，并取得了张某的谅解，情节轻微，不属于《治安管理处罚法》第26条所规定的情形，并且原告未满十八周岁。

法院认为，被告以原告李某会同王某殴打他人为由，依据《治安管理处罚法》进行处罚，处罚决定认定事实与所适用法律不相匹配，可能对案件的处理结果造成影响，属于主要证据不足，适用法律错误。依照《行政诉讼法》的规定，判决如下：撤销被告××市××区公安局作出的××行罚决字〔2017〕0118号行政处罚决定书。案件受理费50元，由被告负担。如不服本判决，可在判决书送达之日起十五日内，向本院递交上诉状，并按对方当事人的人数提出副本，上诉于河北省××市中级人民法院。

第二节　行政处理的决定

第一百六十五条　【办案期限】公安机关办理治安案件的期限，自受理之日起不得超过三十日；案情重大、复杂的，经上一级公安机关批准，可以延长三十日。办理其他行政案件，有法定办案期限的，按照相关法律规定办理。

为了查明案情进行鉴定的期间，不计入办案期限。

对因违反治安管理行为人不明或者逃跑等客观原因造成案件在法定期限内无法作出行政处理决定的，公安机关应当继续进行调查取证，并向被侵害人说明情况，及时依法作出处理决定。

【条文主旨】

本条是关于公安机关办理行政案件办案期限的规定。

【最新修改提示】

修订前（2012 版）	修订后（2018 版）
第一百四十一条　公安机关办理治安案件的期限，自受理之日起不得超过三十日；案情重大、复杂的，经上一级公安机关批准，可以延长三十日。办理其他行政案件，有法定办案期限的，按照相关法律规定办理。 为了查明案情进行鉴定的期间，不计入办案期限。 对因违反治安管理行为人逃跑等客观原因造成案件在法定期限内无法作出行政处理决定的，公安机关应当继续进行调查取证，并向被侵害人说明情况，及时依法作出处理决定。	**第一百六十五条**　公安机关办理治安案件的期限，自受理之日起不得超过三十日；案情重大、复杂的，经上一级公安机关批准，可以延长三十日。办理其他行政案件，有法定办案期限的，按照相关法律规定办理。 为了查明案情进行鉴定的期间，不计入办案期限。 对因违反治安管理行为人**不明或者**逃跑等客观原因造成案件在法定期限内无法作出行政处理决定的，公安机关应当继续进行调查取证，并向被侵害人说明情况，及时依法作出处理决定。

【理解与适用】

公安机关办理行政案件的期限，是指公安机关在受理行政案件后，对案件进行调查直至作出处理决定的最长时间期限。为了体现行政的效率原则，保证公安机关依法及时办理行政案件，有效维护社会治安秩序，本条对行政案件的办案期限作了明确规定。

一、公安机关办理行政案件期限

（一）办理治安案件的期限

1. 公安机关办理治安案件的期限，自受理之日起不得超过 30 日。这里的 30 日，不是指工作日，而是包括节假日在内连续计算的时间。为了提高执法效率，保证案件及时得到公正的处理，公安机关办理治安案件，从案件受理之日起至案件结案或者决定终止调查之日止不得超过 30 日。

2. 案情重大、复杂的，经上一级公安机关批准，可以延长 30 日。治安案件案情重大、复杂，30 日内无法办理终结的，经上一级公安机关批准，可以延长三十日。这里的一级公安机关，是指受理治安案件的公安机关的上一级公安机关。需要注意的是，对于需要延长办案时间的，公安机关应当在 30 日期限届满前向上一级公安机关提出申请，上一级公安机关也应当在 30 日期限届满前作出是否同意延长办案期限的决定。

公安派出所承办的案情重大、复杂的案件，需要延长办案期限的，应当报所属县级以上公安机关负责人批准。

（二）办理其他行政案件的期限

公安机关除了办理治安案件外，还负责办理其他行政案件，如办理违反《企事业单位内部治安保卫条例》的案件、违反《娱乐场所管理条例》的案件、违反《网络安全法》的案件等。办理其他行政案件，相关法律规定有办案期限的，按照相关法律规定办理。

（三）鉴定期间不计入办案期限

为了查明案情，需要解决案件中有争议的专门性技术问题的，应当指派或者聘请具有专门知识的人员进行鉴定。从执法实践看，治安案件中因查明案情而需要鉴定的专门性问题主要包括：伤情鉴定、价格鉴定、违禁品和危险品鉴定、精神病鉴定、毒品尿样检测、声像资料鉴定等。由于鉴定涉及的专业问题不同，其得出鉴定结论的时间也不同。有的可能需要几天乃至几周，有的甚至需要更长时间。公安机关对案件的调查需要以此鉴定意见为依据，或者此鉴定意见直接作为得出结论的依据的，鉴定期间公安机关就只能等待，无法开展相关调查工作，故规定为了查明案情进行鉴定的期间，不计入办案期限。

这里的“鉴定期间”，是指公安机关提交鉴定之日起至鉴定机构作出鉴定结论并送达公安机关的期间。

需要注意的是，本款规定的是为查明案情而进行的鉴定的期间不计入办理治安案件的期限，如果是与查明案情无关而进行的鉴定，其鉴定时间依法应计入办案期限。

二、案件超期的处理

导致案件超期的原因很多，如案件比较复杂、办案人员懈怠等。关于案件办理超期，法院的评价也不尽相同，有的法院判决确认公安机关违法，有的法院会根据具体情况，要求公安机关继续办理。那么，对于已过办案期限的案件，公安机关还是否需要继续办理呢？

《公安机关执行〈中华人民共和国治安管理处罚法〉有关问题的解释》第 12 条规定，公安机关应当切实提高办案效率，保证在法定期限内办结治安案件。对因违反治安管理行为人逃跑等客观原因造成案件不能在法定期限内办结的，公安机关应当继续进行调查取证，及时依法作出处理决定，不能因已超过法定办案期限就不再调查取证。因违反治安管理行为人在逃，导致无法查清案件事实，无法收集足够证据而结不了案的，公安机关应当向被侵害人说明原因。

本条明确规定，对因违反治安管理行为人不明或者逃跑等客观原因造成案件在法定期限内无法作出行政处理决定的，公安机关应当继续进行调查取证，并向被侵害人说明情况，及时依法作出处理决定。明确了因行为人不明或者逃跑等客观原因造成案件在法定期限内无法作出行政处理决定的，公安机关还应当继续进行调查取证，不能停止调查。

【执法风险提示】

1. 无论是办理治安案件还是其他公安行政案件，为了查明案情进行鉴定的期间，都不计入办案期限。“鉴定期间”是从公安机关提交鉴定之日起至鉴定机构作出鉴定结论并送达公安机关的期间。

2. 对于已经超过法定办案期限的案件，不能停止调查。如因违反治安管理行为人不明或者逃跑等客观原因造成案件在法定期限内无法作出行政处理决定的，公安机关应当继续进行调查取证，并向被侵害人说明情况，及时依法作出处理决定。

3. 实践中，公安机关因办案期限超期在行政诉讼中被法院判决败诉的案件并不少见，因此，办案民警应牢固树立期限意识，同时也可以利用信息化手段设置办案期限提示与预警，及时提醒办案人员办理延长手续或在法定期限内作出处理决定。

【相关规定】

《治安管理处罚法》第 99 条；《公安机关执行〈中华人民共和国治安管理处罚法〉有关问题的解释》第 12 条。

第一百六十六条　【身份不明的处理】违法嫌疑人不讲真实姓名、住址，身份不明，但只要违法事实清楚、证据确实充分的，可以按其自报的姓名并贴附照片作出处理决定，并在相关法律文书中注明。

【条文主旨】

本条是关于公安机关对身份不明的违法嫌疑人的处理的规定。

【最新修改提示】

修订前（2012 版）	修订后（2018 版）
第一百四十二条 违法嫌疑人不讲真实姓名、住址，身份不明，但只要违法事实清楚、证据确实充分的，可以按其自报的姓名、贴附照片作出处理决定，并在相关法律文书中注明。	**第一百六十六条** 违法嫌疑人不讲真实姓名、住址，身份不明，但只要违法事实清楚、证据确实充分的，可以按其自报的姓名**并**贴附照片作出处理决定，并在相关法律文书中注明。

【理解与适用】

当今社会人员流动性大。公安机关在办理行政案件时，经常会遇到流动人口作案，如果违法嫌疑人被抓获时不讲真实姓名、住址，身上也没有能够证明其身份的有效证件，公安机关应当如何处理呢？《行政处罚法》第 30 条规定，公民、法人或者其他组织违反行政管理秩序的行为，依法应当给予行政处罚的，行政机关必须查明事实；违法事实不清的，不得给予行政处罚。虽然公安机关信息化建设、大数据建设多年，但仍可能存在因违法嫌疑人不讲真实姓名、住址，而无法查清违法嫌疑人身份的情况。违法嫌疑人身份不明可否予以处罚？本条规定解决了实践中的这一难题。

根据本条规定，如果满足以下情形：（1）违法嫌疑人不讲真实姓名、住址，身份不明；（2）违法事实清楚、证据确实充分的，公安机关可以按其自报的姓名（并贴附照片）作出处理决定。作出处理决定后，在相关法律文书中说明情况。

实践中另一个棘手的问题是：违法嫌疑人身份不明，不仅仅不知道真实姓名、住址，甚至真实年龄也不知道的，如何处理？因为年龄直接决定了是否应当予以处罚、科以什么样的处罚。现行法律没有相关规定。我们建议：遇此种情况还是要采取多种方法多方调查，如技术手段、同案犯的陈述，以及当事人自己的供述，尽快查明其真实年龄。

【执法风险提示】

1. 违法嫌疑人不讲真实姓名、住址，身份不明的，不是当然以自报姓名作出处罚，应首先调查核实。调查核实不清的，在违法事实清楚、证据确实充分时，公安机关才可以按其自报的姓名并贴附照片作出处理决定。

2. 办案单位可以在违法嫌疑人自报的姓名后面加上“（自报）”，以区分其他身份明确的违法嫌疑人。

【相关规定】

《行政处罚法》第 30 条。

第一百六十七条　【告知】在作出行政处罚决定前，应当告知违法嫌疑人拟作出行政处罚决定的事实、理由及依据，并告知违法嫌疑人依法享有陈述权和申辩权。单位违法的，应当告知其法定代表人、主要负责人或者其授权的人员。

适用一般程序作出行政处罚决定的，采用书面形式或者笔录形式告知。

依照本规定第一百七十二条第一款第三项作出不予行政处罚决定的，可以不履行本条第一款规定的告知程序。

【条文主旨】

本条是关于公安机关作出行政处罚前告知的规定。

【最新修改提示】

修订前（2012 版）	修订后（2018 版）
第一百四十三条　在作出行政处罚决定前，应当告知违法嫌疑人拟作出行政处罚决定的事实、理由及依据，并告知违法嫌疑人依法享有陈述权和申辩权。单位违法的，应当告知其法定代表人、主要负责人或者其授权的人员。 适用一般程序作出行政处罚决定的，采用书面形式或者笔录形式告知。	**第一百六十七条**　在作出行政处罚决定前，应当告知违法嫌疑人拟作出行政处罚决定的事实、理由及依据，并告知违法嫌疑人依法享有陈述权和申辩权。单位违法的，应当告知其法定代表人、主要负责人或者其授权的人员。 适用一般程序作出行政处罚决定的，采用书面形式或者笔录形式告知。 **依照本规定第一百七十二条第一款第三项作出不予行政处罚决定的，可以不履行本条第一款规定的告知程序。**

【理解与适用】

一、作出行政处罚决定前，应当履行告知义务

《行政处罚法》第31条规定："行政机关在作出行政处罚决定之前，应当告知当事人作出行政处罚决定的事实、理由及依据，并告知当事人依法享有的权利。"本条则进一步明确了公安机关在作出行政处罚决定前，应当向违法嫌疑人履行告知义务。

告知程序的主要意义在于：有助于当事人对处罚结果的接受；避免类似违法行为的发生；可以使当事人更有针对性地行使陈述权和申辩权等权利；可以帮助公安机关正确地认识案件事实；保证当事人在处罚后及时请求救济，防止错过救济实效。

说明理由、告知权利是公安机关的法定义务，无论是按照当场处罚程序还是一般程序作出治安管理处罚的，公安机关在作出处罚前都必须履行告知义务。不履行这一义务，治安处罚决定不能成立。①

二、告知的主要内容

告知的对象是违法嫌疑人。告知的内容包括：告知违法嫌疑人拟作出行政处罚决定的事实、理由及依据，并告知违法嫌疑人依法享有陈述权和申辩权。

告知作出处罚决定的事实，既包括违法嫌疑人实施的经公安机关查证属实的事实，也包括违法嫌疑人实施违法行为的从重、从轻、减轻、不予处罚的事实；告知作出处罚的理由，及适用从重、从轻、减轻、不予处罚的理由；告知作出治安处罚的依据，即告知作出处罚决定依据的法律法规；告知违法嫌疑人依法享有的权利，包括申请回避权、陈述权、申辩权、要求听证权、提出证据权以及不服行政处罚决定可以依法申请行政复议或者提起行政诉讼的权利等。

三、对单位违法的告知

告知的对象是自然人的，告知其本人即可。如果是单位违法的，公安机关应当把告知的内容告知单位法定代表人、主要负责人或者其授权的人员。

四、告知的形式

根据本条规定，适用一般程序作出行政处罚决定的，采用书面形式或

---

① 《行政处罚法》第41条规定："行政机关及其执法人员在作出行政处罚决定之前，不依照本法第三十一条、第三十二条的规定向当事人告知给予行政处罚的事实、理由和依据，或者拒绝听取当事人的陈述、申辩，行政处罚决定不能成立；当事人放弃陈述或者申辩权利的除外。"

者笔录形式告知。

根据《程序规定》第 38 条的规定，适用简易程序作出行政处罚决定的，口头告知违法行为人拟作出行政处罚决定的事实、理由和依据，并告知违法行为人依法享有的陈述权和申辩权。

根据《程序规定》第 46 条规定，适用快速办理程序作出行政处罚决定的，公安机关可以采用口头方式履行处罚前告知程序，由办案人民警察在案卷材料中注明告知情况，并由告知人签名确认。

五、可以不告知的情形

本款是新增条款，依照《程序规定》第 172 条第 1 款第 3 项作出不予行政处罚决定的，即违法事实不能成立，作出不予行政处罚决定的，可以不履行告知程序。

【执法风险提示】

1. 告知的主要内容既包括告知违法嫌疑人拟作出行政处罚决定的事实、理由及依据，也包括告知违法嫌疑人依法享有陈述权和申辩权。

2. 单位违法的，公安机关应当把告知的内容告知单位法定代表人、主要负责人或者其授权的人员。

3. 适用简易程序作出行政处罚决定的，口头告知；快速办理程序作出行政处罚决定的，公安机关可以采用口头方式告知，由办案人民警察在案卷材料中注明告知情况，并由告知人签名确认；一般程序作出行政处罚决定的，采用书面形式或者笔录形式告知。

【相关规定】

《行政处罚法》第 31 条；《治安管理处罚法》第 94 条。

第一百六十八条　【公告告知】 对违法行为事实清楚，证据确实充分，依法应当予以行政处罚，因违法行为人逃跑等原因无法履行告知义务的，公安机关可以采取公告方式予以告知。自公告之日起七日内，违法嫌疑人未提出申辩的，可以依法作出行政处罚决定。

【条文主旨】

本条是关于公安机关公告告知的规定。

【最新修改提示】

本条对应修改前的第144条，内容未变化。

【理解与适用】

公告告知，是指用公开宣告的方式告知对违法嫌疑人拟作出行政处罚决定的事实、理由及依据，并告知违法嫌疑人依法享有陈述权和申辩权，经过法律规定的一定时间，即视为已告知。

一、公告告知的条件

根据本条的规定，公安机关采取公告的方式告知的，应当符合以下条件：

（一）违法行为事实清楚，证据确实充分，依法应当予以行政处罚。经过公安机关的调查，违法事实已经调查清楚，并有充分的证据予以证明。并且，该违法行为法律明确规定，应当予以行政处罚。

（二）因违法行为人逃跑等原因无法履行告知义务。违法行为人为了逃避处罚等原因逃跑，或者由于其他原因，公安机关无法履行口头或书面告知义务。

同时具备以上条件的，公安机关可以采取公告方式予以告知。

二、公告告知的形式

本规定没有对公告告知的形式作出明确的列举。《最高人民法院关于适用〈中华人民共和国民事诉讼法〉的解释》第138条规定，公告送达可以在法院的公告栏和受送达人住所地张贴公告，也可以在报纸、信息网络等媒体上刊登公告，发出公告日期以最后张贴或者刊登的日期为准。对公告送达方式有特殊要求的，应当按要求的方式进行。公告期满，即视为送达。公安机关采取公告方式告知的，可以参考上述方法公告，根据具体情况可以将告知书贴于公告栏或在违法嫌疑人住所地张贴公告，也可以在报纸、信息网络等媒体上刊登公告，发出公告日期以最后张贴或者刊登的日期为准。

三、公告告知的效力

自公告之日起七日内，违法嫌疑人未提出申辩的，可以依法作出行政处罚决定。即自发出公告之日起，经过 7 日，即视为已告知。如果违法嫌疑人未提出申辩的，公安机关可以依法作出行政处罚决定。

【执法风险提示】

1. 只有同时具备：(1) 违法行为事实清楚，证据确实充分，依法应当予以行政处罚；(2) 因违法行为人逃跑等原因无法履行告知义务的，才可采取公告的方式告知。

2. 公告告知最好对公告情况采取录像、拍照或留存报纸等方式予以固定，以保证违法嫌疑人对处罚决定不服提起行政诉讼时，公安机关有证据证明实施了公告行为，保障了违法嫌疑人的权利。

第一百六十九条　【陈述与申辩】违法嫌疑人有权进行陈述和申辩。对违法嫌疑人提出的新的事实、理由和证据，公安机关应当进行复核。

公安机关不得因违法嫌疑人申辩而加重处罚。

【条文主旨】

本条是关于违法嫌疑人陈述和申辩的规定。

【最新修改提示】

本条对应修改前的第 145 条，内容未变化。

【理解与适用】

一、违法嫌疑人有权进行陈述和申辩

陈述事实、理由，申辩、证明自己有无违法行为及有无从轻处罚情节的权利是违法嫌疑人在案件查处过程中依法享有的基本权利，是保护其不受非法侵害的权利，也是制约公安机关滥用处罚权的机制之一。

《行政处罚法》第 6 条规定，公民、法人或者其他组织对行政机关所给予的行政处罚，享有陈述权、申辩权。所以，违法行为人的陈述权、申辩权是其在行政案件办理过程中依法享有的基本权利。《治安管理处罚法》

第 94 条第 2 款进一步明确规定，违反治安管理行为人有权陈述和申辩。公安机关必须充分听取违反治安管理行为人的意见，对违反治安管理行为人提出的事实、理由和证据，应当进行复核；违反治安管理行为人提出的事实、理由或者证据成立的，公安机关应当采纳。

为保证违法行为人充分行使陈述权和申辩权，违法行为人不仅有权在公安机关询问时进行陈述和申辩，而且在公安机关履行告知义务后，仍然依法享有陈述事实、理由，为自己申辩，提出新的证据证明自己有无违法行为以及有从轻处罚情节的权利。

陈述与申辩是治安处罚的必经程序，公安机关拒绝听取当事人的陈述、申辩，治安处罚决定不能成立。①

二、对违法嫌疑人提出的新的事实、理由和证据，公安机关应当进行复核

为了保证违法嫌疑人的陈述权、申辩权不流于形式，本条特别规定，公安机关必须认真听取违法嫌疑人的意见。对违法嫌疑人提出的新的事实、理由和证据，公安机关应当进行复核。违法嫌疑人提出的事实、理由或者证据能够成立的，公安机关应当采纳。

三、公安机关不得因违法嫌疑人申辩而加重处罚

本款的规定是针对实践中出现的因被处罚人为自己申辩，为自己主张权利，反而受到执法机关加重处罚的个别情况而作出的一项特别规定。即公安机关不得因违法嫌疑人申辩而加重处罚，以切实保护被处罚人的陈述权和申辩权。

【执法风险提示】

1. 陈述、申辩中，对违法嫌疑人提出的新的事实、理由和证据，公安机关应当进行复核。违法嫌疑人提出的事实、理由或者证据能够成立的，公安机关应当采纳。

2. 公安机关不得因违法嫌疑人申辩而加重处罚。

---

① 《行政处罚法》第 41 条规定："行政机关及其执法人员在作出行政处罚决定之前，不依照本法第三十一条、第三十二条的规定向当事人告知给予行政处罚的事实、理由和依据，或者拒绝听取当事人的陈述、申辩，行政处罚决定不能成立；当事人放弃陈述或者申辩权利的除外。"

【相关规定】

《行政处罚法》第 6 条；《治安管理处罚法》第 94 条。

第一百七十条　【审核审批】 对行政案件进行审核、审批时，应当审查下列内容：

（一）违法嫌疑人的基本情况；

（二）案件事实是否清楚，证据是否确实充分；

（三）案件定性是否准确；

（四）适用法律、法规和规章是否正确；

（五）办案程序是否合法；

（六）拟作出的处理决定是否适当。

【条文主旨】

本条是公安机关办理行政案件审核审批的规定。

【最新修改提示】

本条对应修改前的第 146 条，内容未变化。

【理解与适用】

一、审核与审批

《行政处罚法》第 38 条规定："……在行政机关负责人作出决定之前，应当由从事行政处罚决定审核的人员进行审核……"公安机关对行政案件的审核，是指按照一般程序处理的行政案件，在作出处理决定之前，由专门的人员或者部门对案件的合法性、合理性等进行审查核定，提出书面意见的活动。

公安机关对行政案件的审批，是指行政案件经过审核后，依法由有权决定机关的负责人审查批准的活动。

公安机关对终结调查的行政案件，办案人员应当写明违法嫌疑人情况、违法事实与证据、法律依据以及承办人处罚意见等，并签署姓名、日期后，呈报办案部门负责人审核。办案部门负责人认为依法可以以本办案部门名义作出行政处罚决定的，决定行政处罚；认为依法应当由县级以上公安机关作出行政处罚决定的，报本级公安机关审核部门审核。审核部门审核后，报县级以上公安机关负责人审批决定。对于适用一般程序的行政案件，必须经过审核审批后才能作出处理决定。

调查取证和审核相分离，可以有效避免办案人员作出处理决定时先入为主，有利于内部监督。严格审核审批制度对提高办案人员的素质、确保案件的质量有着非常重要的意义。

二、审查的主要内容

对行政案件进行审核、审批时，应当审查以下内容：

（一）违法嫌疑人的基本情况

包括违法嫌疑人的姓名、性别、年龄、户籍所在地、现居住地、身份证号码、健康状况、精神状态等。在有些案件中，还应查明违法嫌疑人的职业、文化程度、家庭主要成员 、是否受过刑事处罚或者行政处罚以及劳动教养、强制戒毒 、收容教养等。其中违法嫌疑人的年龄、精神状况、是否受过其他处理等对案件的处理结果有直接影响的情况，审核审批时应特别注意。

（二）案件事实是否清楚，证据是否确实充分

案件事实包括违法嫌疑人的具体违法行为，以及违法行为的性质、情节和社会危害程度等方面的重要事实。审核时审查上述案件事实是否调查清楚。

证据包括《程序规定》第26条规定的七种证据。审查这些证据是否已经查证属实，审查收集的证据是否足以认定案件事实。

（三）案件定性是否准确

案件定性是否准确，主要从两个方面审查：一是案件是违法还是犯罪；如果属于违法，要审查该行为属于何种违反公安行政管理法规的行为。

（四）适用法律、法规和规章是否正确

审查适用法律、法规和规章是否正确，主要审查：适用的法律、法规和规章是否已经公布，未颁布的法律、法规和规章不得要求当事人遵守；适用的法律是否正确，有没有应当适用A法，却适用了B法。适用的法律条款是否正确，是否存在笔误引用错条款的情形。

（五）办案程序是否合法

《行政处罚法》第3条规定："……没有法定依据或者不遵守法定程序

的，行政处罚无效。”所以公安机关办理行政案件的程序必须要符合法律的规定。本《程序规定》的目的之一就是规范公安机关办理行政案件的程序。

关于办案程序是否合法，主要审查：受案是否规范，调查取证措施实施得是否合法，是否履行告知义务和听取陈述和申辩，是否有滥用强制措施情形和越权处罚，等等。

（六）拟作出的处理决定是否适当

对处理决定要从合法性与合理性两方面进行审查。在合法性方面，重点要看该处理决定是否有明确的法律依据，是否在法定的处罚种类和幅度范围之内等。在合理性方面，应当审查有无滥用职权、显失公平的情况，对同案的违法人员是否按其违法情节给予了相应的处罚，处罚的种类和幅度是否畸轻畸重，是否属于法定从轻、减轻、不予处罚和从重处罚的情节等。

【执法风险提示】

对于适用一般程序的行政案件，必须经过审核审批后才能作出处理决定。

【相关规定】

《行政处罚法》第3条、第38条。

第一百七十一条　【案件审核人员】法制员或者办案部门指定的人员、办案部门负责人、法制部门的人员可以作为行政案件审核人员。

初次从事行政处罚决定审核的人员，应当通过国家统一法律职业资格考试取得法律职业资格。

【条文主旨】

本条是关于公安机关行政案件审核人员的规定。

【最新修改提示】

本条为 2018 年《公安部关于修改〈公安机关办理行政案件程序规定〉的决定》新增条款 。

【理解与适用】

一、行政案件审核人员的范围

公安机关按照一般程序处理行政案件，在作出处理决定之前，由专门的人员或者部门对案件的合法性、合理性等进行审查核定，并提出书面意见。本条具体规定了审核人员的范围，即审核人员包括：法制员或者办案部门指定的人员、办案部门负责人、法制部门的人员。公安机关可以根据本部门的具体情况，确定行政案件的审核人员。

二、案件审核人员的要求

《行政处罚法》第 38 条规定："……在行政机关负责人作出决定之前，应当由从事行政处罚决定审核的人员进行审核。行政机关中初次从事行政处罚决定审核的人员，应当通过国家统一法律职业资格考试取得法律职业资格。"与《行政处罚法》的规定相对应，《程序规定》要求，公安机关初次从事行政处罚决定审核的人员，应当通过国家统一法律职业资格考试取得法律职业资格。

法律职业资格考试的前身是国家司法考试，是中华人民共和国司法部依据有关规定设立的职业证书考试。初任法官、初任检察官，申请律师、公证员执业，在行政机关中初次从事行政处罚决定审核、行政复议、行政裁决、法律顾问的公务员，以及担任法律类仲裁员的，应当通过国家统一法律职业资格考试，取得法律职业资格。对公安机关中初次从事行政处罚决定审核、行政复议、行政裁决、法律顾问的公务员要求其通过法律职业资格考试，对推进法治队伍的正规化、专业化、职业化，对于提高案件质量和效率，维护国家安全和秩序，维护社会的公平和正义是有着非常重要意义的，切实让人民群众在每一起案件办理、每一件事情处理中都能感受到公平正义。

【执法风险提示】

初次从事行政处罚决定审核的人员，必须通过国家统一法律职业资格考试取得法律职业资格。此要求是特别针对初次从事行政处罚决定审核人员的要求。如果不是初次从事案件审核，或者初次从事的不是对行政处罚决定的审核，不需要参加法律职业资格考试取得法律职业资格。

【相关规定】

《行政处罚法》第38条；《治安管理处罚法》第91条。

第一百七十二条　【处理决定】公安机关根据行政案件的不同情况分别作出下列处理决定：

（一）确有违法行为，应当给予行政处罚的，根据其情节和危害后果的轻重，作出行政处罚决定；

（二）确有违法行为，但有依法不予行政处罚情形的，作出不予行政处罚决定；有违法所得和非法财物、违禁品、管制器具的，应当予以追缴或者收缴；

（三）违法事实不能成立的，作出不予行政处罚决定；

（四）对需要给予社区戒毒、强制隔离戒毒、收容教养等处理的，依法作出决定；

（五）违法行为涉嫌构成犯罪的，转为刑事案件办理或者移送有权处理的主管机关、部门办理，无需撤销行政案件。公安机关已经作出行政处理决定的，应当附卷；

（六）发现违法行为人有其他违法行为的，在依法作出行政处理决定的同时，通知有关行政主管部门处理。

对已经依照前款第三项作出不予行政处罚决定的案件，又发现新的证据的，应当依法及时调查；违法行为能够认定的，依法重新作出处理决定，并撤销原不予行政处罚决定。

治安案件有被侵害人的，公安机关应当在作出不予行政处罚或者处罚决定之日起二日内将决定书复印件送达被侵害人。无法送达的，应当注明。

【条文主旨】

本条是关于公安机关作出的处理决定的情形规定。

【最新修改提示】

修订前（2012 版）	修订后（2018 版）
第一百四十七条 公安机关根据行政案件的不同情况分别作出下列处理决定： （一）确有违法行为，应当给予行政处罚的，根据其情节和危害后果的轻重，作出行政处罚决定； （二）确有违法行为，但有依法不予行政处罚情形的，作出不予行政处罚决定；有违法所得和非法财物、违禁品、管制器具的，应当予以追缴或者收缴； （三）违法事实不能成立的，作出不予行政处罚决定； （四）对需要给予社区戒毒、强制隔离戒毒、收容教育、收容教养等处理的，依法作出决定； （五）对符合劳动教养条件的，依法呈报劳动教养； （六）违法行为涉嫌构成犯罪的，转为刑事案件办理或者移送有权处理的主管机关、部门办理，无需撤销行政案件。公安机关已经作出行政处理决定的，应当附卷； （七）发现违法行为人有其他违法行为的，在依法作出行政处理决定的同时，通知有关行政主管部门处理。 治安案件有被侵害人的，公安机关应当在作出处罚决定之日起二日内将决定书复印件送达被侵害人。无法送达的，应当注明。	**第一百七十二条** 公安机关根据行政案件的不同情况分别作出下列处理决定： （一）确有违法行为，应当给予行政处罚的，根据其情节和危害后果的轻重，作出行政处罚决定； （二）确有违法行为，但有依法不予行政处罚情形的，作出不予行政处罚决定；有违法所得和非法财物、违禁品、管制器具的，应当予以追缴或者收缴； （三）违法事实不能成立的，作出不予行政处罚决定； （四）对需要给予社区戒毒、强制隔离戒毒、收容教育、收容教养等处理的，依法作出决定； （五）违法行为涉嫌构成犯罪的，转为刑事案件办理或者移送有权处理的主管机关、部门办理，无需撤销行政案件。公安机关已经作出行政处理决定的，应当附卷； （六）发现违法行为人有其他违法行为的，在依法作出行政处理决定的同时，通知有关行政主管部门处理。 **对已经依照前款第三项作出不予行政处罚决定的案件，又发现新的证据的，应当依法及时调查；违法行为能够认定的，依法重新作出处理决定，并撤销原不予行政处罚决定。** 治安案件有被侵害人的，公安机关应当在作出**不予行政处罚或者**处罚决定之日起二日内将决定书复印件送达被侵害人。无法送达的，应当注明。

【理解与适用】

一、处理决定

（一）确有违法行为，应当给予行政处罚的，根据其情节和危害后果的轻重，作出行政处罚决定。公安机关受理的行政案件，经过调查取证、告知、听取陈述申辩等程序，确认为确有违法行为，应当给予行政处罚的，根据违法行为的情节和危害后果严重与否，按照过罚相当的原则，作出行政处罚决定。

（二）确有违法行为，但有依法不予行政处罚情形的，作出不予行政处罚决定。

经过调查取证、告知、听取陈述申辩等程序，发现违法嫌疑人确有违法行为，但有依法不予行政处罚情形的，如行为人不满十四周岁，或者是精神病人、又聋又哑的人等，有权机关作出不予行政处罚决定。

因为有依法不予行政处罚情形，作出不予行政处罚决定的，有违法所得和非法财物、违禁品、管制器具的，应当予以追缴或者收缴。

（三）违法事实不能成立的，作出不予行政处罚决定。经过调查取证、告知、听取陈述申辩等程序，发现没有证据证明违法嫌疑人的行为违法，即违法事实不能成立，公安机关作出不予行政处罚决定。

（四）对需要给予社区戒毒、强制隔离戒毒收容教养等处理的，依法作出决定。

所谓社区戒毒，是指对吸毒成瘾人员在社区的牵头、监管下，整合公安、司法行政、卫生行政、民政等部门的力量和资源，使吸毒人员在社区里实现戒毒。对于吸毒成瘾严重，通过社区戒毒难以戒除毒瘾的人员，公安机关可以直接作出强制隔离戒毒的决定。《戒毒条例》第 4 条规定：“……县级以上地方人民政府公安机关负责对涉嫌吸毒人员进行检测，对吸毒人员进行登记并依法实行动态管控，依法责令社区戒毒、决定强制隔离戒毒、责令社区康复，管理公安机关的强制隔离戒毒场所、戒毒康复场所，对社区戒毒、社区康复工作提供指导和支持……”。根据《禁毒法》《戒毒条例》的相关规定，对于吸毒成瘾人员，公安机关根据具体情况，可以作出社区戒毒或者强制隔离戒毒的决定，也可以在作出行政处罚决定的同时，作出社区戒毒或者强制隔离戒毒的决定。

收容教养，是对有犯罪行为因不满 16 周岁不能判刑的未成年人，采取的强制性教育改造措施。《刑法》第 17 条规定，因不满十六周岁不予刑事处罚的，责令他的家长或者监护人加以管教；在必要的时候，也可以由政府收容教养。对于不满 16 周岁的未成年人，除八大类犯罪外，不负刑事责任。对于不够刑事处罚需要给予行政处理的，依法予以处理。① 公安机关

① 参见《公安机关办理刑事案件程序规定》第 174 条。

在办理行政案件中发现需要对违法嫌疑人收容教养的，可以作出收容教养决定。

（五）违法行为涉嫌构成犯罪的，转为刑事案件办理或者移送有权处理的主管机关、部门办理，无需撤销行政案件。

公安机关经过调查发现，违法行为涉嫌构成犯罪的，转为刑事案件办理，或者移送有权处理的主管机关、部门根据《刑事诉讼法》《公安机关办理刑事案件程序规定》办理，无需撤销行政案件。根据《刑事诉讼法》第54条规定，公安机关在行政执法和查办案件过程中收集的物证、书证、视听资料、电子数据等证据材料，在刑事诉讼中可以作为证据使用。

公安机关已经作出行政处理决定的，应当附卷。根据《行政处罚法》第28条规定，行政机关已经给予当事人行政拘留的，应当依法折抵相应刑期。行政机关已经给予当事人罚款的，应当折抵相应罚金。

（六）发现违法行为人有其他违法行为的，在依法作出行政处理决定的同时，通知有关行政主管部门处理。公安机关在案件调查中发现违法行为人还有其他违法行为的，公安机关在依法作出行政处理决定的同时，通知有权的行政主管部门处理。这里的其他违法行为既包括公安机关管辖的违法行为，也包括其他行政机关管辖的行政违法行为。

二、发现新证据的处理

本条第2款是2018年修改新增加的条款。要求因违法事实不能成立的原因，公安机关作出不予行政处罚决定的案件，又发现新的证据的，应当依法及时开展调查。

经过新的调查，违法行为能够认定的，撤销原不予行政处罚决定，依法重新作出处理决定。这是公安机关的自我纠错程序。只要违法就会被追究，即使已经作出了不予处罚的决定，如果违法确实存在，仍会被依法追究责任。这也是习近平总书记在全国公安工作会议上强调指出的“努力让人民群众在每一起案件办理、每一件事情处理中都能感受到公平正义”①在行政案件的办理中的具体体现。

三、送达

行政案件的法律文书除按要求送达被处理人外，本条还规定，治安案件有被侵害人的，公安机关应当在作出不予行政处罚或者处罚决定之日起

---

① 《习近平出席全国公安工作会议并发表重要讲话》，载中华人民共和国中央人民政府网站，http：//www. gov. cn/xinwen/2019 -05/08/content_ 5389743. htm，最后访问时间：2019年12月10日。

二日内将决定书复印件送达被侵害人。无法送达的，应当注明。无论是不予行政处罚决定还是行政处罚决定均与被侵害人的利益息息相关，因此都应当送达被侵害人。

【执法风险提示】

1. 公安机关虽然作出不予行政处罚决定，但如果有违法所得和非法财物、违禁品、管制器具的，应当予以追缴或者收缴。

2. 违法行为涉嫌构成犯罪的，转为刑事案件办理，行政案件无需撤销。公安机关已经作出行政处理决定的，应当附卷移送。

3. 发现违法行为人还有其他违法行为的，公安机关在依法作出行政处理决定的同时，还应当通知有关行政主管部门处理。

4. 虽然公安机关已经因违法事实不能成立的原因，作出了不予处罚的决定，但如果又发现新的证据的，应当依法及时开展调查。经过新的调查，违法行为能够认定的，撤销原不予行政处罚决定，依法重新作出处理决定。

5. 治安案件有被侵害人的，公安机关应当将不予行政处罚或者处罚决定书送达被害人。送达时间为作出之日起二日内。送达决定书复印件即可。无法送达的，应当注明。

【相关规定】

《戒毒条例》第4条；《禁毒法》第33—52条；《公安机关办理刑事案件程序规定》第183条、第184条；《行政处罚法》第28条；《刑事诉讼法》第54条。

第一百七十三条　【行政拘留决定主体】行政拘留处罚由县级以上公安机关或者出入境边防检查机关决定。依法应当对违法行为人予以行政拘留的，公安派出所、依法具有独立执法主体资格的公安机关业务部门应当报其所属的县级以上公安机关决定。

【条文主旨】

本条是关于公安机关作出行政拘留决定的主体规定。

【最新修改提示】

本条对应修改前的第 148 条，内容未变化。

【理解与适用】

一、行政拘留的决定机关

行政拘留处罚由县级以上公安机关或者出入境边防检查机关决定。《行政处罚法》第 20 条规定，行政处罚由违法行为发生地的县级以上地方人民政府具有行政处罚权的行政机关管辖。法律、行政法规另有规定的除外。《治安管理处罚法》第 91 条规定，治安管理处罚由县级以上人民政府公安机关决定；其中警告、五百元以下的罚款可以由公安派出所决定。行政拘留处罚是治安管理处罚的一种，由县级以上公安机关决定。

国家在对外开放的口岸设立出入境边防检查机关。出入境边防检查机关负责对口岸限定区域实施管理。根据维护国家安全和出境入境管理秩序的需要，出入境边防检查机关可以对出境入境人员携带的物品实施边防检查。必要时，出入境边防检查机关可以对出境入境交通运输工具载运的货物实施边防检查，但是应当通知海关。[①]《出境入境管理法》第 70 条规定，“本章规定的行政处罚，除本章另有规定外，由县级以上地方人民政府公安机关或者出入境边防检查机关决定；其中警告或者五千元以下罚款，可以由县级以上地方人民政府公安机关出入境管理机构决定。”而《出境入境管理法》第七章“法律责任”一章中规定了行政拘留责任。所以，行政拘留除由县级以上地方人民政府公安机关决定外，还可以由出入境边防检查机关决定。

二、公安派出所等不具有行政拘留决定权，报其所属的县级以上公安机关决定

以行政法的视角，公安派出所其组织性质是派出机构，公安机关的业务部门是公安机关的内设机构，通常情况下他们不具有独立的执法主体资格。但是，获得法律、法规、规章的授权后，在授权范围内，其具有了行政主体资格。如《治安管理处罚法》第 91 条规定：“……其中警告、五百元以下的罚款可以由公安派出所决定。”《出境入境管理法》第 70 条规定：“……其中警告或者五千元以下罚款，可以由县级以上地方人民政府公安

① 参见《出境入境管理法》第 6 条。

机关出入境管理机构决定。"《道路交通安全法》第5条规定，国务院公安部门负责全国道路交通安全管理工作。县级以上地方各级人民政府公安机关交通管理部门负责本行政区域内的道路交通安全管理工作。

在获得《治安管理处罚法》《出境入境管理法》等法律的授权后，公安派出所和公安机关出入境管理机构等在授权范围内，可以以自己的名义独立地行使行政处罚权。但是，我们也发现这里的授权范围不包括行政拘留。如果公安派出所等授权的组织对行政违法行为调查终结后，发现依法应当对违法行为人予以行政拘留的，公安派出所、依法具有独立执法主体资格的公安机关业务部门应当报其所属的县级以上公安机关作出决定。

【执法风险提示】

公安派出所、公安机关出入境管理等机构，在授权范围内，可以以自己的名义独立地行使行政处罚权。但公安派出所、公安机关出入境管理等机构不具有作出行政拘留决定的权力。如果发现依法应当对违法行为人予以行政拘留的，公安派出所、依法具有独立执法主体资格的公安机关业务部门应当报其所属的县级以上公安机关作出决定。

【相关规定】

《行政处罚法》第20条；《治安管理处罚法》第91条；《中华人民共和国出境入境管理法》第6条、第71条。

第一百七十四条　【对人大代表拘留的要求】对县级以上的各级人民代表大会代表予以行政拘留的，作出处罚决定前应当经该级人民代表大会主席团或者人民代表大会常务委员会许可。

对乡、民族乡、镇的人民代表大会代表予以行政拘留的，作出决定的公安机关应当立即报告乡、民族乡、镇的人民代表大会。

【条文主旨】

本条是关于公安机关对人大代表行政拘留的特殊规定。

【最新修改提示】

本条对应修改前的第149条，内容未变化。

【理解与适用】

《中华人民共和国全国人民代表大会和地方各级人民代表大会代表法》第32条规定："……对县级以上的各级人民代表大会代表，如果采取法律规定的其他限制人身自由的措施，应当经该级人民代表大会主席团或者人民代表大会常务委员会许可。……乡、民族乡、镇的人民代表大会代表，如果被逮捕、受刑事审判或者被采取法律规定的其他限制人身自由的措施，执行机关应当立即报告乡、民族乡、镇的人民代表大会。"这里的"限制人身自由的措施"包括行政拘留等。根据代表法的相关规定，本条具体规定：

1. 对县级以上的各级人民代表大会代表予以行政拘留的，作出处罚决定前应当经该级人民代表大会主席团或者人民代表大会常务委员会许可。即要求公安机关在作出行政拘留决定前，在本级人民代表大会开会期间，应当经本级人民代表大会主席团许可；在本级人民代表大会闭会期间，应当经本级人民代表大会常务委员会许可。

2. 对乡、民族乡、镇的人民代表大会代表予以行政拘留的，作出决定的公安机关应当立即报告乡、民族乡、镇的人民代表大会。即要求公安机关在作出行政拘留决定后，立即报告乡、民族乡、镇的人民代表大会；在乡、民族乡、镇的人民代表大会闭会期间，可以向县级人大常委会报告。

【执法风险提示】

对县级以上的各级人民代表大会代表予以行政拘留的，作出处罚决定前，应当经该级人民代表大会主席团或者人民代表大会常务委员会许可。

对乡、民族乡、镇的人民代表大会代表予以行政拘留的，作出决定后，作出决定的公安机关应当立即报告乡、民族乡、镇的人民代表大会。

【相关规定】

《全国人民代表大会和地方各级人民代表大会代表法》第32条。

第一百七十五条　【行政处罚决定书】作出行政处罚决定的，应当制作行政处罚决定书。决定书应当载明下列内容：

（一）被处罚人的姓名、性别、出生日期、身份证件种类及号码、户籍所在地、现住址、工作单位、违法经历以及被处罚单位的名称、地址和法定代表人；

（二）违法事实和证据以及从重、从轻、减轻等情节；

（三）处罚的种类、幅度和法律依据；

（四）处罚的执行方式和期限；

（五）对涉案财物的处理结果及对被处罚人的其他处理情况；

（六）对处罚决定不服，申请行政复议、提起行政诉讼的途径和期限；

（七）作出决定的公安机关的名称、印章和日期。

作出罚款处罚的，行政处罚决定书应当载明逾期不缴纳罚款依法加处罚款的标准和最高限额；对涉案财物作出处理的，行政处罚决定书应当附没收、收缴、追缴物品清单。

【条文主旨】

本条是关于公安行政处罚决定书制作的规定。

【最新修改提示】

本条对应修改前的第150条，内容未变化。

【理解与适用】

一、作出行政处罚决定的，应当制作行政处罚决定书

《行政处罚法》第39条规定，“行政机关依照本法第三十八条的规定给予行政处罚，应当制作行政处罚决定书……”本条具体规定，公安机关作出行政处罚决定的，应当制作行政处罚决定书。行政处罚决定书是公安机关作出行政处罚的具有法律效力的表现形式，违法行为人必须依法履行。

同时，行政处罚决定书也为被处罚人、被侵害人不服公安机关作出的

处罚决定而依法申请行政复议、提起行政诉讼提供了依据。是行政复议机关和人民法院审查的法律文书之一。因此，公安机关无论是适用简易程序当场作出处罚，还是依照一般程序作出处罚决定的，必须依法出具行政处罚决定书，并将行政处罚决定书或其副本交付或送达违法行为人和被侵害人。

二、行政处罚决定书应当载明的内容

（一）被处罚人的姓名、性别、出生日期、身份证件种类及号码、户籍所在地、现住址、工作单位、违法经历以及被处罚单位的名称、地址和法定代表人。姓名以户籍证明或者居民身份证上的姓名为准，如有与案件有关的曾用名、绰号等也应在决定书上注明。对外国人，应当写明其汉语音译名，并注明其使用本国语言文字的姓名。身份证件包括所有能够证明持有人身份的证件，包括居民身份证、护照、工作证、学生证、军人证件等。对外国人应当注明其国籍。对外国人国籍的确认，以其入境时有效证件上所表明的国籍为准；国籍有疑问或者国籍不明的，可以请求公安机关出入境管理部门协助查明。

（二）违法事实和证据以及从重、从轻、减轻等情节。违法事实和证据是实施行政处罚的根据，也是决定书的主要内容，应当翔实。违法事实，包括违法的时间、地点、行为人、动机、经过、后果以及从重、从轻、减轻等情节。

证明案件事实的证据应当在决定书中列明，且只列明证据的种类名称即可。

（三）处罚的种类、幅度和法律依据。行政处罚决定书应当载明：公安机关给予违法行为人行政处罚的种类，包括单处或者并处的处罚种类以及附加适用的处罚种类；行政处罚的幅度，如行政拘留的天数、罚款的数额等。

行政处罚决定书还应当载明处罚的依据。即公安机关作出行政处罚决定所依据的法律、行政法规、地方性法规或者规章的名称及具体条款的规定。

（四）处罚的执行方式和期限。行政处罚的执行方式，是指被处罚人应当以怎样的方式履行处罚决定，如到哪个指定银行缴纳罚款，送达哪个拘留所执行行政拘留等。执行处罚的期限，是指被处罚人应当在多长时间内履行处罚决定。如被处罚人应当自收到处罚决定书之日起 15 日内到指定银行缴纳罚款；行政拘留从×年×月×日至×年×月×日。使违法行为人及其家属、被侵害人明确行政处罚怎么执行和在什么时间内执行。

被处罚人不按照处罚决定书载明的执行方式和期限履行处罚决定的，公安机关可以依法加处罚款或者采取其他方式强制执行。警告无需写明执行方式。

作出罚款处罚的，行政处罚决定书应当载明逾期不缴纳罚款依法加处罚款的标准和最高限额。

（五）对涉案财物的处理结果及对被处罚人的其他处理情况。如果有涉案财物的，行政处罚决定书中还应载明对涉案财物的处理结果。

对被处罚人有其他处理的，如对于依法应当采取社区戒毒、强制隔离戒毒、收容教养的，依法所采取措施的具体种类及其所依据的法律、法规、规章的名称及具体条款，也应当在处罚决定书上一并载明。

（六）对处罚决定不服，申请行政复议、提起行政诉讼的途径和期限。行政处罚决定书必须要告知被处罚人和被侵害人不服处罚决定的救济途径和期限。依照《行政复议法》《行政诉讼法》的规定，被处罚人对公安机关作出的行政处罚决定不服的，应当自收到该处罚决定之日起的 60 日①内向上一级公安机关或者本级人民政府申请行政复议，或者 6 个月②内直接向人民法院提起行政诉讼。

（七）作出决定的公安机关的名称、印章和日期。即处罚决定书必须载明作出处罚决定的公安机关的全称和作出处罚决定的年月日。加盖作出处罚决定的公安机关的印章，没有加盖作出处罚决定的公安机关印章的治安管理处罚决定书是无效的，被处罚人可以拒绝执行。

三、附没收、收缴、追缴物品清单

如果有涉案财物的，行政处罚决定书中还应载明对涉案财物的处理结果，并附没收、收缴、追缴物品清单。

【相关规定】

《行政处罚法》第 39 条；《行政复议法》第 9 条；《行政诉讼法》第 46 条。

---

① 参见《行政复议法》第 9 条。

② 参见《行政诉讼法》第 46 条。

第一百七十六条　【通知】作出行政拘留处罚决定的，应当及时将处罚情况和执行场所或者依法不执行的情况通知被处罚人家属。

作出社区戒毒决定的，应当通知被决定人户籍所在地或者现居住地的城市街道办事处、乡镇人民政府。作出强制隔离戒毒、收容教育、收容教养决定的，应当在法定期限内通知被决定人的家属、所在单位、户籍所在地公安派出所。

被处理人拒不提供家属联系方式或者不讲真实姓名、住址，身份不明的，可以不予通知，但应当在附卷的决定书中注明。

【条文主旨】

本条是关于公安机关作出行政处理决定后通知的规定。

【最新修改提示】

本条对应修改前的第151条，内容未变化。

【理解与适用】

一、作出行政拘留决定的通知

行政拘留是限制人身自由的行政处罚，作出行政拘留处罚决定后，应当及时将处罚情况和执行场所通知被处罚人家属。被处罚人依法具有不予执行行政拘留情形的，公安机关应将不执行的情况通知其家属。

作出行政拘留决定后的通知，是保障被处罚人家属知情权的具体体现，使家属及时了解家人的情况，配合公安机关对违法行为人的处罚与教育，也可及时寻求法律救济，避免不必要的担心。

通知贵在及时，通知主要以送达行政拘留决定书复印件或者通知书的方式。通知既可以是直接送达，也可以是间接送达。既可以是书面送达，也可以是口头送达。

二、作出社区戒毒、强制隔离戒毒、收容教育、收容教养决定的通知

（一）作出社区戒毒决定的通知

社区戒毒，是指对吸毒成瘾人员在社区的牵头、监管下，整合家庭、

社区、公安以及卫生、民政等力量和资源，使吸毒人员在社区里实现戒毒。社区戒毒的期限为三年。《禁毒法》第33条规定："对吸毒成瘾人员，公安机关可以责令其接受社区戒毒，同时通知吸毒人员户籍所在地或者现居住地的城市街道办事处、乡镇人民政府……"所以，本条具体规定，作出社区戒毒决定的，应当通知被决定人户籍所在地或者现居住地的城市街道办事处、乡镇人民政府。

（二）作出强制隔离戒毒、收容教育、收容教养决定的通知

对于吸毒成瘾严重，通过社区戒毒难以戒除毒瘾的人员，公安机关可以直接作出强制隔离戒毒的决定。《禁毒法》第40条规定："公安机关对吸毒成瘾人员决定予以强制隔离戒毒的，应当制作强制隔离戒毒决定书，在执行强制隔离戒毒前送达被决定人，并在送达后二十四小时以内通知被决定人的家属、所在单位和户籍所在地公安派出所……"本条具体规定，作出强制隔离戒毒决定的，应当在法定期限内通知被决定人的家属、所在单位、户籍所在地公安派出所。结合《禁毒法》和本条的规定，作出强制隔离戒毒决定的，公安机关应当在24小时内通知，通知的对象包括：被决定人的家属、所在单位、户籍所在地公安派出所。

收容教育，是指曾经对卖淫、嫖娼人员集中进行法律教育和道德教育、组织参加生产劳动以及进行性病检查、治疗的行政强制教育措施。2019年12月28日，十三届全国人大常委会第十五次会议通过了《全国人民代表大会常务委员会关于废止有关收容教育法律规定和制度的决定》（简称《决定》），自2019年12月29日起施行。**该《决定》废止了《全国人民代表大会常务委员会关于严禁卖淫嫖娼的决定》第四条第二款、第四款以及据此实行的收容教育制度。**同时《决定》还明确规定，在收容教育制度废止前，依法作出的收容教育决定有效；收容教育制度废止后，对正在被依法执行收容教育的人员，解除收容教育，剩余期限不再执行。

收容教养，是对有犯罪行为因不满16周岁不能判刑的未成年人，采取的强制性教育改造措施。对于不够刑事处罚需要给予行政处理的，依法予以处理。① 作出收容教养决定的，应当在法定期限内通知（具体通知的期限各地不尽相同）被收容教养人的家庭、所在单位及户籍所在地公安派出所。

三、无法通知的处理

被处理人拒不提供家属联系方式或者不讲真实姓名、住址，身份不明的，可以不予通知，但应当在附卷的决定书中注明。

---

① 参见《公安机关办理刑事案件程序规定》第174条。

【执法风险提示】

1. 被处罚人依法具有不予执行行政拘留情形的，不执行的情况也要通知其家属。

2. 被处理人拒不提供家属联系方式或者不讲真实姓名、住址，身份不明的，可以不予通知，但应当在附卷的决定书中注明。

【相关规定】

《禁毒法》第 33 条、第 40 条；《公安机关办理刑事案件程序规定》第 174 条。

第一百七十七条　【刑行转化】 公安机关办理的刑事案件，尚不够刑事处罚，依法应当给予公安行政处理的，经县级以上公安机关负责人批准，依照本章规定作出处理决定。

【条文主旨】

本条是关于公安机关办理刑事案件转化为行政处理的规定。

【最新修改提示】

本条对应修改前的第 152 条，内容未变化。

【理解与适用】

一、“刑行转化”的条件

《刑法》第 37 条规定：“对于犯罪情节轻微不需要判处刑罚的，可以免予刑事处罚，但是可以根据案件的不同情况，予以训诫或者责令具结悔过、赔礼道歉、赔偿损失，或者由主管部门予以行政处罚或者行政处分。”《公安机关办理刑事案件程序规定》第 174 条规定：“经过审查，对于不够刑事处罚需要给予行政处理的，依法予以处理或者移送有关部门。”据此，公安机关办理的刑事案件转为行政案件处理的条件是公安机关办理的刑事案件，尚不够刑事处罚，依法应当给予行政处罚的。

1. 尚不够刑事处罚。导致案件不够刑事处罚的原因很多，如犯罪情节轻微不需要判处刑罚的，未达到刑事责任年龄的，犯罪已过追诉时效期限的，经特赦令免除刑罚的，犯罪嫌疑人死亡的等。尚不够刑事处罚是刑事案件转为行政案件处理的前提。

2. 依法应当给予行政处罚的。不够刑事处罚的案件，不一定都能够转化为行政案件。如因为已过追诉时效期限或者犯罪嫌疑人死亡等原因，不予刑事处罚的，就无法转化为行政案件。而只有依法应当给予行政处罚的刑事案件才能够转化为行政案件。

二、“刑行转化”的程序

根据行政管理职能的不同，刑事案件转化为行政案件，有的案件由公安机关管辖，有的案件则由其他行政机关管辖。

刑事案件依法转化为公安行政案件处理的，应经县级以上公安机关负责人批准。批准后，依照本章规定作出处理决定。由于在刑事案件的办理中，案件已经侦查清楚。所以，转化为行政案件后，无需再经过受案、调查程序，在履行告知、听取陈述申辩程序后，直接根据《程序规定》第九章的规定，作出处理决定。

【执法风险提示】

刑事案件依法转化为公安行政案件处理的，应经县级以上公安机关负责人批准。

【相关规定】

《刑法》第 37 条；《公安机关办理刑事案件程序规定》第 174 条。

案例分析

公安机关办理行政案件的决定程序要点有哪些

——高某军诉 × × 公安局要求撤销公安机关行政处罚案①

△基本案情

原告高某军与第三人王某才系同组村民，2014 年 9 月 1 日 18 时许，

① 参见（2015）酒行终字第 32 号行政判决书。

原告高某军看到王某才在其树苗地边放羊，便以为王某才的羊吃了树苗，双方发生撕拉，造成第三人王某才受伤，经诊断，伤情为多处软组织损伤。经××县公安局××派出所进行治安调解，原告高某军与第三人王某才未能达成一致意见。为此，××县公安局于2014年9月24日以原告高某军殴打他人，依据《治安管理处罚法》第43条第2款第2项之规定，作出了行政处罚决定。决定对原告高某军给予十日拘留的行政处罚。原告高某军不服，向××市公安局申请复议，××市公安局作出行政复议决定，维持××县公安局行政处罚决定。原告不服，提起行政诉讼。

一审法院认为，××县公安局对原告高某军所作的行政处罚适用法律准确，处罚适当，在给原告高某军家属送达处罚决定书的程序虽有瑕疵，但不足以影响所作的具体行政行为。原告高某军以认定事实不清、证据不足、程序不合法的理由均没有确实充分的证据加以证实，故不能成立。

上诉人高某军不服一审判决，上诉称：一、原审判决认定事实错误。二、被上诉人对上诉人所做的行政处罚程序不合法。1. 被上诉人对上诉人作出行政处罚前没有听取高某军的陈述和申辩。2. 被上诉人对上诉人行政处罚前的调查询问程序违法。3. 被上诉人对上诉人行政处罚前所做的调查询问笔录记录不全面。4. 上诉人在执行拘留过程中，向派出所民警申请暂缓执行，派出所民警滥用职权未予准许。5. 被上诉人对上诉人执行行政拘留后没有及时通知家属。6. 被上诉人办理了人情案。

被上诉人××县公安局答辩称：1. 2014年9月1日××派出所民警将其口头传唤到派出所进行询问时，将《行政案件权利义务告知书》交由其本人阅读，对其享有的权利义务进行告知，并由其本人签字确认。在对其作出行政处罚决定前，我局以《××县公安局行政处罚告知笔录》对拟作出行政处罚决定的事实、理由、依据、可能作出的处罚对高某军进行告知，并由其本人签字确认。2. 整个询问过程是由××派出所民警进行的，符合办案程序规定，不存在程序违法的情形。3. 上诉人高某军提出自己是××乡人大代表，派出所在作出行政处罚时没有记录在案，在执行拘留后没有向所在的乡人大报告这一情况与实际情况不符。经我们掌握高某军根本不是××乡人大代表。(有××乡人民代表大会出具的证明为证) 4. 对高某军的行政拘留执行是依法进行的，不存在高某军所称的情况。5. 2014年9月24日××县公安局作出对高某军行政拘留十日的处罚决定，并于当天对其进行送达行政处罚决定书。在执行行政拘留时××派出所民警要求高某军提供家属的联系方式，当时高某军只是一味地辱骂派出所民警，拒不提供家属联系方式，民警遂让高某军自行通知家属，当时高某军打电话给××村书记王某武将自己被执行拘留的情况向村书记进行说明。在将高某军送到××县行政拘留所执行行政拘留收拘时，××派出所民警再次要求高某军提供家属联系方式，高某军不但不提供联系方式还对派出所民警进行辱骂。拘留所当班民警刘某德看到这种情况后主动提出由其稍后向高某军做思想工作，向高某军家属通知。后经与行政拘留所当班民警刘某德联系，刘某德称已将高某军执行拘留的情况向高某军家属进行了通知。这证明公安机关已经实际履行了告知义务。6. 关于高某军提出的公安机关办理了人情案的说法是自己的主观臆断。公安机关是依据案件事实依法作出的行政处罚，不存在办关系案、人情案的情况。原审第三人王某才的女婿裴某在××县公安局工作，但并未参与本案的调查、决定等执法程序。7. 原告高某军认为公安机关对其作出行政拘留处罚，处罚过重，证据不足是没有根据的。此案我局结合整个调查事实，认为高某军殴打他人的违法事实存在，所以对其殴打他人的违法事实予以认定。

△核心问题

公安机关办理行政案件的决定程序要点有哪些？

△法律评析

上诉人高某军不服公安机关的处罚决定和一审判决提起上诉，笔者现就其上诉理由予以分析。

一、认为处罚过重，认为原审判决认定事实错误

《治安管理处罚法》第43条规定，殴打他人的，或者故意伤害他人身体的，处五日以上十日以下拘留，并处二百元以上五百元以下罚款；情节较轻的，处五日以下拘留或者五百元以下罚款。有下列情形之一的，处十日以上十五日以下拘留，并处五百元以上一千元以下罚款：(1) 结伙殴打、伤害他人的；(2) 殴打、伤害残疾人、孕妇、不满十四周岁的人或者六十周岁以上的人的；(3) 多次殴打、伤害他人或者一次殴打、伤害多人的。

事件发生时，受害人（即本案原审第三人）王某才已年满60周岁，被上诉人××县公安局对上诉人高某军作出行政拘留十日的行政处罚符合本案实际及相关法律规定。

二、认为被上诉人对上诉人所作的行政处罚程序不合法

1. 认为被上诉人对上诉人作出行政处罚前没有听取高某军的陈述和申辩。被上诉人辩称，2014年9月1日××派出所民警将其口头传唤到派出所进行询问时，将《行政案件权利义务告知书》交由其本人阅读，对其享有的权利义务进行告知，并由其本人签字确认。在对其作出行政处罚决定

前，公安局以《××县公安局行政处罚告知笔录》对拟作出行政处罚决定的事实、理由、依据、可能作出的处罚对高某军进行告知，并由其本人签字确认。

2. 认为被上诉人对上诉人行政处罚前的调查询问程序违法。上诉人高某军提出自己是××乡人大代表，派出所在作出行政处罚时没有记录在案，在执行拘留后没有向所在的乡人大报告这一情况与实际情况不符。经警方掌握高某军根本不是××乡人大代表。

3. 认为被上诉人对上诉人行政处罚前所做的调查询问笔录记录不全面(没有相关证据)。

4. 认为上诉人在执行拘留过程中，向派出所民警申请暂缓执行，派出所民警滥用职权未予准许。《公安机关办理行政案件的程序规定》第224条规定，被处罚人具有下列情形之一的，应当作出不暂缓执行行政拘留的决定，并告知申请人：暂缓执行行政拘留后可能逃跑的；有其他违法犯罪嫌疑，正在被调查或者侦查的；不宜暂缓执行行政拘留的其他情形。

经庭审查明，上诉人高某军未书面提交暂缓行政拘留申请，且其在派出所的表现激动，派出所民警未准许其口头申请，属被上诉人××县公安局的执行权力，应由被上诉人决定。上诉人扬言回去要把受害人王某才弄个样子，具有现实社会危险性，不对其执行行政拘留不足以防止其再次发生社会危险性。

5. 认为被上诉人对上诉人执行行政拘留后没有及时通知家属。关于上诉人高某军提出被上诉人在执行行政拘留后未及时通知家属。被上诉人××县公安局在对上诉人高某军执行行政拘留过程中，要求高某军提供家属联系电话，高某军拒绝提供。在执行拘留过程中，上诉人高某军打电话将拘留情况告知了××村书记，其后××村书记将高某军被拘留一事告知了高某军妻子，且拘留所工作人员也代表公安机关进行电话告知，应属被上诉人××县公安局已经尽了告知义务，并不影响被上诉人××县公安局对上诉人高某军所作具体行政处罚决定的效力。

6. 认为被上诉人办理了人情案。审理认为，公安机关是依据案件事实依法作出的行政处罚，不存在办关系案、人情案的情况。原审第三人王某才的女婿裴某在××县公安局工作，但并未参与本案的调查、决定等执法程序。

最后二审法院认为，被上诉人××县公安局对上诉人高某军行政处罚决定，认定事实清楚，适用法律正确，程序合法，应予维持。上诉人高某军的上诉理由均不能成立。综上，原审认定事实清楚，适用法律正确，证据充分，判处正确，应予维持。

第十章　治安调解

第一百七十八条　【治安调解适用范围】 对于因民间纠纷引起的殴打他人、故意伤害、侮辱、诽谤、诬告陷害、故意损毁财物、干扰他人正常生活、侵犯隐私、非法侵入住宅等违反治安管理行为，情节较轻，且具有下列情形之一的，可以调解处理：

（一）亲友、邻里、同事、在校学生之间因琐事发生纠纷引起的；

（二）行为人的侵害行为系由被侵害人事前的过错行为引起的；

（三）其他适用调解处理更易化解矛盾的。

对不构成违反治安管理行为的民间纠纷，应当告知当事人向人民法院或者人民调解组织申请处理。

对情节轻微、事实清楚、因果关系明确，不涉及医疗费用、物品损失或者双方当事人对医疗费用和物品损失的赔付无争议，符合治安调解条件，双方当事人同意当场调解并当场履行的治安案件，可以当场调解，并制作调解协议书。当事人基本情况、主要违法事实和协议内容在现场录音录像中明确记录的，不再制作调解协议书。

【条文主旨】

本条是关于治安调解适用范围的规定。

【最新修改提示】

修订前（2012 版）	修订后（2018 版）
第一百五十三条 …… 对情节轻微、事实清楚、因果关系明确，不涉及医疗费用、物品损失或者双方当事人对医疗费用和物品损失的赔付无争议，符合治安调解条件，双方当事人同意当场调解并当场履行的治安案件，可以当场调解，并制作调解协议书。	**第一百七十八条** …… 对情节轻微、事实清楚、因果关系明确，不涉及医疗费用、物品损失或者双方当事人对医疗费用和物品损失的赔付无争议，符合治安调解条件，双方当事人同意当场调解并当场履行的治安案件，可以当场调解，并制作调解协议书。**当事人基本情况、主要违法事实和协议内容在现场录音录像中明确记录的，不再制作调解协议书。**

【理解与适用】

一、治安调解的概念和特点

所谓治安调解，是指对于因民间纠纷引起的打架斗殴或者损毁他人财物等违反治安管理、情节较轻的治安案件，在公安机关的主持下，以国家法律、法规和规章为依据，在查清事实、分清责任的基础上，劝说、教育并促使双方交换意见，达成协议，对治安案件作出处理的活动。[①] 为了与其他调解相区别，治安调解的特征可以从以下几个方面理解：

（一）治安调解针对的是特定的治安违法行为

根据《治安管理处罚法》的相关规定，对于因民间纠纷引起的打架斗殴或者损毁他人财物等违反治安管理行为，情节较轻的，公安机关可以调解处理。由于治安调解协议的达成并履行意味着公安机关对行政处罚权的放弃，因此，治安调解也是公安机关办理行政案件的一种方式，但不是主要方式，调解不成或者当事人不履行调解协议，公安机关应当依法处罚。《治安管理处罚法》第 9 条规定，经公安机关调解，当事人达成协议的，不予处罚。《公安机关治安调解工作规范》第 12 条则进一步规定，对已经履行调解协议的，应当及时结案。根据上述规定，经过公安机关调解，若当事人达成协议的，并且已经履行协议的，公安机关不再处罚，该违法行为即处理完毕。

---

① 参见《公安机关治安调解工作规范》第 3 条。

（二）治安调解的主持人具有专属性

治安调解应当在公安机关的主持下进行，是行政调解的一种。治安调解的主持人专属于公安机关，实际操作中具体为公安机关的相关办案部门。这一特征使治安调解区别于法院进行的司法调解和人民调解委员会进行的人民调解，也区别于其他行政机关进行的其他行政调解。

（三）治安调解具有非强制性

治安调解的非强制性体现在以下三点：

第一，治安调解必须在自愿的基础上进行。任何一方当事人不同意，公安机关都不得进行调解。

第二，治安调解协议具有一定的法律效力，但是不具有强制执行力。治安调解协议一经履行，公安机关不得再对违反治安管理的行为予以治安处罚。该治安调解协议排除了治安处罚，可见对于治安违法行为来说，治安调解协议是有法律效力的。但是治安调解协议不具有强制执行力。经公安机关调解达成的行政调解协议，一方或双方反悔不履行的，公安机关不能强制其履行协议。

第三，治安调解采取说服、教育、疏导等非强制性方法进行。与行政处罚、行政强制等行政行为不同，治安调解主要采取说服、教育、疏导等方法，促使当事人互谅互让，通过协商达成协议。

（四）治安调解应依法进行

治安调解权来源于《治安管理处罚法》明确的授权，且法律对调解的条件、范围和程序也有明确的规定。因此，公安机关在进行治安调解时应以国家法律、法规和规章为依据，查明事实、分清是非。

二、治安调解的条件

根据《治安管理处罚法》第 9 条、《程序规定》第 178 条第 1 款的规定，对因民间纠纷引起的殴打他人、故意伤害、侮辱、诽谤、诬告陷害、故意损毁财物、干扰他人正常生活、侵犯隐私、非法侵入住宅等违反治安管理行为，情节较轻，且具有下列情形之一的，可以调解处理：（1）亲友、邻里、同事、在校学生之间因琐事发生纠纷引起的；（2）行为人的侵害行为系由被侵害人事前的过错行为引起的；（3）其他适用调解处理更易化解矛盾的。

对因民间纠纷引起的殴打他人、故意伤害、侮辱、诽谤、诬告陷害、故意损毁财物、干扰他人正常生活、侵犯隐私、非法侵入住宅等违反治安管理行为，情节较轻，且具有下列情形之一的，可以调解处理：

（一）因民间纠纷引起的违反治安管理的行为

《治安管理处罚法》对“民间纠纷”无明确的规定。相关法律规定中涉及民间纠纷界定的，较早的见于1990年4月19日由司法部发布并施行的《民间纠纷处理办法》第3条。该条规定，民间纠纷即公民之间有关人身、财产权益和其他日常生活中发生的纠纷。2002年9月26日司法部发布的《人民调解工作若干规定》第20条规定，人民调解委员会调解的民间纠纷，包括发生在公民与公民之间、公民与法人和其他社会组织之间涉及民事权利义务争议的各种纠纷。上述的“民间纠纷”应具备两个条件：一是当事人之间存在民事权益争执；二是当事人各方之间存在密切关系，如家庭成员关系、同事关系、恋爱关系、邻居关系等。如何理解《治安管理处罚法》中规定的“民间纠纷”？根据《公安机关治安调解工作规范》第3条的规定，从立法精神和实践情况来看，这里的“民间纠纷”，是指公民之间、公民和单位之间，在生活、工作、生产经营等活动中产生的纠纷。对不构成违反治安管理行为的民间纠纷，应当告知当事人向人民法院或者人民调解组织申请处理。此外，对不构成违反治安管理行为或者已经构成犯罪行为的，公安机关也不宜调解处理。

（二）属于《治安管理处罚法》规定的调解范围

《治安管理处罚法》对治安调解的范围作了原则规定，即对于因民间纠纷引起的打架斗殴或者损毁他人财物等违反治安管理行为，情节较轻的，公安机关可以调解处理。本条进一步规定为殴打他人、故意伤害、侮辱、诽谤、诬告陷害、故意损毁财物、干扰他人正常生活、侵犯隐私、非法侵入住宅等违反治安管理行为。

对不构成违反治安管理行为的民间纠纷，应当告知当事人向人民法院或者人民调解组织申请处理。

（三）适用治安调解必须是“情节较轻”

从法理上讲，严重触犯法律的行为必须接受法律的制裁，所以，适用治安调解的必须具有情节轻微的特点。从心理上讲，如果一方或者双方的侵害情节较重，超出了人们的一般心理承受力，那么，通过调解解决矛盾的可能性就会非常小。只有情节轻微的情况才会使当事人从心理上接受调解。在具体办理案件实施治安调解时，对“情节轻微”这一原则的把握，完全可以根据具体情况来认定。例如，可以结合双方平时的关系，看是否可以通过调解达到消除矛盾、息事宁人、不留后患的效果。如果侵害结果虽然较重，但有特定因素，如双方平时关系不错，通过调解能够达到较好效果的，也可以进行调解处理，如果双方嫌隙已久，隔阂已深，尽管情节轻微，侵害不重，但调解难以奏效的，也不宜采用调解处理。

（四）当事人各方均有自愿接受调解的意愿

治安调解是公安机关办理治安案件的一个程序，但不是必经程序，当事人没有请求调解，或者当事人一方同意调解而另一方不同意调解的，公安机关不应当调解，即使案情被认为调解处理对当事人更加有利。对于调解过程中发生的一方或者双方要求不再调解的，或者公安机关数次通知而不参加调解的，或者一方在一定期限内通知不到的，或者经过数次调解而不能达成调解协议的，公安机关都应当终止调解。

（五）公安机关认为可以适用调解。

根据立法精神，“公安机关可以调解处理”意味着“一般应当”。对于符合调解范围的治安案件，公安机关应当优先选择调解处理。如果因为怕麻烦，一味选择治安处罚，不仅不能达到公安机关行政管理目的，也与立法精神相违背。当事人双方自愿调解和公安机关认为可以调解，两个前提之间是相互作用关系，没有先后、主次之分。如果当事人一开始就坚持强调“公法”上的保护，则公安机关不能懈怠自己的职责，无权放弃警察行政权的行使，根本没有选择或自由裁量的余地；反之，如果公安机关认为不能调解，则当事人双方也无权结束该治安案件的行政执法程序。

三、当场调解并制作调解协议书的情形

根据本规定第 178 条第 3 款的规定，对情节轻微、事实清楚、因果关系明确，不涉及医疗费用、物品损失或者双方当事人对医疗费用和物品损失的赔付无争议，符合治安调解条件，双方当事人同意当场调解并当场履行的治安案件，可以进行当场调解，并制作调解协议书。

在执法实践中，公安机关把握当场调解并制作调解协议书的，应当注意上述规定内容之间的关系：首先，应当符合治安调解的适用条件；其次，违反治安管理行为情节轻微、事实清楚、因果关系明确；再次，违反治安管理行为不涉及医疗费用、物品损失或者双方当事人对医疗费用和物品损失的赔付无争议；最后，双方当事人同意当场调解并当场履行的。此外，应当指出的是，对于当事人基本情况、主要违法事实和协议内容在现场录音录像中明确记录的，不再制作调解协议书。

【执法风险提示】

1. 执法实践中，注意把握引发违反治安管理行为而适用治安调解的“民间纠纷”具有以下特点：（1）引发了违反治安管理的行为且该行为应受治安处罚。这是民警运用警察权处理纠纷的基本条件，如果公民之间仅有民事权益争执，民间调解组织或法院可以按民事案件受理。(2) 纠纷发生于经常往来的公民之间。这种经常往来的公民之间可能具有血缘、地缘、业务等关系，纠纷双方当事人常为亲属、亲戚，朋友、邻里，经常交往。将警察调解因民间纠纷引发的违反治安管理行为，限制在“经常往来公民之间”而不泛指群众、公民之间的意义在于：有利于使公安机关集中警力处理严重的违法犯罪行为。范围太宽，在实践中既不易掌握，也分散警力。(3) 纠纷的实质是民事权益。公民之间民事权益受到侵犯或发生争执，当事人没有通过其他法律的渠道解决，而实施了违反治安管理行为。

执法实践中，把握“打架斗殴”应注意：“打架斗殴”是指行为人以殴打他人身体为目的违法行为，打架斗殴是故意所为，其后果是造成他人轻微伤。警方一般要求受伤者做伤情鉴定，用以判断是否属于公安调解案件的范围，确定调解赔偿数额。

执法实践中，把握“他人财产”应注意：治安调解仅限于民间纠纷引起的治安案件，而民间纠纷只能发生在公民之间，公民对法人或者其他组织造成的财产毁损不属于民间纠纷。但是，如果法人或者其他组织和行为人都向公安机关提出调解处理，是否可以套用这一条的规定？笔者认为，应当有条件地允许财产的所有人、管理人选择警察调解的方式解决与行为人之间的纠纷。这样的处理比较适应实践的需要。

执法实践中，把握“其他适用调解处理更易化解矛盾的”，需要公安机关从实际出发，根据双方当事人之间的关系、发生违反治安管理行为的前因后果、双方当事人的态度等方面综合判断。

2. 2018 年《程序规定》修改增加了不再制作调解协议书的情形，主要是考虑到随着执法记录仪等现场录音录像设备的广泛使用，民警在处警时很多情况下已经将当事人的情况、违法行为的基本情况以及双方达成的协议内容等情况如实记录下来，已经起到了固定证据的作用，况且此类案件本身比较轻微，事实也比较清楚，为简化案件办理，减轻基层民警的工作量，不再要求制作调解协议书。

【相关规定】

《治安管理处罚法》第 9 条；《公安机关治安调解工作规范》第 3 条。

第一百七十九条 【不适用调解的情形】 具有下列情形之一的，不适用调解处理：

（一）雇凶伤害他人的；

（二）结伙斗殴或者其他寻衅滋事的；

（三）多次实施违反治安管理行为的；

（四）当事人明确表示不愿意调解处理的；

（五）当事人在治安调解过程中又针对对方实施违反治安管理行为的；

（六）调解过程中，违法嫌疑人逃跑的；

（七）其他不宜调解处理的。

【条文主旨】

本条是关于不适用治安调解情形的规定。

【最新修改提示】

本条对应修改前的第 154 条，内容未变化。

【理解与适用】

根据本条、《公安机关治安调解工作规范》第 4 条和《公安机关办理伤害案件规定》第 31 条的规定，具有下列情形之一的，不适用调解处理：(1) 雇凶伤害他人的；(2) 结伙斗殴或者其他寻衅滋事的；(3) 多次实施违反治安管理行为的；(4) 当事人明确表示不愿意调解处理的；(5) 当事人在治安调解过程中又针对对方实施违反治安管理行为的；(6) 调解过程中，违法嫌疑人逃跑的；(7) 其他不宜调解处理的。不可调解处理的案件原则上属于情节恶劣，应予行政处罚的案件。执法实践中，公安机关把握不适用调解处理的案件时，应当注意下列问题：

第一，雇凶伤害他人行为。雇凶伤害他人，是指雇用第三者实施杀害他人的行为。因为雇凶伤害他人表明行为人的主观恶性较重，因此不宜调解处理，应当依法予以处罚。

第二，结伙斗殴或者其他寻衅滋事行为。所谓结伙斗殴，是指为了报复他人，争夺势力范围、争霸一方或者其他不正当目的，纠集他人结成团伙相互殴斗，破坏社会秩序的行为。“寻衅滋事”，是指行为人无事生非，起哄闹事，殴打伤害无辜，任意损毁、占用公私财物，肆意挑衅，横行霸道，破坏社会公共秩序的行为。

第三，多次实施违反治安管理行为。治安调解的目的在于以其高效、直接、无偿、权威等特性在解决社会冲突，避免纠纷进一步激化，使受害人得到最大限度的补偿和恢复和睦关系。但是如果行为人不思悔改，多次实施违反治安管理行为，则反映了通过调解这种教育、感化手段难以促使其改过自新，因此不可调解处理。

第四，当事人明确表示不愿意调解处理。治安调解必须在自愿的基础上进行。任何一方当事人不同意，公安机关都不得进行调解。双方当事人同意调解是治安调解的基础。

第五，当事人在治安调解过程中又针对对方实施违反治安管理行为。治安调解的最终目的是解决社会冲突，防止社会矛盾激化，并最大程度地恢复和睦的关系。如果当事人在治安调解过程中又针对对方实施违反治安管理行为，激化矛盾纠纷的，不可调解处理。

第六，调解过程中，违法嫌疑人逃跑的。为了更好地保护被侵害人的合法权益，防止违法嫌疑人借调解之机逃避处罚，对违反嫌疑人调解过程中逃跑的，公安机关应当终止调解，并依法进行调查处理。

第七，其他不宜调解处理的。执法实践中，“其他不宜调解处理的”主要包括：（1）违反治安管理行为后果比较严重，情节比较恶劣的；（2）违反治安管理行为人态度恶劣，拒不认错的；（3）违法治安管理行为人利用民间纠纷打击报复的；（4）违反治安管理行为人一贯无事生非，社会影响恶劣的；（5）涉及黑社会性质组织的，由于其不属于治安案件，即使对一些成员作行政处理的，也不适用治安调解。

【执法风险提示】

因民间纠纷引起的轻伤害案件，公安机关是否可以调解处理的问题。把握该问题应当注意以下几点：

1. 法律依据。根据《刑法》《刑事诉讼法》《治安管理处罚》的相关规定，《公安机关办理伤害案件规定》第 29 条明确规定：根据《刑法》第 13 条及《刑事诉讼法》第 15 条第 1 项规定，对故意伤害他人致轻伤，情节显著轻微、危害不大，不认为是犯罪的，以及被害人伤情达不到轻伤的，应当依法予以治安管理处罚。根据《公安机关办理伤害案件规定》第

30 条规定和本规定第 178 条的规定，公安机关可以依法调解处理。

2. 适用条件。即适用治安调解的伤害案件必须是尚不够刑事处罚的案件。对公安机关已经立案侦查的因民间纠纷引起的轻伤害刑事案件，一般不宜治安调解处理。但根据《刑事诉讼法》第 288 条，可以和解处理。

3. 与刑事和解的区别。对于涉嫌《刑法》分则第四章、第五章规定犯罪的案件，可能判处 3 年有期徒刑以下的公诉案件，如果犯罪嫌疑人真诚悔罪，通过向被害人赔偿损失、赔礼道歉等方式获得被害人谅解，被害人自愿和解的，双方当事人可以和解。按照《刑事诉讼法》第 290 条的规定，对于达成和解协议的案件，公安机关可以向人民检察院提出从宽处理的建议。

【相关规定】

《治安管理处罚法》第 9 条；《公安机关办理伤害案件规定》第 29 条、30 条；《刑法》第 13 条；《刑事诉讼法》第 16 条、第 288 条。

第一百八十条　【治安调解的原则】调解处理案件，应当查明事实，收集证据，并遵循合法、公正、自愿、及时的原则，注重教育和疏导，化解矛盾。

【条文主旨】

本条是关于治安调解原则的规定。

【最新修改提示】

本条对应修改前的第 155 条，内容未变化。

【理解与适用】

治安调解应当查明事实，收集证据，遵循合法、公正、自愿、及时的原则，注重教育和疏导，化解矛盾。

一、查明事实，收集证据

公安机关调解处理案件，应当首先查明事实，收集证据，做好调查取证工作。

公安机关受理可以调解处理的治安案件后，无论是否适用调解，都应当首先查明事实，收集证据，认真做好调查取证工作。一方面，为公正、有效调解奠定基础。公安机关查明事实，收集证据，分清责任，可以以理服人，提出公正的解决办法，有利于调解协议的达成。另一方面，为治安处罚做好准备。一旦调解不成，或者当事人双方或者一方不履行调解协议，案件将转为治安处罚程序。公安机关案件证据收集充分，可以很快做出处罚决定。所以，调解前做好查明事实，收集证据工作，可以有效避免因为证据丢失或者无法取得而使案件无法处理。

二、治安调解的原则

（一）合法原则。合法原则要求治安调解应当依据法律的相关规定，按照法律规定的程序进行，双方当事人达成的协议必须符合法律规定。

（二）公正原则。公正原则要求治安调解应当分清责任，实事求是地提出调解意见，不得偏袒一方。

（三）自愿原则。自愿原则要求治安调解应当在当事人双方自愿的基础上进行。达成协议的内容，必须是双方当事人真实意思表示。

（四）及时原则。及时原则要求治安调解应当及时进行，使当事人尽快达成协议，解决纠纷。治安调解不成的，应当在法定的办案期限内及时依法处罚，不得久拖不决。

（五）教育原则。教育原则要求治安调解应当通过查清事实，讲明道理，指出当事人的错误和违法之处，教育当事人自觉守法并通过合法途径解决纠纷。

【执法风险提示】

1. 调解一般应公开进行。本规定对调解是否公开未作规定，《公安机关治安调解工作规范》第 6 条规定，治安调解应当公开进行，涉及国家秘密、商业秘密或者个人隐私，以及双方当事人都要求不公开的除外。

2. 调解应当在说明时限内完成。本规定仅规定及时原则，未对治安调解的时间作出明确规定。根据《公安机关治安调解工作规范》第 9 条的规定，治安调解一般为一次，必要时可以增加一次。对明显不构成轻伤、不需要伤情鉴定以及损毁财物价值不大，不需要进行价值认定的治安案件，应当在受理案件后的 3 个工作日内完成调解；对需要伤情鉴定或者价值认定的治安案件，应当在伤情鉴定文书和价值认定结论出具后的3个工作日内完成调解。对一次调解不成，有必要再次调解的，依据本规定第183条，应当在第一次调解后的7个工作日内完成。

【相关规定】

《治安管理处罚法》第9条；《公安机关治安调解工作规范》第9条。

第一百八十一条 【治安调解中的代理人】当事人中有未成年人的，调解时应当通知其父母或者其他监护人到场。但是，当事人为年满十六周岁以上的未成年人，以自己的劳动收入为主要生活来源，本人同意不通知的，可以不通知。

被侵害人委托其他人参加调解的，应当向公安机关提交委托书，并写明委托权限。违法嫌疑人不得委托他人参加调解。

【条文主旨】

本条是关于治安调解要通知未成年人父母或者其他监护人到场及委托其他人参加调解的规定。

【最新修改提示】

本条对应修改前的第156条，内容未变化。

【理解与适用】

一、调解要通知未成年人的监护人

（一）当事人中有未成年人的，调解时应当通知其父母或者其他监护人到场。当事人中有未成年人的，是指治安案件的一方当事人或者双方当事人未满18周岁。为保护未成年人合法权益，确保未成年人健康成长，我国法律对未成年人给予了特殊的司法保护。例如《未成年人保护法》第54条、第55条规定："对违法犯罪的未成年人，实行教育、感化、挽救的方针，坚持教育为主、惩罚为辅的原则。对违法犯罪的未成年人，应当依法从轻、减轻或者免除处罚。公安机关、人民检察院、人民法院办理未成年人犯罪案件和涉及未成年人权益保护案件，应当照顾未成年人身心发展特点，尊重他们的人格尊严，保障他们的合法权益，并根据需要设立专门机构或者指定专人办理。”公安机关在办理未成年人治安行政案件时，必要遵守上述和相关规定对未成年人给予特殊保护。在治安调解时，当事人中有未成年人的，调解时应当通知其父母或者其他监护人到场。

（二）当事人为年满十六周岁以上的未成年人，以自己的劳动收入为主要生活来源，本人同意不通知的，可以不通知。现行《民法总则》第18条规定“……十六周岁以上的未成年人，以自己的劳动收入为主要生活来源的，视为完全民事行为能力人。”考虑到16周岁以上未成年人外出打工的情况较为普遍，为适应执法实践的需要，本条明确规定，以自己的劳动收入为主要生活来源，本人同意不通知的，可以不通知。应当注意的是，如果本人同意通知其父母或者其他监护人的，适用调解时，公安机关必须依法通知其父母或者其他监护人。

二、被侵害人可以委托其他人参加调解

为了更好地保护被侵害人的合法权益，本条第2款规定，被侵害人可以委托其他人参加调解，但应当向公安机关提交委托书，并写明委托权限，其目的是保证被委托人在其委托权限内代被侵害人参加调解，从而更好地保护被侵害人的权益。

三、违法嫌疑人不得委托他人参加调解

由于治安调解的目的是通过调解化解矛盾，解决纠纷，教育双方当事人，因此调解必须建立在违法行为人真诚悔过并取得被侵害人谅解的基础上。又因为达成的调解协议需要当事人特别是违法行为人履行，因此本条规定，违法嫌疑人不得委托他人参加调解。但如果违法行为人在亲自参加的前提下邀请他人一起参加治安调解，公安机关可以允许。

【执法风险提示】

1. 未成年人父母双亡或者没有监护能力的，公安机关应根据具体情况通知其他监护人到场参加调解。

执法实践中，对涉及未成年人治安调解案件，通知未成年人的父母或者其他监护人到场是公安机关的义务，公安机关必须履行。根据《民法总则》第27条规定，未成年人的父母已经死亡或者没有监护能力的，由下列有监护能力的人按顺序担任监护人：“（一）祖父母、外祖父母；（二）兄、姐；（三）其他愿意担任监护人的个人或者组织，但是须经未成年人住所地的居民委员会、村民委员会或者民政部门同意。”第31条规定，

“对监护人的确定有争议的，由被监护人住所地的居民委员会、村民委员会或者民政部门指定监护人，有关当事人对指定不服的，可以向人民法院申请指定监护人；有关当事人也可以直接向人民法院申请指定监护人……”第32条规定，“没有依法具有监护资格的人的，监护人由民政部门担任，也可以由具备履行监护职责条件的被监护人住所地的居民委员会、村民委员会担任。”因此，未成年人治安调解案件的当事人父母双亡或者没有监护能力的，公安机关应当根据具体情况通知合适的监护人到场参加调解。

2. 未成年人的父母或者其他监护人拒绝到场参加调解的，公安机关不宜对案件进行调解处理。

为保护未成年人的合法权益，保证治安调解的合法性，加强对公安机关治安调解工作的监督，对未成年人的父母或者监护人经通知后，拒绝到场参加调解的，也没有其他监护人愿意参加的，公安机关不宜对案件进行调解处理。

【相关规定】

《未成年人保护法》第54条、第55条；《民法总则》第18条、第27条、第31条、第32条。

第一百八十二条　【帮助调解】对因邻里纠纷引起的治安案件进行调解时，可以邀请当事人居住地的居（村）民委员会的人员或者双方当事人熟悉的人员参加帮助调解。

【条文主旨】

本条是关于邀请有关人员帮助调解的规定。

【最新修改提示】

本条对应修改前的第157条，内容未变化。

【理解与适用】

法律上对邻里纠纷并没有一个明确的定义。一般来说，对于因相邻关系产生的邻里纠纷，通常建议自行和解，或者请求人民调解委员会进行调解。一是不容易使矛盾激化，维持睦邻友好关系，二是成本较低。对于无法自行协商解决的邻里纠纷，才建议到人民法院进行起诉。

对于因邻里纠纷引起的治安案件进行调解，可以邀请当事人居住地的居（村）民委员会的人员或者双方当事人熟悉的人员参加帮助调解。之所以规定可以邀请当事人居住地的居（村）民委员会的人员或者双方当事人熟悉的人员参加帮助调解也是基于上述考虑。此外，从警察执法角度而言，还有以下两点考虑：第一，有利于公安机关查清案件事实。当事人居住地的居（村）民委员会的人员或者双方当事人熟悉的人员对纠纷的来龙去脉比较了解，公安机关邀请他们参加帮助调解，可以进一步了解案件的起因，有利于促进双方当事人达成调解协议。第二，有利于调解协议的执行，提高治安调解效率。调解协议必须基于当事人的自愿履行，公安机关不能强制执行。如果有当事人居住地的居（村）民委员会人员或者双方当事人熟悉的人员参加，一方面有利于双方当事人自觉自愿履行，另一方面也可以监督纠纷双方当事人履行协议确定的义务，从而提高了治安调解的工作效率。

【执法风险提示】

在此特别提示是“可以”邀请当事人居住地的居（村）民委员会的人员或者双方当事人熟悉的人员参加帮助调解的问题，而不是“应当”。因此，公安机关应当根据案件的具体情况决定是否邀请当事人居住地的居（村）民委员会的人员或者双方当事人熟悉的人员参加帮助调解。如果当事人不愿意，公安机关就不能强制邀请。

第一百八十三条　【治安调解的次数】调解一般为一次。对一次调解不成，公安机关认为有必要或者当事人申请的，可以再次调解，并应当在第一次调解后的七个工作日内完成。

【条文主旨】

本条是关于治安调解次数的规定。

【最新修改提示】

修订前（2012 版）	修订后（2018 版）
第一百五十八条　调解一般为一次。对一次调解不成，公安机关认为有必要或者当事人申请的，可以再次调解，并应当在第一次调解后的七个工作日内完成。调解应当制作笔录。	**第一百八十三条**　调解一般为一次。对一次调解不成，公安机关认为有必要或者当事人申请的，可以再次调解，并应当在第一次调解后的七个工作日内完成。

【理解与适用】

一、关于调解的次数

调解一般为一次。主要考虑两点：一是对于因民间纠纷引起的打架斗殴、损毁他人财物等情节轻微的治安案件，调解处理只是公安机关处理此类案件的一种方式，不是唯一方式；二是根据《治安管理处罚法》的规定，调解应当自愿，同时调解处理需要一定的基础。如果案件情况表明双方当事人没有达成调解协议的可能的，调解就没有必要反复进行。

实践中，调解处理的案件往往久拖不结，在目前警力不足的情况下，不仅过分牵扯公安机关的警力，而且也不利于案件及时处理。因此，根据本条规定，调解一般为一次。一次调解不成的，应该依法予以治安处罚。

二、关于再次调解

如果公安机关认为有必要或者当事人申请的，公安机关可以再次进行调解，且再次调解必须在第一次调解后 7 个工作日内完成。

三、关于“调解应当制作笔录”

考虑到调解本来就是在双方当事人同意的基础上进行的，调解达成协议后，调解协议书对案件情况、调解过程及双方协议的内容、履行等内容进行记载，而调解笔录的内容与协议内容基本一致，没有必要重复记录，为了进一步减轻基层办案负担，减少文书制作，因此《程序规定》2018 年修改删去了原“调解应当制作笔录”的内容。

【执法风险提示】

“对一次调解不成，公安机关认为有必要或者当事人申请的，可以再次调解”的把握。把握这一规定应当注意以下几点：一是何为“必要”。

在执法实践中，由于部分问题没有达成一致意见，或者部分事实没有查清，只要双方当事人愿意进一步查清事实，再次进行调解活动的，属于一次调解不成，公安机关认为有必要的情况。二是对“当事人申请”的把握。“当事人申请”既包括双方当事人都提出申请，也包括一方当事人申请，另一方当事人同意再次调解，公安机关可以再次调解。如果一方当事人申请再次调解，而另一方当事人不同意调解的，公安机关也不得再次调解。

第一百八十四条　【治安调解协议】调解达成协议的，在公安机关主持下制作调解协议书，双方当事人应当在调解协议书上签名，并履行调解协议。

调解协议书应当包括调解机关名称、主持人、双方当事人和其他在场人员的基本情况，案件发生时间、地点、人员、起因、经过、情节、结果等情况、协议内容、履行期限和方式等内容。

对调解达成协议的，应当保存案件证据材料，与其他文书材料和调解协议书一并归入案卷。

【条文主旨】

本条是关于治安调解协议及其内容的规定。

【最新修改提示】

本条对应修改前的第159条，内容未变化。

【理解与适用】

一、制作调解协议书

根据本条规定以及《公安机关治安调解工作规范》第10条、第11条、第14条的规定，治安调解达成协议的，应当在公安机关主持下制作治安调解协议书，双方当事人应当在调解协议书上签名，并履行调解协议。

二、治安调解协议书的内容

治安调解协议书应当包括下列内容：（1）治安调解机关名称，主持人、双方当事人和其他在场人员的基本情况；（2）案件发生的时间、地点、人员、起因、经过、情节、结果等情况；（3）协议内容、履行期限和方式；（4）治安调解机关印章、主持人、双方当事人及其他参加人签名、印章（捺指印）。

治安调解协议书一式三份，双方当事人各执一份，治安调解机关留存一份，与案件证据和其他文书材料一并归入案卷。

三、治安调解的案卷

对调解达成协议的，也应当整理案卷。案卷包括：案件证据材料，其他文书材料和调解协议书。

在治安调解开始之前，为了顺利公正地开展调解，主持调解的人民警察应当查明案件事实，这个过程中会收集到案件证据材料等。对于这些证据材料，公安机关应当注意固定保存，一方面，这些是与案件有关的材料，应当归入案卷；另一方面，案件如果没有达成调解协议，或者有任何一方不履行达成的调解协议，可以及时适用治安处罚程序进行治安处罚，不会因为错过了证据收集，而影响案件的处理。

【执法风险提示】

1. 公安机关的治安调解活动是一种行政调解，双方当事人达成的调解协议不像人民法院制作的调解协议书一样具有强制执行力。如果当事人不履行调解协议，公安机关不能强制执行，当事人中任何一方也不能以该调解协议书为依据申请人民法院强制执行。

与人民调解达成的调解协议也不同。根据《人民调解法》第 33 条规定，经人民调解委员会调解达成调解协议后，双方当事人认为有必要的，可以自调解协议生效之日起三十日内共同向人民法院申请司法确认，人民法院应当及时对调解协议进行审查，依法确认调解协议的效力。人民法院依法确认调解协议有效，一方当事人拒绝履行或者未全部履行的，对方当事人可以向人民法院申请强制执行。人民法院依法确认调解协议无效的，当事人可以通过人民调解方式变更原调解协议或者达成新的调解协议，也可以向人民法院提起诉讼。

2. 治安调解的案件应当制作卷宗，但根据《公安机关调解工作规范》第 15 条第 2 款的规定，现场治安调解结案的治安案件，可以不制作卷宗，办案部门应当将《现场治安调解协议书》按编号装订存档。但是，如果当场达成调解结案的治安案件有案件证据材料的，应当按照《程序规定》第 184 条“对调解达成协议的，应当保存案件证据材料，与其他文书材料和调解协议书一并归入案卷”的规定制作卷宗，将案件证据和其他文书材料及调解协议书一并归入卷宗。

【相关规定】

《人民调解法》第33条；《公安机关治安调解工作规范》第10条、第11条、第14条、第15条；《公安部关于对发现受理和查处治安案件统计指标如何理解的批复》。

第一百八十五条　【治安调解的效力】调解达成协议并履行的，公安机关不再处罚。对调解未达成协议或者达成协议后不履行的，应当对违反治安管理行为人依法予以处罚；对违法行为造成的损害赔偿纠纷，公安机关可以进行调解，调解不成的，应当告知当事人向人民法院提起民事诉讼。

调解案件的办案期限从调解未达成协议或者调解达成协议不履行之日起开始计算。

【条文主旨】

本条是关于治安调解协议的效力以及调解案件的办案期限的规定。

【最新修改提示】

本条对应修改前的第160条，内容未变化。

【理解与适用】

根据本条、公安部《公安机关治安调解工作规范》第12条、第13条及《公安机关办理伤害案件规定》第39条的规定，对调解达成协议后的法律效果有以下几种情形：

一、调解达成协议并履行的不再处罚

治安调解的效力表现为：调解达成协议并履行的，公安机关对违反治安管理行为人不再处罚。调解达成协议并履行的会引起两个方面的法律后果：一是对于当事人而言，不能再要求公安机关就同一违法事项对违法行

为人作出治安管理处罚；二是对于公安机关而言，应该对该案件予以结案，不能再就同一事项对违反治安管理行为人予以查处。

二、调解不成的予以处罚

执法实践中，调解不成通常包括以下情形：一是当事人不愿意接受调解；二是调解没有达成调解协议；三是虽然调解达成协议，但双方当事人或者一方当事人（包括被侵害人）拒绝在治安调解协议书上签名；四是双方当事人达成了协议，并在公安机关主持下制作并签署了治安调解协议书，但因事后反悔而不履行调解协议。如果当事人不履行调解协议，公安机关不能强制执行。存在上述调解未达成协议或者达成协议后不履行的，公安机关应当对违反治安管理行为人依法予以处罚。

三、可以调解违法行为造成的损害赔偿纠纷

对违法行为造成的损害赔偿纠纷，公安机关可以进行调解。调解不成的，应当告知当事人依法向人民法院提起民事诉讼。为了及时解决矛盾纠纷，维护社会和谐稳定，本条规定，对于因违法行为造成的损害赔偿纠纷，公安机关可以进行调解。区别于治安调解，对于损害赔偿纠纷调解不成的，应当告知当事人依法向人民法院提起民事诉讼。

四、调解案件的办案期限

因调解不成而依法予以治安管理处罚的案件，办案期限从调解未达成协议或者调解达成协议不履行之日起开始计算。办理治安案件自起算之日起不得超过 30 日；案件重大复杂的，经上一级公安机关批准，可以延长 30 日。

【执法风险提示】

1. 违反治安管理行为人积极履行调解协议，但被侵害人不接受，也属于“达成协议后不履行”的情形，公安机关应当依法对违反治安管理行为人予以治安管理处罚。但由于违反治安管理行为人在治安调解协议达成后态度积极，行动配合，因此公安机关可以考虑对违反治安管理行为人从轻、减轻或者不予处罚。

2. 对违法行为造成的损害赔偿纠纷，当事人可以要求调解。当事人要求调解的，公安机关可以进行调解。调解程序按照治安调解的程序进行。调解不成的，应当告知当事人向人民法院提起民事诉讼。

【相关规定】

《治安管理处罚法》第 9 条；《公安机关治安调解工作规范》第 12 条、第 13 条；《公安机关办理伤害案件规定》第 39 条。

第一百八十六条　【人民调解和自行和解】对符合本规定第一百七十八条规定的治安案件，当事人申请人民调解或者自行和解，达成协议并履行后，双方当事人书面申请并经公安机关认可的，公安机关不予治安管理处罚，但公安机关已依法作出处理决定的除外。

【条文主旨】

本条是关于治安案件的当事人申请人民调解或者自行和解的规定。

【最新修改提示】

修订前（2012 版）	修订后（2018 版）
第一百六十一条　对符合本规定第一百五十三条规定的治安案件，当事人自行和解并履行和解协议，双方当事人书面申请并经公安机关认可的，公安机关不予治安管理处罚，但公安机关已依法作出处理决定的除外。	**第一百八十六条**　对符合本规定**第一百七十八条**规定的治安案件，**当事人申请人民调解或者自行和解，达成协议并履行后，**双方当事人书面申请并经公安机关认可的，公安机关不予治安管理处罚，但公安机关已依法作出处理决定的除外。

【理解与适用】

2018 年新修订的《程序规定》将原条文中“当事人自行和解并履行和解协议”修改为“当事人申请人民调解或者自行和解，达成协议并履行后”，双方当事人书面申请并经公安机关认可的，公安机关不予治安管理处罚。该条的修订在确立了近年来多地公安机关在办理治安案件时引入人民调解有效化解矛盾纠纷的经验和做法的同时，还进一步明确了公安机关对人民调解和自行和解认可条件。

根据本条规定，公安机关认可人民调解或自行和解协议，并对违反治安管理行为人不予处罚，必须符合下列条件：（1）案件必须符合《程序规定》第 178 条规定的治安调解的适用条件；（2）调解或和解达成协议且协议的内容符合法律规定和社会公序良俗；（3）当事人已经履行了调解或和解协议；（4）双方当事人书面申请公安机关认可其达成的调解或和解协议，被侵害人同意不再追究违反治安管理行为人的行政处罚责任；（5）公安机关认可了当事人达成的和解协议，并确认和解协议已得到履行；（6）公安机关对违反治安管理行为人尚未作出治安管理处罚决定。

【执法风险提示】

公安机关如何正确适用治安调解与人民调解。根据《人民调解法》第18条、第25条、第26条的规定和《公安机关治安调解工作规范》第3条第2款的规定，对适宜通过人民调解方式解决的违反治安管理行为产生的民间纠纷，可以在受理前告知当事人向人民调解委员会申请调解。当事人要求公安机关调解的，公安机关应当调解。对不构成违反治安管理行为的民间纠纷，应当告知当事人向人民法院或者人民调解组织申请处理。公安机关与人民调解组织建立合作关系的，按照有关规定办理。在执法实践中，处理治安调解与人民调解的关系应当注意以下两点：

第一，对违反治安管理行为产生的民间纠纷的调解。依照《人民调解法》第18条的规定，基层人民法院、公安机关对适宜通过人民调解方式解决的纠纷，可以在受理前告知当事人向人民调解委员会申请调解。公安执法实践中，对于夫妻、亲属、村民、居民之间引发的违反治安管理行为产生的民间纠纷，办案部门认为适宜通过人民调解方式解决纠纷的，可以在受理前告知当事人向人民调解委员会申请调解。通过人民调解解决违反治安管理行为产生的民间纠纷，有利于更好地解决纠纷，增进社会和谐。对于是否“适宜”通过人民调解解决，可以由办案民警灵活判断。原则上，可以治安调解的案件，均可在受理前通知当事人申请人民调解，但当事人坚持公安机关调解处理的，公安机关应当调解处理。

第二，对不构成违反治安管理产生的民间纠纷的调解。对不构成违反治安管理产生的民间纠纷的调解，公安机关没有管辖权，应当告知当事人向人民法院或者人民调解组织申请处理。但在实践中，存在当事人坚决要求公安机关处理的情形。在这种情况下，本着化解矛盾纠纷，解决纠纷、防止矛盾激化，增进社会和谐的目的，公安机关不宜拒绝当事人的要求，应当站在公平的角度，对双方矛盾纠纷的解决给予帮助，如组织双方当事人对话，给予双方当事人法律帮助、咨询等。由于不属于公安机关管辖范围，即使当事人双方达成和解，公安机关也不应当出具调解文书。

【相关规定】

《治安管理处罚法》第9条;《人民调解法》第18条、第25条、第26条;《公安机关治安调解工作规范》第3条。

案例分析

治安调解的操作要点
——周某某砸车伤人案

△基本案情

××区××苑8幢楼下发生了一起殴打他人的案件。郑某某（男）将汽车停放在××区××苑8幢楼下，周某某（男）从外面回家，因汽车挡住去路，行李无法搬运，周某某用脚踢了郑某某的汽车两下，被郑某某发现后，郑某某与周某某相互动手，周某某同行人员陆某某（男），蔡某某（男）及周某某的母亲孙某（女）上来拉劝，双方纠缠在一起，互有损伤。接到报警后，××所民警及时介入处理，由于该打架案件是由邻里间的琐事引发的，双方之前并无恩怨，考虑到双方之后仍将住在一起，抬头不见低头见，本着既尊重法律和事实又有利于邻里团结的态度，民警多次组织双方进行协商，希望通过调解来消除双方的矛盾。然而在纠纷发生后的第三天，郑某某及其家属通过写信到市长信箱、发布××微博等形式，将矛头对准周某某的父亲周某，称“局长儿子无故砸车，局长等共五人打人”。在向公安机关施加压力的同时给案件的调解带来了很大的阻力。

通过对案件进行分析，派出所民警认为，该起案件的调解主要有两个难点，一是双方心里怨气很深。郑某某对周某某损坏其车并对其动手造成其身体损伤非常气愤。而周某某认为是由于郑某某停车不当引发的纠纷，事发后又扩大事态在网络媒体上抨击其父亲，很“不上路子”。二是赔偿数额双方悬殊较大，难以谈拢。面对该种情况，派出所民警的做法是：首先，民警采用隔离说理法，将当事双方分开约谈。民警首先找到周某某，对其宣之以法，详细地阐述了如果双方达不成协议，他将会面临法律的惩罚，并因此给自己和家庭带来的伤害，基本做通了周某某的工作。其次，民警找到郑某某，对其动之以情，晓之以理。民警采用角色带入的说理方法，使郑某某认识到自己在该案件中也有不对之处，而事后在网上进行炒作也给对方带来了很大的困扰，并向郑某某传达了周某某愿意与其和解的意愿。至此通过民警的耐心工作，给双方都铺设了心理台阶，为成功调解此案件打下了良好的基础。随后民警将双方通知到所约谈，采用案例说理法，列举了一些已经成功调解的类似案例，让双方就赔偿一事有更清楚的认识。最后双方在民警的组织下达成一致。由周某某赔偿郑某某医疗费、财物损失费共计一万元整。至此，一场因一时冲动引发的案件得到了圆满解决。

△核心问题

治安调解的操作要点有哪些？

△法律评析

根据《程序规定》第180条的规定，治安调解应当遵循合法、公正、自愿、及时的原则，注重教育和疏导，化解矛盾。公安机关在进行治安调解时应注意两点：一是并非所有的因民事纠纷引起的治安案件都要首先经过调解，也就是说，调解不是处理这类案件的必经程序；二是调解达成协议并履行的，公安机关不再处罚。对调解未达成协议或者达成协议后不履行的，公安机关应当对违反治安管理行为人依法予以处罚；对违法行为造成的损害赔偿纠纷，应当告知当事人向人民法院提起民事诉讼。

在此案件的调解中，派出所民警通过翔实的调查取证，在调解时“有理有据”，为案件的调解奠定了夯实的基础；通过耐心的约谈，民警摸清了双方的心理底线和调理的症结所在，调解时“对症下药”，成为案件成功调解的关键；通过正确的调解方法，民警逐渐瓦解了双方的心理防线，终于使双方握手言和，并对××所的工作表示衷心的感谢和满意。

第十一章　涉案财物的管理和处理

第一百八十七条　【涉案财物的管理】对于依法扣押、扣留、查封、抽样取证、追缴、收缴的财物以及由公安机关负责保管的先行登记保存的财物，公安机关应当妥善保管，不得使用、挪用、调换或者损毁。造成损失的，应当承担赔偿责任。

涉案财物的保管费用由作出决定的公安机关承担。

【条文主旨】

本条是关于妥善保管涉案财物以及保管费用的承担的规定。

【最新修改提示】

本条对应修改前的第162条，内容未变化。

【理解与适用】

涉案财物的管理，是公安机关执法的重点环节，也是影响执法质量和警民关系的关键点。妥善保管涉案财物，对于保护公民、法人和其他组织的合法权益，保障办案工作顺利进行，提升公安执法公信力具有重大意义。

一、涉案财物的概念和范围

何为涉案财物，根据《公安机关涉案财物管理若干规定》第2条规定："本规定所称涉案财物，是指公安机关在办理刑事案件和行政案件过程中，依法采取查封、扣押、冻结、扣留、调取、先行登记保存、抽样取证、追缴、收缴等措施提取或者固定，以及从其他单位和个人接收的与案件有关的物品、文件和款项……”故本条规定的涉案财物，是指公安机关在办理行政案件过程中依法采取扣押、扣留、查封、抽样取证、追缴、收缴、先行登记保存等措施提取或者固定，以及从其他单位和个人接收的与案件有关的物品、文件和款项。

二、对涉案财物的管理

对于涉案财物，公安机关应当妥善保管，不得使用、挪用、调换或者损毁。根据《公安机关涉案财物管理若干规定》第28条规定，对于贪污、挪用、私分、调换、截留、坐支、损毁涉案财物，以及在涉案财物拍卖、变卖过程中弄虚作假、中饱私囊的有关领导和直接责任人员，应当依照有关规定追究责任；涉嫌犯罪的，移交司法机关依法处理。

造成损失的，应当承担赔偿责任。《公安机关涉案财物管理若干规定》第29条规定：“公安机关及其工作人员违反涉案财物管理规定，给当事人造成损失的，公安机关应当依法予以赔偿，并责令有故意或者重大过失的有关领导和直接责任人员承担部分或者全部赔偿费用。”

三、涉案财物的保管费用

涉案财物的保管费用由作出决定的公安机关承担。《行政强制法》第26条规定：“……因查封、扣押发生的保管费用由行政机关承担。”故作出决定的公安机关应承担涉案财物的保管费用。如因保管涉案车辆产生的停车费用不得要求当事人自行承担。

【执法风险提示】

1. 公安机关应当妥善保管涉案财物，避免因随意使用、挪用等造成当事人权益的损失，进而引发行政赔偿责任。

2. 涉案财物的保管费用由作出决定的公安机关承担。实践中，有些公安机关委托第三方管理涉案车辆，让当事人向第三方缴纳停车费，此种行为违反了《行政强制法》和本规定的要求，侵犯了当事人的财产权益，公安机关应严格遵守相关规定，杜绝此类行为的发生。

【相关规定】

《公安机关涉案财物管理若干规定》第2条，第28条，第29条；《行政强制法》第26条。

第一百八十八条　【涉案财物的管理主体和场所】 县级以上公安机关应当指定一个内设部门作为涉案财物管理部门，负责对涉案财物实行统一管理，并设立或者指定专门保管场所，对涉案财物进行集中保管。涉案财物集中保管的范围，由地方公安机关根据本地区实际情况确定。

对价值较低、易于保管，或者需要作为证据继续使用，以及需要先行返还被侵害人的涉案财物，可以由办案部门设置专门的场所进行保管。办案部门应当指定不承担办案工作的民警负责本部门涉案财物的接收、保管、移交等管理工作；严禁由办案人员自行保管涉案财物。

对查封的场所、设施、财物，可以委托第三人保管，第三人不得损毁或者擅自转移、处置。因第三人的原因造成的损失，公安机关先行赔付后，有权向第三人追偿。

【条文主旨】

本条是关于涉案财物保管主体和场所的规定。

【最新修改提示】

修订前（2012版）	修订后（2018版）
第一百六十三条　对涉案财物应当统一管理，有条件的公安机关办案部门应当指定不承担具体办案工作的民警负责本部门涉案财物的接收、保管、移交等管理工作。 公安机关可以建立专门的涉案财物保管场所、账户，并指定其内设部门负责对办案部门保管的涉案财物进行集中统一管理。 对查封的场所、设施、财物，可以委托第三人保管，第三人不得损毁或者擅自转移、处置。因第三人的原因造成的损失，公安机关先行赔付后，有权向第三人追偿。	**第一百八十八条　县级以上公安机关应当指定一个内设部门作为涉案财物管理部门，负责对涉案财物实行统一管理，并设立或者指定专门保管场所，对涉案财物进行集中保管。涉案财物集中保管的范围，由地方公安机关根据本地区实际情况确定。** **对价值较低、易于保管，或者需要作为证据继续使用，以及需要先行返还被侵害人的涉案财物，可以由办案部门设置专门的场所进行保管。办案部门应当指定不承担办案工作的民警负责本部门涉案财物的接收、保管、移交等管理工作；严禁由办案人员自行保管涉案财物。**

修订前（2012 版）	修订后（2018 版）
	对查封的场所、设施、财物，可以委托第三人保管，第三人不得损毁或者擅自转移、处置。因第三人的原因造成的损失，公安机关先行赔付后，有权向第三人追偿。

【理解与适用】

较 2013 年《程序规定》，2018 年《程序规定》将 2015 年修订的《公安机关涉案财物管理若干规定》的相关内容完善到了本条规定中。

一、县级以上公安机关对涉案财物的管理

县级以上公安机关应当指定一个内设部门作为涉案财物管理部门，并设立或者指定专门保管场所。

（一）县级以上公安机关应当指定一个内设部门作为涉案财物管理部门。本条规定明确了办案部门与保管部门相互制约的制度，按照办案与保管相分离的原则，要求县级以上公安机关指定一个部门负责对涉案财物实行统一管理，具体的部门可由公安机关根据本地实际确定。实践中，有些地方指定警务保障部门或者法制部门负责对涉案财物实行统一管理。

（二）对涉案财物实行集中统一保管。2013 年《程序规定》在对涉案财物集中保管方面，实行“公安机关可以建立专门的涉案财物保管场所……”2018 年修订后《程序规定》要求设立或者指定专门保管场所，目的是将集中保管普遍推行。但集中保管的财物具体范围还是由各地根据具体情况来确定，这样规定符合当前各地区经济发展情况和公安机关办案实际。

随着案件的日益增多，涉案财物的数量越来越多、价值越来越大、种类越来越多，公众对涉案财物管理的要求也越来越高。然而，实际办案中，有些大宗的物品、特别贵重的物品、需要特殊保管条件的物品等由于保管场所不符合条件、涉案财物长期露天堆放或整仓积压而导致损坏甚至丢失。建立专门的保管场所，配备专门的保管人员，不仅能够对涉案财物集中统一管理，还能保障涉案财物的安全，因为保管场所不仅要符合防火、防盗、防潮等基本安全要求，还要根据所保管财物的属性采取相应的保管措施，如危险化学品、易燃易爆物品应有专门安全措施等。

二、办案部门对涉案财物的管理

（一）办案部门保管涉案财物的范围。考虑到公安机关办案部门数量多、分布广，对涉案财物一律进行集中管理难度较大。对于价值较低、易于保管，或者需要作为证据继续使用，以及需要先行返还被侵害人的涉案财物，允许由办案部门设置专门的场所自行保管。

（二）保管人员。要求办案部门指定不承担办案工作的民警为涉案财物管理人员，严禁由办案人员自行保管涉案财物。如可以指定内勤或专职法制员负责涉案财物的接收、保管、移交等管理工作。较 2013 年《程序规定》中“有条件的公安机关办案部门应当指定不承担具体办案工作的民警负责本部门涉案财物的接收、保管、移交等管理工作”，此 2018 年修订后《程序规定》明确了办案人员与保管人员的相互监督制约的制度。

三、代管

考虑到执法办案中涉及的财物种类多、数量大，而公安机关自身的保管条件和能力有限，允许公安机关委托具有相应条件、资质或者管理能力的第三人，对危险物品、鲜活动植物、大宗大型物品等进行代管。如动物可以委托动物园保管，双方通过签订合同等形式约定权利和义务。如因第三人的原因造成的损失，公安机关应当先行赔付，再根据与第三人之间的民事法律关系，向第三人追偿。

【执法风险提示】

1. 专门保管场所的设立，既要配备相应的硬件设施，还要有相应的管理人员。实践中有些单位的涉案财物保管场所虽配有相应的硬件，但因距离管理部门较远，管理人员不能长期驻地管理，导致保管场所实际无法运转。因此，设立或者指定专门保管场所时应同时考虑管理方便等原则，避免场所的设立流于形式。

2. 办案人员不得自行保管涉案财物。实践中基层警力有限，为节省警力，有些单位习惯让兼职法制员，也系办案人员作为涉案财物管理人员，这样违反了办案与保管相分离的原则，不能实现互相制约，容易发生贪污、挪用涉案财物等问题。因此，办案单位必须严格遵守上述规定，避免发生违规使用、损毁涉案财物等现象。

3. 公安机关委托第三人保管涉案财物时，仍然要承担涉案财物管理义务。因为涉案财物管理权限并不因此发生转移，公安机关仍然承担着对涉案财物的管理职责。如因第三人的原因造成损失，公安机关应当先行向当事人赔付，避免因推诿引发当事人不满。

【相关规定】

《公安机关涉案财物管理若干规定》第 8 条；《行政强制法》第 26 条。

第一百八十九条　【建立电子台账】公安机关涉案财物管理部门和办案部门应当建立电子台账，对涉案财物逐一编号登记，载明案由、来源、保管状态、场所和去向。

【条文主旨】

本条是关于建立涉案财物电子台账的要求的规定。

【理解与适用】

信息化手段是深化涉案财物管理工作的重要支撑和保障。用电子台账代替手工台账，能够提高管理的效率和效果。

实践中，电子台账的建立方式多种多样。有些地方公安机关通过在执法办案信息系统中设置涉案物品管理模块的方式建立电子台账，有些则研发了与执法办案信息系统互联互通的涉案财物管理系统，通过这些信息化的手段，涉案财物管理部门和办案部门对涉案财物信息进行实时、全程录入和管理，载明案由、来源、保管状态、场所、去向，确保涉案财物来源去向明晰。其中，“案由”可以通过执法办案信息系统进行关联，避免重复录入；“来源”是指由何处采取何种措施得来，具体可以分成几个模块来填写，如持有人、入库原因等。入库原因包括收缴、扣押、查封等；“保管状态”包括财物的名称、编号、规格、数量、重量、质量、颜色、型号等情况；“场所”是指保管场所，有条件的地方可以具体到几号保管柜；“去向”是在财物出库时进行的登记，具体包括移送、发还、销毁、上缴国库等。

每一件涉案财物最好有一个固定的编号，便于规范管理。具体操作中，可以由涉案财物管理人员进行人工编号，具体可参考文书编号的方式，如×公泉财字〔2019〕××号，也可以是利用信息化手段自动编号，例如，当管理人员录入涉案财物信息时，系统自动生成条形码、二维码或者电子标签作为涉案物品的唯一标识，管理人员、办案人员还可以运用扫码技术便捷地查询涉案财物基本情况以及保管人、办案人、所涉案件等信息，既提高了工作效率，也强化了对民警的刚性约束。

【执法风险提示】

公安机关应当如实登记电子台账，确保涉案财物的实际状态与台账一致。实践中，有的涉案物品在台账中显示已发还或销毁，但实际仍存放于证物室；有的台账中登记的保管场所与实际存放地不一致等情况时有发生，故涉案财物管理人员应当严格履职，逐案逐物登记核查，及时更新财物状态，做到底数清、情况明。

【相关规定】

《公安机关涉案财物管理若干规定》第 10 条。

第一百九十条　【涉案财物的移交与调用】办案人民警察应当在依法提取涉案财物后的二十四小时内将财物移交涉案财物管理人员，并办理移交手续。对查封、冻结、先行登记保存的涉案财物，应当在采取措施后的二十四小时内，将法律文书复印件及涉案财物的情况送交涉案财物管理人员予以登记。

在异地或者在偏远、交通不便地区提取涉案财物的，办案人民警察应当在返回单位后的二十四小时内移交。

对情况紧急，需要在提取涉案财物后的二十四小时内进行鉴定、辨认、检验、检查等工作的，经办案部门负责人批准，可以在完成上述工作后的二十四小时内移交。

在提取涉案财物后的二十四小时内已将涉案财物处理完毕的，不再移交，但应当将处理涉案财物的相关手续附卷保存。

因询问、鉴定、辨认、检验、检查等办案需要，经办案部门负责人批准，办案人民警察可以调用涉案财物，并及时归还。

【条文主旨】

本条是关于涉案财物移交和调用程序的规定。

【最新修改提示】

修订前（2012 版）	修订后（2018 版）
第一百六十五条　办案人民警察应当在依法提取涉案财物后的二十四小时内将财物移交涉案财物管理人员，并办理移交手续。对查封、先行登记保存的涉案财物，应当在采取措施后的二十四小时内，将法律文书复印件及涉案财物的情况送交涉案财物管理人员予以登记。 在异地或者在偏远、交通不便地区提取涉案财物的，办案人民警察应当在返回单位后的二十四小时内移交。 对情况紧急，需要在提取涉案财物后的二十四小时内进行鉴定、辨认的，经办案部门负责人批准，可以在完成鉴定、辨认后的二十四小时内移交。 在提取涉案财物后的二十四小时内已将涉案财物处理完毕的，不再移交。 因询问、鉴定、辨认、检验等办案需要，经办案部门负责人批准，办案人民警察可以调用涉案财物，并及时归还。	**第一百九十条**　办案人民警察应当在依法提取涉案财物后的二十四小时内将财物移交涉案财物管理人员，并办理移交手续。对查封、**冻结**、先行登记保存的涉案财物，应当在采取措施后的二十四小时内，将法律文书复印件及涉案财物的情况送交涉案财物管理人员予以登记。 在异地或者在偏远、交通不便地区提取涉案财物的，办案人民警察应当在返回单位后的二十四小时内移交。 对情况紧急，需要在提取涉案财物后的二十四小时内进行鉴定、辨认、**检验、检查等工作的**，经办案部门负责人批准，可以在完成**上述工作后**的二十四小时内移交。 在提取涉案财物后的二十四小时内已将涉案财物处理完毕的，不再移交，**但应当将处理涉案财物的相关手续附卷保存**。 因询问、鉴定、辨认、检验、**检查**等办案需要，经办案部门负责人批准，办案人民警察可以调用涉案财物，并及时归还。

【理解与适用】

一、涉案财物的移交

要求涉案财物及时移交，是为了更好地贯彻办案与保管相分离的原则，也是对涉案财物进行科学有序管理的重要措施，能够有效防止涉案财物出现损坏、丢失等问题。公安机关在保证涉案财物安全的同时，还需要保障民警的鉴定、辨认、检验、检查等办案需要。较 2013 年《程序规定》，该条 2018 年新修订的内容与 2015 年修订的《公安机关涉案财物管理若干规定》中相关内容保持了一致。

（一）办案人员依法提取涉案财物后，原则上应当在二十四小时内将实物移交涉案财物管理人员，并办理移交手续。

（二）对查封、冻结、先行登记保存的涉案财物的移交。有些实物并不在公安机关保管，如查封、冻结、先行登记保存的涉案财物，此时应当在采取措施后的二十四小时内，将法律文书复印件及涉案财物的情况送交涉案财物管理人员予以登记。

（三）返回单位后的二十四小时内移交。当办案民警在异地或者在偏远、交通不便地区提取涉案财物时，返回办案单位一般需要较长时间，二十四小时内无法办理移交手续，此时办案民警应当将提取的涉案财物在返回单位后的二十四小时内移交。

（四）完成特定工作后的二十四小时内移交。有些紧急情况下，比如涉案财物不及时鉴定、辨认等会腐烂变质甚至灭失；有些适用快速办理的案件办案时间较短，涉案财物需要及时鉴定、辨认、检验、检查等，经办案部门负责人批准，可以在完成上述工作后的二十四小时内移交。

（五）无需移交的情形。有些涉案财物在提取后的二十四小时内已经处理完毕，如已经发还被害人等，则无需再移交，但应当将处理涉案财物的相关手续附卷保存。如被害人已登记领取的证据保全清单应当附卷保存。

二、涉案财物的调用

因询问、鉴定、辨认、检验、检查等办案需要而调用涉案财物的，必须履行相应的审批手续，且应当及时归还。《公安机关涉案财物管理若干规定》第 15 条规定："……涉案财物管理人员应当详细登记调用人、审批人、时间、事由、期限、调用的涉案财物状况等事项。"第 16 条规定，调用人应当妥善保管和使用涉案财物。调用人归还涉案财物时，涉案财物管理人员应当进行检查、核对。对于有损毁、短少、调换、灭失等情况的，涉案财物管理人员应当如实记录，并报告调用人所属部门负责人和涉案财物管理部门负责人。因鉴定取样等事由导致涉案财物出现合理损耗的，不需要报告，但调用人应当向涉案财物管理人员提供相应证明材料和书面说明。调用人未按照登记的调用时间归还涉案财物的，涉案财物管理人员应当报告调用人所属部门负责人；有关负责人应当责令调用人立即归还涉案财物。确需继续调用涉案财物的，调用人应当按照原批准程序办理延期手续，并交由涉案财物管理人员留存。

【执法风险提示】

1. 实践中，一名办案人民警察往往同时承担接处警、调查取证、审查讯询问等多项工作，故可能会存在提取涉案财物后又忙于其他工作忘记或者没有及时交给涉案财物管理人员的情况，为避免出现上述情况，一方面办案人员要牢固树立涉案财物及时移交的意识，另一方面涉案财物管理人员也可以通过执法办案信息系统或涉案财物管理系统查看办案民警提取、查封、冻结及先行登记保存的涉案财物，设置期限预警，及时提醒办案人员办理移交手续。

2. 调用涉案财物时，调用期限有时不能确定，办案人员如不能按时归还，应及时办理延期手续。

【相关规定】

《公安机关涉案财物管理若干规定》第 12 条、第 13 条、第 15 条、第 16 条。

第一百九十一条 【特殊涉案财物的保管】对容易腐烂变质及其他不易保管的物品、危险物品，经公安机关负责人批准，在拍照或者录像后依法变卖或者拍卖，变卖或者拍卖的价款暂予保存，待结案后按有关规定处理。

对易燃、易爆、毒害性、放射性等危险物品应当存放在符合危险物品存放条件的专门场所。

对属于被侵害人或者善意第三人合法占有的财物，应当在登记、拍照或者录像、估价后及时返还，并在案卷中注明返还的理由，将原物照片、清单和领取手续存卷备查。

对不宜入卷的物证，应当拍照入卷，原物在结案后按照有关规定处理。

【条文主旨】

本条是关于特殊涉案财物的保管要求和处理的规定。

【最新修改提示】

本条对应修改前的第 166 条，内容未变化。

【理解与适用】

一、对不易保管的物品、危险物品的处理

有些涉案财物易腐烂变质，如蔬菜、水果、海鲜等，在办案过程中很可能出现价值损失。还有其他一些不易保管的物品、危险物品，公安机关可能不具备保管条件。在此情形下，经公安机关负责人批准，可以在拍照或者录像后对上述财产进行变现，既变卖或者拍卖，变卖或者拍卖的价款暂由公安机关保存，待结案后按有关规定处理，以防止和减少涉案财物的价值损失。

二、危险物品的保管

易燃、易爆、毒害性、放射性等危险物品需要特殊的保管条件，有条件的公安机关在设立或者指定专门的涉案财物保管场所时，可以设置专门的危险物品存放区域。没有条件的，可以委托具有专门存放条件的第三人代为保管。

三、对属于被侵害人或者善意第三人合法占有的财物的处理

属于被侵害人或者善意第三人合法占有的财物，应当及时返还。本条规定的是合法占有，也就意味着，财物的所有权是否属于被侵害人或者善意第三人不影响公安机关的返还。但返还前应当登记、拍照或者录像、估价，返还时应当在案卷中注明返还的理由，且原物照片、清单和领取手续需要存卷备查。通过这些留痕的方式，可使财物被返还后也能及时追根溯源，了解财物的情况。

四、对不宜入卷的物证的处理

有些不宜入卷的物证，如实施伤害行为的工具等，应当拍照入卷，原物在结案后按照有关规定处理。

【执法风险提示】

1. 对容易腐烂变质及其他不易保管的物品、危险物品，公安机关在拍照或者录像后有权依法变卖或者拍卖，但应当经公安机关负责人批准。

2. 易燃、易爆、毒害性、放射性等危险物品一旦保管不善，极有可能造成严重后果，涉案财物管理人员及办案人员应加强安全意识，遇到此类物品时应及时存放于符合条件的专门场所。

【相关规定】

《公安机关涉案财物管理若干规定》第 11 条、第 21 条。

第一百九十二条　【涉案财物先行返还】 有关违法行为查证属实后，对有证据证明权属明确且无争议的被侵害人合法财物及其孳息，凡返还不损害其他被侵害人或者利害关系人的利益，不影响案件正常办理的，应当在登记、拍照或者录像和估价后，及时发还被侵害人。办案人民警察应当在案卷材料中注明返还的理由，并将原物照片、清单和被侵害人的领取手续附卷。

【条文主旨】

本条是关于涉案财物先行返还的规定。

【最新修改提示】

本条为 2018 年《公安部关于修改〈公安机关办理行政案件程序规定〉的决定》新增条款。

【理解与适用】

公安机关在办案过程中，对于属于被侵害人的合法财物及时予以返还，不仅有利于保障人民群众的合法权益，也有利于提高人民群众对公安工作的满意度。但先行返还应当遵循具体的程序。

先行返还应当满足以下条件：（1）有关违法行为查证属实后。（2）涉案财物应当是有证据证明权属明确且无争议的被侵害人合法财物及其孳息。（3）返还财物不损害其他被侵害人或者利害关系人的利益，不影响案件正常办理。（4）发还被侵害人之前，应当登记、拍照或者录像和估价。

除此之外，办案人员还应当在案卷材料中注明返还的理由，并将原物照片、清单和被侵害人的领取手续附卷。

【执法风险提示】

1. 有些涉案财物虽权属明确，但其他利害关系人对此涉案财物有争议，公安机关不能先行返还，以防止侵犯其他利害关系人的合法权益。

2. 有些被侵害人的合法财产需要用于鉴定、辨认等办案工作，为保证案件正常办理，公安机关不宜适用先行返还。

【相关规定】

《公安机关涉案财物管理若干规定》第19条。

第一百九十三条　【涉案财物一并处理】在作出行政处理决定时，应当对涉案财物一并作出处理。

【条文主旨】

本条是关于作出行政处理决定时一并处理涉案财物的规定。

【最新修改提示】

本条对应修改前的第167条，内容未变化。

【理解与适用】

行政处理决定，是指行政处罚决定、不予行政处罚决定、终止案件调查 、行政强制措施决定等，公安机关作出行政处理决定时，应当对涉案财物一并作出处理。涉案财物处理是行政案件办理的重要组成部分，如公安机关办理的非法种植毒品原植物案、非法携带管制刀具案，对违法行为人作出行政处理决定时，应当对扣押的毒品原植物、管制刀具一并作出处理，如不及时处理，既影响到公共利益，又给公安机关管理涉案财物带来不便。

涉案财物管理人员应关注行政案件办理状态，一旦案件有处理决定，而办案人员未对涉案财物作出处理的，及时通知办案人员。有条件的地方可以在执法办案信息系统中设置预警，例如带有涉案财物的行政案件出现行政处罚决定、不予行政处罚决定、终止案件调查等处理，同时向办案人员和涉案财物管理人员发送预警信息，提醒办案人员及时处理涉案财物。

【执法风险提示】

行政处理决定，不仅包括行政处罚决定，还包括不予行政处罚决定、终止案件调查等处理，公安机关对于作出行政处罚的案件一般都能及时处理涉案财物，而对于其他行政处理决定可能会忽视涉案财物的处理。因此办案人员、涉案财物管理人员等应当予以注意。

第一百九十四条　【收缴、追缴、没收】 对在办理行政案件中查获的下列物品应当依法收缴：

（一）毒品、淫秽物品等违禁品；

（二）赌具和赌资；

（三）吸食、注射毒品的用具；

（四）伪造、变造的公文、证件、证明文件、票证、印章等；

（五）倒卖的车船票、文艺演出票、体育比赛入场券等有价票证；

（六）主要用于实施违法行为的本人所有的工具以及直接用于实施毒品违法行为的资金；

（七）法律、法规规定可以收缴的其他非法财物。

前款第六项所列的工具，除非有证据表明属于他人合法所有，可以直接认定为违法行为人本人所有。对明显无价值的，可以不作出收缴决定，但应当在证据保全文书中注明处理情况。

违法所得应当依法予以追缴或者没收。

多名违法行为人共同实施违法行为，违法所得或者非法财物无法分清所有人的，作为共同违法所得或者非法财物予以处理。

【条文主旨】

本条是关于涉案财物收缴、追缴及没收范围的规定。

【最新修改提示】

修订前（2012 版）	修订后（2018 版）
第一百六十八条　对在办理行政案件中查获的下列物品应当依法收缴： （一）毒品、淫秽物品等违禁品； （二）赌具和赌资； （三）吸食、注射毒品的用具； （四）伪造、变造的公文、证件、证明文件、票证、印章等； （五）倒卖的车船票、文艺演出票、体育比赛入场券等有价票证； （六）主要用于实施违法行为的本人所有的工具以及直接用于实施毒品违法行为的资金； （七）法律、法规规定可以收缴的其他非法财物。 前款第六项所列的工具，除非有证据表明属于他人合法所有，可以直接认定为违法行为人本人所有。 违法所得应当依法予以追缴或者没收。 多名违法行为人共同实施违法行为，违法所得或者非法财物无法分清所有人的，作为共同违法所得或者非法财物予以处理。	**第一百九十四条**　对在办理行政案件中查获的下列物品应当依法收缴： （一）毒品、淫秽物品等违禁品； （二）赌具和赌资； （三）吸食、注射毒品的用具； （四）伪造、变造的公文、证件、证明文件、票证、印章等； （五）倒卖的车船票、文艺演出票、体育比赛入场券等有价票证； （六）主要用于实施违法行为的本人所有的工具以及直接用于实施毒品违法行为的资金； （七）法律、法规规定可以收缴的其他非法财物。 前款第六项所列的工具，除非有证据表明属于他人合法所有，可以直接认定为违法行为人本人所有。**对明显无价值的，可以不作出收缴决定，但应当在证据保全文书中注明处理情况。** 违法所得应当依法予以追缴或者没收。 多名违法行为人共同实施违法行为，违法所得或者非法财物无法分清所有人的，作为共同违法所得或者非法财物予以处理。

【理解与适用】

2018 年修订后的《程序规定》增加了“对明显无价值的，可以不作出收缴决定，但应当在证据保全文书中注明处理情况”的规定，实际上也是为基层减负增效。

一、收缴

《治安管理处罚法》第 11 条规定："办理治安案件所查获的毒品、淫秽物品等违禁品，赌具、赌资，吸食、注射毒品的用具以及直接用于实施违反治安管理行为的本人所有的工具，应当收缴，按照规定处理。违反治安管理所得的财物，追缴退还被侵害人；没有被侵害人的，登记造册，公开拍卖或者按照国家有关规定处理，所得款项上缴国库。"

收缴，是指公安机关将违法行为人实施违法行为的非法财物依法予以收回并上缴的行政强制措施。收缴、追缴与查封、扣押等行政强制措施不同，它们不是仅限制对象物的使用权，而是剥夺其所有权，它们所追求的目的就是对他人所持违法所得、作案工具、非法财物的所有权的剥夺。

应收缴的物品包括：

1. 毒品、淫秽物品等违禁品。我国法律中没有对违禁品进行定义。根据 2008 年公安部、商务部等七部门《关于进一步加强违禁品网上非法交易活动整治工作的通知》的规定，在我国违禁品主要是指国家规定限制或禁止生产、购买、运输、持有的枪支弹药、爆炸物品、剧毒化学品、窃听窃照专用器材、毒品、迷药、管制刀具等物品。理论上认为违禁品还包括伪造的货币、赃款赃物、淫秽物品等。①

2. 赌具和赌资。赌具是指实施赌博行为所使用的麻将、扑克牌、牌九等赌博工具。《公安部关于办理赌博违法案件适用法律若干问题》（公通字〔2005〕30 号）第 5 条规定，赌博活动中用作赌注的款物、换取筹码的款物和通过赌博赢取的款物属于赌资。在利用计算机网络进行的赌博活动中，分赌场、下级庄家或者赌博参与者在组织或者参与赌博前向赌博组织者、上级庄家或者赌博公司交付的押金，应当视为赌资。

3. 吸食、注射毒品的用具。如用于吸毒的吸管、针管、锡纸、塑料瓶、注射器等。

4. 伪造、变造的公文、证件、证明文件、票证、印章等。《道路交通安全法》第 96 条规定："伪造、变造或者使用伪造、变造的机动车登记证书、号牌、行驶证、驾驶证的，由公安机关交通管理部门予以收缴……"《居民身份证法》第 17 条规定："……伪造、变造的居民身份证和骗领的居民身份证，由公安机关予以收缴。"公文、证件、证明文件、票证、印章等的制作和使用需要遵循相关的要求，伪造或者变造将妨害社会管理，故应当依法予以收缴。

---

① 方海涛：《盗窃违禁品入罪条件的认定》，载《广西警察学院学报》2017 年第 3 期。

5. 倒卖的车船票、文艺演出票、体育比赛入场券等有价票证。倒卖，是指购买车船票、文艺演出票、体育比赛入场券等有价票证后加价卖出或者为了卖出而购买车船票等有价票证。有价票证是指代表一定数额现金的证明票据。虽然这些有价票证是真实有效且有价值的，但为了维护社会管理秩序，仍然要对此依法收缴。

6. 主要用于实施违法行为的本人所有的工具以及直接用于实施毒品违法行为的资金。收缴的工具要求：主要用于实施违法行为，如果该工具一直用于违法行为人的生产、生活，偶尔一次用于实施了违法行为则不属于本条规定的“主要用于实施违法行为”。例如，违法行为人用日常使用的手机实施了一次偷拍他人隐私的行为，手机虽然是实施违法行为的本人所有的工具，但并不是主要用于实施违法行为，不应当收缴。对于“本人所有的工具”，除非有证据表明属于他人合法所有，可以直接认定为违法行为人本人所有。这就意味着，公安机关不需要证明该工具属于违法行为人所有，而需要当事人举证证明实施违法行为的工具属于他人合法所有。直接用于实施毒品违法行为的资金，比如直接用于购买吸食毒品的资金等也应当收缴。

7. 法律、法规规定可以收缴的其他非法财物。这些财物可能原本属于违法行为人的合法财产，因违法行为而转化为非法财产。这是一个兜底性条款，是指上述列举的六项财物以外的法律法规规定可以收缴的其他非法财物。

对明显无价值的工具，可以不作出收缴决定，如盗窃时开门锁用的塑料卡片，散发的传单等，但应当在证据保全文书中注明处理情况。

二、追缴与没收

违法所得应当依法予以追缴或者没收。违法所得是指行为人通过违法手段获取的具有经济价值的物质实体，如赃款、赃物和其他非法利益等。违法所得是行为人实施违法行为所要获取的目的所在。违法所得应当依法予以追缴或者没收。如违法行为人所盗财物或者销赃后的违法所得均应当予以追缴。根据《行政处罚法》第 8 条之规定，没收违法所得属于行政处罚的一种。例如公安机关依据《网络安全法》第 63 条，没收违法行为人违法所得时，应当适用行政处罚的程序。另外，本规定第 172 条规定：“……确有违法行为，但有依法不予行政处罚情形的，作出不予行政处罚决定；有违法所得和非法财物、违禁品、管制器具的，应当予以追缴或者收缴……”故对于依法不予行政处罚的违法行为人的违法所得，也应当予以追缴。

实践中，有时会出现多名违法行为人共同实施违法行为，而对于违法所得或者非法财物无法区分谁是所有人，此时，应当作为共同违法所得或者非法财物予以处理。

【执法风险提示】

1. 实践中，有些民警不注意区分收缴与追缴，导致适用错误。根据本条规定，对于办理行政案件中查获的非法财物应当适用收缴，对于违法所得应当适用追缴或者没收。公安机关在办理行政案件过程中，对于涉案财物应当注意识别哪些是非法财物，哪些是违法所得。

2. 收缴、追缴与没收容易混用。如根据《人民币管理条例》第 32 条规定："中国人民银行、公安机关发现伪造、变造的人民币，应当予以没收……" 有些民警会将假币收缴。收缴、追缴适用于违反治安管理的行为或者法律有特别规定的行为；没收是一种行政处罚，除违反治安管理的行为或者法律有特别规定的行为外的其他公安行政违法行为，对违法所得和非法财物适用没收。

【相关规定】

《治安管理处罚法》第 11 条；《公安部关于办理赌博违法案件适用法律若干问题》第 5 条；《行政处罚法》第 8 条。

第一百九十五条　【收缴、追缴权限】收缴由县级以上公安机关决定。但是，违禁品，管制器具，吸食、注射毒品的用具以及非法财物价值在五百元以下且当事人对财物价值无异议的，公安派出所可以收缴。

追缴由县级以上公安机关决定。但是，追缴的财物应当退还被侵害人的，公安派出所可以追缴。

【条文主旨】

本条是关于收缴和追缴的权限的规定。

【最新修改提示】

本条对应修改前的第 169 条，内容未变化。

【理解与适用】

一、收缴、追缴原则上由县级以上公安机关决定

收缴、追缴是一种处分性行为，它们与查封、扣押等限权性行为不同，收缴、追缴不是仅限制对象物的使用权，而是剥夺其所有权，故对当事人的权益影响较大，一旦适用不当，将有损公安执法形象。因此本条规定收缴、追缴由县级以上公安机关决定，从程序上设置了较高的审批权限，尽可能避免出现适用错误等执法不规范情况。

二、公安派出所的收缴、追缴权限

为了提高办案效率，及时处置涉案财物，本条也赋予了公安派出所一定的收缴和追缴权限。

派出所可以收缴的非法财物包括：（1）违禁品；（2）管制器具；（3）吸食、注射毒品的用具；（4）非法财物价值在五百元以下且当事人对财物价值无异议的。

另外，派出所可以追缴的违法所得仅限于追缴后应当退还被侵害人的。

【执法风险提示】

对于非法价值在五百元以下的财物，如果不是违禁品，管制器具，吸食、注射毒品的用具，则需要核实当事人是否对财物价值有异议。只有在当事人无异议的情况下，才可以由公安派出所收缴，否则仍应当由县级以上公安机关决定。

第一百九十六条　【对收缴、追缴财物的处理】对收缴和追缴的财物，经原决定机关负责人批准，按照下列规定分别处理：

（一）属于被侵害人或者善意第三人的合法财物，应当及时返还；

（二）没有被侵害人的，登记造册，按照规定上缴国库或者依法变卖、拍卖后，将所得款项上缴国库；

（三）违禁品、没有价值的物品，或者价值轻微，无法变卖、拍卖的物品，统一登记造册后销毁；

（四）对无法变卖或者拍卖的危险物品，由县级以上公安机关主管部门组织销毁或者交有关厂家回收。

【条文主旨】

本条是关于对收缴和追缴的财物的处理的规定。

【最新修改提示】

本条对应修改前的第 170 条，内容未变化。

【理解与适用】

对收缴和追缴的财物，必须经原决定机关负责人批准后才能处理。若原决定机关是县级以上公安机关，则对收缴和追缴财物的处理应当经原县级以上公安机关负责人批准后处理。若原决定机关是公安派出所，则对收缴和追缴财物的处理应当经原公安派出所负责人批准后处理。处理还必须遵循以下规定：

1. 属于被侵害人或者善意第三人的合法财物，应当及时返还。如办案民警依据本规定第 107 条第 2 款扣押的用于鉴定的被侵害人或者善意第三人合法占有的财物，鉴定结束后应当及时返还。

2. 没有被侵害人的，登记造册，按照规定上缴国库或者依法变卖、拍卖后，将所得款项上缴国库。如倒卖车票、船票、航空客票的违法行为妨害了社会管理秩序，没有被侵害人，追缴的违法所得应当登记造册，按照规定上缴国库。

3. 违禁品、没有价值的物品，或者价值轻微，无法变卖、拍卖的物品，统一登记造册后销毁。“没有价值的物品”如倒卖的车船票、文艺演出票等。“价值轻微，无法变卖、拍卖的物品”如收缴的扑克牌等赌具，应当统一登记造册后销毁。实践中，毒品、淫秽物品等违禁品一般交由专门机关处理。

4. 对无法变卖或者拍卖的危险物品，由县级以上公安机关主管部门组织销毁或者交有关厂家回收。如对于硫酸等危险物品则可以交有关厂家回收。

【执法风险提示】

收缴和追缴并不是最终的处理结果。实践中，有些办案单位将涉案财物收缴或者追缴后，便不再进行后续处理，导致有些涉案财物，如赌博机、管制刀具、危险品等长时间存放于某证物室或涉案财物管理中心。对此，公安机关应当畅通涉案财物处置出口，避免长期堆积造成管理不便。

【相关规定】

《行政处罚法》第 53 条；《公安机关办理行政案件程序规定》第 107 条。

第一百九十七条　【退还涉案财物】对应当退还原主或者当事人的财物，通知原主或者当事人在六个月内来领取；原主不明确的，应当采取公告方式告知原主认领。在通知原主、当事人或者公告后六个月内，无人认领的，按无主财物处理，登记后上缴国库，或者依法变卖或者拍卖后，将所得款项上缴国库。遇有特殊情况的，可酌情延期处理，延长期限最长不超过三个月。

【条文主旨】

本条是关于退还财物期限和方式的规定。

【最新修改提示】

本条对应修改前的第 171 条，内容未变化。

【理解与适用】

公安机关在办案过程中，对于应当退还原主或者当事人的财物基本上都能做到及时通知领取，但有些原主或当事人却迟迟不来领取。还有些因案件原主不明确而无法通知领取，此类问题均可以引用本法条予以解决。

1. 对于能够通知到的原主或当事人，应当告知其在六个月内领取。原主或当事人自通知之日起六个月内没有来认领的，按照无主财物处理。

如此规定便于公安机关及时处置涉案财物，防止一些物品长期堆积占用空间。

2. 原主不明确的或者无法联系的原主，应当采取公告方式告知认领。公告期限为六个月，六个月内无人认领的，也是按无主财物处理。

一旦被视为无主财物，应当登记后上缴国库，或者依法变卖或者拍卖后，将所得款项上缴国库。

3. 遇有特殊情况，如当事人因意志以外的原因无法在六个月内领取，可酌情延期处理，但延长期限最长不超过三个月。

【执法风险提示】

1. 虽然本条规定对于长时间无人领取的财物已经作出了明确的处理措施，但在实践中一些公安机关担心处理后出现财物的原主或当事人又来认领的情况，故没有遵照本法条执行。对此，公安机关应该摒弃此类思想，严格执法，若出现原主、当事人认领的财物已上缴国库的，应当做好解释工作，向原主、当事人普及法律。

2. 公安机关通知原主、当事人或者发布公告时，应当做好时间记录，设置6个月的时间提醒，避免发出通知或公告6个月后仍长时间不作下步处理。

案例分析

涉案财物追缴的行为性质的判断及其适用

——谢某某不服××市公安局治安行政处罚及行政赔偿案①

△基本案情

一审法院认定，2011年5月开始，原告谢某某与周某某二人共同经营位于××市的某休闲城。该休闲城主要经营项目为洗脚、按摩、推油、盐

① 参见（2016）湘31行终91号行政判决书。

浴（洗澡），其中推油、盐浴项目包含为他人提供手淫服务。收入由谢某某、周某某与提供手淫服务的妇女平分。2013年9月18日，被告××市公安局以上诉人谢某某和周某某二人涉嫌容留、介绍妇女卖淫为由进行刑事立案侦查。该案经被告侦查终结后移送××市人民检察院审查起诉。经审查后，××市人民检察院于2015年5月13日作出“×检公诉刑不诉（2015）4号《不起诉决定书》”，认为谢某某虽然实施了容留、介绍妇女为他人提供手淫服务的行为，但是，容留、介绍妇女为他人提供手淫服务的行为不属于刑法明文规定的犯罪行为，决定对谢某某不起诉。并建议被告对谢某某及周某某依法作出相应的行政处罚，同时对扣押的25万元依法处理。2015年7月29日，被上诉人作出××决字〔2015〕第1191号《公安行政处罚决定》认定“2011年5月至2013年9月18日，周某某、谢某某合伙在××市××路开始经营××休闲城，容留多名妇女在该休闲城内为客人提供手淫服务的卖淫行为，每次收费一百三十元，其从中抽取百分之五十的提成，共获利250000元”对上诉人拘留15日不予执行。同日，被告作出××缴字〔2015〕0392号追缴物品清单，对原告谢某某违法治安管理所得的174200元予以追缴。原告不服，向一审法院提起行政诉讼。另查明。被告于2016年1月27日作出××补决〔2016〕02号补正决定书，对××缴字〔2015〕0392号追缴物品清单适用法律条款作出补正。

上诉人谢某某不服一审判决上诉称：一、性交必须以性器官相接触为必要的前提条件。上诉人经营的××休闲城的服务员为客人提供洗盐浴的服务，并没有与客人发生性交的行为存在，不构成容留他人卖淫行为。二、被上诉人引用《治安管理处罚法》第11条第1款作为××缴字〔2015〕0392号追缴物品清单追缴上诉人谢某某个人的174200元的法律依据确有错误。按照行政诉讼法的相关规定，被上诉人于上诉人起诉后擅自将其原已引用该法条的第1款变更为第2款的行为，更不能作为认定其行政行为合法的法定依据，而只能证明被上诉人已承认了自己适用法律的错误。三、原审判决无视被上诉人在没有证据认定追缴上诉人缴纳的174200元属于违法所得，在缺乏相应的证据证明的情况下草率认定被诉行政行为合法，确系认定事实错误，理应依法予以撤销。1. 被上诉人据以认定上诉人与周某某共同违法所得的证据只有上诉人与周某某在已被撤销的刑事案件中的所谓的“讯问笔录”和未经鉴定机构依法进行会计审计、鉴定的所谓账本。如前所述，上诉人被被上诉人采取刑事强制措施后，由于人身自由受到限制、在意思表示不自由及因被上诉人的工作人员告知交钱后可被释放和可继续开业经营等条件下，并按照经过双方多次协商确定的数额，根本不能作为认定上诉人获得违法所得174200元的有效证据，且上诉人原审中已当庭表示其与周某某根本没有获得25万元的违法所得。被上诉人将未经专业的鉴定机构依法进行会计审计、鉴定的所谓账本作为追缴依据，更是不能让人信服，据此得出的违法所得根本不具有准确性和严谨性可言。2. 被上诉人据以追缴上诉人单方缴纳的174200元的逻辑存在严重的错误，被上诉人一方面认定上诉人与周某某共同的违法所得有25万元，另一方面又仅追缴上诉人与周某某共同的违法所得75800元，同时又另行追缴上诉人谢某某个人缴纳的174200元。不知道被上诉人根据什么证明了上诉人谢某某比上诉人周某某多分得20多万元的所谓违法所得。四、原审判决无视被上诉人未在规定的时限内作出具体行政行为，程序违法的实际情况，判决认定其行政行为合法确有错误。《治安管理处罚法》第22条规定：违反治安管理行为在6个月内没有被公安机关发现的，不再处罚。前款规定的期限，从违反治安管理行为发生之日起计算；违反治安管理行为有连续或者继续状态的，从行为终了之日起计算。根据前述规定，如假设上诉人确实存在违法行为，被上诉人也应于违反治安管理行为发生之日起计算6个月内发现并处罚，如在前述期限内被上诉人未立案也未处罚的理应视同未发现，将不能再处罚。五、原审判决认定被上诉人以××缴字〔2015〕0392号追缴物品清单追缴上诉人个人交纳的174200元违法所得，不是行政处罚确有错误，理应依法予以撤销。在本案中既然特别法没有规定，而一般法已将没收违法所得、没收非法财物作为行政处罚的种类的情况下，被上诉人至今为止仍认为其作出的××缴字〔2015〕0392号追缴物品清单追缴上诉人个人交纳的174200元的行为是行政强制措施，不是行政处罚的认识严重违背了《治安管理处罚法》第3条的规定，确系适用的法律文书错误的重复处罚。六、被上诉人对上诉人作出前述处理和追缴的程序严重违法，理应撤销，原审判决对此确认合法确有错误。1. 既然被上诉人立案侦办的刑事案件，已被××市检察院以绝对不起诉的决定全盘否定。按照《刑事诉讼法》的规定任何未经法庭质证的证据均不能作为认定他人违法犯罪的证据，可见被上诉人先前所取得的证据材料均未被按照法定程序予以认定，依法不能作为证据使用。本案中，被上诉人在行政处罚的处理过程中未经询问当事人，未经按照行政处罚的程序调查取证，简单引用刑事案件侦办过程中通过刑事强制措施取得的证据（刑事案件已被撤销，取得的证据应当认定为不具有证明效力）作为处罚依据程序违法。2. 被上诉人在上诉人本人亲自到其法定工作场所的情况下，未采取直接送达或留置送达等直接的送达方式送达，而以邮寄送达的方式送达不能排除未尽告知义务的合理怀疑，处罚程序违法理应依法撤销。原审判决对此不置可否确有不妥。3. 原审法院超期审判程序违法，理应依法纠正。

请求：一、撤销（2016）湘 3101 行初 4 号行政判决书，改判支持上诉人原审的全部诉讼请求；二、本案一、二审全部诉讼费及其他全部相关费用由被上诉人承担。

△核心问题

涉案财物追缴的行为性质的判断及其适用。

△法律评析

本案的争议焦点为：1. 行政处罚的事实依据是否充分，即上诉人的行为是否构成容留他人卖淫。2. 刑事案件办理过程中所收集的证据能否作为行政案件证据使用。3. 追缴上诉人违法所得是行政强制还是行政处罚。4. 行政处罚适用法律是否正确。现分别分析如下：

一、追缴上诉人违法所得是行政强制还是行政处罚

追缴违法所得应当认定为行政强制措施而非行政处罚。理由如下：

1. 本案的追缴行为符合《行政强制法》对行政强制措施的定义。《治安管理处罚法》第 11 条第 2 款规定，违反治安管理所得的财物，追缴退还被侵害人；没有被侵害人的，登记造册，公开拍卖或者按照国家有关规定处理，所得款项上缴国库。根据该规定，追缴不发生财物所有权的转移，系对财物进行暂时性控制。根据行政强制法，行政强制措施是指行政机关在行政管理过程中，为制止违法行为，防止证据损毁、避免危害发生、控制危险扩大等情形，依法对公民的人身自由实施暂时性限制，或者对公民、法人或者其他组织的财物实施暂时性控制的行为。本案被诉追缴行为符合行政强制措施的特点。

2. 追缴不是法定的处罚种类。在《行政处罚法》规定的警告、罚款、没收违法所得、没收非法财物、责令停产停业、暂扣或者吊销许可证、暂扣或者吊销执照、行政拘留，法律、行政法规规定的其他行政处罚中，没有追缴这一处罚种类。治安管理处罚法规定的治安管理处罚种类中亦没有设定追缴的这一处罚种类。

故被上诉人答辩称追缴行为属于行政强制措施的理由成立，上诉人提出被诉追缴物品清单属于行政处罚和重复处罚的上诉理由，不能成立。

二、其他焦点问题解析

1. 行政处罚的事实依据是否充分，即上诉人的行为是否构成容留他人卖淫。原审认定“2011 年 5 月份开始，原告谢某某、周某某二人共同经营

位于××市某休闲城。该休闲城主要经营项目为洗脚、按摩、推油、盐浴（洗澡），其中推油、洗澡两项包含为他人提供手淫服务。收入由谢某某、周某某与提供手淫服务的妇女平分”事实清楚。

2001年2月18日公安部以公复字（2001）4号作出批复：不特定的异性之间或者同性之间以金钱、财物为媒介，发生不正当性关系的行为，包括口淫、手淫、鸡奸等行为，都属于卖淫嫖娼行为，对行为人应当依法处理。

上诉人在其经营场所容留多名妇女卖淫，虽不构成刑法意义上的容留卖淫，但其行为符合公安部批复所规定的情形，构成了行政法意义上的容留他人卖淫。此外，××市人民检察院在对谢某某、周某某刑事案件作出绝对不起诉的同时，亦明确建议公安机关对二人作出相应的行政处罚。故××市公安局根据检察建议，给予谢某某、周某某行政拘留十五日的行政处罚，事实清楚，证据确凿。

2. 刑事案件办理过程中所收集的证据能否作为行政案件证据使用。本案原作为刑事案件立案侦查，后因××市人民检察院作出不起诉决定而撤销刑事立案。同时，××市人民检察院作出检察建议书，建议对谢某某、周某某作出相应的行政处罚。

《公安机关办理刑事案件程序规定》第174条规定：经过审查，对于不够刑事处罚需要给予行政处理的，依法予以处理或者移送有关部门。被上诉人依据该规定将本案作为行政案件立案后，对原刑事案件办理中合法收集且内容真实的证据，依法可以作为行政案件证据使用。

3. 行政处罚适用法律是否正确。××市公安局在追缴物品清单上载明的法律依据为《中华人民共和国治安管理处罚法》第11条第1款，其后被上诉人于2016年6月27日作出《补正决定书》，认为追缴物品清单上的法律依据出现笔误，补正为《中华人民共和国治安管理处罚法》第11条第2款。

《中华人民共和国行政诉讼法》第74条第2款规定：“行政行为有下列情形之一，不需要撤销或者判决履行的，人民法院判决确认违法：……（二）被告改变原违法行政行为，原告仍要求确认原行政行为违法的”被上诉人对适用法律条款作出补正，属于改变原行政行为，上诉人要求确认原行为违法，应予支持。

综上所述，被上诉人××市公安局作出的追缴行为认定事实清楚，程序合法，上诉人提出请求依法撤销缺少事实和法律依据，依法应当驳回。被上诉人由于适用法律错误，在诉讼中改变原行政行为，上诉人仍要求确认原行政行为违法，依法应判决确认原行政行为违法。依照《中华人民共和国行政诉讼法》第74条第2款第2项、第89条第1款第2项之规定，法院最后判决如下：

一、撤销××市人民法院（2016）湘3101行初4号行政判决；二、确认被上诉人××市公安局2015年7月29日以××缴字〔2015〕0392号追缴物品清单作出的行政行为违法；三、驳回上诉人谢某某关于退还追缴的174200元的诉讼请求。一、二审案件受理费共计一百元，由被上诉人××市公安局承担。

第十二章　执　行

第一节　一般规定

第一百九十八条　【履行与强制执行】公安机关依法作出行政处理决定后，被处理人应当在行政处理决定的期限内予以履行。逾期不履行的，作出行政处理决定的公安机关可以依法强制执行或者申请人民法院强制执行。

【条文主旨】

本条是关于行政处理决定的履行和强制执行的规定。

【最新修改提示】

本条对应修改前的第 172 条，内容未变化。

【理解与适用】

一、行政处理决定

公安机关的行政处理决定，是公安机关为了实现法律、法规和规章确定的行政管理目标和任务，而依行政相对人申请或依职权处理涉及被处理人权利义务事项的具体行政行为。如行政处罚、强制隔离戒毒以及收缴、追缴等。公安机关行政处理行为一经作出即具有公定力、确定力、拘束力和执行力，被处理人应当依处理决定履行。

二、行政处理决定的履行

公安机关作出行政处理决定后，有些处理决定根据法律的规定由公安机关依法履行。对于警告、没收、行政拘留等，公安机关在作出处理决定后，应当立即执行。如《治安管理处罚法》第 103 条规定，对被决定给予行政拘留处罚的人，由作出决定的公安机关送达拘留所执行。

有些处理决定，法律规定由被处理人自觉履行的，被处理人应当在行政处理决定明确的期限内予以履行。如罚款、限期出境等，公安机关在处理决定中应当明确履行期限，被处理人在履行期限内自觉履行。

三、行政处理决定的强制执行

如果被处理人在法定期限内既不履行行政处理决定，也未提出延期或分期履行的申请或者提出的申请未被批准，公安机关有权强制执行的，可以依法强制执行，公安机关没有强制执行权的，申请人民法院强制执行。

【执法风险提示】

公安机关作出处理决定后，被处理人在法定期限内不履行的，公安机关有权强制执行的，可以依法强制执行。公安机关没有强制执行权的，申请人民法院强制执行。

【相关规定】

《行政处罚法》第 44 条；《行政强制法》第 34 条；《治安管理处罚法》第 102 条、第 104 条。

第一百九十九条　【不停止执行】被处理人对行政处理决定不服申请行政复议或者提起行政诉讼的，行政处理决定不停止执行，但法律另有规定的除外。

【条文主旨】

本条是关于行政复议、诉讼期间公安机关行政处理决定不停止执行的规定。

【最新修改提示】

本条对应修改前的第 173 条，内容未变化。

【理解与适用】

一、复议、诉讼不停止执行原则

在行政复议和行政诉讼中，不停止行政处理决定的执行是行政案件执行的原则。《行政处罚法》第 45 条："当事人对行政处罚决定不服申请行政复议或者提起行政诉讼的，行政处罚不停止执行，法律另有规定的除外。"这就明确规定了在行政复议和行政诉讼中不停止行政处罚的执行的原则。

之所以确立这一原则，首先，是由行政职能所决定。行政职权是国家行政权的转化形式和具体体现，公安机关作出的行政处理决定是代表国家行使行政管理职权，具有公定力、确定力和拘束力。在人民法院尚未经审理认定它违法之前，它仍然具有法律效力，不能因被处理人的复议或起诉而使其失去法律效力，它只能由法定机关来确定撤销或改变，而不能因被处罚人的起诉权利来确定或改变。其次，是由行政管理的特殊性所决定的。国家的行政管理具有稳定性、一贯性和连续性的特点。公安机关履行管理社会的职能时，行政处理决定一经作出，就必须连续执行，不经法定程序是不能中断的。最后，是由社会的现实情况决定的。社会秩序能否稳定，很大程度上取决于国家行政管理活动的稳定性，如果公安机关的行政处理决定可以随意因提起复议或起诉而终止或间断执行，那么公安机关的工作将无法正常进行，这样会使法律秩序处于不稳定状态，导致社会的无序和混乱，公民的权益也得不到保障。

二、"法律另有规定的除外"的情形

（一）行政复议期间停止执行的情况

行政复议期间，停止执行包括以下情形：（1）被申请人认为需要停止执行的；（2）行政复议机关认为需要停止执行的；（3）申请人申请停止执行，行政复议机关认为其要求合理，决定停止执行的；（4）法律规定停止执行的。①

（二）行政诉讼期间停止执行的情况

行政诉讼期间，停止执行的情况主要包括：（1）被告认为需要停止执行的；（2）原告或者利害关系人申请停止执行，人民法院认为该行政行为的执行会造成难以弥补的损失，并且停止执行不损害国家利益、社会公共

---

① 参见《行政复议法》第 21 条。

利益的；（3）人民法院认为该行政行为的执行会给国家利益、社会公共利益造成重大损害的；（4）法律、法规规定停止执行的。[①]

当事人对停止执行或者不停止执行的裁定不服的，可以申请复议一次。

（三）行政拘留在复议、诉讼期间的暂缓执行

根据《治安管理处罚法》第107条的规定，被处罚人不服行政拘留处罚决定，申请行政复议、提起行政诉讼的，可以向公安机关提出暂缓执行行政拘留的申请。公安机关认为暂缓执行行政拘留不致发生社会危险的，由被处罚人或者其近亲属提出符合条件的担保人，或者按每日行政拘留二百元的标准交纳保证金，行政拘留的处罚决定暂缓执行。

【相关规定】

《行政复议法》第21条；《行政处罚法》第45条；《治安管理处罚法》第103条、第104条、第105条。

第二百条　【催告】公安机关在依法作出强制执行决定或者申请人民法院强制执行前，应当事先催告被处理人履行行政处理决定。催告以书面形式作出，并直接送达被处理人。被处理人拒绝接受或者无法直接送达被处理人的，依照本规定第五章的有关规定送达。

催告书应当载明下列事项：

（一）履行行政处理决定的期限和方式；

（二）涉及金钱给付的，应当有明确的金额和给付方式；

（三）被处理人依法享有的陈述权和申辩权。

【条文主旨】

本条是关于公安机关作出强制执行决定或者申请人民法院强制执行前催告的规定。

---

① 参见《行政诉讼法》第56条。

【最新修改提示】

本条对应修改前的第 174 条，内容未变化。

【理解与适用】

一、催告

催告是指当事人在行政决定作出后不自觉履行义务，行政机关督促当事人在一定期限内履行义务，否则承担被强制执行后果的一种程序。催告是强制执行决定的前置程序。

行政强制执行虽然是行政管理的一种必要手段，但也应为当事人的积极合作留有必要的空间。行政决定作出后，应当给予当事人合理的自觉履行期限，在期限届满后，方可进入强制执行程序。公安机关催告被处理人履行行政处理决定的目的是督促被处理人自觉履行行政处理决定。公安机关督促被处理人自觉履行行政处理决定，体现了教育与强制相结合的原则，有利于公安机关把工作做细，把理说清，体现了对被处理人的尊重，减轻了被处理人的对抗情绪，有助于提高强制执行的可接受性。催告程序起到了强制执行的“缓冲器”作用。

行政强制执行原本属于行政机关单方面意志决定，无须双方合意的行为，是否需要强制执行，不必征求当事人意见，完全可以由行政机关单方决定。但是，催告程序则改变了行政强制执行行为的单方面性的本质属性，它要求行政机关在实施行政强制执行之前，必须事先书面通知当事人，介入到先行催告这一行政强制执行前置程序中，表达自己的意志。允许当事人在收到催告通知之后，自行决定是否自觉履行行政决定确定的义务，并可以向行政机关陈述、申辩，说明其不履行行政决定义务的理由。当事人通过上述方式先行介入行政强制执行程序，表达自己的意志，使得当事人的权利能够得到更好的保护，并体现出行政强制执行程序的民主性。

被处理人能自愿遵守而非强迫服从，是公安机关行政处理决定执行以及实现办理行政案件目的的最佳途径。如果被处理人不能自觉遵守，甚至抵触和反对，即使公安机关能够凭借国家强制力强迫被处理人服从，也会增加许多成本，特别会加大被处理人与公安机关之间的对立情绪。

二、催告书的制作

公安机关的催告必须以书面形式作出。不以书面形式（催告书）作出的催告，是违反法定程序的行为。

催告的内容应当充分。被处理人根据催告书所载内容，可以清晰地知道自己自觉履行义务的期限和准确的预测因不履行义务所带来的不利后果。催告书应当载明下列事项：

（一）履行处理决定的期限和方式。（1）被处理人履行义务的期限是一项重要内容，公安机关应当根据被处理人应当承担义务的具体情况，合理设定期限。一是预留被处理人正常履行义务的时间；二是预留被处理人陈述和申辩的时间。（2）履行义务的方式。行政处理决定确定了当事人的义务，催告书有必要明确当事人以何种方式履行义务。

（二）涉及金钱给付的，应当有明确的金额和给付方式。金钱给付义务包括罚款、没收违法所得等。给付方式包括现金、支票、银行转账等。

（三）被处理人依法享有的陈述权和申辩权。被处理人收到催告书后有权进行陈述和申辩。进行陈述和申辩是强制执行的必经程序，因此有必要在催告书中载明。

三、催告书的送达

催告通知书应在行政机关依法作出行政决定后，行政机关在作出强制执行决定前发出，并直接送达被处理人。被处理人拒绝接受或者无法直接送达被处理人的，依照本规定第五章的有关规定送达。依据本规定第36条的规定，受送达人本人或者代收人拒绝接收或者拒绝签名和捺指印的，送达人可以邀请其邻居或者其他见证人到场，说明情况，也可以对拒收情况进行录音录像，把文书留在受送达人处，在附卷的法律文书上注明拒绝的事由、送达日期，由送达人、见证人签名或者捺指印，即视为送达。无法直接送达的，委托其他公安机关代为送达，或者邮寄送达。经受送达人同意，可以采用传真、互联网通讯工具等能够确认其收悉的方式送达。经采取上述送达方式仍无法送达的，可以公告送达。公告的范围和方式应当便于公民知晓，公告期限不得少于六十日。

【执法风险提示】

催告的目的在于督促当事人自觉履行义务，并在行政强制执行决定作出前给予当事人一次自觉履行的机会，以彰显对当事人的尊重。

【相关规定】

《行政强制法》第35—37条。

第二百零一条 【被处理人陈述、申辩】被处理人收到催告书后有权进行陈述和申辩。公安机关应当充分听取并记录、复核。被处理人提出的事实、理由或者证据成立的，公安机关应当采纳。

【条文主旨】

本条是关于催告程序中被处理人陈述、申辩的规定。

【最新修改提示】

本条对应修改前的第175条，内容未变化。

【理解与适用】

本条具体规定了催告程序中当事人享有的陈述权、申辩权。陈述权，是指被处理人对公安机关作出的决定享有陈述自己意见的权利；申辩权，是指被处理人对公安机关作出的决定所主张的事实、理由和依据享有申诉和解释说明的权利。享有陈述权和申辩权是当事人在行政机关对其实施行政管理、作出具体行政行为的过程中所享有的程序性权利，是行政程序公正的基本要求，也是行政活动中当事人参与权的体现。

公安机关应当充分听取陈述和申辩意见，并记录、复核。被处理人提出的事实、理由或者证据成立的，公安机关应当采纳。

【执法风险提示】

1. 听取被处理人的陈述和申辩意见是公安机关的义务。陈述和申辩的时限是整个催告期间，在催告过程中，被处理人都可以进行陈述和申辩。公安机关有义务听取被处理人的陈述和申辩意见，不得以任何借口拒绝或者阻碍被处理人行使陈述和申辩权，否则属于违反法定程序的行为，除非被处理人自愿、明确地表示放弃该项权利。公安机关不得因陈述和申辩加重不利处理。

2. 公安机关应客观和充分听取被处理人的意见。公安机关听取被处理人意见不能有主观性，不能片面和有选择地听取意见，不能只听取有利于实施执行的意见，而忽视被处理人维护自身合法权益的意见。

3. 公安机关应严格记录审核程序。对被处理人提出的事实、理由和证据，公安机关应当进行记录、复核。记录的意义在于便于公安机关认真、全面地研究被处理人的意见，防止公安机关敷衍了事。如果被处理人以陈述和申辩程序违法为事由提起行政复议和行政诉讼，负有举证义务的公安机关可以提供书面记录作为证据。复核被处理人提出的事实、理由和证据的意义在于保证作出的强制执行决定更加合法合理。

4. 公安机关应有错必纠。被处理人提出的事实、理由或者证据成立的，公安机关应当采纳。公安机关采纳意见后，应根据情况，对行政处理决定作出调整。

【相关规定】

《行政强制法》第 36 条。

第二百零二条　【强制执行的程序】 经催告，被处理人无正当理由逾期仍不履行行政处理决定，法律规定由公安机关强制执行的，公安机关可以依法作出强制执行决定。

在催告期间，对有证据证明有转移或者隐匿财物迹象的，公安机关可以作出立即强制执行决定。

强制执行决定应当以书面形式作出，并载明下列事项：

（一）被处理人的姓名或者名称、地址；

（二）强制执行的理由和依据；

（三）强制执行的方式和时间；

（四）申请行政复议或者提起行政诉讼的途径和期限；

（五）作出决定的公安机关名称、印章和日期。

【条文主旨】

本条是关于公安机关强制执行程序的规定。

【最新修改提示】

本条对应修改前的第 176 条，内容未变化。

【理解与适用】

一、作出强制执行决定

（一）作出强制执行的条件

经催告，被处理人无正当理由逾期仍不履行行政处理决定，法律规定由公安机关强制执行的，公安机关可以依法作出强制执行决定。即公安机关作出强制执行决定需要具备三个条件：一是公安机关已履行了催告程序。二是被处理人无正当理由逾期仍不履行行政处理决定。“逾期”指超过催告书确定的自觉履行行政处理决定的期限。“正当理由”是指在陈述、申辩中提出的事实、理由和证据符合法律规定的，或者其他不执行的合理理由。三是根据法律规定公安机关有权强制执行。如根据《程序规定》第218条规定，作出行政处罚决定的公安机关可以将依法查封、扣押的被处罚人的财物拍卖或者变卖抵缴罚款；或者每日按罚款数额的百分之三加处罚款。

（二）强制执行决定应当以书面形式作出

强制执行决定书应载明下列事项：

1. 被处理人的姓名或者名称、地址。

2. 强制执行的理由和依据。“理由”是指被处理人在公安机关决定的期限内不履行行政决定确定的义务的具体情况。“依据”指有强制执行权的公安机关实施强制执行所依据的法律上的具体规定。

3. 强制执行的方式和时间。根据《行政强制法》第12条的规定，强制执行的方式有以下几种：（1）加处罚款或者滞纳金；（2）划拨存款、汇款；（3）拍卖或者依法处理查封、扣押的场所、设施或者财物；（4）排除妨碍、恢复原状；（5）代履行；（6）其他强制执行方式。其中法律规定由公安机关强制执行的，如将依法查封、扣押的被处罚人的财物拍卖或者变卖、加处罚款等，公安机关可以依法作出强制执行决定。

4. 申请行政复议或者提起行政诉讼的途径和期限。

（1）申请行政复议的途径和期限。《行政复议法》第9条规定：“公民、法人或者其他组织认为具体行政行为侵犯其合法权益的，可以自知道该具体行政行为之日起六十日内提出行政复议申请；但是法律规定的申请期限超过六十日的除外。因不可抗力或者其他正当理由耽误法定申请期限的，申请期限自障碍消除之日起继续计算。”

（2）提起行政诉讼的途径和期限。《行政诉讼法》第2条第1款规定，公民、法人或者其他组织认为行政机关和行政机关工作人员的行政行为侵犯其合法权益，有权依照本法向人民法院提起诉讼。提起行政诉讼期限有两种情形：一是申请人不服复议决定。根据《行政诉讼法》第45条规定：公民、法人或者其他组织不服复议决定的，可以在收到复议决定书之日起十五日内向人民法院提起诉讼。复议机关逾期不作出决定的，申请人可以在复议期满之日起十五日内向人民法院提起诉讼。法律另有规定的除外。二是直接提起诉讼。根据《行政诉讼法》第39条、第40条规定，公民、法人或者其他组织直接向人民法院提起诉讼的，应在知道作出具体行政行为之日起三个月内提出。法律另有规定的除外。公民、法人或者其他组织因不可抗力或者其他特殊情况耽误法定期限的，在障碍消除后十日内，可以申请延长期限，由人民法院决定。因此，一般提起诉讼期限为三个月。

5. 作出决定的公安机关名称、印章和日期。

二、立即强制执行

《行政强制法》第37条第3款的规定，在催告期间，对有证据证明有转移或者隐匿财物迹象的，行政机关可以作出立即强制执行决定。所以在催告期间，对有证据证明有转移或者隐匿财物迹象的，公安机关可以作出立即强制执行决定。防止财物被转移或隐匿，造成日后的执行不能，使行政处理决定顺利执行，最终实现行政管理目的。

【执法风险提示】

1. 把握公安机关可以作出立即强制执行决定的条件。作出立即强制执行决定必须满足两个条件：一是有明确的证据；二是被处理人有转移或者隐匿财物迹象。之所以这样规定，主要是因为被处理人转移或者隐匿财物的，将直接导致公安机关无法强制执行。根据这一规定，行政机关无需等待催告书中载明的履行义务的期限届满，即可作出立即强制执行的决定。

2. 强制执行决定应当以书面形式作出。行政处理决定是基础行政行为，其确定了被处理人的义务。强制执行决定必须依据行政处理决定作出，必须以被处理人逾期不履行已经生效的行政处理决定所确定的义务为前提，其目的是在被处理人不自觉履行义务的情况下，保证义务的履行。

【相关规定】

《行政强制法》第12条、第37条；《行政复议法》第9条；《行政诉讼法》第2条、第39条、第40条。

第二百零三条　【代履行】依法作出要求被处理人履行排除妨碍、恢复原状等义务的行政处理决定，被处理人逾期不履行，经催告仍不履行，其后果已经或者将危害交通安全的，公安机关可以代履行，或者委托没有利害关系的第三人代履行。

代履行应当遵守下列规定：

（一）代履行前送达决定书，代履行决定书应当载明当事人的姓名或者名称、地址，代履行的理由和依据、方式和时间、标的、费用预算及代履行人；

（二）代履行三日前，催告当事人履行，当事人履行的，停止代履行；

（三）代履行时，作出决定的公安机关应当派员到场监督；

（四）代履行完毕，公安机关到场监督人员、代履行人和当事人或者见证人应当在执行文书上签名或者盖章。

代履行的费用由当事人承担。但是，法律另有规定的除外。

【条文主旨】

本条是关于公安机关代履行程序的规定。

【最新修改提示】

修订前（2012 版）	修订后（2018 版）
第一百七十七条　依法作出要求被处理人履行排除妨碍、恢复原状等义务的行政处理决定，被处理人逾期不履行，经催告仍不履行，其后果已经或者将危害交通安全、消防安全的，公安机关可以代履行，或者委托没有利害关系的第三人代履行。 ……	**第二百零三条**　依法作出要求被处理人履行排除妨碍、恢复原状等义务的行政处理决定，被处理人逾期不履行，经催告仍不履行，其后果已经或者将危害交通安全的，公安机关可以代履行，或者委托没有利害关系的第三人代履行。 ……

【理解与适用】

一、代履行的概念

代履行是指当事人拒绝履行或者没有能力履行义务时，行政机关决定由他人代替当事人履行义务，履行费用由当事人承担。代履行是与执行罚、直接强制执行并列的一种行政强制执行方式。代履行的核心是义务的替代履行，对当事人而言是作为义务转化为金钱给付义务，对行政机关而言通过代履行，避免了强制手段的使用，实现了行政管理目的，恢复了行政管理秩序。

公安机关可以代履行，也可以委托没有利害关系的第三人代履行。代履行的费用由当事人承担。但是，法律另有规定的除外。

二、代履行的条件

公安机关代履行，或者委托没有利害关系的第三人代履行应当符合以下条件：(1) 依法作出要求被处理人履行排除妨碍、恢复原状等义务的行政处理决定。排除妨碍、恢复原状等都是可替代性的作为义务，具有人身依附性的作为义务，不适用代履行。(2) 被处理人逾期不履行，且经催告仍不履行。(3) 其后果已经或者将危害交通安全。如《道路交通安全法》第104条规定，未经批准，擅自挖掘道路、占用道路施工或者从事其他影响道路交通安全活动的，由道路主管部门责令停止违法行为，并恢复原状，可以依法给予罚款；致使通行的人员、车辆及其他财产遭受损失的，依法承担赔偿责任。有前款行为，影响道路交通安全活动的，公安机关交通管理部门可以责令停止违法行为，迅速恢复交通。如果当事人不履行的，公安机关可以代履行或委托第三人代履行。

三、代履行应遵守的规定

(一) 作出代履行决定书并送达。实施代履行，必须作出书面的代履行决定，这是公安机关的一项法定义务，有利于规范代履行行为，使得代履行有凭有据，也有利于当事人维护自身的合法权益。代履行决定书应当送达。具体送达的规则，按照《行政强制法》第38条规定执行，直接送达优先，当事人拒绝接收或者无法直接送达的，依照《民事诉讼法》的规定送达。

(二) 代履行决定书内容。代履行决定书应当载明的事项包括：(1) 当事人的姓名或者名称、地址，明确被执行人基本情况，防止执行对象错误；(2) 代履行的理由和依据，主要是基于代履行的基础行政决定及实施代履行的理由和依据；(3) 代履行的方式和时间，明确拟实施代履行的具体方式和具体时间，使被执行人早作准备，不至于措手不及；(4) 代履行标的，明确对具体事项或者物体实施代履行；(5) 代履行的费用预算，明确实施代履行收取费用的数目和计算标准；(6) 代履行人，具体实施代履行的组织。代履行决定书内容是法定的，以期使得代履行更加明确和透明，从而促使当事人权衡利弊后自动履行义务。

(三) 催告。代履行的催告时间不同于行政强制执行的催告时间，代履行是在代履行前三日进行催告，而行政强制执行是在作出行政强制执行决定前进行催告，催告得更早。

(四) 代履行时，作出决定的行政机关应当派员到场监督。

(五) 代履行完毕，行政机关到场监督的工作人员、代履行人和当事人或者见证人应当在执行文书上签名或者盖章，以确认代履行的结果。

【执法风险提示】

一、代履行决定书及其送达

代履行决定书“送达方式”应注明送达具体使用直接、委托、留置、公告、邮寄等。采用邮寄的应当将挂号回执和邮寄凭证粘贴在备注栏内，并用文字说明。

二、代履行的收费

(一) 在代履行决定书中应当载明代履行预算费用，要求代履行费用应当事先基本明确。

(二) 代履行费用按照成本合理确定。代履行本身不应是惩罚机制，不应以加大当事人负担为目的，因此代履行收费一般不能是商业性的，如需委托第三方企业代履行的，第三方企业可以有一定利润，但应当以成本为基准将利润控制在一定范围内。

(三) 代履行费用原则上由当事人承担，但法律另有规定的除外。

【相关规定】

《行政强制法》第 50—52 条。

第二百零四条　【立即代履行】需要立即清理道路的障碍物，当事人不能清除的，或者有其他紧急情况需要立即履行的，公安机关可以决定立即实施代履行。当事人不在场的，公安机关应当在事后立即通知当事人，并依法作出处理。

【条文主旨】

本条是关于立即代履行的规定。

【最新修改提示】

本条对应修改前的第 178 条，内容未变化。

【理解与适用】

一、立即代履行简介

立即代履行是代履行的特别情形，具有代履行的一般特征。立即代履行主要考虑到在一些紧急情况下，为了保护公共利益，提高行政效率，快速处置。立即代履行的设计目的是交通安全关系到广大人民群众的出行，关系到广大人民群众的生命和财产安全，为了保障交通安全和顺畅，为了保证公共场所的可用性，需要快速纠正违法行为，消除违法后果和不利影响，恢复正常的行政秩序。同时，清除道路障碍物不涉及对当事人财产权利的限制、剥夺，应当鼓励公安机关快速代履行。

二、立即代履行适用对象

立即代履行的适用对象特定，是道路障碍物。

三、立即代履行的适用条件

立即代履行需要符合以下条件：需要立即清理道路的障碍物；当事人不能清除的，或者有其他紧急情况需要立即履行的。公安机关在其职权范围内可以决定立即实施代履行。

四、立即代履行实施程序

立即代履行中没有催告程序，当事人在场的，公安机关可以责令当事人予以清除，当事人不能或不同意清除的，公安机关可以立即实施代履行。当事人不在场的，公安机关也可立即实施代履行，事后应当立即通知当事人，依法收取代履行费用，并依法对该违法行为作出处罚等行政处理。

【相关规定】

《行政强制法》第 52 条；《道路交通安全法》第 106 条。

第二百零五条 【执行协议】实施行政强制执行，公安机关可以在不损害公共利益和他人合法权益的情况下，与当事人达成执行协议。执行协议可以约定分阶段履行；当事人采取补救措施的，可以减免加处的罚款。

执行协议应当履行。被处罚人不履行执行协议的，公安机关应当恢复强制执行。

【条文主旨】

本条是关于执行协议的规定。

【最新修改提示】

本条对应修改前的第179条，内容未变化。

【理解与适用】

一、执行协议

《行政强制法》第42条规定，实施行政强制执行，行政机关可以在不损害公共利益和他人合法权益的情况下，与当事人达成执行协议。执行协议可以约定分阶段履行；当事人采取补救措施的，可以减免加处的罚款或者滞纳金。公安机关与当事人达成的执行和解协议，既可以避免强制执行带来的对抗，又可以保证行政处理决定的执行，促进和谐社会的建设。

公安机关与当事人达成的执行协议不同于由行政机关单方决定的行政决定，需要由行政机关与被执行人自愿协商，共同约定协议的内容；又不同于民事合同的平等性，在民事活动中当事人双方是地位平等的，而在执行和解中，行政机关居主导地位，被执行人即使不同意订立执行协议，也有履行行政决定的义务。

二、执行协议不能损害公共利益和他人合法权益

执行协议虽然是执行机关与被执行人之间自愿达成的，但协议的内容不能自由约定、不能违反行政决定所要实现的目的、不能放弃行政机关的责任，也不能损害公共利益和他人合法权益。

三、执行协议的内容

协议内容也就是执行机关和被执行人可以协商的内容，分为两种：

（一）就被执行人履行义务的时间进行协商，可以约定分阶段履行义务。

（二）对于当事人采取补救措施的，可以减免加处罚款，但不能减免罚款本金。加处罚款是当事人不主动缴纳罚款时对当事人额外增加的负担，如果当事人改正了违法行为，主动消除违法后果，或者在催告期间内主动缴纳罚款，可以免除加处的罚款。

四、执行协议应当履行

执行协议对行政机关和被执行人都有约束力，双方都应履行执行协议的内容。如果当事人未按照执行协议履行义务的，行政机关可以单方恢复强制执行。

【执法风险提示】

行政强制执行和解是《行政强制法》的一项制度创新。行政强制执行可以通过多种具体的方式来实现行政决定，而行政强制执行和解更有利于提升行政法治水平并降低行政执法风险。

【相关规定】

《行政强制法》第 42 条；《行政处罚法》第 52 条。

第二百零六条　【申请强制执行】当事人在法定期限内不申请行政复议或者提起行政诉讼，又不履行行政处理决定的，法律没有规定公安机关强制执行的，作出行政处理决定的公安机关可以自期限届满之日起三个月内，向所在地有管辖权的人民法院申请强制执行。因情况紧急，为保障公共安全，公安机关可以申请人民法院立即执行。

强制执行的费用由被执行人承担。

【条文主旨】

本条是关于申请法院强制执行的规定。

【最新修改提示】

本条对应修改前的第 180 条，内容未变化。

【理解与适用】

一、申请法院强制执行的条件

公安机关申请人民法院强制执行其作出的行政处理决定的前提条件是：（1）当事人在法定期限内不申请行政复议或者提起行政诉讼，又不履行行政决定。（2）公安机关没有强制执行权。

公安机关申请人民法院强制执行，公安机关作为申请人，需要向人民法院提供当事人不履行行政处理决定的证据。

二、申请强制执行的期限

（一）自期限届满之日起三个月内

行政机关作出的行政决定，一般都会明确当事人自觉履行义务的期限。超过这个期间当事人没有履行，又不申请行政复议或者提起行政诉讼的，没有直接强制执行权的行政机关应当申请法院执行。

申请法院执行，需要行政决定有确定性，即当事人没有在法律规定提起行政救济的期限内提起行政救济，则自此期限届满之日起，行政决定就具有了执行力，没有直接强制执行权的行政机关就可以申请法院强制执行。本条对公安机关申请人民法院强制执行的期限作了规定，即从当事人行使行政救济的法定期限届满之日起 3 个月内，可以申请人民法院强制执行。这样规定是为了促使行政机关及时提出执行申请，提高行政效率，也便于法院及时查明事实。超过此期限的，人民法院不予执行。

（二）申请法院立即执行

因情况紧急，为保障公共安全的，公安机关可以申请人民法院立即执行，不必等待履行期限届满。

三、申请强制执行的管辖法院与费用

（一）有管辖权的法院

作出行政处理决定的公安机关，可以向其所在地有管辖权的人民法院申请强制执行。具体为：从地域管辖方面，具有强制执行权的法院是作出行政处理决定的公安机关所在地的人民法院，或者是不动产（执行对象为不动产的）所在地的基层人民法院；从级别管辖看，具有强制执行权的一般是基层法院，法律有特别规定的除外。《最高人民法院关于适用〈中华

人民共和国行政诉讼法〉的解释》第 157 条规定，行政机关申请人民法院强制执行其行政行为的，由申请人所在地的基层人民法院受理；执行对象为不动产的，由不动产所在地的基层人民法院受理。基层人民法院认为执行确有困难的，可以报请上级人民法院执行；上级人民法院可以决定由其执行，也可以决定由下级人民法院执行。

（二）申请强制执行的费用

强制执行的费用由被执行人承担。

【执法风险提示】

本条规定中的“不履行行政处理决定”，包括全部不履行，也包括只履行了一部分。其中的“行政处理决定”既包括对违法行为作出的行政处理决定，也包括因被处理人不执行行政处理决定而作出的强制执行的决定。

【相关规定】

《行政诉讼法》第 97 条；《行政强制法》第 53 条；《最高人民法院关于适用〈中华人民共和国行政诉讼法〉的解释》第 157 条。

第二百零七条　【催告履行】申请人民法院强制执行前，公安机关应当催告被处理人履行义务，催告书送达十日后被处理人仍未履行义务的，公安机关可以向人民法院申请强制执行。

【条文主旨】

本条是关于公安机关申请人民法院强制执行前的催告程序的规定。

【最新修改提示】

本条对应修改前的第 181 条，内容未变化。

【理解与适用】

一、催告程序的要求

本条所讲的催告程序是公安机关申请人民法院强制执行前的催告程

序，与本规定第200条所规定的公安机关自己实施强制执行中催告程序是相对应的。因此，本条中的催告也应当具备以下要求：（1）催告应当以书面形式作出；（2）催告书应当载明当事人履行义务的期限；履行义务的方式；涉及金钱给付的，应当明确金额和给付方式；当事人依法享有的陈述权和申辩权；（3）当事人不履行义务的后果。

催告的目的是使当事人明悉强制执行的可能性，督促其履行义务，不经催告就实施执行，不利于保护当事人的合法权益。催告程序无论是在行政机关自身强制执行中，还是在申请人民法院强制执行中，都是一个不可缺少的必经程序，是对相对人的再一次说服教育，有助于实现“自动履行”的原则。

二、催告程序的期限

催告书送达十日后被处理人仍未履行义务的，公安机关可以向人民法院申请强制执行。规定这一时限的目的，一方面是督促当事人尽快履行义务，另一方面是监督行政机关履行职责，提高行政效率。

三、送达方式

根据《行政强制法》第38条规定，催告书应当直接送达当事人。当事人拒绝接收或者无法直接送达当事人的，应当依照《民事诉讼法》的有关规定送达。

【相关规定】

《行政强制法》第54条；《民事诉讼法》第85—92条。

第二百零八条　【申请强制执行提供的材料】公安机关向人民法院申请强制执行，应当提供下列材料：

（一）强制执行申请书；

（二）行政处理决定书及作出决定的事实、理由和依据；

（三）当事人的意见及公安机关催告情况；

（四）申请强制执行标的情况；

（五）法律、法规规定的其他材料。

强制执行申请书应当由作出处理决定的公安机关负责人签名，加盖公安机关印章，并注明日期。

【条文主旨】

本条是关于向人民法院申请强制执行应当提供材料的规定。

【最新修改提示】

本条对应修改前的第 182 条，内容未变化。

【理解与适用】

《最高人民法院关于适用〈中华人民共和国行政诉讼法〉的解释》第 155 条规定："……行政机关申请人民法院执行，应当提交行政强制法第五十五条规定的相关材料……"《行政强制法》第 55 条明确了行政机关应当提交的材料。本规定列出了公安机关向人民法院申请强制执行时，应当提供下列材料：

一、强制执行申请书

申请执行申请书内容应包括：

（一）申请执行公安机关的名称、法定代表人；

（二）被执行人的姓名或名称、住址等内容；

（三）表明公安机关申请法院强制执行的意见。

强制执行申请书应当由公安机关负责人签名，加盖行政机关的印章，并注明日期。

二、行政处理决定书及作出决定的事实、理由和依据

（一）行政处理决定书。

（二）作出行政处理决定的事实、理由和依据。

包括：公安机关具有作出该行政处理决定的权限；公安机关据以作出该行政处理决定的事实和相关证据；公安机关作出该行政处理决定的法律依据等。

三、当事人的意见及公安机关催告情况

《程序规定》第 207 条规定了公安机关申请人民法院强制执行前，公安机关应当催告被处理人履行义务。催告是申请法院强制执行的先决条件。法院需要了解行政机关是否履行催告程序，当事人是否接到催告书，催告书规定的履行期限是否已经达到，当事人是否提出异议等。

四、申请强制执行标的情况

执行标的应是生效法律文书所确定的权利、义务的给付内容。

五、法律、法规规定的其他材料

这是一项兜底条款。除了以上四项情况外，可能还有其他需要行政机关提交的材料。

【执法风险提示】

1. 行政机关申请人民法院强制执行，不能以口头形式提出，而必须是以书面形式。

2. 行政处理决定书是公安机关作出行政处理决定的文字表现形式，是公安机关申请人民法院强制执行的根据，是申请执行必不可少的材料之一。如果公安机关没有作出或者不能提供据以执行的法律文书，执行就会缺少根据而无法进行，法院也无从进行审查。

3. 公安机关向人民法院申请强制执行，提供的材料必须齐全。

【相关规定】

《最高人民法院关于适用〈中华人民共和国行政诉讼法〉若干问题的解释》第155条；《行政强制法》第55条。

第二百零九条　【申请复议】公安机关对人民法院不予受理强制执行申请、不予强制执行的裁定有异议的，可以在十五日内向上一级人民法院申请复议。

【条文主旨】

本条是关于公安机关向上级法院申请复议的规定。

【最新修改提示】

本条对应修改前的第183条，内容未变化。

【理解与适用】

本条规定了公安机关对人民法院不予受理强制执行申请、不予强制执行的裁定有异议的救济方式。即可以在15日内向上一级人民法院申请复议。根据《行政强制法》第 56 条，人民法院对行政机关的申请裁定不予受理的，如果行政机关对此裁定有异议可以在收到裁定之日的次日起 15 日内向上级人民法院申请复议。上一级人民法院应当在收到复议申请之日起 15 日内作出是否受理的裁定。如果上一级人民法院经过复议，作出不予受理的裁定，该裁定为终局裁定。

【执法风险提示】

如果是因为人民法院没有管辖权而被裁定不予受理的，公安机关可向有管辖权的人民法院提出申请。

【相关规定】

《行政强制法》第 56 条；《最高人民法院关于适用〈中华人民共和国行政诉讼法〉的解释》第 161 条。

第二百一十条　【中止强制执行】具有下列情形之一的，中止强制执行：

（一）当事人暂无履行能力的；

（二）第三人对执行标的主张权利，确有理由的；

（三）执行可能对他人或者公共利益造成难以弥补的重大损失的；

（四）其他需要中止执行的。

中止执行的情形消失后，公安机关应当恢复执行。对没有明显社会危害，当事人确无能力履行，中止执行满三年未恢复执行的，不再执行。

【条文主旨】

本条是关于公安机关中止强制执行的规定。

【最新修改提示】

本条对应修改前的第 184 条，内容未变化。

【理解与适用】

中止强制执行，是指强制执行程序开始后，由于出现某种无法克服和难以避免的特殊情况，致使强制执行无法进行下去的特殊情况，行政机关暂时停止强制执行程序，待该情况消除后，继续执行。

一、中止执行的法定情形

（一）当事人暂无履行能力的。包括以下情形：一是不可抗力，发生当事人无法预见、无法预防、无法避免和无法控制的事件，以致当事人不能如期履行义务，如发生海啸、地震等情况；二是经济或生活困难，除维持家庭基本生活以外，当事人无力履行金钱给付等义务；三是因突发疫病等身体健康原因暂不能履行义务的；四是其他情形。

（二）第三人对执行标的主张权利，确有理由的。第三人是指当事人以外的，法律上利益或者权利将受到强制执行影响的公民、法人或者其他组织。第三人主张权利的内容主要是指物权或者债权，如第三人对执行标的主张抵押权、质权、所有权，以及因租赁关系而享有的使用权等。此种情况下执行的标的是有争议的标的，需要确定权属后才能执行。如果第三人确有理由的，应当中止执行。这是基于保护第三人利益的角度作出的规定。

（三）执行可能对他人或者公共利益造成难以弥补的重大损失的。强制执行应坚持比例原则，应采取最小损害的方式实现行政管理目的。在可能造成难以弥补的损失的情况下，如果不中止执行会使强制执行得不偿失。

（四）其他需要中止执行的。如强制执行可能导致被执行人采取过激行为（自杀等）或者发现据以执行的行政处理决定存在问题等。

二、中止执行的法律效果

中止执行是暂时停止强制执行，不是永久停止执行。因此，在中止执行的法定情形消失后，公安机关有恢复执行的义务。如果中止执行的法定情形一直没有消除或者无法消除的，公安机关可以进入终结执行程序等。

三、不再执行

对没有明显社会危害，当事人确无能力履行，中止执行满三年未恢复执行的，不再执行。

【执法风险提示】

中止执行的情形消失后，行政机关应当注意恢复执行。

【相关规定】

《行政强制法》第 39 条；《民事诉讼法》第 256 条；《行政复议法》第 21 条。

第二百一十一条　【终结强制执行】具有下列情形之一的，终结强制执行：

（一）公民死亡，无遗产可供执行，又无义务承受人的；

（二）法人或者其他组织终止，无财产可供执行，又无义务承受人的；

（三）执行标的灭失的；

（四）据以执行的行政处理决定被撤销的；

（五）其他需要终结执行的。

【条文主旨】

本条是关于终结强制执行的规定。

【最新修改提示】

本条对应修改前的第 185 条，内容未变化。

【理解与适用】

终结执行是指在执行过程中，由于发生某种特殊情况，执行程序没有必要或不可能继续进行，从而结束执行程序。终结执行有以下五种情形：

一、公民死亡，无遗产可供执行，又无义务承受人的。有义务就要有承担义务的主体，当义务承担主体消亡，而这种义务又没有继承主体时，义务便归于消灭。

二、法人或者其他组织终止，无财产可供执行，又无义务承受人的。由于被撤销、自行解散、破产等原因导致法人或其他组织终止，其组织本身无财产可供执行，同时又无义务承受人的，对该组织的强制执行终结。

三、执行标的灭失的。在执行程序中，执行标的灭失，是指作为执行标的的财物，因自然或人为因素的作用改变其固有的物理、化学性质，失去原有形态、数量、质量、价值，永久不能恢复原状的法律状态。

四、据以执行的行政处理决定被撤销的。行政处理决定是基础行政行为，是强制执行的依据。行政处理决定被撤销，强制执行应终结执行。行政决定被部分撤销的，执行机关应就原决定撤销部分终结执行。

五、其他需要终结执行的。该条款是兜底条款，公安机关可以根据终结执行的基本精神和实际情况，决定其他需要终结执行的情形。

终结强制执行是强制执行永远停止，不会再恢复执行。终结执行由作出强制执行的公安机关决定。

【相关规定】

《行政强制法》第 40 条。

第二百一十二条　【执行回转】在执行中或者执行完毕后，据以执行的行政处理决定被撤销、变更，或者执行错误，应当恢复原状或者退还财物；不能恢复原状或者退还财物的，依法给予赔偿。

【条文主旨】

本条是关于执行回转的规定。

【最新修改提示】

本条对应修改前的第 186 条，内容未变化。

【理解与适用】

1. 执行回转的概念。执行回转是指在执行中或者执行完毕后，据以执行的行政处理决定被撤销、变更，或者执行错误的，行政机关对已被执行的财产重新恢复到执行程序开始前状态的执行制度。据此，在执行中或者执行完毕后，据以执行的行政处理决定被撤销、变更，或者执行错误，应当恢复原状或者退还财物；不能恢复原状或者退还财物的，依法给予赔偿。

2. 执行回转的前提条件。导致执行回转的前提包括，被执行的行政处理决定被撤销，或者被执行的行政处理决定变更，或者执行错误。这里既包括实体上的撤销、变更行为，也包括程序上的执行错误。

3. 执行回转标的只能是财物，对于人身的强制执行无法回转。

4. 执行回转的方式。执行回转的方式一般是恢复原状或者退还财物。恢复原状是指将原物恢复到受损害前的形状、性能或状态。不能恢复原状或者退还财物的，应依法给予赔偿。

【执法风险提示】

执行回转发生的时间既可以在执行中，也可以在执行完毕后。

【相关规定】

《行政强制法》第 41 条。

第二百一十三条　【上缴国库的财物】 除依法应当销毁的物品外，公安机关依法没收或者收缴、追缴的违法所得和非法财物，必须按照国家有关规定处理或者上缴国库。

罚款、没收或者收缴的违法所得和非法财物拍卖或者变卖的款项和没收的保证金，必须全部上缴国库，不得以任何形式截留、私分或者变相私分。

【条文主旨】

本条是关于公安机关对没收、收缴、追缴违法所得和非法财物的处理的规定。

【最新修改提示】

本条对应修改前的第 187 条，内容未变化。

【理解与适用】

没收是行政处罚的一种，包括没收违法所得和没收非法财物。违法所得是指违法行为人因其违法行为所获得的金钱或其他财物。如违反治安管理行为人因实施违反治安管理行为所得的赃款、赃物和非法利益。非法财物是违法行为人所占有的违禁品或者实施违法行为所使用的工具和物品，如淫秽书刊、走私物品、用于非法印刷的印刷工具、赌金、赌具等。《治安管理处罚法》第 11 条规定，办理治安案件所查获的毒品、淫秽物品等违禁品，赌具、赌资，吸食、注射毒品的用具以及直接用于实施违反治安管理行为的本人所有的工具，应当收缴，按照规定处理。违反治安管理所得的财物，追缴退还被侵害人；没有被侵害人的，登记造册，公开拍卖或者按照国家有关规定处理，所得款项上缴国库。

根据《行政处罚法》第 53 条规定，除依法应当予以销毁的物品外，依法没收的非法财物必须按照国家规定公开拍卖或者按照国家有关规定处理。罚款、没收违法所得或者没收非法财物拍卖的款项，必须全部上缴国库，任何行政机关或者个人不得以任何形式截留、私分或者变相私分；财政部门不得以任何形式向作出行政处罚决定的行政机关返还罚款、没收的违法所得或者返还没收非法财物的拍卖款项。

一、公安机关对没收或者收缴、追缴的违法所得和非法财物的处理

公安机关对没收或者收缴、追缴的违法所得和非法财物，必须按照国家有关规定处理或者上缴国库。根据相关规定，处理方式主要包括：（1）退还。对于属于被侵害人或者第三人的合法财物，应当及时退还被侵害人或者善意第三人。（2）上缴国库、拍卖变卖。没有被侵害人或者善意第三人的，将财物登记造册，上缴国库或者依法拍卖、变卖后，所得款项上缴国库。（3）销毁。对于毒品、吸食注射毒品的器具，以及淫秽物品等违禁品，或者价值极低，无法拍卖变卖的物品，登记造册后，予以销毁。（4）回收。无法拍卖、变卖的危险物品，公安机关可以组织销毁或者交厂家销毁。

二、罚款、没收或者收缴的违法所得和非法财物拍卖或者变卖的款项和没收的保证金的处理

罚款、没收或者收缴的违法所得和非法财物拍卖或者变卖的款项和没收的保证金，必须全部上缴国库，不得以任何形式截留、私分或者变相私分。

【执法风险提示】

没收违法所得、非法财物，除没收原物外，还包括该物所产生的孳息。例如，违反治安管理行为人将盗窃的货币存入银行，则该货币产生的利息属于法定孳息，也应当一并追缴。

“退还被侵害人”中的“被侵害人”应当作广义的理解，既包括公民，也包括法人和其他组织。

【相关规定】

《行政处罚法》第53条；《治安管理处罚法》第11条、第115条、第116条。

案例分析

行政处罚强制执行机关的确定

——××市公安局×××派出所申请法院执行案①

△基本案情

陈某凤于2014年10月21日14时许，在××农场自家伙房后面挖地基准备砌墙，邻居黎某萍上前制止，引发双方互殴，造成黎某萍的头部、手臂不同程度受伤，陈某凤的手部不同程度受伤。派出所根据《中华人民共和国治安管理处罚法》第43条第1款之规定于2015年8月5日作出×公（××）行罚决字〔2015〕1732号《行政处罚决定书》，决定对陈某凤给予行政罚款100元。如逾期不缴纳罚款，每日将按罚款数额的百分之三加处罚款，加处罚款的数额不超过罚款本数。陈某凤在收到该《行政处罚决定书》后，既未申请行政复议，也未提起行政诉讼，同时也未履行义务。经我所依法催告，陈某凤仍未履行义务。据此，××市公安局×××派出所向人民法院申请强制陈某凤履行×公（××）行罚决字〔2015〕1732号《行政处罚决定书》确定的义务。

△核心问题

对陈某凤的处罚由哪个机关强制执行？

---

① 参见（2016）琼9003行审49号行政裁定书。

△**法律评析**

依照《中华人民共和国治安管理处罚法》第91条规定："治安管理处罚由县级以上人民政府公安机关决定；其中警告、五百元以下的罚款可以由公安派出所决定。"××市公安局×××派出所有权决定对辖区内违反治安管理行为处500元以下罚款。被执行人陈某凤于2014年10月21日14时许，在××农场自家伙房后面挖地基准备砌墙，邻居黎某萍上前制止，引发双方互殴，造成黎某萍的头部、手臂不同程度受伤，陈某凤的手部不同程度受伤，违反了《中华人民共和国治安管理处罚法》第四十三条第一款之规定。××市公安局×××派出所于2015年8月5日作出×公（××）行罚决字〔2015〕1732号《行政处罚决定书》，认定事实清楚、程序合法、适用法律正确、处罚适当。

陈某凤在收到该《行政处罚决定书》后，在法定期限内既未申请行政复议，也未提起行政诉讼，同时也未履行义务。该《行政处罚决定书》发生法律效力后，经××市公安局×××派出所依法催告，陈某凤仍拒不履行。依照《中华人民共和国行政强制法》第53条的规定，当事人在法定期限内不申请行政复议或者提起行政诉讼，又不履行行政决定的，没有行政强制执行权的行政机关可以自期限届满之日起三个月内，申请人民法院强制执行。××市公安局×××派出所在法定的期限内向本院申请强制执行，符合法律规定。

《中华人民共和国行政强制法》第13条规定："行政强制执行由法律设定。法律没有规定行政机关强制执行的，作出行政决定的行政机关应当申请人民法院强制执行。"本案中，××市公安局×××派出所对陈某凤加处罚款，陈某凤仍不履行，公安机关在穷尽其依法享有的强制执行权后，向法院申请强制执行，符合法律规定。且已经依法催告，程序合法，法院依法应准予。

综上，依照《中华人民共和国行政强制法》第13条、第45条，《中华人民共和国行政诉讼法》第97条的规定，裁定如下：准予强制执行申请执行人××市公安局×××派出所作出的×公（××）行罚决字〔2015〕1732号《行政处罚决定书》的执行申请。

第二节　罚款的执行

第二百一十四条　【罚款的执行和当场收缴】公安机关作出罚款决定，被处罚人应当自收到行政处罚决定书之日起十五日内，到指定的银行缴纳罚款。具有下列情形之一的，公安机关及其办案人民警察可以当场收缴罚款，法律另有规定的，从其规定：

（一）对违反治安管理行为人处五十元以下罚款和对违反交通管理的行人、乘车人和非机动车驾驶人处罚款，被处罚人没有异议的；

（二）对违反治安管理、交通管理以外的违法行为人当场处二十元以下罚款的；

（三）在边远、水上、交通不便地区、旅客列车上或者口岸，被处罚人向指定银行缴纳罚款确有困难，经被处罚人提出的；

（四）被处罚人在当地没有固定住所，不当场收缴事后难以执行的。

对具有前款第一项和第三项情形之一的，办案人民警察应当要求被处罚人签名确认。

【条文主旨】

本条是关于罚款的执行和当场收缴的规定。

【最新修改提示】

本条对应修改前的第 188 条，内容未变化。

【理解与适用】

一、缴纳罚款的时限和方式

被处罚人应当自收到处罚决定书之日起十五日内，到指定的银行缴纳罚款。根据这一规定，受到罚款处罚的人缴纳罚款的期限为自收到罚款决定书之日起十五日内。

（一）罚款。本条所规定的罚款，属于行政处罚，是由法律授权的国家行政机关依照法定程序强制违反法律规定尚不构成犯罪者缴纳一定数额金钱的处罚，是行政处罚的一种主要形式。这里所规定的罚款是“公安机关作出罚款决定”，包括公安派出所决定的五百元以下的罚款和县级以上人民政府公安机关（包括交通管理部门）决定的罚款。

（二）收到处罚决定书。被处罚人收到行政处罚决定书是指决定罚款的公安机关（包括公安派出所）将罚款的处罚决定书送达受到罚款处罚的人。证明受到罚款处罚的人收到处罚决定书的主要依据，通常是受到罚款处罚的人在该处罚决定书上的签字。处罚决定书在当场交付或者事后送达被处罚人时，都应当由被处罚人签收。对于被处罚人拒绝签收的情形，可以按照有关规定履行手续后视为被处罚人已经收到。

（三）缴纳方式

依照本条规定，被处罚人应当到指定的银行缴纳罚款。指定的银行，是指罚款的处罚决定书上标明的办理代收罚款业务的银行。

二、当场收缴罚款的特定情形

具有下列四种情形之一的，公安机关及其办案人民警察可以当场收缴罚款：

（一）对违反治安管理行为人处五十元以下罚款和对违反交通管理的行人、乘车人和非机动车驾驶人处罚款，被处罚人没有异议的。根据这一规定，人民警察办理治安案件当场收缴罚款必须同时具备两项条件。首先，罚款金额只能是五十元以下。根据《治安管理处罚法》第100条的规定，违反治安管理行为事实清楚，证据确凿，处警告或者二百元以下罚款的，可以当场作出治安管理处罚决定。因此，五十元以下的罚款自然可以由人民警察当场作出处罚决定。在这种情况下，如果人民警察当场作出罚款决定，被处罚人对罚款无异议的，人民警察就可以在作出罚款决定后当场进行收缴。需要注意的是，本条并未将当场收缴罚款限于当场处罚的情形。也就是说，对于不属于当场处罚，但罚款金额在五十元以下，被处罚人无异议的，人民警察也可以当场收缴罚款。其次，要求被处罚人无异议。如根据《道路交通安全法》第89条规定，行人、乘车人、非机动车驾驶人违反道路交通安全法律、法规关于道路通行规定的，处警告或者五元以上五十元以下罚款。如果被处罚人对罚款决定无异议的，才可以当场收缴。

对具有本项情形的，办案人民警察应当要求被处罚人签名，确认无异议。

本条规定是根据《治安管理处罚法》第104条、《道路交通安全法》第108条等相关规定作出的，而与《行政处罚法》规定的当场收缴罚款的最高额二十元以下是不一致的。相对于《行政处罚法》而言，《治安管理处罚法》《道路交通安全法》属于特别法，根据“特别法的效力优于一般法”的原则，违反治安管理和道路交通安全法的行为应当优先适用本规定。

（二）对违反治安管理、交通管理以外的违法行为人当场处二十元以下罚款的。对于其他法律规定的当场收缴罚款的情形，例如违反《居民身份证法》《出境入境管理法》等，并没有作出特别规定，其当场收缴罚款则必须遵守《行政处罚法》的规定，即公安机关及其办案人民警察依法当场作出二十元以下的罚款的行政处罚决定，可以当场收缴罚款。应当注意的是，本条规定的当场收缴罚款，不需要被处罚人无异议。

（三）在边远、水上、交通不便地区、旅客列车上或者口岸，被处罚人向指定银行缴纳罚款确有困难，经被处罚人提出的。根据本项规定，人民警察当场收缴罚款必须同时具备三项条件：一是边远、水上、交通不便地区、旅客列车上或者口岸。二是被处罚人向指定的银行缴纳罚款确有困难。对于虽然属于边远、水上、交通不便地区、旅客列车上或者口岸，但根据案件情况或者被处罚人的个人情况，被处罚人向指定的银行缴纳罚款不存在困难的，人民警察不得当场收缴罚款。三是被处罚人提出要求。这是当场收缴罚款的必备条件，如果被处罚人没有提出当场缴纳罚款的要求，愿意自己到银行缴纳的，人民警察也不得当场收缴罚款。

对具有本项情形的，办案人民警察应当要求被处罚人签名确认系被处罚人自己提出当场缴纳。

（四）被处罚人在当地没有固定住所，不当场收缴事后难以执行的。这主要是针对在当地没有固定住所的临时外来人员。在当地没有固定住所，流动性较强，在很多情况下难以对其真实身份进行确认，或者即使可以确认其真实身份，但由于这些人在当地没有固定住所，可能在很短的时间内就会离开该地。因此，在实践中，如果对罚款决定不当场收缴，事后可能很难再找到被处罚人，当然更谈不上执行罚款决定了。

对具有前款第1项和第3项情形之一的，办案人民警察应当要求被处罚人签名确认。

【执法风险提示】

1. 关于罚缴分离制度。罚缴分离是指作出罚款决定的行政机关应当与收缴罚款的机构分离。罚缴分离制度是现代行政法制发展的趋势和要求，作出罚款决定的公安机关与收缴罚款的机构相分离，改变原“自罚自收”的状况，有利于促进公安机关廉政建设，防止腐败；有利于避免公安机关罚款的随意性，尽量减少和最终杜绝滥罚款的现象，促进公安机关依法行政。

2. 公安机关作出行政拘留并处罚款的，作出决定的公安机关将把被处罚人送达拘留所执行行政拘留。根据本条规定，被处罚人应当自收到行政处罚决定书之日起十五日内，到指定的银行缴纳罚款。但被处罚人有可能因为执行拘留而无法在十五日内到指定的银行缴纳罚款，受到加处罚款的处罚。为了保护当事人的利益，公安机关在送达行政处罚决定书时，应提醒被处罚人按期缴纳罚款，以及没按期缴纳罚款的法律责任。被罚款人可以委托其他人代为缴纳。

3. 对“可以当场收缴罚款”的理解。即符合本条规定的法定情形之一的，可以当场收缴罚款，也可以选择不当场缴纳罚款。被处罚人不当场缴纳罚款的，可以自收到行政处罚决定书之日起十五日内，到指定的银行缴纳罚款，不得强制执行。

【相关规定】

《行政处罚法》第46—48条；《治安管理处罚法》第104条；《道路交通安全法》第89条、第108条；《出境入境管理法》第87条。

第二百一十五条　【罚款收据】公安机关及其人民警察当场收缴罚款的，应当出具省级或者国家财政部门统一制发的罚款收据。对不出具省级或者国家财政部门统一制发的罚款收据的，被处罚人有权拒绝缴纳罚款。

【条文主旨】

本条是关于公安机关人民警察当场收缴罚款时出具罚款收据的规定。

【最新修改提示】

本条对应修改前的第 189 条，内容未变化。

【理解与适用】

《行政处罚法》第 49 条规定："行政机关及其执法人员当场收缴罚款的，必须向当事人出具省、自治区、直辖市财政部门统一制发的罚款收据；不出具财政部门统一制发的罚款收据的，当事人有权拒绝缴纳罚款"。据此，公安机关及其人民警察当场收缴罚款时，应当出具罚款收据，出具的罚款收据必须是省级或者国家财政部门统一制发的。如果公安机关及其人民警察不出具罚款收据，或者其出具的收据不符合法律规定，即不是省级或者国家财政部门统一制发的罚款收据，被处罚人有权拒绝缴纳罚款。

《行政处罚法》第 56 条规定，行政机关对当事人进行处罚不使用罚款、没收财物单据或者使用非法定部门制发的罚款、没收财物单据的，当事人有权拒绝处罚，并有权予以检举。上级行政机关或者有关部门对使用的非法单据予以收缴销毁，对直接负责的主管人员和其他直接责任人员依法给予行政处分。

【相关规定】

《行政处罚法》第 49 条、第 56 条；《治安管理处罚法》第 106 条。

第二百一十六条　【当场收缴的罚款缴付】人民警察应当自收缴罚款之日起二日内，将当场收缴的罚款交至其所属公安机关；在水上当场收缴的罚款，应当自抵岸之日起二日内将当场收缴的罚款交至其所属公安机关；在旅客列车上当场收缴的罚款，应当自返回之日起二日内将当场收缴的罚款交至其所属公安机关。

公安机关应当自收到罚款之日起二日内将罚款缴付指定的银行。

【条文主旨】

本条是关于人民警察当场收缴的罚款缴付的规定。

【最新修改提示】

本条对应修改前的第 190 条，内容未变化。

【理解与适用】

《行政处罚法》第 50 条规定："执法人员当场收缴的罚款，应当自收缴罚款之日起二日内，交至行政机关；在水上当场收缴的罚款，应当自抵岸之日起二日内交至行政机关，行政机关应当在二日内将罚款缴付指定的银行。"据此，人民警察应当自收缴罚款之日起二日内，将当场收缴的罚款交至其所属公安机关；在水上当场收缴的罚款，应当自抵岸之日起二日内将当场收缴的罚款交至其所属公安机关；在旅客列车上当场收缴的罚款，应当自返回之日起二日内将当场收缴的罚款交至其所属公安机关。公安机关应当自收到罚款之日起二日内将罚款缴付指定的银行。

人民警察当场收缴罚款，是代表国家对受罚款处罚的违法行为人收缴罚款，性质上属于代收。其收缴的罚款不属于收缴罚款的警察本人，也不属于公安机关，而是属于国家。为了保证罚款能够上缴国库，人民警察应当及时将当场收缴的罚款交至所属公安机关，公安机关应当自收到罚款之日起二日内将罚款缴付指定的银行。

人民警察办理行政案件，如果不按规定将依法收缴的罚款全部上缴国库，或者私分、侵占、挪用、故意损毁收缴的款物的，依法给予行政处分；构成犯罪的，依法追究刑事责任。《行政处罚法》第 58 条规定，行政机关将罚款、没收的违法所得或者财物截留、私分或者变相私分的，由财政部门或者有关部门予以追缴，对直接负责的主管人员和其他直接责任人员依法给予行政处分；情节严重构成犯罪的，依法追究刑事责任；执法人员利用职务上的便利，索取或者收受他人财物、收缴罚款据为己有，构成犯罪的，依法追究刑事责任；情节轻微不构成犯罪的，依法给予行政处分。

【相关规定】

《行政处罚法》第 49 条、第 58 条；《治安管理处罚法》第 105 条、第 116 条；《中华人民共和国出境入境管理法》第 87 条。

第二百一十七条 【暂缓或分期缴纳罚款】 被处罚人确有经济困难，经被处罚人申请和作出处罚决定的公安机关批准，可以暂缓或者分期缴纳罚款。

【条文主旨】

本条是关于暂缓或分期缴纳罚款的规定。

【最新修改提示】

本条对应修改前的第191条，内容未变化。

【理解与适用】

《行政处罚法》第52条规定："当事人确有经济困难，需要延期或者分期缴纳罚款的，经当事人申请和行政机关批准，可以暂缓或者分期缴纳"。据此，当事人暂缓或者分期缴纳罚款的条件有三：（1）按期履行罚款决定确有困难。即缴纳罚款将影响被处罚人的基本生活的。（2）当事人向作出罚款决定的行政机关提出延期或者分期缴纳的申请。申请通常以书面形式提出，具体说明暂缓或者分期缴纳罚款的理由，以及暂缓或者分期缴纳罚款的计划等。口头提出申请的，公安机关应当记录在案。（3）经作出罚款决定的行政机关批准。公安机关经过审查，认为申请理由成立，决定当事人可以暂缓或者分期缴纳罚款。该项制度体现了维护法治尊严和以人为本的理念，坚持处罚与教育相结合，教育公民、法人或者其他组织自觉守法的原则与精神。

分期缴纳罚款是有条件的例外，也是法律许可的。《行政处罚法》并没有规定暂缓或者分期缴纳的最长期限。实践中，作出罚款决定的公安机关，应根据当事人的经济状况和支付能力来确定。如果当事人在批准的暂缓或者分期缴纳的时间内未履行义务，可以从批准暂缓或者分期缴纳的最后日期开始，根据法律规定由公安机关强制执行或者申请人民法院强制执行。

【执法风险提示】

1. 暂缓或者分期缴纳罚款只限于公安机关作出的罚款处罚，不包括收缴、追缴和没收等。

2. 注意与中止强制执行相区分。本规定第210条规定，当事人暂无履行能力的等原因，中止强制执行。并进一步规定，中止执行的情形消失后，公安机关应当恢复执行。对没有明显社会危害，当事人确无能力履行，中止执行满三年未恢复执行的，不再执行。注意，中止的是强制执行。而本条规定的是对行政处罚——罚款的暂缓和分期缴纳。

3. 注意与执行和解相区分。本规定第205条规定，实施行政强制执行，公安机关可以在不损害公共利益和他人合法权益的情况下，与当事人达成执行协议。执行协议可以约定分阶段履行；当事人采取补救措施的，可以减免加处的罚款。执行和解适用于行政强制执行阶段，而暂缓或者分期缴纳适用于罚款处罚。

【相关规定】

《行政处罚法》第52条。

第二百一十八条　【公安强制执行的措施】 被处罚人未在本规定第二百一十四条规定的期限内缴纳罚款的，作出行政处罚决定的公安机关可以采取下列措施：

（一）将依法查封、扣押的被处罚人的财物拍卖或者变卖抵缴罚款。拍卖或者变卖的价款超过罚款数额的，余额部分应当及时退还被处罚人；

（二）不能采取第一项措施的，每日按罚款数额的百分之三加处罚款，加处罚款总额不得超出罚款数额。

拍卖财物，由公安机关委托拍卖机构依法办理。

【条文主旨】

本条是关于未按期缴纳罚款，公安机关可以采取的强制执行措施的规定。

【最新修改提示】

修订前（2012 版）	修订后（2018 版）
第一百九十二条 被处罚人未在本规定第一百八十八条规定的期限内缴纳罚款的，作出行政处罚决定的公安机关可以采取下列措施： （一）将依法查封、扣押的被处罚人的财物拍卖或者变卖抵缴罚款。拍卖或者变卖的价款超过罚款数额的，余额部分应当及时退还被处罚人； （二）不能采取第一项措施的，每日按罚款数额的百分之三加处罚款，加处罚款总额不得超出罚款数额。 拍卖财物，由公安机关委托拍卖机构依法办理。	**第二百一十八条** 被处罚人未在本规定**第二百一十四条**规定的期限内缴纳罚款的，作出行政处罚决定的公安机关可以采取下列措施： （一）将依法查封、扣押的被处罚人的财物拍卖或者变卖抵缴罚款。拍卖或者变卖的价款超过罚款数额的，余额部分应当及时退还被处罚人； （二）不能采取第一项措施的，每日按罚款数额的百分之三加处罚款，加处罚款总额不得超出罚款数额。 拍卖财物，由公安机关委托拍卖机构依法办理。

【理解与适用】

《行政处罚法》第 51 条规定，当事人逾期不履行行政处罚决定的，作出行政处罚决定的行政机关可以采取下列措施：（1）当事人逾期不缴纳罚款，又未提出延期或分期缴纳的申请，或者虽然提出了申请但未获批准的，行政机关可以对当事人每日加处原罚款数额的百分之三的罚款；（2）当事人逾期不履行罚款决定，而又无任何正当理由的，行政机关可以依法将查封、扣押的财物拍卖，将拍卖款抵缴罚款，或者依法将冻结的存款划拨抵缴罚款人；（3）行政机关可以申请人民法院依法强制执行。据此，被处罚人应当自收到行政处罚决定书之日起 15 日内，到指定的银行缴纳罚款。如果被处罚人未在规定的期限内缴纳罚款的，作出行政处罚决定的公安机关可以采取下列措施强制执行：

（一）将依法查封、扣押的被处罚人的财物拍卖或者变卖抵缴罚款。拍卖或者变卖的价款超过罚款数额的，余额部分应当及时退还被处罚人。

如果在行政案件调查过程中，出于取证和保全证据的需要，公安机关查封、扣押被处罚人财物的，或者以其他的目的（如实施强制执行）查封、扣押被处罚人的财物的，可以将查封、扣押的被处罚人的财物拍卖或者变卖，抵缴罚款。

如果拍卖或者变卖的价款超过罚款数额的，为了保护公民的合法权益，余额部分应当及时退还被处罚人。

拍卖财物，由公安机关委托拍卖机构依法办理。

（二）不能采取第一项措施的，每日按罚款数额的百分之三加处罚款，加处罚款总额不得超出罚款数额。

加处罚款的条件是：一是被处罚人没有按期缴纳罚款；二是被罚款人没有被查封、扣押的财物可以拍卖、变卖。公安机关可以采取加处罚款的措施，强制被处罚人依法缴纳罚款。

加处罚款的标准是每日按罚款数额的百分之三加处罚款。根据《行政强制法》第 45 条的规定，加处罚款总额不得超出罚款数额。

采取以上两种措施仍然无效，罚款无法得到执行的，可以申请法院强制执行。

【执法风险提示】

1. 拍卖或者变卖的财物必须是依法查封或者扣押的被处罚人所有的财物，如果不是被处罚人的财物，不能拍卖或者变卖。价款超过罚款数额的，余额部分应当及时退还被处罚人。

2. 优先选择将依法查封、扣押的被处罚人的财物进行拍卖或者变卖取得的金钱来折抵罚款。无财物可拍卖或者变卖时，才能采取按日增加罚款的措施。

3. 拍卖财物，由公安机关委托拍卖机构依法办理，不得自行拍卖。

【相关规定】

《行政处罚法》第 51 条；《行政强制法》第 12 条、第 45 条、第 46 条。

第二百一十九条　【申请强制执行】依法加处罚款超过三十日，经催告被处罚人仍不履行的，作出行政处罚决定的公安机关可以按照本规定第二百零六条的规定向所在地有管辖权的人民法院申请强制执行。

【条文主旨】

本条是关于公安机关申请法院强制执行的规定。

【最新修改提示】

修订前（2012 版）	修订后（2018 版）
第一百九十三条 依法加处罚款超过三十日，经催告被处罚人仍不履行的，作出行政处罚决定的公安机关可以按照本规定第一百八十条的规定向所在地有管辖权的人民法院申请强制执行。	**第二百一十九条** 依法加处罚款超过三十日，经催告被处罚人仍不履行的，作出行政处罚决定的公安机关可以按照本规定**第二百零六条**的规定向所在地有管辖权的人民法院申请强制执行。

【理解与适用】

一、申请法院强制执行的条件

加处罚款的，除总额不得超出罚款数额外，还要求加处罚款不超过三十日。《行政强制法》第 46 条规定："行政机关依照本法第四十五条规定实施加处罚款或者滞纳金超过三十日，经催告当事人仍不履行的，具有行政强制执行权的行政机关可以强制执行……没有行政强制执行权的行政机关应当申请人民法院强制执行……"本条规定了依法加处罚款超过三十日，经催告被处罚人仍不履行的，作出处罚决定的公安机关可以申请法院强制执行。根据本条规定，申请法院强制执行的条件包括：（1）被处罚人没有按期缴纳罚款。（2）作出行政处罚决定的公安机关依法加处罚款，且加处罚款超过三十日。（3）经催告被处罚人仍不履行的。

根据规定，对于被处罚人没有按期缴纳罚款的，公安机关可以采取的强制执行措施包括：首先，将依法查封、扣押的被处罚人的财物拍卖或者变卖抵缴罚款。其次，每日按罚款数额的百分之三加处罚款。如果被处罚人被加处罚款仍不缴纳罚款，公安机关对此又没有强制执行权，公安机关穷尽了法律赋予其的强制执行措施，故可申请法院强制执行。

二、申请法院强制执行的程序

作出行政处罚决定的公安机关可以按照本规定第 206 条的规定向所在地有管辖权的人民法院申请强制执行。本规定第 206 条规定，当事人在法定期限内不申请行政复议或者提起行政诉讼，又不履行行政处理决定的，法律没有规定公安机关强制执行的，作出行政处理决定的公安机关可以自期限届满之日起三个月内，向所在地有管辖权的人民法院申请强制执行。对于何为有管辖权的法院，请参见本书对第206条的解读。

【执法风险提示】

公安机关依照本条规定向人民法院申请强制执行是在依照本规定第218条采取措施后的强制措施。

【相关规定】

《行政处罚法》第51条；《行政强制法》第13条、第45条、第46条。

案例分析

行政复议、行政诉讼期间没有按期缴纳罚款是否应当加处罚款

——佟某要求××市公安局交通警察支队返还收取的加处罚款案①

△基本案情

被告××市公安局交通警察支队因原告佟某在××市××区南四马路禁止停放和临时停放机动车的地点停车，被公安交通管理部门电子图片采集移动抓拍。于2018年3月21日对其作出2101011453218152号公安交通管理行政处罚决定书，决定处以罚款100元。佟某不服，于当日向××市公安局申请行政复议，××市公安局于2018年4月10日作出×公复决字（2018）1923号行政复议决定书，维持被申请人作出的行政处罚决定书，并于2018年4月18日向佟某邮寄送达，其于2018年4月21日收到复议决定书。原告不服，于2018年5月7日向法院提起行政诉讼，要求撤销××市公安局交通警察支队作出的2101011453218152号公安交通管理行政处罚决定书及××市公安局作出的×公复决字（2018）1923号行政复议决定书。法院于2018年6月19日作出（2018）辽0104行初154号行政判决书，驳回原告佟某的诉讼请求，并向佟某邮寄送达，2018年6月30日佟某签收行政判决书。2018年7月5日佟某到银行缴纳100元罚款，同时被收取加处罚款100元。原告佟某不服，诉至法院，要求被告返还其收取的加处罚款100元。

---

① 参见（2018）辽0104行初224号行政判决书。

原告佟某诉称：被告收取加处罚款的行为适用法律错误。原告进行行政复议和行政诉讼期间不应加处罚款。原告不服行政处罚决定，向人民法院提起行政诉讼后，行政决定是否合法，只有在人民法院作出判决后，才能得出结论。本着公平合理的原则，对行政诉讼期间相对人不履行行政处罚决定所确定缴纳罚款义务的，不应计算加处罚款。最高人民法院《关于行政处罚的加处罚款在诉讼期间应否计算问题的答复》（〔2005〕行他字第29号）规定：如果被处罚人提起行政诉讼，诉讼期间不应计算加处罚款金额。被告收取加处罚款的行为违反了《中华人民共和国行政强制法》的有关程序规定。加处罚款是执行罚，行政强制法第35条规定，行政机关作出强制执行决定前，应当事先催告当事人履行义务。催告应当以书面的形式作出，并载明下列事项：（一）履行义务的期限；（二）履行义务的方式；（三）涉及金钱给付义务，应当有明确的金额和给付方式；（四）当事人依法享有陈述权和申辩权。第37条规定，经催告，当事人逾期仍不履行行政决定，且无正当理由的，行政机关可以作出强制执行决定。强制执行决定应当以书面形式作出，并载明下列事项：（一）当事人的姓名或者名称、地址；（二）强制执行的理由和依据；（三）强制执行的方式和时间；（四）申请行政复议或者提起行政诉讼的途径和期限；（五）行政机关的名称、印章和日期。故被告在下发处罚决定书而原告尚未存在逾期不缴纳罚款行为的情况下作出加处罚款的决定，违反了《行政强制法》中关于加处罚款的法律程序规定。要求被告返还原告违法收取的加处罚款100元。

被告××市公安局交通警察支队辩称：处罚决定书下达的同时已经履行了告知当事人缴纳罚款的义务，并将履行的方式和期限在处罚决定书中体现出来，且复议申请书下方有明确的温馨提示："由于复议结果存在不确定性，对于罚款类复议案件，为避免产生加处罚款，建议您在被处罚日期15日内先期缴纳罚款"，说明没有终止行政处罚情形出现。原告在2018年3月21日开具的处罚决定书并同日提起行政复议。依据《中华人民共和国行政处罚法》第44条、第45条、《中华人民共和国道路交通安全法》第108条、第109条、《中华人民共和国行政复议法》第21条、《中华人民共和国行政诉讼法》第56条的规定，对原告每日按罚款数额的百分之三加处罚款。因此，被告作出100元加处罚款的行为事实清楚、法律依据正确、程序合法有效，请求驳回原告的诉讼请求。

△核心问题

行政复议、行政诉讼期间没有按期缴纳罚款是否应当加处罚款？

△**法律评析**

最高人民法院《关于行政处罚的加处罚款在诉讼期间应否计算问题的答复》（〔2005〕行他字第29号）规定，根据《中华人民共和国行政诉讼法》的有关规定，对于不履行行政处罚决定所加处的罚款属于执行罚，在诉讼期间不应计算。其本意在于保护行政相对人陈述申辩及提起诉讼的权利，而且当行政相对人不服行政处罚决定提起复议、诉讼后，行政处罚决定是否合法，只有在人民法院作出终审判决后，才能得出结论。加处罚款的计算应当使其既能有效督促行政相对人在指定的期限内自觉履行行政决定确定的金钱给付义务，又不能给行政相对人造成不合理的负担，亦不能给行政相对人故意拖延、逃避加处罚款的可乘之机，故行政相对人不服行政处罚决定提起诉讼的，对行政处罚加处罚款的计算应实行中断与完成制度，其能够平衡各方利益，又符合立法主旨。行政相对人在加处罚款计算尚未达到最高限额时提起复议或诉讼的，中断对加处罚款的计算，加处罚款自法院生效判决明确行政处罚的合法性后重新计算；行政相对人收到行政处罚决定书后，既不履行义务，又怠于提起复议或诉讼，导致加处罚款的计算达到最高限额的，加处罚款计算完成，行政相对人再次提起诉讼的，不影响对已经计算完成的加处罚款的执行。

根据《中华人民共和国行政处罚法》第46条第3款，当事人应当自收到行政处罚决定书之日起十五日内，到指定的银行缴纳罚款。银行应当收受罚款，并将罚款直接上缴国库。根据第51条第1项，当事人逾期不履行行政处罚决定的，作出行政处罚决定书的行政机关可以采取下列措施：（一）到期不缴纳罚款的，每日按罚款数额的百分之三加收罚款……本案中，被告××市公安局交通警察支队于2018年3月21日对原告佟某作出了行政处罚决定书，如原告佟某在规定的期限内未予缴纳罚款，则加处罚款的计算时间应自2018年4月6日开始计算，原告在2018年3月21日收到处罚决定书当日即向××市公安局申请行政复议，此时加处罚款尚未开始计算，2018年4月6日应开始计算加处罚款时，原告对处罚决定书不服正在行政复议程序期间，故应中断对加处罚款的计算。后原告不服处罚决定书及复议决定书提起的行政诉讼期间亦应适用中断制度，不应计算加处罚款。

法院依照《中华人民共和国行政诉讼法》第74条之规定，判决如下：一、被告××市公安局交通警察支队向原告佟某收取行政处罚决定书（2101011453218152）行政复议、诉讼期间的加处罚款的行为违法。二、被告××市公安局交通警察支队于本判决书发生法律效力后十日内返还原告佟某加处罚款100元。案件受理费50元由被告负担。

第三节　行政拘留的执行

第二百二十条　【行政拘留的执行】对被决定行政拘留的人，由作出决定的公安机关送达拘留所执行。对抗拒执行的，可以使用约束性警械。

对被决定行政拘留的人，在异地被抓获或者具有其他有必要在异地拘留所执行情形的，经异地拘留所主管公安机关批准，可以在异地执行。

【条文主旨】

本条是关于行政拘留执行的规定。

【最新修改提示】

本条对应修改前的第194条，内容未变化。

【理解与适用】

一、送达拘留所执行

《治安管理处罚法》第103条："对被决定给予行政拘留处罚的人，由作出决定的公安机关送达拘留所执行。"这里的"送达拘留所执行"，是指作出行政拘留决定的公安机关将被决定行政拘留的人送到拘留所并交付执行，拘留所依法办理入所手续后即为送达。公安机关必须将被决定行政拘留的人送到拘留所，将《公安行政处罚决定书》和《执行回执》送达拘留所，《执行回执》由拘留所经办人填写、投送人签字后带回附卷。

收拘被拘留人后，拘留决定机关应当及时通知被拘留人家属。

二、对抗拒执行的处理

被决定行政拘留的人抗拒执行的，公安机关可以使用约束性警械。根据《人民警察使用警械和武器条例》第8条规定，人民警察依法执行下列任务，遇有违法犯罪分子可能脱逃、行凶、自杀、自伤或者有其他危险行为的，可以使用手铐、脚镣、警绳等约束性警械："（一）抓获违法犯罪分子或者犯罪重大嫌疑人的；（二）执行逮捕、拘留、看押、押解、审讯、拘传、强制传唤的；（三）法律、行政法规规定可以使用警械的其他情形。人民警察依照前款规定使用警械，不得故意造成人身伤害。”

三、异地执行

对被决定行政拘留的人，在异地被抓获或者具有其他有必要在异地拘留所执行情形的，经异地拘留所主管公安机关批准，可以在异地执行。行政拘留异地执行需要具备两个条件：一是被决定行政拘留的人，在异地被抓获或者具有其他有必要在异地拘留所执行的情形。在异地拘留所执行主要有利于节约成本（如被拘留居住在异地等）、有利于被拘留人改过自新等情形。二是需经异地拘留所主管公安机关批准。

【执法风险提示】

1. 被决定行政拘留的人抗拒执行的，公安机关只能根据情况使用警绳等约束性警械，而不得随意使用驱逐性、制服性警械，更不得使用武器。使用约束性警械时，也不得故意造成人身伤害。

2. 拘留所发现被拘留人患有传染病、精神病和其他严重疾病的，以及怀孕或者正在哺乳自己婴儿的，应当通知原决定机关另行处理。

【相关规定】

《治安管理处罚法》第 103 条；《人民警察使用警械和武器条例》第 8 条。

第二百二十一条　【对同时被行政拘留和戒毒的执行】 对同时被决定行政拘留和社区戒毒或者强制隔离戒毒的人员，应当先执行行政拘留，由拘留所给予必要的戒毒治疗，强制隔离戒毒期限连续计算。

拘留所不具备戒毒治疗条件的，行政拘留决定机关可以直接将被行政拘留人送公安机关管理的强制隔离戒毒所代为执行行政拘留，强制隔离戒毒期限连续计算。

【条文主旨】

本条是关于对同时被行政拘留和戒毒的执行规定。

【最新修改提示】

修订前（2012版）	修订后（2018版）
第一百九十五条 对同时被决定行政拘留和社区戒毒或者强制隔离戒毒的人员，应当先执行行政拘留，行政拘留的期限不计入社区戒毒或者强制隔离戒毒的期限。拘留所不具备戒毒治疗条件的，可由公安机关管理的强制隔离戒毒所代为执行行政拘留。	**第二百二十一条** 对同时被决定行政拘留和社区戒毒或者强制隔离戒毒的人员，应当先执行行政拘留，**由拘留所给予必要的戒毒治疗，强制隔离戒毒期限连续计算。** 拘留所不具备戒毒治疗条件的，**行政拘留决定机关可以直接将被行政拘留人送公安机关管理的强制隔离戒毒所代为执行行政拘留，强制隔离戒毒期限连续计算。**

【理解与适用】

一、行政拘留的期限计入强制隔离戒毒的期限

本条规定与2012年《程序规定》有根本性变化，把原来“行政拘留的期限不计入社区戒毒或者强制隔离戒毒的期限”修改为“由拘留所给予必要的戒毒治疗，强制隔离戒毒期限连续计算”，即行政拘留的期限计入强制隔离戒毒的期限。

（一）社区戒毒与强制隔离戒毒

社区戒毒，是指吸毒成瘾人员在社区的牵头监管下，整合社区、公安以及卫生、民政等力量和资源，使吸毒人员在社区里实现戒毒。《禁毒法》第33条规定，对吸毒成瘾人员，公安机关可以责令其接受社区戒毒，同时通知吸毒人员户籍所在地或者现居住地的城市街道办事处、乡镇人民政府。社区戒毒的期限为三年，自报到之日起计算。城市街道办事处、乡镇人民政府可以指定有关基层组织，根据戒毒人员本人和家庭情况，与戒毒人员签订社区戒毒协议，落实有针对性的社区戒毒措施。对签订社区戒毒协议的人员，不收押，不限制人身自由。

根据《戒毒条例》第25条，吸毒成瘾人员有《禁毒法》第38条第1

款所列情形之一的，由县级、设区的市级人民政府公安机关作出强制隔离戒毒的决定。[①]对于吸毒成瘾严重，通过社区戒毒难以戒除毒瘾的人员，县级、设区的市级人民政府公安机关可以直接作出强制隔离戒毒的决定。吸毒成瘾人员自愿接受强制隔离戒毒的，经强制隔离戒毒场所所在地县级、设区的市级人民政府公安机关同意，可以进入强制隔离戒毒场所戒毒。强制隔离戒毒的期限为 2 年，自作出强制隔离戒毒决定之日起计算。

（二）同时被决定行政拘留和社区戒毒或者强制隔离戒毒的期限计算

《治安管理处罚法》第 72 条规定："有下列行为之一的，处十日以上十五日以下拘留，可以并处二千元以下罚款；情节较轻的，处五日以下拘留或者五百元以下罚款：……（三）吸食、注射毒品的；……"根据《禁毒法》第 33 条、第 38 条的规定，对吸毒成瘾人员，公安机关可以责令其接受社区戒毒，或者在法定情形下作出强制隔离戒毒决定。

如果被处罚人同时被决定行政拘留和强制隔离戒毒的，根据本条规定，应当先执行行政拘留，由拘留所给予必要的戒毒治疗，强制隔离戒毒期限连续计算。由于在拘留所期间接受了必要的戒毒治疗，故行政拘留执行完毕，继续执行强制隔离戒毒，强制隔离戒毒期限扣除行政拘留期限后，连续计算。同时《戒毒条例》第 36 条明确规定，强制隔离戒毒人员被依法收监执行刑罚、采取强制性教育措施或者被依法拘留、逮捕的，由监管场所、羁押场所给予必要的戒毒治疗，强制隔离戒毒的时间连续计算；刑罚执行完毕时、解除强制性教育措施时或者释放时强制隔离戒毒尚未期满的，继续执行强制隔离戒毒。

如果被处罚人同时被决定行政拘留和社区戒毒的，根据本条规定，应当先执行行政拘留。根据《戒毒条例》第 24 条规定，社区戒毒人员被依法收监执行刑罚、采取强制性教育措施的，社区戒毒终止。社区戒毒人员被依法拘留、逮捕的，社区戒毒中止，由羁押场所给予必要的戒毒治疗，释放后继续接受社区戒毒。

二、强制隔离戒毒所代为执行行政拘留

拘留所不具备戒毒治疗条件的，行政拘留决定机关可以直接将被行政

---

① 《禁毒法》第 38 条第 1 款规定："吸毒成瘾人员有下列情形之一的，由县级以上人民政府公安机关作出强制隔离戒毒的决定：（一）拒绝接受社区戒毒的；（二）在社区戒毒期间吸食、注射毒品的；（三）严重违反社区戒毒协议的；（四）经社区戒毒、强制隔离戒毒后再次吸食、注射毒品的。"

拘留人送公安机关管理的强制隔离戒毒所代为执行行政拘留，强制隔离戒毒期限连续计算。

【执法风险提示】

与2012年《程序规定》相反，2018年《程序规定》本条规定了行政拘留期限计入强制隔离戒毒期限。

【相关规定】

《禁毒法》第33条、第38条、第41条、第42条、第47条；《戒毒条例》第25条、第27条、第36条；《治安管理处罚法》第72条。

第二百二十二条　【暂缓执行行政拘留】被处罚人不服行政拘留处罚决定，申请行政复议或者提起行政诉讼的，可以向作出行政拘留决定的公安机关提出暂缓执行行政拘留的申请；口头提出申请的，公安机关人民警察应当予以记录，并由申请人签名或者捺指印。

被处罚人在行政拘留执行期间，提出暂缓执行行政拘留申请的，拘留所应当立即将申请转交作出行政拘留决定的公安机关。

【条文主旨】

本条是关于申请暂缓执行行政拘留的规定。

【最新修改提示】

本条对应修改前的第196条，内容未变化。

【理解与适用】

一、行政拘留暂缓执行的含义

行政拘留暂缓执行，是指被处罚人不服行政拘留处罚决定，在申请行政复议、提起行政诉讼期间，向公安机关提出行政拘留暂缓执行申请，公安机关认为对被拘留人暂缓行政拘留不致发生社会危险，在被拘留人或其近亲属提供了担保人或者交纳保证金后，行政拘留决定可以暂缓执行的法律制度。根据《行政处罚法》第 45 条，当事人对行政处罚决定不服申请行政复议或者提起行政诉讼的，行政处罚不停止执行，法律另有规定的除外。暂缓执行就属于“法律另有规定的”情形。

行政处罚一般情况下不停止执行，但行政拘留不同于其他形式的行政处罚，一旦执行就难以弥补造成的损害。根据《行政处罚法》相关规定，被处罚人对行政拘留不服，可以申请行政复议或者提起行政诉讼，但是行政拘留的时间一般不超过 15 日，合并执行的不超过 20 日，在复议和诉讼结果出来时，行政拘留可能已执行完毕。对已经执行完毕的行政拘留，有些损失难以弥补，复议和诉讼的救济作用会减小，故必须设置一种暂缓执行的救济机制。

二、申请暂缓执行的前提

被处罚人不服行政拘留处罚决定，依法申请了行政复议或者提起了行政诉讼，这是向公安机关提出暂缓执行行政拘留的前提条件。如果被拘留人没有申请行政复议或者提起行政诉讼的，则不得申请行政拘留暂缓执行。

三、申请暂缓执行的方式

一是向作出行政拘留决定的公安机关提出暂缓执行行政拘留的书面申请；二是向作出行政拘留决定的公安机关口头提出申请。口头提出申请的，办案人员应当予以记录，并由申请人签名或者捺指印。

四、申请暂缓执行的时间

申请可以在申请行政复议或者提起行政诉讼的同时提出，也可以在行政复议或者行政诉讼期间提出，但都必须在行政拘留处罚尚未执行或者执行完毕前提出。被处罚人在行政拘留执行期间，提出暂缓执行行政拘留申请的，拘留所应当立即将申请转交作出行政拘留决定的公安机关。

【执法风险提示】

1. 对于行政拘留并处罚款的，行政拘留依照本条决定是否暂缓执行，罚款是否暂缓执行须依照本规定第 217 条处理。

2. 暂缓执行申请必须由被处罚人本人提出，其他人员均无权提出。

【相关规定】

《行政处罚法》第 45 条；《治安管理处罚法》第 107 条。

第二百二十三条　【暂缓执行行政拘留的处理】公安机关应当在收到被处罚人提出暂缓执行行政拘留申请之时起二十四小时内作出决定。

公安机关认为暂缓执行行政拘留不致发生社会危险，且被处罚人或者其近亲属提出符合条件的担保人，或者按每日行政拘留二百元的标准交纳保证金的，应当作出暂缓执行行政拘留的决定。

对同一被处罚人，不得同时责令其提出保证人和交纳保证金。

被处罚人已送达拘留所执行的，公安机关应当立即将暂缓执行行政拘留决定送达拘留所，拘留所应当立即释放被处罚人。

【条文主旨】

本条是关于决定暂缓执行行政拘留的规定。

【最新修改提示】

本条对应修改前的第 197 条，内容未变化。

【理解与适用】

一、作出暂缓执行行政拘留决定的时限

公安机关应当在收到被处罚人提出暂缓执行行政拘留申请之时起 24 小时内作出决定。

二、决定暂缓执行行政拘留的条件

公安机关认为符合以下条件的，应当决定暂缓执行：

（一）暂缓执行行政拘留不致发生社会危险。公安机关认为对被拘留人暂缓执行行政拘留不致发生社会危险。这里所称的“不致发生社会危险”，主要是指暂缓执行行政拘留，被拘留人不会逃跑、干扰和阻碍证人作证、串供，毁灭、伪造证据、再次实施违法犯罪等情形。

（二）被处罚人或者其近亲属提出符合条件的担保人，或者按每日行政拘留二百元的标准交纳保证金的。担保人，是指担保被拘留人在行政拘留暂缓执行期间不逃避行政拘留处罚执行的自然人。担保人由被处罚人或者近亲属提出。根据《最高人民法院关于适用〈中华人民共和国行政诉讼法〉的解释》第 14 条规定，“近亲属”包括配偶、父母、子女、兄弟姐妹、祖父母、外祖父母、孙子女、外孙子女和其他具有扶养、赡养关系的亲属。

保证金的标准是每日 200 元。即保证金数额的计算方式为：

被处罚人应当交纳的保证金数额（元）＝200×行政拘留天数。

对同一被处罚人，不得同时责令其提出保证人和交纳保证金。

同时符合上述条件，又不属于不暂缓执行的情形的（下一条将详细介绍），公安机关应当作出暂缓执行行政拘留的决定。公安机关负责人决定暂缓执行行政拘留的，办案人员制作《暂缓执行行政拘留决定书》一式三份，一份送达被处罚人，一份送达拘留所，一份由被处罚人签字后附卷。

三、已在执行的应予释放

被处罚人已送达拘留所执行的，公安机关应当立即将暂缓执行行政拘留决定书送达拘留所，拘留所应当立即释放被处罚人。

【执法风险提示】

1. 保证措施为单保制，即提供担保人或者交纳保证金。被处罚人及其近亲属只需要选择其中的一种，公安机关不得要求被处罚人及其近亲属同时提供担保人和交纳保证金。

2. 被处罚人已送达拘留所执行的，公安机关应当立即将暂缓执行行政拘留决定送达拘留所，拘留所应当立即释放被处罚人。

3. 暂缓执行行政拘留的申请只能由被处罚人提出，但担保人的提出或者保证金的交纳既可以由被处罚人进行，也可以由被处罚人的近亲属进行。

【相关规定】

《行政处罚法》第 45 条；《治安管理处罚法》第 107 条；《最高人民法院关于适用〈中华人民共和国行政诉讼法〉的解释》第 14 条。

第二百二十四条　【不暂缓执行行政拘留的情形】 被处罚人具有下列情形之一的，应当作出不暂缓执行行政拘留的决定，并告知申请人：

（一）暂缓执行行政拘留后可能逃跑的；

（二）有其他违法犯罪嫌疑，正在被调查或者侦查的；

（三）不宜暂缓执行行政拘留的其他情形。

【条文主旨】

本条是关于不暂缓执行行政拘留情形的规定。

【最新修改提示】

本条对应修改前的第 198 条，内容未变化。

【理解与适用】

被处罚人提出申请，但是否暂缓执行行政拘留的，决定权在作出行政拘留决定的公安机关。公安机关认为依法不宜暂缓执行的，应当告知申请人，并在笔录中注明。

被处罚人具有下列情形之一的，应当作出不暂缓执行行政拘留的决定：

1. 暂缓执行行政拘留后可能逃跑的。设立暂缓执行行政拘留制度是为了保护被处罚人的利益，避免给被处罚人带来无法弥补的损失。如果被处罚人逃跑，逃避法律责任，行政拘留的目的无法实现，不利于公安机关对社会的管理。故如果有迹象表明被处罚人被暂缓执行行政拘留后可能逃跑的，公安机关将作出不暂缓执行行政拘留的决定。

2. 有其他违法犯罪嫌疑，正在被调查或者侦查的。为了保证案件调查、侦查活动的顺利进行，防止处罚人逃避侦查或调查活动，如果被决定行政拘留人有其他违法犯罪嫌疑，正在被调查或者侦查的，公安机关将作出不暂缓执行行政拘留的决定。

3. 不宜暂缓执行行政拘留的其他情形。

这里的“其他情形”需要公安机关根据被处罚人各方面的情况，如违法行为的性质、社会危害，被处罚人对实施违法行为的认识态度，被处罚人的一贯表现，被处罚人在当地是否有稳定的工作和固定住所等综合判断。例如，暂缓执行拘留后，处罚人可能干扰和阻碍证人作证、串供，毁灭、伪造证据，再次实施违法犯罪等。

公安机关作出不暂缓执行行政拘留的决定，应告知申请人。

【相关规定】

《行政处罚法》第 45 条；《治安管理处罚法》第 107 条。

第二百二十五条　【罚款不因暂缓执行拘留而暂缓执行】 行政拘留并处罚款的，罚款不因暂缓执行行政拘留而暂缓执行。

【条文主旨】

本条是关于罚款不因暂缓执行拘留而暂缓执行的规定。

【最新修改提示】

本条对应修改前的第 199 条，内容未变化。

【理解与适用】

《行政处罚法》第 45 条规定，当事人对行政处罚决定不服申请行政复议或者提起行政诉讼的，行政处罚不停止执行，法律另有规定的除外。拘留暂缓执行只限于“被处罚人不服行政拘留处罚决定，申请行政复议或者提起行政诉讼的”法定情形，罚款不因暂缓执行拘留而暂缓执行，应按照本规定第 214 条的规定，在规定的时限内向指定的银行缴纳罚款。如符合本规定第 217 条规定的，可暂缓或分期缴纳。

【执法风险提示】

暂缓执行拘留不包括罚款的执行。根据本规定第 217 条、《行政处罚法》第 52 条的规定，被处罚人确有经济困难，经被处罚人申请和作出处罚决定的公安机关批准，可以暂缓或者分期缴纳罚款。

【相关规定】

《行政处罚法》第 45 条、第 52 条；《行政复议法》第 21 条；《行政诉讼法》第 56 条；《治安管理处罚法》第 107 条。

第二百二十六条　【暂缓执行行政拘留人应遵守的规定】 在暂缓执行行政拘留期间，被处罚人应当遵守下列规定：

（一）未经决定机关批准不得离开所居住的市、县；

（二）住址、工作单位和联系方式发生变动的，在二十四小时以内向决定机关报告；

（三）在行政复议和行政诉讼中不得干扰证人作证、伪造证据或者串供；

（四）不得逃避、拒绝或者阻碍处罚的执行。

在暂缓执行行政拘留期间，公安机关不得妨碍被处罚人依法行使行政复议和行政诉讼权利。

【条文主旨】

本条是关于暂缓执行行政拘留期间被处罚人及公安机关应遵守的规定。

【最新修改提示】

本条对应修改前的第 200 条，内容未变化。

【理解与适用】

一、被处罚人应当遵守的规定

被处罚人在暂缓执行行政拘留期间应当遵守的规定：

（一）未经决定机关批准不得离开所居住的市、县。这里所说的“市、县”，是指直辖市、设区的市的辖区和县、县级市的辖区，在设区的同一市内跨区活动的，不属于离开所居住的市、县。法律作这样的规定，主要是考虑到被处罚人在案件没有终结以前，公安机关、复议机关、人民法院随时有可能对被处罚人进行询问调查、核实证据、对案件开庭审理等。为了保证行政复议、行政诉讼的正常进行，规定被处罚人不得离开所居住的市、县是非常必要的。应当注意的是，在拘留暂缓执行期间，被处罚人申请离开所居住的市、县的，应得到作出暂缓执行行政拘留决定的公安机关的批准。

（二）住址、工作单位和联系方式发生变动的，在24小时以内向决定机关报告。为保障公安机关进行监督管理，便于行政复议、行政诉讼的进行，被处罚人应如实告知决定机关自己的住址、工作单位和联系方式。随着经济社会的发展，人员流动性加强，人们的住址、工作单位和联系方式时有变动。对于这种变动，被处罚人应当在变动后24小时内向决定机关报告。应当注意的是，这种住址、工作单位和联系方式的变动，应当向公安机关报告而不是获得公安机关批准。但是，如果变动后的住址、工作单位不在其原来所居住的市、县之内，则需要先经执行机关批准。如果住址、工作单位不再是原来所居住的市、县，公安机关认为对被处罚人不宜暂缓拘留执行的，可以终止暂缓执行行政拘留。

（三）在行政复议和行政诉讼中不得干扰证人作证、伪造证据或者串供。这里所说的“干扰证人作证”，是指被处罚人以口头、书面或者其他形式威胁、恫吓、引诱、收买证人不作证或者不如实作证。“伪造”证据，是指被处罚人为推脱自己责任，逃避追究，采取积极行动，制造假证据、对证据进行变造等改变证据特征和所包含的信息的行为。“串供”，是指被处罚人与其同伙建立“攻守同盟”、统一口径等。

（四）不得逃避、拒绝或者阻碍处罚的执行。暂缓执行行政拘留，是行政拘留的暂时停止执行，而不是行政处罚的不执行。所以，暂缓执行行政拘留期间不得逃避、拒绝或者阻碍行政拘留行政处罚的执行。

如果被处罚人在行政拘留暂缓执行期间违反上述规定，公安机关可以对被处罚人恢复执行行政拘留。

二、公安机关在暂缓执行行政拘留期间应遵守的规定

为了保护公民依法行使行政复议和行政诉讼的权利，公安机关在暂缓执行行政拘留期间不得妨碍被处罚人依法行政复议或者行政诉讼。例如《行政诉讼法》第58条规定，“经人民法院传票传唤，原告无正当理由拒不到庭，或者未经法庭许可中途退庭的，可以按照撤诉处理……”如果被处罚人提起行政诉讼后，法院传唤被处罚人时，公安机关采取限制被处罚人按时到庭，致使法院将被处罚人提起的行政诉讼“按照撤诉处理”，就属于妨碍被处罚人依法行使行政诉讼的权利。

【执法风险提示】

在暂缓执行行政拘留期间，被处罚人不是绝对不得离开所居住的市、县，其申请离开所居住的市、县的，应得到作出暂缓执行行政拘留决定的公安机关的批准。

【相关规定】

《行政诉讼法》第56条、第58条；《治安管理处罚法》第102条。

第二百二十七条　【担保人的条件】暂缓执行行政拘留的担保人应当符合下列条件：

（一）与本案无牵连；

（二）享有政治权利，人身自由未受到限制或者剥夺；

（三）在当地有常住户口和固定住所；

（四）有能力履行担保义务。

【条文主旨】

本条是关于暂缓执行行政拘留的担保人应具备条件的规定。

【最新修改提示】

本条对应修改前的第201条，内容未变化。

【理解与适用】

暂缓执行行政拘留的担保人，应当保证被拘留人在行政拘留暂缓执行期间，遵守相关法律规定，不逃避行政拘留处罚的执行。因此，担保人必须具备一定的条件。根据《治安管理处罚法》第108条规定，担保人必须是与本案无牵连、享有政治权利且人身自由未受到限制、在当地有常住户口和固定住所、有能力履行担保义务的人。

一、与本案无牵连

与本案无牵连，是指担保人与被处罚人的行政违法行为没有任何利害关系。担保人不能是被处罚人的共同违法行为人，也不能是本案的证人。因为如果其本人是公安机关调查的对象或者证人等，就可能出现串供、干扰证人作证等违反暂缓执行行政拘留应遵守规定的情形。

二、享有政治权利，人身自由未受到限制或者剥夺

政治权利包括下列权利：选举权和被选举权；言论、出版、集会、结社、游行、示威的自由；担任国家机关职务的权利；担任企业、事业单位和人民团体领导职务的权利等。人身自由未受到限制或者剥夺，是指担保人在履行担保义务期间，没有受到人身性刑罚处罚，未被采取任何剥夺、限制人身自由的刑事、行政强制措施，未受到限制人身自由的行政处罚。具体讲，包括保证人未被判处徒刑、缓刑、拘役、管制、假释、监外执行等，未被采取拘传、取保候审、监视居住、拘留、逮捕的强制措施，未受到行政拘留等处罚。法律规定担保人既要享有政治权利，人身自由又未受到限制或者剥夺，是因为只有这样，担保人才有可能履行好担保义务。

三、在当地有常住户口和固定住所

在当地有常住户口和固定住所，是担保人在裁决拘留的公安机关所在地登记为常住户口，属于该地常住户口，并且拥有属于自己的固定的住房。如果没有当地常住户口和固定住所，流动性大，一旦出现被处罚人逃避拘留时，公安机关、行政复议机关或者人民法院有可能难以与担保人取得联系，也就失去了担保人的保证作用。

四、有能力履行担保义务

有能力履行担保义务，是指担保人要达到一定的年龄，具有完全行为能力，并且对被处罚人有一定的影响力，其他方面也能够满足其监督被担保人行为的需要。如果不具备履行担保义务的能力，则不能作为担保人。例如担保人的劝告、教育被担保人完全无视，担保人卧病在床对被担保人是否遵守规定无力监督、督促，或者担保人长期在外经商对被担保人的行为无暇顾及等，都属于无能力履行担保义务。因此，是否有能力履行担保义务需要综合判断，而绝不能仅凭被处罚人或者保证人本人的说法来认定。

以上条件必须同时具备，缺一不可。保证人的设定，可以提高对暂缓执行拘留的被处罚人约束力，督促其遵守法律规定，也有利于其进行行政复议或者行政诉讼。

【执法风险提示】

1. 保证人保证和保证金保证不能同时使用。

2. 要求保证人“在当地有常住户口和固定住所”，既要求其在当地具有常住户口，同时也要求其在当地有固定住所。注意这里规定的是“和”，不是“或”。

【相关规定】

《治安管理处罚法》第108条。

第二百二十八条　【暂缓执行行政拘留的执行】 公安机关经过审查认为暂缓执行行政拘留的担保人符合条件的，由担保人出具保证书，并到公安机关将被担保人领回。

【条文主旨】

本条是关于担保人执行担保程序的规定。

【最新修改提示】

本条对应修改前的第202条，内容未变化。

【理解与适用】

一、公安机关进行审查

公安机关应当按照《治安管理处罚法》第108条的规定及本规定第227条的规定，审查担保人是否符合法定条件。如果经过审查，公安机关认为担保人不符合条件，则需告知被担保人应当另行提供合格的担保人或者采取交纳保证金的方式；否则，不能批准暂缓执行行政拘留的申请，拘留仍将执行。

二、担保人出具保证书

经过审查，公安机关认为担保人符合条件的，就通知担保人签署、出具保证书。担保人出具保证书，是为了让担保人明确、理解担保人应当履行的担保义务和责任。

三、领回被担保人

担保人出具保证书后，到公安机关将被担保人领回。这里所说的公安机关，包括作出行政拘留处罚决定的公安机关，也包括正在对被处罚人执行行政拘留的拘留所。在作出暂缓执行行政拘留决定时，如果被处罚人尚未被送至拘留所执行的，担保人应当到作出行政拘留决定的公安机关将被担保人领回；如果被处罚人已经被送达拘留所，担保人则应到拘留所将被担保人领回。

【执法风险提示】

应注意正确填写《担保人保证书》。《担保人保证书》为制式文书，在制作《担保人保证书》时，办案人员要对担保人情况（姓名、性别、出生日期、工作单位、职业、现住址、联系电话、与被担保人的关系）等逐项进行详细而准确的填写，保证人法定义务及知晓、理解承诺已在保证书上印制。公安机关办案人员要仔细核对被担保人和担保人的签名或者盖章，并注明具体日期。

【相关规定】

《治安管理处罚法》108 条。

第二百二十九条　【担保人的义务】暂缓执行行政拘留的担保人应当履行下列义务：

（一）保证被担保人遵守本规定第二百二十六条的规定；

（二）发现被担保人伪造证据、串供或者逃跑的，及时向公安机关报告。

暂缓执行行政拘留的担保人不履行担保义务，致使被担保人逃避行政拘留处罚执行的，公安机关可以对担保人处以三千元以下罚款，并对被担保人恢复执行行政拘留。

暂缓执行行政拘留的担保人履行了担保义务，但被担保人仍逃避行政拘留处罚执行的，或者被处罚人逃跑后，担保人积极帮助公安机关抓获被处罚人的，可以从轻或者不予行政处罚。

【条文主旨】

本条是关于暂缓执行行政拘留担保人法定义务的规定。

【最新修改提示】

修订前（2012 版）	修订后（2018 版）
第二百零三条　暂缓执行行政拘留的担保人应当履行下列义务： （一）保证被担保人遵守本规定第二百条的规定； ……	**第二百二十九条**　暂缓执行行政拘留的担保人应当履行下列义务： （一）保证被担保人遵守本规定**第二百二十六条**的规定； ……

【理解与适用】

一、担保人应当履行的义务

暂缓执行行政拘留的担保人应当履行下列义务：

（一）保证被担保人遵守本规定第 226 条的规定即：（1）未经决定机关批准不得离开所居住的市、县；（2）住址、工作单位和联系方式发生变动的，在 24 小时以内向决定机关报告；（3）在行政复议和行政诉讼中不得干扰证人作证、伪造证据或者串供；（4）不得逃避、拒绝或者阻碍处罚的执行。

（二）发现被担保人伪造证据、串供或者逃跑的，及时向公安机关报告。虽然担保人出具了保证书，了解自己应保证被担保人遵守相关规定。但是，担保人不可能也没必要用全部时间来看管被担保人。即使担保人尽力履行了职责，也不可能绝对保证被担保人不违反规定。担保人发现被担保人有“伪造证据、串供或者逃跑”的行为，应当及时向公安机关报告，以便公安机关及时采取有效措施，制止被担保人的行为。

二、担保人不履行担保义务的法律后果

暂缓执行行政拘留的担保人不履行担保义务的法律后果包括两方面：

（一）担保人不履行担保义务，公安机关可以对其处以 3000 元以下罚款。担保人不履行担保义务，致使被担保人逃避行政拘留处罚执行的，公安机关可以对其处以 3000 元以下罚款。担保人的义务是保证被担保人遵守相关规定、不逃避行政拘留处罚的执行，应当通过多种方式来履行义务，包括语言劝解、监督、督促、提醒等。如果担保人未采取任何担保措施或者严重不负责任，致使被担保人逃避行政拘留处罚的执行，将被视为不履行担保义务，公安机关可对其处以罚款。

（二）对被担保人恢复执行行政拘留。如果被担保人利用暂缓执行行政拘留逃避行政拘留处罚执行，则不再具有暂缓执行行政拘留的法定条件，公安机关应当依法恢复对被处罚人执行行政拘留，担保人的资格也自然消失。

三、可对担保人从轻或不予处罚的情形

担保人履行了担保义务，但被担保人仍逃避行政拘留处罚执行的，或者被处罚人逃跑后，担保人积极帮助公安机关抓获被处罚人的，可以从轻或者不予行政处罚。

【执法风险提示】

对担保人从轻或者不予行政处罚的情形有两种：一是担保人按照本条规定切实履行了担保义务，但被担保人仍逃避行政拘留处罚执行；二是被处罚人逃跑后，担保人积极帮助公安机关抓获被处罚人的。

【相关规定】

《治安管理处罚法》第 109 条。

第二百三十条　【重新担保】暂缓执行行政拘留的担保人在暂缓执行行政拘留期间，不愿继续担保或者丧失担保条件的，行政拘留的决定机关应当责令被处罚人重新提出担保人或者交纳保证金。不提出担保人又不交纳保证金的，行政拘留的决定机关应当将被处罚人送拘留所执行。

【条文主旨】

本条是关于重新担保或重新交纳保证金的规定。

【最新修改提示】

本条对应修改前的第 204 条，内容未变化。

【理解与适用】

一、重新提出担保人或者交纳保证金的情形

（一）处于暂缓执行行政拘留期间。如果在决定暂缓执行行政拘留前，或暂缓执行行政拘留后，担保人不愿担保或者丧失担保条件的，都无需重新提出担保人或缴纳保证金，而直接执行原行政拘留或者根据行政复议、行政诉讼的结果作出相应执行决定。

（二）担保人不愿继续担保或者丧失担保条件。暂缓执行行政拘留的担保人在暂缓执行行政拘留期间，不愿继续担保时，应当以口头或者书面的形式向公安机关提出，公安机关应当允许。暂缓执行行政拘留的担保人出现不符合本规定第227条规定的法定条件的情形，该担保人即丧失担保条件。例如，担保人在履行担保义务期间，由于违法犯罪被依法行政拘留、刑事拘留等限制人身自由的处罚或者措施，担保人就不再具备担保条件。

对于同时符合上述条件的，行政拘留的决定机关应当责令被处罚人重新提出担保人或者变更担保方式，即交纳保证金。

二、不提出担保人又不交纳保证金的结果

经过公安机关责令被处罚人重新提出担保人或者交纳保证金后，被处罚人应当及时履行暂缓执行行政拘留决定的程序，对于既不提出担保人或者提出的担保人不符合担保人法定条件，又不交纳保证金的，行政拘留的决定机关应当将被处罚人送拘留所执行。

【执法风险提示】

1. 担保人在暂缓执行行政拘留期间，以口头或者书面的形式向公安机关提出不愿继续担保时，公安机关应当允许，并及时通知被担保人，责令其重新提出担保人或者交纳保证金。

2. 被处罚人既不提出担保人又不交纳保证金的，行政拘留的决定机关应当将被处罚人送拘留所执行。

【相关规定】

《治安管理处罚法》第107条、第108条。

第二百三十一条　【保证金的收取和管理】 保证金应当由银行代收。在银行非营业时间，公安机关可以先行收取，并在收到保证金后的三日内存入指定的银行账户。

公安机关应当指定办案部门以外的法制、装备财务等部门负责管理保证金。严禁截留、坐支、挪用或者以其他任何形式侵吞保证金。

【条文主旨】

本条是关于保证金的收取和管理的规定。

【最新修改提示】

本条对应修改前的第 205 条，内容未变化。

【理解与适用】

本规定所称的保证金，是指暂缓执行行政拘留的违法行为人为了保证不会逃避行政拘留而向公安机关缴纳的一定数量的金钱。保证金的收取主要有银行代收和公安机关先行收取两种方式：

一、银行代收

被处罚人或者其近亲属提出交纳保证金的，公安机关应当按每日行政拘留二百元的标准制作《收取保证金通知书》，通知书一式两份，一份送达保证金交纳人，用以向银行交纳保证金，一份由交纳人签收后附卷。银行收取保证金的凭证应当一并附卷。

二、公安机关先行收取

在银行非营业时间，公安机关可以先行收取保证金，并在收到保证金后的三日内存入指定的银行账户。公安机关先行收取保证金的，应当将有关手续附卷。公安机关应当指定办案部门以外的法制、装备财务等部门负责管理保证金。严禁截留、坐支、挪用或者以其他任何形式侵吞保证金。

有条件的地方公安机关可以跟银行系统对接，在公安机关安装 POS 机或者支持电子支付，虽然当事人在公安机关缴纳保证金，但资金可以直接进入银行账户。这样既为当事人提供了便利，也提高了公安民警的工作效率。

【执法风险提示】

公安机关应当指定办案部门以外的法制、装备财务等部门负责管理保证金。严禁截留、坐支、挪用或者以其他任何形式侵吞保证金。

【相关规定】

《治安管理处罚法》第 116 条。

第二百三十二条　【保证金退还、没收】行政拘留处罚被撤销或者开始执行时，公安机关应当将保证金退还交纳人。

被决定行政拘留的人逃避行政拘留处罚执行的，由决定行政拘留的公安机关作出没收或者部分没收保证金的决定，行政拘留的决定机关应当将被处罚人送拘留所执行。

【条文主旨】

本条是关于退还、没收保证金的规定。

【最新修改提示】

本条对应修改前的第 206 条，内容未变化。

【理解与适用】

一、保证金的退还

公安机关退还保证金的情形有以下两种：

（一）行政拘留处罚决定被撤销。经过行政复议或者行政诉讼，如果行政拘留处罚决定被依法撤销，就意味着行政拘留处罚决定不再具有法律效力，保证金也就失去存在的前提。因此，行政拘留处罚被撤销时，公安机关应当将保证金及时退还交纳人。

（二）行政拘留处罚开始执行。经过行政复议机关的复议或者人民法院的审理，维持公安机关作出的行政拘留处罚决定的，公安机关应当依法执行行政拘留决定。一旦行政拘留处罚开始执行，保证金就不再具有保证行政拘留处罚决定执行的作用。因此，行政拘留处罚开始执行时，公安机关应当将保证金及时退还交纳人。

二、保证金的没收

被处罚人在暂缓执行行政拘留期间必须遵守相关规定，如果被处罚人违反规定逃避行政拘留处罚执行的，公安机关可以依法作出没收部分或全部保证金的决定。同时，应当将被处罚人送拘留所执行行政拘留。

关于没收全部或者部分没收保证金，公安机关要根据被处罚人“逃避”行为的具体情况而确定。

【执法风险提示】

1. 公安机关作出退还保证金的决定后，应当签发以缴款当事人为收款人的现金支票，由缴款当事人到银行取回保证金，或者由银行将保证金退还至当事人账户。

2. 公安机关要严格执行没收保证金的审核批准程序，防止随意没收保证金。公安机关决定没收保证金后，应当通知银行将没收的保证金上交国库，公安机关及其人民警察不得截留、坐支、挪用或者以其他任何方式侵吞保证金。

3. 正确确定没收保证金的数额，不能不区分情况一律全部没收。

【相关规定】

《治安管理处罚法》第116条。

第二百三十三条　【不服没收保证金的救济】 被处罚人对公安机关没收保证金的决定不服的，可以依法申请行政复议或者提起行政诉讼。

【条文主旨】

本条是关于不服没收保证金决定的救济的规定。

【最新修改提示】

本条对应修改前的第207条，内容未变化。

【理解与适用】

没收保证金，是公安机关对被处罚人因其在暂缓执行行政拘留期间违反应遵守的规定，而依法作出的行政决定，是公安机关在行使行政职权过程中作出的直接影响被处罚人财产权的行为，属于具体行政行为。根据《行政复议法》《行政诉讼法》相关规定，被处罚人对公安机关没收保证金的决定不服的，可以依法向上一级公安机关或者本级人民政府申请行政复议，也可以向当地人民法院提起行政诉讼。

【相关规定】

《行政复议法》第6条、第12条；《行政诉讼法》第12条、第18条。

案例分析

暂缓执行行政拘留的适用条件

——马某翔诉××市公安局××区分局公安治安行政处罚纠纷案①

△基本案情

2017年6月3日，马某翔带其小孩在××区××大道××广场××楼××游乐场玩耍，因其小孩与另一3岁小女孩张某涵发生冲突，马某翔用手击打张某涵的面部，致张某涵额头红肿，张某涵母亲向××区公安分局报警。××市公安局××区分局（以下简称：××区公安分局）接到报警后，赶到现场进行勘验和调查询问，分别对马某翔、受侵害小女孩张某涵的母亲及现场证人制作了询问笔录，对受侵害小女孩张某涵的伤情进行检查，制作检查笔录，确认张某涵左额头部轻微红肿，后经医院出具的疾病诊断证明书确认张某涵左额部软组织挫伤。经调查后，××区公安分局于2017年6月3日向马某翔制作《行政处罚告知笔录》，告知马某翔拟对其进行拘留十二日并处罚款五百元，并告知其有陈述和申辩的权利。马某翔提出陈述和申辩后，××区公安分局对其陈述和申辩进行复核，并制作复核笔录，经复核后认为马某翔的陈述申辩理由不成立。2017年6月4日，××区公安分局作出××行罚决字〔2017〕11821号《行政处罚决定书》

① 参见（2018）川01行终319号行政判决书。

(以下简称11821号处罚决定)，认定因小孩之间的冲突，马某翔存在对报警人3岁的女儿张某涵进行殴打，致张某涵额头软组织挫伤的行为，根据《中华人民共和国治安管理处罚法》(以下简称《治安管理处罚法》) 第43条第2款第2项的规定，对马某翔依法作出行政拘留12日并处罚款500元的行政处罚。××区公安分局于当日向马某翔宣告并送达。马某翔于2017年6月4日由××市拘留所执行行政拘留，其行政处罚实际执行期间为2017年6月4日至2017年6月16日止。马某翔对××区公安分局的上述行政处罚决定不服，于2017年9月6日向法院提起行政诉讼。

原告诉称：1. 马某翔认为××区公安分局应当暂缓行政拘留执行以及折抵先行采取的强制措施限制人身自由时间。2. 马某翔认为××区公安分局在办案过程中违反回避规定。3. ××区公安分局违反检查规定。此外，马某翔还提出关于受害人伤情应当鉴定，其不具有伤害他人的故意，其行为不具有社会危害性等主张。

△核心问题

本案中，××区公安分局是否应当暂缓执行行政拘留？

△法律评析

一、法理知识

根据《治安管理处罚法》《公安机关办理行政案件程序规定》① 的相关规定，被处罚人不服行政拘留处罚决定，申请行政复议或者提起行政诉讼的，可以向作出行政拘留决定的公安机关提出暂缓执行行政拘留的申请；口头提出申请的，公安机关人民警察应当予以记录，并由申请人签名或者捺指印。

公安机关应当在收到被处罚人提出暂缓执行行政拘留申请之时起24小时内作出决定。

暂缓执行行政拘留的条件是：公安机关认为暂缓执行行政拘留不致发生社会危险，且被处罚人或者其近亲属提出符合条件的担保人，或者按每日行政拘留200元的标准交纳保证金的，应当作出暂缓执行行政拘留的决定。被处罚人已送达拘留所执行的，公安机关应当立即将暂缓执行行政拘留决定送达拘留所，拘留所应当立即释放被处罚人。对同一被处罚人，不得同时责令其提出保证人和交纳保证金。

---

① 参见《治安管理处罚法》第107—111条，《公安机关办理行政案件程序规定》第222—233条。

不予暂缓执行的情形：被处罚人具有暂缓执行行政拘留后可能逃跑的；有其他违法犯罪嫌疑，正在被调查或者侦查的；不宜暂缓执行行政拘留的其他情形等，应当作出不暂缓执行行政拘留的决定，并告知申请人。

二、案情分析

针对原告人的诉讼理由，做如下分析：

1. 关于马某翔认为××区公安分局应当暂缓行政拘留执行以及折抵先行采取的强制措施限制人身自由时间

《治安管理处罚法》第107条规定："被处罚人不服行政拘留处罚决定，申请行政复议、提起行政诉讼的，可以向公安机关提出暂缓执行行政拘留的申请。公安机关认为暂缓执行行政拘留不致发生社会危险的，由被处罚人或者其近亲属提出符合本法第一百零八条规定条件的担保人，或者按每日行政拘留二百元的标准交纳保证金，行政拘留的处罚决定暂缓执行。"《公安机关办理行政案件程序规定》第222条也有相关的规定。本案中，××区公安分局向马某翔作出11821号处罚决定后，马某翔并未在行政拘留执行完毕前及时提起行政复议或者提出行政诉讼，并未提出要求暂缓执行申请，并提出保证人或者交纳保证金的书面材料。故马某翔认为应当暂缓行政拘留执行的理由不成立。

根据《治安管理处罚法》第83条规定，对违反治安管理行为人，可能适用行政拘留处罚的，公安机关传唤后询问查证的时间不得超过24小时。该法第92条规定"对决定给予行政拘留处罚的人，在处罚前已经采取强制措施限制人身自由的时间，应当折抵。限制人身自由一日，折抵行政拘留一日"。《公安机关办理行政案件程序规定》第163条第1款规定，对决定给予行政拘留处罚的人，在处罚前因同一行为已经被采取强制措施限制人身自由的时间应当折抵。限制人身自由一日，折抵执行行政拘留一日。询问查证和继续盘问时间不予折抵。通过××区公安分局提供的调查询问笔录、复核笔录等证据能够得知××区公安分局传唤马某翔到××区公安分局××治安派出所进行询问查证的时间为2017年6月3日17时50分至2017年6月4日4时0分，符合上述询问查证的时间规定，而询问查证的时间并不折抵行政拘留时间。

2. 关于马某翔认为××区公安分局在办案过程中违反回避规定

根据《治安管理处罚法》第81条规定："人民警察在办理治安案件过程中，遇有下列情形之一的，应当回避；违反治安管理行为人、被侵害人或者其法定代理人也有权要求回避：（一）是本案当事人或者当事人的近亲属的；（二）本人或者其近亲属与本案有利害关系的；（三）与本案当事人有其他关系，可能影响案件公正处理的。人民警察的回避，由其所属的公安机关决定；公安机关负责人的回避，由上一级公安机关决定”。本案中××区公安分局的办案民警在询问马某翔前，向马某翔送达了《行政案件权利义务告知书》，明确告知其享有的权利义务，马某翔在案涉事件的调查询问及处罚过程中未对办案人员提出回避申请。同时，本案无证据证明存在办案民警需要回避的情形。因此，针对马某翔认为××区公安分局在办案过程中违反回避规定的理由不成立。

3. 关于××区公安分局违反检查规定

根据《公安机关办理行政案件程序规定》第 53 条第 1 款规定：“对查获或者到案的违法嫌疑人应当进行安全检查，发现违禁品或者管制器具、武器、易燃易爆等危险品以及与案件有关的需要作为证据的物品的，应当立即扣押；对违法嫌疑人随身携带的与案件无关的物品，应当按照有关规定予以登记、保管、退还。安全检查不需要开具检查证。”从本案通过审理查明的事实得知，马某翔于 2017 年 6 月 3 日到××区公安分局××治安派出所后，××区公安分局对其进行了安全检查，并制作了《检查笔录》，将检查过程进行了记录，马某翔签字予以确认。××区公安分局的检查行为符合上述规定，马某翔提出××区公安分局违反检查规定的理由不成立。

4. 关于受害人伤情应当鉴定、不具有伤害他人的故意、其行为不具有社会危害性等主张

根据《治安管理处罚法》第 43 条规定，殴打他人或故意伤害他人身体的，处五日以上十日以下拘留，并处二百元以上五百元以下罚款；殴打或故意伤害不满十四周岁的人，处十日以上十五日以下拘留，并处五百元以上一千元以下罚款。本条款规制的是殴打他人或故意伤害他人的行为，对伤害的程度没有要求，即不论是否造成被侵害人受伤，均构成违法行为，面临治安管理处罚。而殴打或故意伤害未满十四周岁的人，将加重治安管理处罚的力度。上述行为侵犯的客体是他人的身体权和健康权，在客观方面表现为以殴打他人的方式故意伤害他人身体，尚不够刑事处罚，主观方面表现为故意。

《公安机关办理行政案件程序规定》第 90 条规定，人身伤害案件具有下列情形之一的，公安机关应当进行伤情鉴定：（一）受伤程度较重，可能构成轻伤以上伤害程度的；（二）被侵害人要求作伤情鉴定的；（三）违法嫌疑人、被侵害人对伤害程度有争议的。根据该规定，马某翔对伤害程

度有异议，公安机关应当进行伤情鉴定。本案公安机关没有进行伤情鉴定的做法欠妥。

本案中，从视频资料中能够清楚地反映出马某翔用手击打了小女孩的面部，并造成小女孩摔倒在地的这一客观事实。马某翔在客观方面具有殴打他人身体的行为；同时从××区公安分局对其制作的询问笔录上可以看出，马某翔陈述当时“一时冲动，想打她一耳光”，说明马某翔主观上具有伤害他人身体权和健康权的故意。综上，××区公安分局根据对马某翔及相关人员的调查询问，对事发当时游乐场的监控视频的调取，结合医院的门诊病历及伤情证明，认定马某翔具有《治安管理处罚法》第43条规定的殴打或故意伤害不满十四周岁的人的行为，认定事实清楚。虽然没有进行伤情鉴定，但殴打他人对受到伤害的程度没有要求，故没有进行伤情鉴定不对处罚结果或当事人的合法权益造成实质影响。

综上，一审法院遂根据《行政诉讼法》第69条之规定，判决：驳回马某翔的诉讼请求。案件受理费50元，由马某翔负担。

宣判后，马某翔不服，提起上诉称，处罚决定适用法律错误，程序违法，违法对其实施限制人身自由强制措施，在其不认可受害人伤情的情况下应当鉴定未鉴定，认定事实错误，其不具有伤害他人的故意，其行为不具有社会危害性，处罚幅度不适当，故原审判决错误，请求撤销一审判决，并撤销案涉处罚决定。二审法院判决：驳回上诉，维持原判。

第四节　其他处理决定的执行

第二百三十四条　【吊销证照的执行】 作出吊销公安机关发放的许可证或者执照处罚的，应当在被吊销的许可证或者执照上加盖吊销印章后收缴。被处罚人拒不缴销证件的，公安机关可以公告宣布作废。吊销许可证或者执照的机关不是发证机关的，作出决定的机关应当在处罚决定生效后及时通知发证机关。

【条文主旨】

本条是关于吊销证照执行的规定。

【最新修改提示】

本条对应修改前的第 208 条，内容未变化。

【理解与适用】

吊销公安机关发放的许可证或者执照可以分为以下三种情形：

1. 应当在被吊销的许可证或者执照上加盖吊销印章后收缴。为了明示吊销许可证、执照的行为，公安机关在被吊销的许可证、执照上加盖“吊销”字样的印章。为了防止继续使用被吊销的证、照，收回被吊销的许可证、执照。

2. 被处罚人拒不缴销证件的，公安机关可以公告宣布作废。吊销的许可证、执照是行政处罚的一种，公安机关应当作出行政处罚决定书。公安机关在直接送达行政处罚决定书时，同时收回被吊销的许可证、执照。若公安机关采用其他的方式送达行政处罚决定书，被处罚人拒不缴销证件的，公安机关可以以公告的方式，宣布许可证或执照作废，保护公共利益以及其他公民、法人和其他组织的合法权益。

3. 吊销许可证或者执照的机关不是发证机关的，作出决定的机关应当在处罚决定生效后及时通知发证机关。吊销许可证或者执照的处罚通常是由发证机关作出，法律有特别规定的除外。如果作出吊销许可证或者执照决定的机关不是发证机关的，作出决定的机关应当在处罚决定生效后及时通知发证机关。

【执法风险提示】

公安机关只能吊销公安机关发放的许可证，而不能吊销其他行政机关发放的证照。

【相关规定】

《治安管理处罚法》第 54 条。

第二百三十五条 【取缔的执行】作出取缔决定的，可以采取在经营场所张贴公告等方式予以公告，责令被取缔者立即停止经营活动；有违法所得的，依法予以没收或者追缴。拒不停止经营活动的，公安机关可以依法没收或者收缴其专门用于从事非法经营活动的工具、设备。已经取得营业执照的，公安机关应当通知工商行政管理部门依法撤销其营业执照。

【条文主旨】

本条是关于取缔决定执行的规定。

【最新修改提示】

本条对应修改前的第 209 条，内容未变化。

【理解与适用】

取缔，是指对非法活动、组织等作出的命令取消或禁止的处理决定。《娱乐场所管理条例》第 41 条规定："违反本条例规定，擅自从事娱乐场所经营活动的，由文化主管部门依法予以取缔；公安部门在查处治安、刑事案件时，发现擅自从事娱乐场所经营活动的，应当依法予以取缔。"

公安机关依法执行取缔，按照以下程序进行：

1. 公告。公安机关在依法作出取缔决定的同时，要向社会公告。公告的方式可以采取在经营场所张贴公告等方式。

2. 责令停止经营。活动公安机关在依法作出取缔决定的同时，应当责令被取缔者立即停止经营活动。

3. 没收、追缴违法所得。公安机关在依法作出取缔决定的同时，违法者有违法所得的，依法予以没收或者追缴。

4. 没收、收缴工具、设备。公安机关在依法作出取缔决定并公告后，经营者拒不停止经营活动的，公安机关可以依法没收或者收缴其专门用于从事非法经营活动的工具、设备。

5. 通知工商部门撤销营业执照。公安机关在依法作出取缔决定时，被取缔的单位已经取得营业执照的，公安机关应当通知工商行政管理部门依法撤销其营业执照。

【执法风险提示】

公安机关办案人员不得参与、包庇、纵容娱乐场所经营单位违法犯罪活动或为其通风报信，充当保护伞；不得利用职权和工作便利向娱乐场所经营单位索取或者变相索取财物；不得违反规定收费、罚款；不得违反规定无偿使用娱乐场所及其器材设备；不得干涉娱乐场所经营单位的合法经营活动。

【相关规定】

《娱乐场所管理条例》第 41 条；《治安管理处罚法》第 54 条。

第二百三十六条　【对停产停业的强制执行】对拒不执行公安机关依法作出的责令停产停业决定的，公安机关可以依法强制执行或者申请人民法院强制执行。

【条文主旨】

本条是关于对停产停业决定强制执行的规定。

【最新修改提示】

本条对应修改前的第 210 条，内容未变化。

【理解与适用】

本规定第 198 条规定，公安机关依法作出行政处理决定后，被处理人应当在行政处理决定的期限内予以履行。逾期不履行的，作出行政处理决定的公安机关可以依法强制执行或者申请人民法院强制执行。

责令停产停业，是指国家行政机关对违反行政管理法规的工商企业或个体经营户，依法在一定期限内剥夺其从事某项生产或经营活动权利的行政处罚，属于行为罚的一种。由于责令停产停业的处罚将直接影响企业的生产与经营利益，因此对比较严重的行政违法行为才适用。责令停产停业一般常附有限期整顿的要求，如果受罚企业在限期内纠正了违法行为，可以恢复生产、营业。如《娱乐场所管理条例》第 43 条规定，娱乐场所实施该条例第 14 条禁止行为的，由县级公安部门没收违法所得和非法财物，责令停业整顿 3 个月至 6 个月；情节严重的，由原发证机关吊销娱乐经营许可证，对直接负责的主管人员和其他直接责任人员处 1 万元以上 2 万元以下的罚款。

《行政强制法》第 13 条规定，行政强制执行由法律设定。法律没有规定行政机关强制执行的，作出行政决定的行政机关应当申请人民法院强制执行。所以，对拒不执行公安机关依法作出的责令停产停业决定的，法律规定公安机关有强制执行权的，可以依法强制执行；公安机关没有强制执行权的，公安机关申请人民法院强制执行。

【相关规定】

《行政强制法》第 13 条；《娱乐场所管理条例》第 43 条。

第二百三十七条　【强制隔离戒毒等的执行】对被决定强制隔离戒毒、收容教育、收容教养的人员，由作出决定的公安机关送强制隔离戒毒场所、收容教育场所、收容教养场所执行。

对被决定社区戒毒的人员，公安机关应当责令其到户籍所在地接受社区戒毒，在户籍所在地以外的现居住地有固定住所的，可以责令其在现居住地接受社区戒毒。

【条文主旨】

本条是关于强制隔离戒毒、收容教养、社区戒毒等执行的规定。

【最新修改提示】

本条对应修改前的第 211 条，内容未变化。

【理解与适用】

一、强制隔离戒毒、收容教育、收容教养的执行

对被决定强制隔离戒毒、收容教育、收容教养的人员，由作出决定的公安机关送强制隔离戒毒场所、收容教育场所、收容教养场所执行。

强制隔离戒毒所是公安机关依法通过行政强制措施为戒毒人员提供科学规范的戒毒治疗、心理治疗、身体康复训练和卫生、道德、法制教育，开展职业技能培训的场所。

收容教养制度是中国所特有的对少年犯罪人进行收容，集中教育管理的一项制度。《刑法》第 17 条第 4 款规定，因不满十六周岁不予刑事处罚的，责令他的家长或者监护人加以管教；在必要的时候，也可以由政府收容教养。《预防未成年人犯罪法》第 38 条、第 39 条则对收容教养作了进一步的规定。

收容教育所曾是公安机关依法对卖淫、嫖娼人员进行法律和道德教育、组织参加劳动生产以及进行性病检查、治疗的行政强制教育场所。①

二、社区戒毒的执行

社区戒毒是指公安机关对吸毒成瘾人员，责令其在户籍所在地或现居住地，由镇街社区戒毒康复工作机构，整合家庭、社区、公安、卫生及民政等力量和资源对其进行戒毒治疗、辅导和帮扶的一种戒毒措施。根据《禁毒法》第 33 条规定，对吸毒成瘾人员，公安机关可以责令其接受社区戒毒，同时通知吸毒人员户籍所在地或者现居住地的城市街道办事处、乡镇人民政府。社区戒毒的期限为三年。戒毒人员应当在户籍所在地接受社区戒毒；在户籍所在地以外的现居住地有固定住所的，可以在现居住地接受社区戒毒。

【相关规定】

《禁毒法》第 38—48 条；《公安机关强制隔离戒毒所管理办法》；《国务院关于卖淫嫖娼人员收容教育办法》；《预防未成年人犯罪法》第 38 条、第 39 条。

---

① 收容教育制度已被 2019 年 12 月 28 日通过的《全国人民代表大会常务委员会关于废止有关收容教育法律规定和制度的决定》废止。

第十三章　涉外行政案件的办理

第二百三十八条　【办理原则】办理涉外行政案件，应当维护国家主权和利益，坚持平等互利原则。

【条文主旨】

本条是关于办理涉外行政案件的基本原则的规定。

【最新修改提示】

本条对应修改前的第212条，内容未变化。

【理解与适用】

涉外行政案件，一般是指涉及外国人、无国籍人、外国机构等涉外因素的行政案件，具体包括违法行为人为外国人的案件、被侵害人为外国人的案件、违法行为人和被侵害人均为外国人的案件等。办理涉外行政案件应当遵循以下两个原则：

一、维护国家主权和利益原则

国家主权是一个国家固有的在国内的最高权力和在国际上的独立自主权利，是国家的生命和灵魂。国家利益是国际关系的决定因素，是国家生存和发展的权益。维护国家利益是主权国家对外活动的出发点和落脚点。维护国家主权和利益原则是最重要的国际法原则，是处理各种涉外事务必须遵循的基本原则。

属地管辖原则就是维护国家主权和利益原则的具体体现。《治安管理处罚法》第4条规定："在中华人民共和国领域内发生的违反治安管理行为，除法律有特别规定的外，适用本法。在中华人民共和国船舶和航空器内发生的违反治安管理行为，除法律有特别规定的外，适用本法。”据此规定，外国人在我国境内发生的违反治安管理行为，我国享有管辖权。

二、坚持平等互利原则

平等互利原则是国际私法的基本原则之一，《对外贸易法》第 5 条规定：“中华人民共和国根据平等互利的原则，促进和发展同其他国家和地区的贸易关系，缔结或者参加关税同盟协定、自由贸易区协定等区域经济贸易协定，参加区域经济组织。”平等，要求公安机关在办理涉外行政案件过程中，不论国家大小强弱，不论政治制度和经济发展水平如何，都应当平等地对待当事人，做到严格公正执法。《宪法》第 32 条规定：“中华人民共和国保护在中国境内的外国人的合法权利和利益，在中国境内的外国人必须遵守中华人民共和国的法律。……”《出境入境管理法》第 3 条第 2 款规定，在中国境内的外国人的合法权益受法律保护。在中国境内的外国人应当遵守中国法律，不得危害中国国家安全、损害社会公共利益、破坏社会公共秩序。这些法律规定都体现了平等原则，保障了外国人在中国居留期间在法律上与中国公民享有平等的地位。所谓互利，要求根据双方的需要和可能，促进彼此的发展。平等互利原则也包含对等原则，所谓对等原则，即一方给予另一方某种待遇，另一方也应当给予同等待遇。例如，某国家或地区在涉外行政案件办理方面对我国采取歧视性的限制或其他类似措施时，我国可以根据实际情况对该国家或地区采取相应的措施。这不等于差别待遇或歧视待遇，而是在平等互利基础上维护国家主权的需要。

【执法风险提示】

公安机关在处理涉外行政案件时，一定要严格公正执法，维护国家主权和利益，不能畏首畏尾、推卸责任、放纵违法，也不能对外国人滥施处罚。

【相关规定】

《治安管理处罚法》第 4 条；《对外贸易法》第 5 条；《宪法》第 32 条；《出境入境管理法》第 3 条。

第二百三十九条　【国籍确定】 对外国人国籍的确认，以其入境时有效证件上所表明的国籍为准；国籍有疑问或者国籍不明的，由公安机关出入境管理部门协助查明。

对无法查明国籍、身份不明的外国人，按照其自报的国籍或者无国籍人对待。

【条文主旨】

本条是关于如何确定外国人国籍的规定。

【最新修改提示】

本条对应修改前的第 213 条，内容未变化。

【理解与适用】

一、国籍的概念

“国籍”是指一个人属于某一个国家的国民或公民的法律资格，表明一个人同一个特定国家间的固定的法律联系，是国家行使属人管辖权和外交保护权的法律依据。国籍的取得、丧失和变更由国籍法规定。如《国籍法》第 4 条规定：“父母双方或一方为中国公民，本人出生在中国，具有中国国籍。”第 5 条规定，“父母双方或一方为中国公民，本人出生在外国，具有中国国籍；但父母双方或一方为中国公民并定居在外国，本人出生时即具有外国国籍的，不具有中国国籍。”由于各国对国籍的规定不同，往往会在特殊情况下出现双重国籍或无国籍的现象。例如，采取血统原则国家的公民，在采取出生地原则国家生的小孩，就同时具有两个国家的国籍。反之，采取出生地原则的国家中的公民，在采取血统原则国家生的小孩，则不具有任何一国的国籍。

二、外国人国籍的确认

根据《出境入境管理法》第 89 条规定：“……外国人，是指不具有中国国籍的人。”外国人国籍的确认，以其入境时有效证件所表明的国籍为准。

《出境入境管理法》第 24 条规定：“外国人入境，应当向出入境边防检查机关交验本人的护照或者其他国际旅行证件、签证或者其他入境许可证明，履行规定的手续，经查验准许，方可入境。”据此可知，“入境时有效证件”是指外国人入境时所持的护照或者其他国际旅行证件。有些具有双重或者多重国籍的外国人，其国籍的确定以其入境时所持的护照或者其他国际旅行证件上显示的国籍为准。若其使用不同国籍的有效证件多次入境，则以其最后一次入境时有效证件上的国籍为准。

三、对国籍有疑问或者国籍不明的确认

国籍有疑问或者国籍不明的，由公安机关出入境管理部门协助查明。国籍有疑问或者国籍不明的，如有些外国人将入境时的有效证件丢失或者不慎损毁；有的在入境时使用了伪造的证件或者冒用他人证件；甚至还有些中国人为实施违法犯罪行为购买其他国家的国籍专门用于在中国出入境等。这些情况下，应当由公安机关出入境管理部门协助查明国籍。

四、身份不明的外国人国籍的确认

对无法查明国籍、身份不明的外国人，如有些外国人通过偷越国边境的方式来到中国，没有有效证件能够证明其身份或者国籍，对此应当按照其自报的国籍或者无国籍人对待。

【相关规定】

《国籍法》第4条、第5条；《出境入境管理法》第89条、第24条。

第二百四十条　【享有外交特权和豁免权的外国人行政违法案件的办理】违法行为人为享有外交特权和豁免权的外国人的，办案公安机关应当将其身份、证件及违法行为等基本情况记录在案，保存有关证据，并尽快将有关情况层报省级公安机关，由省级公安机关商请同级人民政府外事部门通过外交途径处理。

对享有外交特权和豁免权的外国人，不得采取限制人身自由和查封、扣押的强制措施。

【条文主旨】

本条是关于享有外交特权和豁免权的外国人行政违法处理的规定。

【最新修改提示】

本条对应修改前的第214条，内容未变化。

【理解与适用】

一、外交特权与豁免

外交特权与豁免是外交法上的重要制度。广义上的外交特权与豁免，是指所有从事外交活动的驻外使团的使官及人员，在接受国为执行职务所享有的一切优惠权利和豁免。① 从国家管辖权的角度来看，外交特权与豁免是对一切处于主权国家领土之内的人或物均受该国管辖原则的例外。② 根据《维也纳外交关系公约》第31条、第37条之规定，外交代表及其同户家属等人员享有外交特权与豁免。根据《维也纳外交关系公约》《维也纳领事关系公约》《联合国特权和豁免公约》《外交特权与豁免条例》等规定，在我国享有外交特权和豁免权的外国人主要有：来访的外国元首、政府首脑、外交部长以及其他同等身份的人员，派驻我国的大使、领事、公使、代办以及其他具有同等身份的人员，具有外交官衔的使领馆工作人员、武官、参赞、随员、专员等外交代表，以及与外交代表共同生活的配偶和未成年子女。

二、享有外交特权和豁免权的违法行为人通过外交途径处理

“外交豁免权”不是“外交免罚权”，当违法行为人是享有外交特权和豁免权的外国人时，要通过外交途径处理并不是免除其法律责任。办案公安机关应当将其身份、证件及违法行为等基本情况记录在案，保存有关证据，并尽快将有关情况层报省级公安机关，由省级公安机关商请同级人民政府外事部门通过外交途径处理。例如，可以根据《维也纳外交关系公约》第9条第1款，宣布其为不受欢迎的人。

三、禁止性规定

对享有外交特权和豁免权的外国人，不得采取限制人身自由和查封、扣押的强制措施。限制人身自由的强制措施，主要包括保护性约束措施、继续盘问、强制传唤、强制检测、拘留审查、限制活动范围、约束措施等。③ 紧急情况下，因事先不知是享有外交特权和豁免权的外国人，而依

---

① 黄德明：《现代外交特权与豁免问题研究》，武汉大学出版社2005年版，第8页。

② 贝克：《论外交特权与豁免的滥用及其应对措施》，2009年硕士学位论文。

③ 参见《公安机关办理行政案件程序规定》第54条。

法采取了限制人身自由的强制措施或者查封、扣押的，确定其身份后，应立即解除。《维也纳外交关系公约》第 29 条规定："外交代表人身不得侵犯。外交代表不受任何方式之逮捕或拘禁。接受国对外交代表应特示尊重，并应采取一切适当步骤以防止其人身、自由或尊严受有任何侵犯。"

【执法风险提示】

1. 违法行为人提出自己享有外交特权和豁免权时，办案部门应核实其身份、证件，对证件真实性存疑的，及时请外交部门协助核实，避免被一些违法分子欺骗。

2. 个别外国人员蔑视中国法律，将"外交特权与豁免"当作"违法的许可证"，为避免外国籍违法行为人滥用外交特权与豁免，公安机关办理此类案件应当加强证据意识，对于不能查封、扣押的证据也要及时登记、拍照。

【相关规定】

《维也纳外交关系公约》第 29 条、第 31 条、第 37 条。

第二百四十一条　【涉外行政案件办理中使用中文】办理涉外行政案件，应当使用中华人民共和国通用的语言文字。对不通晓我国语言文字的，公安机关应当为其提供翻译；当事人通晓我国语言文字，不需要他人翻译的，应当出具书面声明。

经县级以上公安机关负责人批准，外国籍当事人可以自己聘请翻译，翻译费由其个人承担。

【条文主旨】

本条是关于办理涉外行政案件使用中国通用语言文字的规定。

【最新修改提示】

本条对应修改前的第 215 条，内容未变化。

【理解与适用】

一、办理涉外行政案件，应当使用中华人民共和国通用的语言文字

使用本国通用的语言文字进行涉外案件的办理，是国家主权独立和尊严的象征，是各国立法普遍采用的一项原则。公安机关在办理刑事案件中也有类似的规定。①

二、对不通晓我国语言文字的，公安机关应当为其提供翻译

对抓获的外国籍违法嫌疑人，公安机关首先要核实其是否通晓我国语言文字，对不通晓我国语言文字的，应当根据其使用的语言种类配备相应的翻译人员。

三、当事人通晓我国语言文字，不需要他人翻译的，应当出具书面声明

若当事人通晓我国语言文字，公安机关仍应当询问其是否需要翻译，因为使用本国语言文字表达是其享有的权利。只有当事人明确表示不需要他人翻译的，并出具书面声明时，公安机关才无须提供翻译。否则即使该违法嫌疑人通晓我国语言文字，公安机关仍应当为其提供翻译。

四、经县级以上公安机关负责人批准，外国籍当事人可以自己聘请翻译，翻译费由其个人承担

对需要聘请翻译的涉外行政案件，一般情况下，办案部门会聘请有资质的翻译人员，翻译费用由财政承担。外国籍当事人也可以自己聘请翻译，但必须经县级以上公安机关负责人批准，且翻译费由其个人承担。

【执法风险提示】

1. 公安机关在办理涉外案件中，不能强迫外国籍当事人，尤其是通晓中国通用语言文字的外国籍当事人使用中国通用的语言文字回答办案人员的询问和书写文书，应当允许他们使用国籍国通用的或他们通晓的语言文字。

2. 公安机关提供翻译的，费用应由财政支出，不得要求当事人自行承担。

---

① 《公安机关办理刑事案件程序规定》第350条规定："公安机关办理外国人犯罪案件使用中华人民共和国通用的语言文字。犯罪嫌疑人不通晓中国语言文字的，公安机关应当为他翻译。"

【相关规定】

《公安机关办理刑事案件程序规定》第350条。

第二百四十二条 【拘留审查】 外国人具有下列情形之一，经当场盘问或者继续盘问后不能排除嫌疑，需要作进一步调查的，经县级以上公安机关或者出入境边防检查机关负责人批准，可以拘留审查：

（一）有非法出境入境嫌疑的；

（二）有协助他人非法出境入境嫌疑的；

（三）有非法居留、非法就业嫌疑的；

（四）有危害国家安全和利益，破坏社会公共秩序或者从事其他违法犯罪活动嫌疑的。

实施拘留审查，应当出示拘留审查决定书，并在二十四小时内进行询问。

拘留审查的期限不得超过三十日，案情复杂的，经上一级公安机关或者出入境边防检查机关批准可以延长至六十日。对国籍、身份不明的，拘留审查期限自查清其国籍、身份之日起计算。

【条文主旨】

本条是关于拘留审查适用条件、程序及期限的规定。

【最新修改提示】

本条对应修改前的第216条，内容未变化。

【理解与适用】

本条的依据是《出境入境管理法》第60条的相关规定。拘留审查属于出入境管理行政强制措施中的人身性强制措施，是指公安机关对非法入境、非法居留的外国人限制其人身自由，并予以审查的一种行政强制手段。①

一、拘留审查的适用条件

（一）拘留审查前提条件

适用拘留审查的前提条件是：经当场盘问或者继续盘问后不能排除嫌疑，需要作进一步调查的。拘留审查的目的是进一步排除或证实当事人的违法犯罪嫌疑，在当场盘问或者继续盘问过程中，当事人违法犯罪嫌疑已经排除或者违法行为已经得到充分证实的，不应再采取拘留审查措施。②

（二）拘留审查适用情形

外国人具有下列情形之一，可以拘留审查：

1. 有非法出境入境嫌疑的。非法出境入境情形主要包括：（1）持用伪造、变造、骗取的出境入境证件出境入境的；（2）冒用他人出境入境证件出境入境的；（3）逃避出境入境边防检查的；（4）以其他方式非法出境入境的。③

2. 有协助他人非法出境入境嫌疑的。根据《出境入境管理法》第72条，该行为的实施主体既可以是个人，也可以是单位。具体情形包括：为他人提供伪造的出境入境证件、引带他人非法出境入境等。

3. 有非法居留、非法就业嫌疑的。非法居留，如有些外国人未按规定办理签证延期或签证已逾期导致非法居留。非法就业，根据《出境入境管理法》第43条规定："外国人有下列行为之一的，属于非法就业：（一）未按照规定取得工作许可和工作类居留证件在中国境内工作的；（二）超出工作许可限定范围在中国境内工作的；（三）外国留学生违反勤工助学管理规定，超出规定的岗位范围或者时限在中国境内工作的。"

4. 有危害国家安全和利益，破坏社会公共秩序或者从事其他违法犯罪活动嫌疑的。拘留审查并非一般意义的行政调查中的强制，即有着复合的调查目的——既为调查非法入境或者居留的相关情况，也为调查其他违法犯罪情况。④

---

① 参考黎沛文：《拘留审查制度下外国人基本权利保障问题探析》，载《西部法学评论》2015年第2期。

② 李建国：《外籍当事人的处置与救济制度研究》，载《公安研究》2013年第12期。

③ 参见《出境入境管理法》第71条。

④ 黎沛文：《拘留审查制度下外国人基本权利保障问题探析》，载《西部法学评论》2015年第2期。

（三）拘留审查的审批。适用拘留审查必须经县级以上公安机关或者出入境边防检查机关负责人批准。

二、拘留审查的实施程序

（一）实施拘留审查，应当出示拘留审查决定书。向当事人出示拘留审查决定书，既是保障当事人的知情权，也是保障当事人的救济权。根据《出境入境管理法》第 64 条规定，外国人对拘留审查措施不服的可以依法申请行政复议。

（二）在二十四小时内进行询问。《出境入境管理法》第 60 条第 2 款规定："实施拘留审查，应当出示拘留审查决定书，并在二十四小时内进行询问。发现不应当拘留审查的，应当立即解除拘留审查。"要求公安机关对被拘留审查人员在二十四小时内进行询问，以便及时核实当事人是否应当拘留审查，对不应当拘留审查的，应立即解除，保障当事人的合法权益。

三、拘留审查的期限

为了保护当事人的合法权益，拘留审查必须遵守时限规定。一般情况下，拘留审查的期限不得超过三十日。案情复杂的，经上一级公安机关或者出入境边防检查机关批准可以延长至六十日。这里的"上一级"是相对于作出拘留审查决定的公安机关。

有些外国人的身份难以核实，在六十日的拘留审查期限内仍无法确定其身份，为确保涉外案件的调查处理，对国籍、身份不明的，拘留审查期限自查清其国籍、身份之日起计算。

【执法风险提示】

1. 实践中，有些办案单位没有经过当场盘问或继续盘问就直接适用拘留审查，这是违法的。拘留审查的目的是为了进一步排除或证实当事人的违法犯罪嫌疑，公安机关应避免出现直接适用的情形。

2. 对当场盘问或继续盘问过程中，当事人违法犯罪嫌疑已经排除或者违法行为已经得到充分证实的，公安机关也不能再适用拘留审查。

3. 拘留审查应严格遵守期限规定，避免出现超期羁押的情形。

【相关规定】

《出境入境管理法》第 43 条、第 60 条、第 64 条、第 71 条、第 72 条。

第二百四十三条 【拘留审查的解除】 具有下列情形之一的，应当解除拘留审查：

（一）被决定遣送出境、限期出境或者驱逐出境的；

（二）不应当拘留审查的；

（三）被采取限制活动范围措施的；

（四）案件移交其他部门处理的；

（五）其他应当解除拘留审查的。

【条文主旨】

本条是关于解除拘留审查的规定。

【最新修改提示】

本条对应修改前的第217条，内容未变化。

【理解与适用】

拘留审查的目的是做进一步调查，因此一旦调查清楚得出结论或作出处理决定的，应当及时解除拘留审查。应当解除拘留审查的情形包括：

一、被决定遣送出境、限期出境或者驱逐出境的

遣送出境，是指对非法入境、非法居留的外国人，经县级以上公安机关或者出入境边防检查机关负责人批准，强制性地送出国境。遣送出境主要是对非法入境者的处理。《出境入境管理法》第62条和本规定第246条规定了遣送出境的具体情形。限期出境，是指给被处罚人一个明确的出境最后期限，限其在规定的最后期限到来之前离开，并不对违法行为人采取强制措施。《出境入境管理法》第81条第1款及本规定第250条规定了限期出境的具体情形。驱逐出境，是针对在中国境内违反出境入境管理及违法犯罪的外国人或无国籍人，强制其离开中国境内的处罚方法。如《刑法》第35条规定："对于犯罪的外国人，可以独立适用或者附加适用驱逐出境。"《治安管理处罚法》第10条第2款也规定，对违反治安管理的外国人，可以附加适用限期出境或者驱逐出境。《出境入境管理法》第81条第2款规定："外国人违反本法规定，情节严重，尚不构成犯罪的，公安部可以处驱逐出境……"

二、不应当拘留审查的

公安机关采取拘留审查措施后，经调查取证能够排除当事人嫌疑的，应当解除拘留审查。

三、被采取限制活动范围措施的

《出境入境管理法》第 61 条及本规定第 244 条规定了适用限制活动范围措施的具体情形，其作为拘留审查的替代措施，体现了对外国人的人文关照。如公安机关采取拘留审查措施后，发现违法嫌疑人怀孕或哺乳婴儿的，应当解除拘留审查，采取限制活动范围措施。

四、案件移交其他部门处理的

如在拘留审查过程中，发现该外国人涉嫌刑事犯罪后，移交有管辖权的公安机关处理，原办案单位应解除拘留审查，由办理刑事案件的公安机关采取刑事拘留等其他调查措施。

五、其他应当解除拘留审查的

此项为兜底条款，泛指除上述四种情形以外的其他可能导致解除拘留审查的情形。

【执法风险提示】

及时解除拘留审查，关系当事人的人身权益。公安机关在办理涉外行政案件中，一旦发现存在上述应当解除情形的，应当在第一时间办理解除手续，避免因不作为或“慢作为”侵害当事人的合法利益，甚至损害国家形象。

【相关规定】

《出境入境管理法》第 61 条、第 62 条、第 81 条；《公安机关办理行政案件程序规定》第 244 条、第 246 条、第 250 条；《刑法》第 35 条；《治安管理处罚法》第 10 条。

第二百四十四条　【限制活动范围】外国人具有下列情形之一的，不适用拘留审查，经县级以上公安机关或者出入境边防检查机关负责人批准，可以限制其活动范围：

（一）患有严重疾病的；

（二）怀孕或者哺乳自己婴儿的；

（三）未满十六周岁或者已满七十周岁的；

（四）不宜适用拘留审查的其他情形。

被限制活动范围的外国人，应当按照要求接受审查，未经公安机关批准，不得离开限定的区域。限制活动范围的期限不得超过六十日。对国籍、身份不明的，限制活动范围期限自查清其国籍、身份之日起计算。

【条文主旨】

本条是关于限制活动范围适用条件、要求及期限的规定。

【最新修改提示】

本条对应修改前的第218条，内容未变化。

【理解与适用】

我国1986年施行的《外国人入境出境管理法》（已废止）第27条规定："对非法入境、非法居留的外国人，县级以上公安机关可以拘留审查、监视居住或者遣送出境。"为避免出入境管理的监视居住与刑事强制措施中的监视居住相混淆，2013年7月1日起施行的《出境入境管理法》设立了限制活动范围以取代《外国人入境出境管理法》中的监视居住。[①]

一、适用限制活动范围的条件

我国《出境入境管理法》对有违法嫌疑的外国人采取的是以拘留审查为原则、限制活动范围为例外的立法原则，限制活动范围仅仅是拘留审查的一种例外和补充。[②] 限制活动范围的适用对象为符合拘留审查的适用条件，但又具有本条规定的情形：患有严重疾病；怀孕或者哺乳自己婴儿；未满十六周岁或者已满七十周岁；不宜适用拘留审查的其他情形的外国人。

---

① 王青：《论出入境管理中限制活动范围措施之完善》，载《中国人民公安大学学报（社会科学版）》2015年第1期。

② 王青：《论出入境管理中限制活动范围措施之完善》，载《中国人民公安大学学报（社会科学版）》2015年第1期。

二、限制活动范围的要求

被限制活动范围的外国人，应当按照要求接受审查，未经公安机关批准，不得离开限定的区域。限制活动范围作为拘留审查的羁押替代措施，也是一种行政强制措施，其主要功能是保障调查活动顺利进行。如此规定，能够保证公安机关依法顺利进行案件事实和证据的调查工作。

三、限制活动范围的期限

一般情况下，限制活动范围的期限不得超过六十日。特殊情况下，当违法嫌疑人国籍、身份不明时，限制活动范围期限自查清其国籍、身份之日起计算。

【执法风险提示】

1. 限制活动范围针对的都是妇女、儿童、老人以及病患等弱者，公安机关在适用该措施时一定要注重执法安全，避免出现当事人意外死亡等情况。

2. 限制活动范围作为拘留审查的替代措施，是一种非羁押性的强制措施，公安机关应严禁在羁押场所、专门的办案场所执行限制活动。

3. 限制活动范围的期限一般不得超过六十日，拘留审查的期限一般不得超过三十日，公安机关在适用时应注意区分。

【相关规定】

《出境入境管理法》第 61 条。

第二百四十五条　【被限制活动范围应遵守的规定】 被限制活动范围的外国人应当遵守下列规定：

（一）未经决定机关批准，不得变更生活居所，超出指定的活动区域；

（二）在传唤的时候及时到案；

（三）不得以任何形式干扰证人作证；

（四）不得毁灭、伪造证据或者串供。

【条文主旨】

本条是关于被限制活动范围的外国人应遵守规定的规定。

【最新修改提示】

本条对应修改前的第 219 条，内容未变化。

【理解与适用】

限制活动范围虽然是一种行政强制措施，但被限制活动范围者仍有一定的人身自由，为保证当事人随时参与调查取证且不干扰公安机关执法办案，被限制活动范围的外国人应遵守以下规定：

一、未经决定机关批准，不得变更生活居所，超出指定的活动区域

实践中，公安机关一般将活动的范围限于住所，没有住所的，指定居所。为确保案件顺利调查，被限制活动范围的外国人不得随意变更生活居所、超出指定的活动区域。有正当理由确需变更居所或者离开指定的活动区域，须经作出限制活动决定的公安机关批准。

二、在传唤的时候及时到案

本规定第 66 条规定，询问违法嫌疑人，可以到违法嫌疑人住处或者单位进行，也可以将违法嫌疑人传唤到其所在市、县内的指定地点进行。故“传唤的时候及时到案”，是指传唤的时候，被限制活动范围的外国人及时到办案单位指定的地点接受传唤。

三、不得以任何形式干扰证人作证

干扰证人作证将严重影响公安机关对案件事实的调查取证，被限制活动范围者不得以任何形式干扰证人作证。

四、不得毁灭、伪造证据或者串供

毁灭证据，是指违法行为人为了逃避法律责任，采取积极的行动销毁已经存在的证据。伪造证据，是指制造假的证据，或者改变证据特征或者修改证据包含的信息，以推脱法律责任，逃避法律制裁。串供，如被限制活动范围的外国人与同案人员通信商量对策、统一口径，以逃避法律制裁。

第二百四十六条　【遣送出境适用条件】 外国人具有下列情形之一的，经县级以上公安机关或者出入境边防检查机关负责人批准，可以遣送出境：

（一）被处限期出境，未在规定期限内离境的；
（二）有不准入境情形的；
（三）非法居留、非法就业的；
（四）违反法律、行政法规需要遣送出境的。
其他境外人员具有前款所列情形之一的，可以依法遣送出境。
被遣送出境的人员，自被遣送出境之日起一至五年内不准入境。

【条文主旨】

本条是关于遣送出境适用条件和不准入境期限的规定。

【最新修改提示】

本条对应修改前的第220条，内容未变化。

【理解与适用】

本条的根据是《出境入境管理法》第62条。遣送出境是当外国人或其他境外人员出现本条规定的具体情形，公安机关或者出入境边防检查机关可以将当事人送出我国国境的措施。

一、遣送出境的实施主体和适用对象

遣送出境的适用对象是具有法定情形的外国人和其他境外人员。这里的“其他境外人员”主要指我国香港特别行政区、澳门特别行政区及台湾地区的居民。

遣送出境经县级以上公安机关或者出入境边防检查机关负责人批准后实施。

二、遣送出境的适用条件

（一）被处限期出境，未在规定期限内离境的。本规定第250条第2款规定，对外国人决定限期出境的，应当规定外国人离境的期限，注销其有效签证或者停留居留证件。限期出境的期限不得超过三十日。《行政强制法》第34条规定：“行政机关依法作出行政决定后，当事人在行政机关决定的期限内不履行义务的，具有行政强制执行权的行政机关依照本章规

定强制执行。”县级以上公安机关或者出入境边防检查机关对外国人作出限期出境决定后，如果该外国人在决定的期限内不履行，经县级以上公安机关或者出入境边防检查机关负责人批准，可以依照《行政强制法》的有关规定将其遣送出境。

（二）有不准入境情形的。《出境入境管理法》第25条规定，外国人有下列情形之一的，不准入境：未持有效出境入境证件或者拒绝、逃避接受边防检查的；具有本法第二十一条第一款第一项至第四项规定情形的；入境后可能从事与签证种类不符的活动的；法律、行政法规规定不准入境的其他情形。《出境入境管理法》第21条规定，外国人有下列情形之一的，不予签发签证：（1）被处驱逐出境或者被决定遣送出境，未满不准入境规定年限的；（2）患有严重精神障碍、传染性肺结核病或者有可能对公共卫生造成重大危害的其他传染病的；（3）可能危害中国国家安全和利益、破坏社会公共秩序或者从事其他违法犯罪活动的；（4）在申请签证过程中弄虚作假或者不能保障在中国境内期间所需费用的……

（三）非法居留、非法就业的。非法居留，如有些外国人未按规定办理签证延期或签证已逾期导致非法居留。非法就业，根据《出境入境管理法》第43条规定，外国人有下列行为之一的，属于非法就业：（1）未按照规定取得工作许可和工作类居留证件在中国境内工作的；（2）超出工作许可限定范围在中国境内工作的；（3）外国留学生违反勤工助学管理规定，超出规定的岗位范围或者时限在中国境内工作的。

（四）违反法律、行政法规需要遣送出境的。这里的“法律”是指狭义上的法律，仅指全国人大及其常委会制定的规范性文件。行政法规，是国务院根据宪法和法律，制定的行政规范的总称。本项指违反我国法律、行政法规规定，不宜在我国境内继续停留居住，需要遣送出境的其他情形。

三、不准入境的期限

被遣送出境的人员，自被遣送出境之日起一至五年内不准入境。《出境入境管理法》第21条规定：“外国人有下列情形之一的，不予签发签证：（一）被处驱逐出境或者被决定遣送出境，未满不准入境规定年限的……”该法第25条也有相关规定。

【执法风险提示】

1. 关于“违反法律、行政法规需要遣送出境的”。首先，违反的是法律和行政法规的规定，而非地方性法规、规章和其他规范性文件的规定。

其次，行为人是否具有不宜在我国境内继续停留居住，需要遣送出境的情形，由公安机关或者出入境边防检查机关根据具体情形判断，这里法律赋予了公安机关或者出入境边防检查机关较大的自由裁量权，公安机关或者出入境边防检查机关应从严把握。

2. 遣送出境应书面作出决定，并及时送达当事人。

3. 被遣送出境的人员，自被遣送出境之日起一至五年内不准入境。期限的起算之日为被遣送出境之日，而不是公安机关作出决定之日。

【相关规定】

《出境入境管理法》第 21 条、第 62 条、第 25 条。

第二百四十七条 【被遣送的国家或地区】 被遣送出境的外国人可以被遣送至下列国家或者地区：

（一）国籍国；

（二）入境前的居住国或者地区；

（三）出生地国或者地区；

（四）入境前的出境口岸的所属国或者地区；

（五）其他允许被遣送出境的外国人入境的国家或者地区。

【条文主旨】

本条是关于被遣送出境人员被遣送国家或地区的规定。

【最新修改提示】

本条对应修改前的第 221 条，内容未变化。

【理解与适用】

公安机关或者出入境边防检查机关可以将被遣送出境的人员遣送至的国家或者地区：

一、国籍国

公安机关或者出入境边防检查机关可以将被遣送出境的外国人遣送至国籍国。国籍，是一个人属于某一个国家的国民或公民的法律资格，表明一个人同一个特定国家间的固定的法律联系，是国家行使属人管辖权和外交保护权的依据。国籍国一般可以通过护照等有效证件确认。

二、居住国、出生地国或者地区

公安机关或者出入境边防检查机关可以将被遣送出境的外国人遣送至入境前的居住国或者地区、出生地国或者地区。入境前的居住国或者地区、出生地国或者地区可以通过出入境管理部门、有关国家驻华使馆、领馆等协助查询。

三、入境前的出境口岸的所属国或者地区

对于不能查明身份的违法外国人，可以按照其原入境路线遣送至入境前的出境口岸所属国或者地区。

四、其他允许其入境的国家或者地区

其他允许被遣送出境的外国人入境的国家或者地区，是指有些虽与被遣送出境的外国人没有关系，但愿意接受该外国人，允许其入境的国家或地区。

第二百四十八条　【羁押场所】具有下列情形之一的外国人，应当羁押在拘留所或者遣返场所：

（一）被拘留审查的；

（二）被决定遣送出境或者驱逐出境但因天气、交通运输工具班期、当事人健康状况等客观原因或者国籍、身份不明，不能立即执行的。

【条文主旨】

本条是关于被拘留审查及被决定遣送出境或者驱逐出境不能立即执行人员的羁押场所的规定。

【最新修改提示】

本条对应修改前的第 222 条，内容未变化。

【理解与适用】

《出境入境管理法》第 63 条规定，被拘留审查或者被决定遣送出境但不能立即执行的人员，应当羁押在拘留所或者遣返场所。《外国人入境出境管理条例》第 29 条第 1 款规定："公安机关根据实际需要可以设置遣返场所。"

拘留所关押的对象主要是被行政拘留和司法拘留的人员。根据本规定第 242 条，拘留审查是一种限制人身自由的行政强制措施，其羁押的对象是有非法入境、非法居留等嫌疑的人员，不同于已作出行政拘留处罚的人员。但公安机关若没有专门针对外国人的遣返场所，则将作出拘留审查的人员羁押在拘留所。

实践中，被决定遣送出境或者驱逐出境的人员可能会因天气、交通运输工具班期、当事人健康状况等客观原因无法立即执行，还有些外国人国籍、身份不明需要进一步核实，不能立即执行遣送出境或者驱逐出境决定，这些处于不能立即执行的外国人，不同于被拘留审查的调查羁押阶段的人员，如果有专门的遣返场所应当羁押在遣返场所，没有条件的羁押在拘留所。

被拘留审查及被决定遣送出境或者驱逐出境不能立即执行的外国人羁押在拘留所的，应当与被行政拘留、司法拘留的人员分别拘押。

【执法风险提示】

被拘留审查或者被决定遣送出境、驱逐出境但不能立即执行的人员，应当羁押在拘留所或者遣返场所，严禁将上述人员羁押在看守所看管。

【相关规定】

《出境入境管理法》第 63 条；《外国人入境出境管理条例》第 29 条。

第二百四十九条　【行政复议】外国人对继续盘问、拘留审查、限制活动范围、遣送出境措施不服的，可以依法申请行政复议，该行政复议决定为最终决定。

其他境外人员对遣送出境措施不服，申请行政复议的，适用前款规定。

【条文主旨】

本条是关于外国人及其他境外人员的救济途径规定。

【最新修改提示】

本条对应修改前的第 223 条，内容未变化。

【理解与适用】

本条的法律依据是《出境入境管理法》第 64 条：“外国人对依照本法规定对其实施的继续盘问、拘留审查、限制活动范围、遣送出境措施不服的，可以依法申请行政复议，该行政复议决定为最终决定。其他境外人员对依照本法规定对其实施的遣送出境措施不服，申请行政复议的，适用前款规定。”

对依照《出境入境管理法》实施的继续盘问、拘留审查、限制活动范围、遣送出境措施不服的外国人以及对实施遣送出境措施不服的其他境外人员，只能提起行政复议，不能提起行政诉讼。且该行政复议决定为最终决定，当事人不服，不可提起行政诉讼。对外国人和其他境外人员仅赋予其行政救济权利，排除了司法救济权利，且该行政复议救济机制遵循一级复议原则，接受申请的复议机关所作的复议决定就是行政程序上的终局决定，申请人不得再向该复议机关的上一级行政机关申请复议。这种对外国人救济权利的限制也是国家主权的体现。

【执法风险提示】

对外国人实施的继续盘问、拘留审查、限制活动范围、遣送出境措施不服申请行政复议的，该行政复议决定为最终决定。

【相关规定】

《出境入境管理法》第 64 条；《行政复议法》第 5 条。

第二百五十条　【限期出境】外国人具有下列情形之一的，经县级以上公安机关或者出入境边防检查机关决定，可以限期出境：

（一）违反治安管理的；

（二）从事与停留居留事由不相符的活动的；

（三）违反中国法律、法规规定，不适宜在中国境内继续停留居留的。

对外国人决定限期出境的，应当规定外国人离境的期限，注销其有效签证或者停留居留证件。限期出境的期限不得超过三十日。

【条文主旨】

本条是关于限期出境的规定。

【最新修改提示】

本条对应修改前的第224条，内容未变化。

【理解与适用】

限期出境，是指给被处罚人一个明确的出境最后期限，限其在规定的最后期限到来之前离开中国，并不对违法行为人采取强制措施。

一、限期出境的适用条件

限期出境具体适用情形包括：

（一）违反治安管理的。违反治安管理的行为，是指违反《治安管理处罚法》的扰乱公共秩序、妨害公共安全、侵犯人身权利、财产权利、妨害社会管理，具有社会危害性，依照《刑法》的规定尚不够刑事处罚，而应当由公安机关给予治安管理处罚的行为。

（二）从事与停留居留事由不相符的活动的。《出境入境管理法》第37条规定："外国人在中国境内停留居留，不得从事与停留居留事由不相符的活动，并应当在规定的停留居留期限届满前离境。"该法第81条第1款还规定，外国人从事与停留居留事由不相符的活动，或者有其他违反中国法律、法规规定，不适宜在中国境内继续停留居留情形的，可以处限期出境。所以对从事与停留居留事由不相符的活动的，可以处限期出境。

（三）违反中国法律、法规规定，不适宜在中国境内继续停留居留的。

这里的“法律、法规”是指除前两项涉及法律、法规以外的其他法律、行政法规、地方性法规。

二、限期出境的决定机关

限期出境的决定机关为县级以上公安机关或者出入境边防检查机关。

三、限期出境的执行方式

对外国人决定限期出境的，应当规定外国人离境的期限，注销其有效签证或者停留居留证件。

四、限期出境的期限

限期出境的期限，即规定外国人离境的期限。外国人限期出境的期限不得超过三十日。

被处限期出境，未在规定期限内离境的，可以将其遣送出境。

【执法风险提示】

1. 限期出境并非强制措施，不同于遣送出境、驱逐出境，公安机关不得直接采取措施强制被限期出境的外国人离境。

2. 对被决定限期出境的外国人，应及时注销其有效签证或者停留居留证件，避免出现人与证不符的情形。

【相关规定】

《出境入境管理法》第 37 条、第 81 条。

第二百五十一条　【驱逐出境】外国人违反治安管理或者出境入境管理，情节严重，尚不构成犯罪的，承办的公安机关可以层报公安部处以驱逐出境。公安部作出的驱逐出境决定为最终决定，由承办机关宣布并执行。

被驱逐出境的外国人，自被驱逐出境之日起十年内不准入境。

【条文主旨】

本条是关于驱逐出境的规定。

【最新修改提示】

本条对应修改前的第 225 条，内容未变化。

【理解与适用】

一、驱逐出境的概念

驱逐出境，是针对在中国境内违反出境入境管理及违法犯罪的外国人或无国籍人，强制其离开中国境内的处罚方法。如《刑法》第 35 条规定："对于犯罪的外国人，可以独立适用或者附加适用驱逐出境。"《治安管理处罚法》第 10 条第 2 款规定，对违反治安管理的外国人，可以附加适用限期出境或者驱逐出境。

本条所称的驱逐出境不包括《刑法》的附加刑驱逐出境，仅仅是一种行政处罚。驱逐出境是具有宣示主权性质的处罚，也是对外国人适用的最严厉的行政处罚。

二、驱逐出境的适用对象

驱逐出境的适用对象为：

（一）违反治安管理，情节严重，尚不构成犯罪的外国人。《治安管理处罚法》第 10 条第 2 款规定，对违反治安管理的外国人，可以附加适用限期出境或者驱逐出境。

（二）违反出境入境管理，情节严重，尚不构成犯罪的外国人。《出境入境管理法》第 81 条第 2 款规定："外国人违反本法规定，情节严重，尚不构成犯罪的，公安部可以处驱逐出境……"

三、驱逐出境决定机关与执行机关

驱逐出境由承办的公安机关层报公安部，由公安部决定驱逐出境。公安部作出的驱逐出境决定为最终决定。被处罚人对此不能申请行政复议或者提起行政诉讼。

驱逐出境由承办机关宣布并执行。

四、不准入境期限

被驱逐出境的外国人，自被驱逐出境之日起十年内不准入境。《出境入境管理法》第 21 条规定："外国人有下列情形之一的，不予签发签证：（一）被处驱逐出境或者被决定遣送出境，未满不准入境规定年限的；……"

【执法风险提示】

外国人违反治安管理或者出境入境管理，情节严重，尚不构成犯罪的，承办的公安机关可以层报公安部处以驱逐出境。本条规定的是“可以”而非“应当”。

【相关规定】

《出境入境管理法》第 21 条、第 25 条、第 81 条；《治安管理处罚法》第 10 条。

第二百五十二条　【行政处罚的执行】 对外国人处以罚款或者行政拘留并处限期出境或者驱逐出境的，应当于罚款或者行政拘留执行完毕后执行限期出境或者驱逐出境。

【条文主旨】

本条是关于罚款、行政拘留与附加的限期出境、驱逐出境执行顺序的规定。

【最新修改提示】

本条对应修改前的第 226 条，内容未变化。

【理解与适用】

《治安管理处罚法》第 10 条第 2 款规定：“对违反治安管理的外国人，可以附加适用限期出境或者驱逐出境。”对于附加适用限期出境或者驱逐出境的外国人，应当于罚款或者行政拘留执行完毕后执行限期出境或者驱逐出境。如此规定，能够保证处罚全部予以执行，如果先执行限期出境或者驱逐出境，会导致罚款或者行政拘留无法执行。

【相关规定】

《刑法》第 35 条、第 361 条；《治安管理处罚法》第 10 条。

第二百五十三条　【涉外行政案件的办理】 办理涉外行政案件，应当按照国家有关办理涉外案件的规定，严格执行请示报告、内部通报、对外通知等各项制度。

【条文主旨】

本条是办理涉外行政案件应遵循办理涉外案件相关规定的规定。

【最新修改提示】

本条对应修改前的第 227 条，内容未变化。

【理解与适用】

涉外案件因涉及国际关系，处理不好可能引发外交纠纷，因此应当严格遵守国家有关办理涉外案件的规定，如《关于处理涉外案件若干问题的规定》，严格执行请示报告、内部通报、对外通知等各项制度。及时处理好涉外案件，切实履行国际条约义务，对维护国家的主权和社会稳定，保护外国人的合法权益，发展中外交流十分重要。

关于"请示报告"制度，如根据本规定第 254 条规定："对外国人作出行政拘留、拘留审查或者其他限制人身自由以及限制活动范围的决定后，决定机关应当在四十八小时内将外国人的姓名、性别、入境时间、护照或者其他身份证件号码，案件发生的时间、地点及有关情况，违法的主要事实，已采取的措施及其法律依据等情况报告省级公安机关……"内部的请示报告、通报制度的意义在于使上级机关理解涉外案件具体情况，以便对案件的处理进行指导和研究应对策略等，避免一旦引起外交纠纷后陷于被动。内部通报主要包括：公安机关的其他各业务部门及时将涉外案件、事件的主要情况，通报出入境管理部门，以及若发生重大涉外案件或可能引起外交交涉等其他较敏感的涉外案件时，有关省、自治区、直辖市公安厅、局应及时将详细情况报公安部主管部门等。

关于"对外通知"制度，如根据本规定第 255 条规定："外国人在被行政拘留、拘留审查或者其他限制人身自由以及限制活动范围期间死亡的，有关省级公安机关应当通知该外国人所属国家驻华使馆、领馆，同时报告公安部并通报同级人民政府外事部门。"对外通知，是国际法上的义务，是国际上一国为保护处于他国的本国公民所享有的知情权。对外通知是对该国的尊重，有利于该国为当事人提供帮助。通知的主要内容包括：外国人的外文姓名、性别、入境时间、护照或者其他身份证件号码，案件发生的时间、地点及有关情况，违法的主要事实，已采取的措施及其法律依据等情况。关于通知的期限，双边领事条约有规定的，应当在规定的期限内通知；没有约定的，根据或者参照《维也纳领事关系公约》和国际惯例的规定，尽快通知。①

【相关规定】

《公安机关办理刑事案件程序规定》第254条、第255条。

第二百五十四条　【报告与通知】对外国人作出行政拘留、拘留审查或者其他限制人身自由以及限制活动范围的决定后，决定机关应当在四十八小时内将外国人的姓名、性别、入境时间、护照或者其他身份证件号码，案件发生的时间、地点及有关情况，违法的主要事实，已采取的措施及其法律依据等情况报告省级公安机关；省级公安机关应当在规定期限内，将有关情况通知该外国人所属国家的驻华使馆、领馆，并通报同级人民政府外事部门。当事人要求不通知使馆、领馆，且我国与当事人国籍国未签署双边协议规定必须通知的，可以不通知，但应当由其本人提出书面请求。

【条文主旨】

本条是关于对外国人作出限制人身自由的处理决定后应当遵守的报告、通知以及通报的规定。

【最新修改提示】

本条对应修改前的第228条，内容未变化。

---

① 孙茂利主编：《〈公安机关办理行政案件程序规定〉释义与实务指南》，中国人民公安大学出版社2013年版。

【理解与适用】

一、适用的对象

本条规定适用于：被行政拘留、拘留审查或者其他限制人身自由以及限制活动范围的外国人。“其他限制人身自由”的决定，包括如强制传唤、采取保护性约束措施等。

二、具体流程

首先，报告省级公安机关。决定机关在作出决定后四十八小时内将外国人的姓名、性别、入境时间、护照或者其他身份证件号码，案件发生的时间、地点及有关情况，违法的主要事实，已采取的措施及其法律依据等情况报告省级公安机关。

其次，省级公安机关应当在规定期限内，将有关情况通知该外国人所属国家的驻华使馆、领馆，并通报同级人民政府外事部门。关于“规定期限”，根据《关于处理涉外案件若干问题的规定》的规定，双边领事条约明确规定期限的（四天或七天），应当在条约规定的期限内通知；如无双边领事条约规定，也应当根据或者参照《维也纳领事关系公约》和国际惯例尽快通知，不应超过七天。

三、可以不通知的情形

当事人要求不通知使馆、领馆，且我国与当事人国籍国未签署双边协议规定必须通知的，可以不通知，但应当由其本人提出书面请求。对外国人作出行政拘留、拘留审查或者其他限制人身自由以及限制活动范围的决定后，一般情况下，都应当将有关情况通知该外国人所属国家的驻华使馆、领馆，只有在当事人要求不通知使馆、领馆，并由其本人提出书面请求，且我国与当事人国籍国未签署双边协议规定必须通知的，才可以不通知。

【执法风险提示】

1. 只有对作出行政拘留、拘留审查或者其他限制人身自由以及限制活动范围决定的外国人，才需要遵守上述规定，对作出罚款等非限制人身自由决定的外国人不需要遵守上述规定。

2. 不需要通知使馆、领馆的情形，必须同时满足以下三个条件才能适用：（1）当事人要求不通知使馆、领馆；（2）我国与当事人国籍国未签署双边协议规定必须通知的；（3）当事人本人提出书面请求。

【相关规定】

《公安部关于公安机关执行〈关于处理涉外案件若干问题的规定〉中有关问题的通知》第 2 条。

第二百五十五条 【限制人身自由期间死亡的通知、报告规定】外国人在被行政拘留、拘留审查或者其他限制人身自由以及限制活动范围期间死亡的，有关省级公安机关应当通知该外国人所属国家驻华使馆、领馆，同时报告公安部并通报同级人民政府外事部门。

【条文主旨】

本条是关于对外国人限制人身自由期间死亡应当通知、报告的规定。

【最新修改提示】

本条对应修改前的第 229 条，内容未变化。

【理解与适用】

《外国人在华死亡后的处理程序》第 2 条规定："根据《维也纳领事关系公约》或双边领事条约的规定，以及国际惯例，外国人在华死亡后应尽快通知死者家属及其所属国家驻华使、领馆。……凡属非正常死亡的，由案件查处机关负责通知，在案件审理中死亡的，由案件审理机关负责通知，在监狱服刑过程中死亡的，由司法行政机关负责通知。"《关于处理涉外案件若干问题的规定》第 3 条第 4 项规定："……外国人在华非正常死亡，由有关省、自治区、直辖市公安厅（局）通知有关外国驻华使、领馆；在羁押期间或者案件审理中死亡，分别由受理案件的省、自治区、直辖市公安厅（局）、国家安全厅（局）、人民检察院或者高级人民法院通知……"

根据上述规定，外国人在被行政拘留、拘留审查或者其他限制人身自由以及限制活动范围期间死亡的属于非正常死亡，有关省级公安机关应当同时履行对外通知和内部通报职责，即应当尽快通知该外国人所属国家驻华使馆、领馆，同时报告公安部并通报同级人民政府外事部门。如此规定的目的，既是公约、条约的规定，也使公安部和外交部及时掌握案件情况，以免给外交工作造成被动。

【执法风险提示】

对于出现非正常死亡的情形，有关省级公安机关应当尽快通知该外国人所属国家驻华使馆、领馆，同时报告公安部并通报同级人民政府外事部门，避免因报告或通知不及时引发舆论关注，造成工作被动。①

【相关规定】

《关于处理涉外案件若干问题的规定》第3条；《外国人在华死亡后的处理程序》第2条。

第二百五十六条　【探视规定】 外国人在被行政拘留、拘留审查或者其他限制人身自由以及限制活动范围期间，其所属国家驻华外交、领事官员要求探视的，决定机关应当及时安排。该外国人拒绝其所属国家驻华外交、领事官员探视的，公安机关可以不予安排，但应当由其本人出具书面声明。

【条文主旨】

本条是关于对被限制人身自由的外国人探视的规定。

【最新修改提示】

本条对应修改前的第230条，内容未变化。

【理解与适用】

《关于处理涉外案件若干问题的规定》第5条第1项规定："外国驻华外交、领事官员要求探视被监视居住、拘留、拘留审查、逮捕或正在服刑

---

① 参见《外国人在华死亡后的处理程序》第2条。

的本国公民，我主管部门应在双边领事条约规定的时限内予以安排，如无条约规定，亦应尽快安排。如当事人拒绝其所属国家驻华外交、领事官员探视的，我可拒绝安排，但应由其本人提出书面意见。探视要求可请其向省、自治区、直辖市高级人民法院、人民检察院、公安厅（局）、国家安全厅（局）、司法厅（局）提出。地方外事办公室或者外交部可予以协助。外国驻华外交、领事官员探视时应遵守我有关探视规定。”第5条第3项规定，“主办机关需要就探视事宜同有关外国驻华使、领馆联系时，应当分别经过各省、自治区、直辖市高级人民法院、人民检察院、公安厅（局）、国家安全厅（局）、司法厅（局）进行。地方外事办公室或者外交部予以协助。”

根据上述规定及本条规定，外国人在被行政拘留、拘留审查或者其他限制人身自由以及限制活动范围期间，其所属国家驻华外交、领事官员享有探视权。决定机关应当在双边领事条约规定的时限内予以安排。如无条约规定，亦应尽快安排及时安排。

外国人拒绝其所属国家驻华外交、领事官员探视的，公安机关可以不予安排，但应当由其本人出具书面声明。即只有当该外国人拒绝其所属国家驻华外交、领事官员探视，且本人出具书面声明的，公安机关才可以不予安排。

【执法风险提示】

外国人在被行政拘留、拘留审查或者其他限制人身自由以及限制活动范围期间，其所属国家驻华外交、领事官员要求探视的，该外国人也同意其探视的，公安机关不得以任何理由拒绝安排探视或者拖延安排探视。

【相关规定】

《关于处理涉外案件若干问题的规定》第5条。

第二百五十七条　【适用其他章的规定】 办理涉外行政案件，本章未作规定的，适用其他各章的有关规定。

【条文主旨】

本条是关于办理涉外行政案件适用其他程序的规定。

【最新修改提示】

本条对应修改前的第 231 条，内容未变化。

【理解与适用】

涉外行政案件相对于普通行政案件具有一定的特殊性，本章对于涉外行政案件办理过程中需要注意的问题专门作出了特别规定，如拘留审查、限制活动范围、限期出境、驱逐出境等，公安机关在办理此类案件时，对于本章有规定的，应当适用本章的规定。本章未作规定的，如回避、勘验、检查、辨认等，应当适用本规定其他章节的规定。

案例分析

办理涉外行政案件应注意的法律问题

——卡尔不服××市公安局治安处罚案①

△基本案情

2017 年 1 月 7 日，杨某芬推着“购买”的手推车经过×××酒吧门口时，原告卡尔向杨某芬索要被盗的该手推车引发争执，并两次推搡杨某芬致其倒地，导致其嘴部出血、手指破皮。××市公安局认为原告卡尔殴打他人的行为已违反《中华人民共和国治安管理处罚法》第 43 条第 1 款规定，故对其作出行政拘留七日并处罚款二百元的行政处罚。原告卡尔不服，向被告××州公安局申请行政复议，被告××州公安局于 2017 年 4 月 19 日作出××行复决字〔2017〕第 06 号行政复议决定，维持了××市公安局所作出的行政处罚决定。

原告诉称：事实及理由，(1) 原告的行为不属于殴打他人，原告卡尔是在发现第三人杨某芬使用自己被盗的手推车向其索要时产生纠纷，杨某芬不但不归还，还拿起石头欲砸原告卡尔，原告在拦阻杨某芬时将其拦跌

① 参见（2017）云 29 行初 17 号行政判决书。

在地上，并未与杨某芬有拉扯、推搡等肢体接触的行为，杨某芬的伤情也只是在争抢手推车过程中被箩筐擦破皮，到医院检查也未查出任何伤情。故被告××市公安局行政处罚决定认定原告殴打中国人，没有事实和法律依据。(2) 被告××市公安局作出的行政处罚决定，事实不清、证据不足、处罚过当。××市公安局作出对原告卡尔予以行政拘留七日并处罚款二百元行政处罚决定时，未根据案件事实来综合认定，仅仅依据单方不客观的言辞就认定原告殴打中国人。原告卡尔与杨某芬发生争执后，主动向公安机关报案，其并未实施殴打他人的行为，因此××市公安局作出的行政处罚决定书，事实不清、证据不足、处罚过当。此外，被告也未向原告提供英文版的行政处罚决定书。(3) 被告××州公安局作出的××行复决字〔2017〕第06号决定书，对案件事实认定同样存在严重不符的情形。错误认定"杨某芬所推的手推车属于其收购取得，杨某芬受猛力推搡后，两次倒地并撞在台阶上导致其嘴部出血受伤"。此外，原告家属和原告都没有收到在处罚决定中认定的"被拘留人卡尔家属通知书"，"××市公安局行政拘留执行回执"等相关材料。(4) 第三人杨某芬存在严重过错，被告××市公安局最后的处理结果严重不公。第三人杨某芬客观上盗走原告的合法财产，其行为具有违法性，原告在索要遭拒后，杨某芬还欲用石头砸原告卡尔，其存在重大的过错，而且是过错在先，事后杨某芬也认识到了自己的不当行为，并提交了书面的谅解书，但公安机关在作出行政处罚决定时，并未考虑上述因素，错误作出对原告卡尔予以行政拘留七日并处罚款二百元行政处罚。其行为背离了公平、公正的基本原则。原告诉请：1. 撤销被告××市公安局作出的××行罚决字〔2017〕第26号行政处罚决定。2. 撤销被告××州公安局作出的××行复决字〔2017〕第06号行政复议决定。3. 诉讼费由被告承担。

被告××市公安局答辩称：(1) 答辩人根据《中华人民共和国治安管理处罚法》第7条规定，是该案适格的管辖主体。(2) 答辩人认定事实清楚，证据确凿充分，处罚适当。经调查查明的事实：杨某芬于2016年12月31日向一男子以人民币800元购得手推车，2017年1月7日，杨某芬推车经过"×××酒吧"门口时被酒吧员工发现，被答辩人卡尔向杨某芬索要手推车时发生争执，并两次猛力推搡杨某芬致其倒地，还动手殴打了杨某芬，导致其嘴部出血、手指破皮。以上事实有受案登记表、到案经过、卡尔、杨某芬的陈述和申辩、证人奚某美、杨某埔、杨某仙、万某李等的证人证言、视频记录等，本案事实清楚，证据确凿充分。被答辩人卡尔行为已违反《中华人民共和国治安管理处罚法》第43条第1款的规定，答辩人依法对其作出行政拘留七日并处罚款二百元的行政处罚，处罚合法适当。(3) 答辩人对被答辩人卡尔作出行政处罚程序合法。2017 年 1 月 7 日 16 时，110 接警中心接到杨某仙报警后，立即进行了受案登记，并指派××派出所处警，对被答辩人进行了口头传唤，并在询问被答辩人及证人之前对行政案件的权利义务进行了告知，在确认案件事实后，答辩人在作出行政处罚前依法进行了审批，在 1 月 7 日 20 时 30 分，以《行政处罚告知笔录》的方式告知了违法嫌疑人拟作出行政处罚的事实、理由及依据，并告知其享有陈述和申辩的权利，1 月 7 日 23 时作出《行政处罚决定书》，向被答辩人卡尔进行了送达，并告知了其享有的权利及救济途径。并根据《公安机关办理行政案件程序规定》第 215 条的规定，在整个办案过程中为其提供了翻译。答辩人办案程序、行政处罚决定程序合法。(4) 被答辩人卡尔关于"杨某芬有过错行为及处罚不公"的问题。杨某芬因涉嫌收购赃物，答辩人已依据《中华人民共和国治安管理处罚法》第 59 条的规定，对其以××行罚决字〔2017〕第 62 号《行政处罚决定书》作出处罚，且涉案手推车也已返还给被答辩人卡尔。根据《治安管理处罚法》第 43 条的规定，无论杨某芬是否存在过错，只要被答辩人卡尔实施了伤害他人身体的行为，就依法应当予以处罚。

△核心问题

办理涉外行政案件应注意的法律问题。

△法律评析

一、本案中，原告卡尔主张应当向其提供英文版行政处罚决定是否支持。根据《公安机关办理行政案件程序规定》第 241 条，"办理涉外行政案件，应当使用中华人民共和国通用的语言文字……"本案使用中文办理并向被处罚人送达中文版的处罚决定书，程序合法；相关法律未规定公安机关应当向被处罚人送达英文版的决定书。

二、关于本案中，原告未书面申请不通知使馆、领馆，而××市公安局提交的证据材料中也没有任何向省级公安机关报告规定内容的证据，应当视为没有报告。原告认为，这不仅仅是执不执行公安部关于公安机关办理行政涉外案件程序特别规定、特别要求的问题，还涉及是否尊重外国人所属国家主权，是否保障所属国家驻华使领馆知情权、探视权的问题，而最重要的是剥夺了卡尔寻求使领馆予以相关帮助的法定权利。

法院认为，××市公安局在对原告卡尔作出行政处罚决定后，未根据《公安机关办理行政案件程序规定》第 253 条、第 254 条的规定履行内部通报、对外通知等制度，属于《中华人民共和国行政诉讼法》第 74 条第 1 款第 2 项规定的行政行为轻微违法的情形。但该程序轻微违法行为并不能否定对原告卡尔违法殴打他人行为应当给予行政处罚的合法性、正当性，也对原告权利不产生实际影响。

三、关于行为认定问题。

现针对原告的诉讼理由分析如下：

1. 关于原告认为自己的行为不属于殴打他人。2017 年 1 月 7 日 14 时许，杨某芬（因违法收购赃物的违法行为已经另案处理）推“购买”所得的手推车从“×××酒吧”门口经过时，被酒吧员工发现该车是“×××酒吧”不久前被盗财产。原告卡尔闻讯赶到后，责问杨某芬为何偷盗属于自己的手推车并向其索要。为此，双方发生争执，卡尔先将手推车上的物品丢弃，又两次将杨某芬推倒，导致杨某芬嘴部出血、手指破皮，后经××市第二人民医院诊断：杨某芬为“右侧面部软组织挫伤”。以上事实有双方陈述、证人证言、现场视频监控资料等为证。原告已经构成殴打他人。

2. 关于被告××市公安局作出的行政处罚决定程序合法。卡尔同居女友奚某美打 110 报警电话，请求处理。××市公安局××派出所民警出警后，将杨某芬、卡尔等人口头传唤到××派出所进行了询问，并在询问卡尔及证人之前对行政案件的权利义务进行了告知，在确认违法事实后，××市公安局在作出行政处罚前依法进行了审批。2017 年 1 月 7 日 20 时 30 分以《行政处罚告知笔录》的方式，告知了违法嫌疑人卡尔拟作出行政处罚的事实、理由及依据，并告知其享有陈述和申辩的权利。同日 23 时 30 分，××市公安局根据《中华人民共和国治安处罚法》第 43 条第 1 款的规定，对卡尔作出××行罚决字〔2017〕第 26 号行政处罚决定，决定：对卡尔给予行政拘留七日并处罚款二百元的处罚。并向卡尔及女友奚某美进行了送达，两人均拒绝在行政处罚决定送达回证上签字。××市公安局在整个办案过程中，根据《公安机关办理行政案件程序规定》第 215 条的规定，为卡尔提供了翻译，并告知了其享有的权利及救济途径。

3. 关于第三人杨某芬存在严重过错，认为被告××市公安局最后的处理结果严重不公。杨某芬因涉嫌收购赃物，答辩人已依据《中华人民共和国治安管理处罚法》第 59 条的规定，对其以××行罚决字〔2017〕第 62 号《行政处罚决定书》作出了处罚，且涉案手推车也已返还给被答辩人卡尔。根据《治安管理处罚法》第 43 条的规定，无论杨某芬是否存在过错，只要被答辩人卡尔实施了伤害他人身体的行为，就依法应当予以处罚。

虽然××市公安局在对原告卡尔作出行政处罚决定后，未根据《公安机关办理行政案件程序规定》对外国人作出行政拘留等决定以后，在48小时以内将规定内容报告省级公安机关，由省级公安机关在规定期限内通知外国人所属国家驻华使领馆，并通报同级人民政府外事部门，相关法律文件应当归入案卷。但该过错属于《中华人民共和国行政诉讼法》第74条第1款第2项规定的行政行为轻微违法的情形。该程序轻微违法行为并不能否定对原告卡尔违法殴打他人行为应当给予行政处罚的合法性、正当性，也对原告权利不产生实际影响。

故法院驳回原告卡尔的诉讼请求。案件受理费50元，由原告卡尔承担。

第十四章　案件终结

第二百五十八条　【结案的情形】行政案件具有下列情形之一的，应当予以结案：

（一）作出不予行政处罚决定的；

（二）按照本规定第十章的规定达成调解、和解协议并已履行的；

（三）作出行政处罚等处理决定，且已执行的；

（四）违法行为涉嫌构成犯罪，转为刑事案件办理的；

（五）作出处理决定后，因执行对象灭失、死亡等客观原因导致无法执行或者无需执行的。

【条文主旨】

本条规定了行政案件结案的情形。

【最新修改提示】

修订前（2012 版）	修订后（2018 版）
第二百三十二条　行政案件具有下列情形之一的，应当予以结案： （一）作出不予行政处罚决定的； （二）适用调解程序的案件达成协议并已履行的； （三）作出行政处罚等处理决定，且已执行的； （四）违法行为涉嫌构成犯罪，转为刑事案件办理的；	**第二百五十八条**　行政案件具有下列情形之一的，应当予以结案： （一）作出不予行政处罚决定的； （二）**按照本规定第十章的规定达成调解、和解协议**并已履行的； （三）作出行政处罚等处理决定，且已执行的； （四）违法行为涉嫌构成犯罪，转为刑事案件办理的；

修订前（2012 版）	修订后（2018 版）
（五）作出处理决定后，因执行对象灭失、死亡等客观原因导致无法执行或者无需执行的。	（五）作出处理决定后，因执行对象灭失、死亡等客观原因导致无法执行或者无需执行的。

【理解与适用】

本条第 2 项根据《程序规定》第 186 条的内容作了修订。本条对行政案件结案的具体情形作出明确规定，有利于公安机关及时按照规定作出处理，维护当事人的合法权益。

一、作出不予行政处罚决定的

本规定第 157 条规定："不满十四周岁的人有违法行为的，不予行政处罚……"第 158 条规定："精神病人在不能辨认或者不能控制自己行为时有违法行为的，不予行政处罚……"第 159 条规定："……违法行为轻微并及时纠正，没有造成危害后果的，不予行政处罚。"根据上述规定，有些案件虽确有违法行为，但有依法不予行政处罚的情形，公安机关应当作出不予行政处罚决定。除了依法不予处罚的情形外，有些案件经过调查后发现嫌疑人违法事实不能成立的，根据《治安管理处罚法》第 95 条之规定，公安机关也应当作出不予处罚决定。对于作出不予行政处罚决定的案件，应当予以结案。

二、按照本规定第十章的规定达成调解、和解协议并已履行的

本规定第十章"治安调解"中规定了人民调解和当事人自行和解。对于公安机关调解的案件，达成协议并已履行的，公安机关应当结案。

对于当事人自行和解的案件以及申请人民调解的案件，达成协议并履行后，双方当事人书面申请，并经公安机关认可的，公安机关也应当结案。

三、作出行政处罚等处理决定，且已执行的

这是公安机关最常使用的结案情形。如对有卖淫行为的违法行为人作出行政拘留决定，并送拘留所执行的案件。另外，有些处理决定执行时间较长，如强制隔离戒毒，此种情况下，公安机关作出强制隔离戒毒决定并送戒毒所执行的，就可以结案，无需等强制隔离戒毒执行完毕后结案。

四、违法行为涉嫌构成犯罪，转为刑事案件办理的

行政案件受案后，发现违法行为涉嫌构成犯罪，根据《治安管理处罚法》第 95 条，公安机关应当移送主管机关依法追究刑事责任。行政案件转为刑事案件办理，原行政案件视为结案。这一点在一些地方的执法办案信息系统中有所体现。如有些地方在执法办案信息系统中设置，行政案件转为刑事案件后，原行政案件就在信息系统中消失，民警无需流转原行政案件。

五、作出处理决定后，因执行对象灭失、死亡等客观原因导致无法执行或者无需执行的

根据本条第三项规定，作出行政处罚等处理决定，且已执行的视为结案。但有些情况下，作出处理决定后，因执行对象灭失、死亡等客观原因导致无法执行或者无需执行的，也应当结案。如作出行政拘留或强制隔离戒毒决定后，被执行人死亡，导致原决定无法执行，此时应当结案。

【相关规定】

《公安机关办理行政案件程序规定》第 186 条；《治安管理处罚法》第 95 条。

第二百五十九条　【终止调查】经过调查，发现行政案件具有下列情形之一的，经公安派出所、县级公安机关办案部门或者出入境边防检查机关以上负责人批准，终止调查：

（一）没有违法事实的；

（二）违法行为已过追究时效的；

（三）违法嫌疑人死亡的；

（四）其他需要终止调查的情形。

终止调查时，违法嫌疑人已被采取行政强制措施的，应当立即解除。

【条文主旨】

本条规定了行政案件终止调查的情形。

【最新修改提示】

本条对应修改前的第 233 条，内容未变化。

【理解与适用】

"终止调查"，是指因法定情况发生，而终止对某个案件的调查工作。对于一些行政案件，及时终止案件调查，关系到当事人的合法权益。

根据案件管辖权限的不同，终止案件调查的审批权限也不同。公安派出所、县级公安机关办案部门管辖的案件，由其负责人批准；出入境边防检查机关管辖的案件，则由其负责人批准。具体终止调查情形如下：

一、没有违法事实的

没有违法事实，是指违法事实不存在。如受害人报案称电动车丢失，经过公安机关调查发现，受害人的电动车并非被盗，而是他人以为受害人的电动车是自己的而误推走。此时就应当终止调查，因为被盗的违法事实并不存在。

二、违法行为已过追究时效的

本规定第154条第1款规定："违反治安管理行为在六个月内没有被公安机关发现，其他违法行为在二年内没有被公安机关发现的，不再给予行政处罚。"若公安机关受案调查后发现行为人的违法行为已过追究时效，应当终止调查。

三、违法嫌疑人死亡的

违法嫌疑人死亡的，调查工作继续下去已经没有意义，需要终止调查。

四、其他需要终止调查的情形

终止调查时，违法嫌疑人已被采取行政强制措施的，应当立即解除。例如，公安机关对误推他人电动车的行为人采取强制传唤措施的，应当在终止案件调查时，立即解除强制传唤。

【执法风险提示】

有些案件经过调查，违法事实不能查清，如殴打他人案件，经过调查，无法确定是受害人自己摔伤还是被嫌疑人打伤，这种证据不足、事实不清的案件应当属于违法事实不能成立，公安机关应适用本规定第258条作出不予处罚决定，而不能适用本条作出终止调查决定。当然，如果查明系报案人诬告陷害，没有殴打他人行为发生，则应当适用本条作出终止调查决定。

【相关规定】

《公安机关办理行政案件程序规定》第154条。

第二百六十条　【案卷建立与保管】对在办理行政案件过程中形成的文书材料，应当按照一案一卷原则建立案卷，并按照有关规定在结案或者终止案件调查后将案卷移交档案部门保管或者自行保管。

【条文主旨】

本条是关于行政案件卷宗建立及保管的规定。

【最新修改提示】

本条对应修改前的第234条，内容未变化。

【理解与适用】

在办理行政案件过程中，会形成受案登记表、询问笔录、检查笔录、鉴定意见、处罚决定书等各种法律文书及案件材料。对于这些材料，公安机关应当按照一案一卷原则建立案卷。建立案卷既方便办案民警保管和查找案件材料，也方便其他部门审阅和监督案件办理情况。有些地方公安机关建立了电子卷宗系统，将办理行政案件过程中形成的文书材料，扫描至电子卷宗系统，并组成电子案卷。相对于传统纸质卷宗，它可以海量存放并通过计算机网络实现多人同时查阅和打印。

但虽然有电子卷宗系统的辅助，纸质卷宗作为原始材料，公安机关仍应当注意保存，在结案或者终止案件调查后将案卷移交档案部门保管或者自行保管。

【执法风险提示】

办案部门自行保管的案卷应当存放于专门的卷宗保管柜妥善保管，避免“抽屉卷”、案卷丢失等现象发生。

第二百六十一条　【案卷内容】 行政案件的案卷应当包括下列内容：

（一）受案登记表或者其他发现案件的记录；

（二）证据材料；

（三）决定文书；

（四）在办理案件中形成的其他法律文书。

【条文主旨】

本条是关于行政案件案卷主要内容的规定。

【最新修改提示】

本条对应修改前的第 235 条，内容未变化。

【理解与适用】

行政案件的案卷能够让办案人员以外的人了解案件的全貌，因此应当包含：受案登记表或者其他发现案件的记录、证据材料、决定文书以及在办理案件中形成的其他法律文书。受案登记表能够反映案件来源、案件发生的时间地点、报案人等案件基本情况；证据材料能够证明违法事实是否为嫌疑人所为以及采取此处罚的原因；决定文书反映案件中违法行为人及涉案财物的处理情况；其他法律文书如调解协议等反映案件的其他处理方式。

第二百六十二条　【材料齐全完整】 行政案件的法律文书及定性依据材料应当齐全完整，不得损毁、伪造。

【条文主旨】

本条是关于行政案件材料完整性要求的规定。

【最新修改提示】

本条对应修改前的第236条，内容未变化。

【理解与适用】

行政案件的法律文书及定性依据材料关系到行政管理相对人的切身利益，因此必须保证客观、真实、完整。公安机关在装订案卷材料时，应当将办案过程中形成的所有法律文书及定性依据材料装入卷宗，不得损毁、伪造有关材料。

案例分析

作出终止调查决定的条件

——温某某诉××市公安局××分局××派出所公安行政终止案①

△基本案情

2014年8月13日9时35分许，被告××派出所接××市公安局110指挥中心指令：报警人温某某拨打110报警称其于2014年8月13日9时30分许，在××市××区××镇某友建设机械有限公司（下称某友公司）办公楼一楼大厅与邓某某因工作问题发生争吵，双方争吵过程中，被邓某某动手推其上胸部。被告随后派出两名值班民警及一名辅警出警处置。值班民警到某友公司初步了解情况后，依法将报警人温某某带回××派出所进行询问，并将温某某陈述的事发经过记录在案（报警询问笔录），同时让原告自行到××公安分局法医室进行公安法医学检验以鉴定伤情。次日，经××派出所部门负责人审批，认为温某某所报案情属管辖范围内的行政案件，遂决定受理，并将简要案情记录在受案登记表上。2014年8月16日，办案民警对报案人温某某所称的打人现场进行了勘验，形成《现场勘验检查笔录》[××勘（2014）074号]。同年8月19日，某友公司工作人员袁某某作为纠纷发生时在场人之一，来到××派出所向办案民警反映当时的情况。称没有看到邓某某殴打温某某，也没有看见双方有肢体接触，询问情况形成书面笔录。8月20日，办案民警传唤违法嫌疑人邓某某

① 参见（2014）韶武法行初字第34号行政判决书。

到××派出所接受调查，邓某某否认殴打温某某，调查情况形成了书面询问笔录。同日，办案民警向某友公司调取了事件发生时办公楼一楼大厅的监控录像。8 月 21 日，骆某某、王某某作为纠纷发生时在场人，先后来到××派出所向办案民警反映当时的情况，二人均称没有看到邓某某殴打温某某，询问情况形成了书面笔录。8 月 22 日，被告××派出所收到××市××区公安司法鉴定中心于8 月 18 日就原告温某某伤情作出的《法医学人体损伤程度鉴定书》[××（司）鉴（损）字（2014）236 号]，内容为：伤者自述被他人用拳头击伤左胸部，体表检验未见明显损伤，温某某的伤不构成轻微伤。8 月 23 日，被告将该鉴定书送达原告温某某，同时还向其送达了落款日期为 2014 年 8 月 14 日的受案回执。温某某对鉴定结论未提出异议，也没有要求重新鉴定。8 月 26 日，被告将鉴定书送达给邓某某。9 月 1 日，张某某作为纠纷发生时在场人，来到××派出所向办案民警反映当时的情况，称没有看到邓某某殴打温某某，询问情况形成了书面笔录。

此后，办案民警通过对被侵害人陈述、证人证言、违法嫌疑人陈述、鉴定意见、监控视频资料等证据的综合分析，认为没有证据证明报案人所称之违法事实的存在，遂于 2014 年 9 月 13 日呈请终止该案件的调查。经××派出所所长审核，同意办案民警的意见，并于同日出具《终止案件调查决定书》[××行终止决字（2014）00001 号]，内容为：因殴打他人一案具有没有违法事实的情形，根据《公安机关办理行政案件程序规定》第二百三十三条第一款之规定，现决定终止调查。该决定书于 2014 年 9 月 16 日送达给邓某某，于 9 月 17 日送达给温某某。因温某某对该决定不服，于 2014 年 10 月 9 日向本院提起诉讼，要求撤销××派出所作出的《终止案件调查决定书》[××行终止决字（2014）00001 号]，对案件重新立案调查。

△核心问题

被告所作的《××市公安局××分局终止调查决定书》是否有依据？

△法律评析

本案的一个争议焦点是被告所作的《××市公安局××分局终止调查决定书》[××行终止决字（2014）00001 号]是否有依据。

《公安机关办理行政案件程序规定》第 259 条第 1 款第 1 项规定："经过调查，发现行政案件具有下列情形之一的，经公安派出所、县级公安机关办案部门或者出入境边防检查机关以上负责人批准，终止调查：（一）没有违法事实的……”明确了公安机关经过调查，没有发现违法事实情形的，经负责人批准，可以终止调查，作出《终止案件调查决定书》。

本案“××派出所”作出的××行终止决字（2014）00001号《终止案件调查决定书》，符合上述依据：一、本案温某某向“××派出所”报案，称邓某某对其实施了殴打行为。然而，经“××派出所”调查、取证，并未发现邓某某实施了温某某所述的行为。(一)“××派出所”调查了当时在场的所有相关人员骆某某、袁某某、王某某、张某某，没有一人指认邓某某殴打了温某某。(二)“××派出所”进行了现场勘验，未在现场发现或者提取痕迹物证。(三)“××派出所”委托××市××区公安司法鉴定中心对温某某所称伤情进行鉴定，未见明显损伤，鉴定意见亦为不构成轻微伤。(四)“××派出所”调取现场视频录像，该视频没有显现邓某某殴打温某某，甚至没有显现邓某某用手接触温某某的情形。

二、在温某某指控被邓某某殴打而邓某某否认的情况下，“××派出所”对于殴打他人这种即时动作的行为进行调查和取证，将在场可以证明有关事实的证人证言、现场笔录、视听资料、当事人的陈述等证据皆“穷尽”的情况下，认定没有违法事实，并作出终结调查的决定，不属于主要证据不足的行为。

三、《公安机关办理行政案件程序规定》第259条明确了公安派出所负责人有权批准终止调查。

四、温某某上诉提出的有关上诉理由，均为当事人自己推断的个人意见，上述意见在公安机关调查时不能作为确凿证据采用，故“××派出所”不以温某某的个人意见确认有关事实，在没有证据证实邓某某实施了殴打他人行为的情况下，确认本案没有违法事实，符合《公安机关办理行政案件程序规定》的相关规定。

故“××派出所”于2014年9月13日作出××行终止决字（2014）00001号《终止案件调查决定书》合法。

第十五章　附　则

第二百六十三条　【执法办案信息化】省级公安机关应当建立并不断完善统一的执法办案信息系统。

办案部门应当按照有关规定将行政案件的受理、调查取证、采取强制措施、处理等情况以及相关文书材料录入执法办案信息系统，并进行网上审核审批。

公安机关可以使用电子签名、电子指纹捺印技术制作电子笔录等材料，可以使用电子印章制作法律文书。对案件当事人进行电子签名、电子指纹捺印的过程，公安机关应当同步录音录像。

【条文主旨】

本条是关于公安机关执法信息化的规定。

【最新修改提示】

修订前（2012 版）	修订后（2018 版）
第二百三十七条　省级公安机关应当建立并不断完善统一的执法办案信息系统。 办案部门应当按照有关规定将行政案件的受理、调查取证、采取强制措施、处理等情况以及相关文书材料录入执法办案信息系统，并进行网上审核审批。	**第二百六十三条**　省级公安机关应当建立并不断完善统一的执法办案信息系统。 办案部门应当按照有关规定将行政案件的受理、调查取证、采取强制措施、处理等情况以及相关文书材料录入执法办案信息系统，并进行网上审核审批。 **公安机关可以使用电子签名、电子指纹捺印技术制作电子笔录等材料，可**

修订前（2012 版）	修订后（2018 版）
	以使用电子印章制作法律文书。对案件当事人进行电子签名、电子指纹捺印的过程，公安机关应当同步录音录像。

【理解与适用】

执法工作信息化，是指将现代信息技术广泛应用于执法各环节，逐步实现执法办案的网上流程管理、网上审批、网上监督、网上考评，提高执法效率，降低执法成本，提升执法质量。

执法工作信息化是大势所趋，是实现执法规范化的重要途径和手段，是执法规范化的基础和支撑。当案件进入执法办案平台，就只能按照系统设置的程序一步一步走下去，既促进了执法公开，又避免了程序违法，同时也是避免人为因素干扰的有效手段。而网上监督和网上考评，增加了执法监督的透明度，使案件“对得清清楚楚，错得明明白白”，进而促进了干警的工作积极性。本条规定确立了执法信息化的法律地位，从法律的视角对执法办案信息化提出要求。

一、省级公安机关应当建立并不断完善统一的执法办案信息系统

公安部《关于进一步规范和加强公安机关执法信息化建设的指导意见》（公通字〔2010〕36 号）要求，公安执法信息化建设应坚持统筹规划、统一标准、资源共享、实事求是、服务实战的原则，依托公安机关警务信息综合应用平台，具体开展执法办案信息化建设、执法监督信息化建设、执法培训信息化建设和执法信息管理建设，为实现网上执法信息录入、执法程序流转、执法活动监督、执法培训等奠定网上平台。为了实现指导意见的要求，本条具体规定，各地的执法办案信息系统由省级公安机关建立并不断完善。

目前在实践中，随着信息、人工智能等技术发展的日新月异，我们的执法办案系统不断地推陈出新，系统的功能、性能越来越强大。但是经济的发展和技术的应用在各地是不平衡的，如何实现系统的兼容，信息的共享，减低成本，提高信息的利用率，是现阶段急需研究和解决的问题。

二、对办案部门的信息化要求

本条规定，办案部门应当按照有关规定将行政案件的受理、调查取证、采取强制措施、处理等情况以及相关文书材料录入执法办案信息系统，并进行网上审核审批。实现案件的网上流程管理、网上审批、网上监督、网上考评。加强对公安机关执法活动的即时性、过程性、系统性管理，全面提升公安机关执法能力、执法质量、执法效率和执法公信力。

三、可以使用电子签名、电子指纹、电子印章制作法律文书

本款是2018年《公安部关于修改〈公安机关办理行政案件程序规定〉的决定》新增内容。本款规定，公安机关可以使用电子签名、电子指纹捺印技术制作电子笔录等材料，可以使用电子印章制作法律文书。对案件当事人进行电子签名、电子指纹捺印的过程，公安机关应当同步录音录像。关于使用电子签名、电子指纹捺印、电子印章等技术制作电子文书，各地早已尝试使用，《程序规定》给公安机关运用电子签名、电子指纹捺印、电子印章技术提供了上位法依据。

根据《电子签名法》第2条规定，电子签名，是指数据电文中以电子形式所含、所附用于识别签名人身份并表明签名人认可其中内容的数据。按照该法的规定，电子签名如果符合法定或者当事人约定的可靠的电子签名的条件，就具有与手写签名或者盖章同等的法律效力。公安机关在使用执法办案信息系统制作电子笔录、有关文书材料后，经当事人核对，确认准确无误后，可以使用电子签名、电子指纹捺印技术签名或捺手印，制作电子笔录等材料，系统以数据的形式加以保存。需要提醒的是：案件当事人进行电子签名、电子指纹捺印的过程，公安机关应当同步录音录像。

使用电子签名、电子指纹捺印技术签名或捺手印，有效解决了行政执法办案中，办案机关需要打印笔录、法律文书之后再回传到办案系统的问题，大大节省了办案资源，提高了执法效能，减轻了基层工作负担。

【执法风险提示】

1. 办案部门应当按照有关规定将行政案件的受理、调查取证、采取强制措施、处理等情况以及相关文书材料录入执法办案信息系统，并进行网上审核审批。

2. 案件当事人进行电子签名、电子指纹捺印的过程，公安机关应当同步录音录像。

3. 办案民警或者法制审核民警应注意保管自己登录执法办案信息系统的账号密码或者数字证书，避免被其他人员随意查看甚至篡改案件信息。

【相关规定】

《关于进一步规范和加强公安机关执法信息化建设的指导意见》；《电子签名法》第2条。

第二百六十四条　【法律文书式样制定】 执行本规定所需要的法律文书式样，由公安部制定。公安部没有制定式样，执法工作中需要的其他法律文书，省级公安机关可以制定式样。

【条文主旨】

本条是关于公安行政法律文书式样制定的规定。

【最新修改提示】

本条对应修改前的第238条，内容未变化。

【理解与适用】

公安行政法律文书是公安行政执法活动的重要载体，统一规范公安行政法律文书，对于规范执法程序、促进执法公正，具有十分重要的意义。

一、执行本规定所需要的法律文书式样，由公安部制定

根据本条规定，公安机关办理行政案件的法律文书由公安部制定。

2012年12月18日，公安部印发了《公安行政法律文书式样》的通知（公通字〔2012〕63号），公安行政法律文书的式样正式发布。2018年11月，公安部对《程序规定》进行了修改，新规定于2019年1月1日施行。根据《关于修改〈公安机关办理行政案件程序规定〉的决定的通知》（公法〔2019〕39号），公安部已对公安行政法律文书进行了修改。添加了办理涉恐违法案件所需的《冻结/延长冻结/解除冻结财产决定书》《冻结/延长冻结/解除冻结财产通知书》《约束/解除约束决定书》《查询财产通知书》四种文书式样，并对《传唤证》《调取证据通知书》《证据保全决定书》《行政强制执行决定书》作了修改。

二、公安部没有制定式样，执法工作中需要的其他法律文书，省级公安机关可以制定式样

根据《公安行政法律文书式样》（公通字〔2012〕63号）的要求，公安机关办理行政案件过程中需要的法律文书，公安部未制定统一式样的，各省级公安机关可以根据实际统一制定，但要注意法律文书的繁简适当，避免给基层办案增加不必要的负担。公安机关要加强对法律文书的信息化管理，尽可能使用计算机制作和管理法律文书，积极推行法律文书的网上审核审批，切实提高执法办案效率。

【执法风险提示】

公安部没有制定式样，执法工作中确有需要的其他法律文书，省级公安机关可以制定式样。

【相关规定】

《公安行政法律文书式样》。

第二百六十五条　【“以上”、“以下”、“内”的含义】
本规定所称“以上”、“以下”、“内”皆包括本数或者本级。

【条文主旨】

本条是关于法律术语含义的规定。

【最新修改提示】

本条对应修改前的第239条，内容未变化。

【理解与适用】

除法律有特别声明外，法律规范中的“以上”“以下”“内”，都包括本数。本条的规定就遵循了上述惯例。“本数”是指计算“以上”“以下”“内”的基数。“对有其他违法行为的个人处五十元以下罚款或者警告、对单位处一千元以下罚款或者警告的”，这里的处五十元以下，包括五十元本数；“违反治安管理行为在六个月内没有被公安机关发现”，包括六个月本数。“本级”亦如是，例如，“县级以上人民政府公安机关”，就包括县级人民政府公安机关本级在内。

第二百六十六条　【生效日期】本规定自2013年1月1日起施行，依照《中华人民共和国出境入境管理法》新设定的制度自2013年7月1日起施行。2006年8月24日发布的《公安机关办理行政案件程序规定》同时废止。

公安部其他规章对办理行政案件程序有特别规定的，按照特别规定办理；没有特别规定的，按照本规定办理。

【条文主旨】

本条是关于本规定生效日期的规定。

【最新修改提示】

本条对应修改前的第240条，内容未变化。

【理解与适用】

2018年11月，公安部对2013年1月1日施行的《公安机关办理行政案件程序规定》做了部分修改，有关章节及条文序号根据《公安部关于修改〈公安机关办理行政案件程序规定〉的决定》（公安部令第149号）作相应调整，修改自2019年1月1日起施行。本条未做修改，内容不变。

公安部其他规章对办理行政案件程序有特别规定的，按照特别规定办理。没有特别规定的，按照本规定办理。这是特别法优于一般法原则的具体体现。《立法法》第92条规定，同一机关制定的法律、行政法规、地方性法规、自治条例和单行条例、规章，特别规定与一般规定不一致的，适用特别规定；新的规定与旧的规定不一致的，适用新的规定。那么如果是新的一般法和旧的特别法之间如何选择适用呢？根据《立法法》第95条规定：“……同一机关制定的新的一般规定与旧的特别规定不一致时，由制定机关裁决……”根据本条第二款的规定，公安部其他规章对办理行政案件程序有特别规定的，按照特别规定办理。

【执法风险提示】

公安部其他规章对办理行政案件程序有特别规定的，按照特别规定办理。没有特别规定的，按照本规定办理。因此民警在掌握《程序规定》的基础上应当熟悉业务相关的特别程序规定，避免发生适用程序错误的情况。

【相关规定】

《立法法》第92条、第95条。

图书在版编目（CIP）数据

公安机关办理行政案件程序规定理解与适用：条文解读、案例分析、最新修改提示与执法风险提示 / 徐伟红，高文英主编. —北京：中国法制出版社，2020.6（2026.1重印）

ISBN 978-7-5216-1128-1

Ⅰ. ①公… Ⅱ. ①徐…②高… Ⅲ. ①公安机关-行政执法-程序-法律解释-中国 Ⅳ. ①D922.145

中国版本图书馆CIP数据核字（2020）第097924号

策划编辑 刘波 王熹

责任编辑 王熹（wx2015hi@sina.com） 封面设计 周黎明

公安机关办理行政案件程序规定理解与适用：

条文解读、案例分析、最新修改提示与执法风险提示

GONGAN JIGUAN BANLI XINGZHENG ANJIAN CHENGXU GUIDING LIJIE YU SHIYONG：

TIAOWEN JIEDU、ANLI FENXI、ZUIXIN XIUGAI TISHI YU ZHIFA FENGXIAN TISHI

主编/徐伟红，高文英

经销/新华书店

印刷/北京虎彩文化传播有限公司

开本/730毫米×1030毫米 16开 印张/35 字数/435千

版次/2020年6月第1版 2026年1月第9次印刷

中国法制出版社出版

书号 ISBN 978-7-5216-1128-1 定价：128.00元

北京市西城区西便门西里甲16号西便门办公区

邮政编码：100053 传真：010-66031119

网址：http：//www.zgfzs.com **编辑部电话：010-66010493**

市场营销部电话：010-66033393 **邮购部电话：010-66033288**

（如有印装质量问题，请与本社总编室联系调换。电话：010-63141606）